भारतीय
संस्कृति प्रकृति एवं परिवर्तन

अमित कुमार शर्मा

भारतीय
संस्कृति प्रकृति एवं परिवर्तन

अमित कुमार शर्मा

HKP
हिन्दी कमल प्रकाशन
मकान न. 140, गली न. 9 सी, प्रेम नगर, करावल नगर, दिल्ली–110094
E-mail: hindikamalprakashan@gmail.com
Tel: +91-9868280998, +91-9899953194

ISBN : 978-81-93332-52-8

संशोधित एवं संवर्धित तृतीय संस्करण 2018

मूल्य :₹ 1250

HKP

हिन्दी कमल प्रकाशन

मकान न. 140 गली न. 9 सी,
प्रेम नगर, करावल नगर,
दिल्ली–110094
दूरभाष : 9868280998, 9899953194

E-mail : hindikamalprakashan@gmail.com

रूपसज्जा एवं मुद्रण :
ए.पी.ए.सी. बिजनेस सोल्यूशन्स प्रा. लि.
4653/21, अन्सारी रोड, दरियागंज,
नई दिल्ली–110002
दूरभाष : 011-23262179

समर्पण

समकालीन भारतीय संस्कृति के प्रेरणास्रोत –
कबीर, तुलसी, तुकाराम, नानक, रैदास,
रामदास, मीरा एवं रामकृष्ण

भारतीय परंपरा के प्रमुख सिद्धांतकारों –
नारद, नागार्जुन, पतंजलि, वराहमिहिर, चरक,
अभिनवगुप्त एवं गोरखनाथ

तथा
माता शबरी, गोपियों, अंबपाली, भारत की
सामान्य गृहिणियों, किसानों एवं शिल्पकारों को
सादर समर्पित

अनुक्रम

	तृतीय संस्करण की भूमिका	9
	निवेदन	12
	भूमिका : भारतीय संस्कृति की मूल विशेषता	22
1.	भारतीय संस्कृति में अनेकता में एकता	32
2.	भारतीय संस्कृति का स्वरूप	55
3.	भारतीय संस्कृति, सनातन दृष्टि एवं परंपरा	84
4.	भारतीय संस्कृति में गाँव एवं शहर	110
5.	भारत में विवाह, परिवार एवं नातेदारी	139
6.	भारतीय संस्कृति में जाति, वर्ग एवं जनजाति	178
7.	भारतीय संस्कृति में शिक्षा	200
8.	भारतीय संस्कृति में धार्मिक सम्प्रदाय	215
9.	भारतीय संस्कृति में रस की अवधारणा	263
10.	भारतीय संस्कृति में सिनेमा	289
11.	भारतीय संस्कृति, इक्कीसवीं सदी और रावण	322
	संदर्भ ग्रंथ सूची	336
	Bibliography	343

तृतीय संस्करण की भूमिका

भारतीय कला एवं संस्कृति दुनिया में अद्वितीय है। यह सनातन धर्म पर आधारित कला एवं संस्कृति है। यह तमाम ऐतिहासिक उथल-पुथल के बावजूद भारतीय समाज की मर्यादा बचाए रखने में सफल हुई है। मुहम्मद इकबाल ने भी कहा था कि 'कोई बात है कि हस्ती मिटती नहीं हमारी ... सारे जहाँ से अच्छा हिन्दोस्तां हमारा।' हमारी दृष्टि में यह बात, यह रहस्य, यह संजीवनी हमारी कला एवं संस्कृति है। उदाहरण के लिए, हमारे देश में तलाक की दर सबसे कम है। जहाँ संयुक्त राज्य अमेरिका में तलाक की दर 40 प्रतिशत है वहीं हमारे देश में आजकल तलाक की दर एक प्रतिशत है। अमेरिका में करीब 30 प्रतिशत लोग बिना विवाह किए एक साथ रहते हैं अतः उनमें तलाक की दर का कोई विश्वनीय रिकार्ड उपलब्ध नहीं है। अमेरिका मूलतः प्रोटेस्टेंट ईसाइयों का देश है। इसी तरह खाड़ी देशों (और भारत के बाहर रहने वाले मुस्लिम समाज) में तलाक की दर 40 प्रतिशत से भी ज्यादा मानी जाती है जबकि भारतीय मुसलमानों में तलाक की दर न्यूनतम है। अतः हम कह सकते हैं कि भारतीय परिवार यहाँ की साझी संस्कृति की एक इकाई है। यह स्वाभाविक भी है क्योंकि पूजा पद्धति, भाषा एवं खान-पान की विविधता के बावजूद सभी भारतीयों के पूर्वज एक रहे हैं और उनकी संस्कृति को बचाए रखने में हमारी कला ने सबसे बड़ी भूमिका निभाई है। हमारी कला का उद्गम आध्यात्मिक अनुभूति है। हमारे सभी लोकप्रिय देवी, देवता कलाकार रहे हैं। हमारे यहाँ हर पूजा एवं त्योहार कलात्मक होती है। गीत और संगीत के बिना हमारे जीवन का हर संस्कार अधूरा रहता है। समकालीन समय में हमारी संस्कृति को बनाने, बिगाड़ने एवं संवारने में सबसे

बड़ी भूमिका सिनेमा एवं टेलीविजन की रही है। अतः यह सुनिश्चित करना आवश्यक है कि भारतीय कला की आध्यात्मिक जड़ें मजबूत बनीं रहें और भारतीय कलाकारों का उचित पालन, पोषण एवं संवर्धन होता रहे। हमारे यहाँ संस्कृति का मतलब है खुद कमाना, दूसरों को खिलाना और जो बचे वह खाना। हमारे यहाँ देवी-देवता को भोग लगाया जाता है और दूसरों के साथ खुद प्रसाद स्वरूप खाया जाता है।

यह बहुत आनंद की बात है कि मेरी इस पुस्तक का संशोधित एवं संवर्धित द्वितीय संस्करण प्रकाशित होने जा रहा है। पहला संस्करण पाठकों में लोकप्रिय बना रहा एवं इस पर अकादमिक चर्चा होती रही तथा सुधी पाठकों की प्रतिक्रिया मिलती रही। इसी बीच वर्ष 2007 में 24 फरवरी से 27 फरवरी की अवधि में मैंने भारतीय सिनेमा एवं संस्कृति पर जवाहरलाल नेहरू विश्वविद्यालय में एक अंतर्राष्ट्रीय सेमिनार का आयोजन किया था जिसमें श्याम बेनेगल, अरूण कौल, विनय शुक्ला, गौतम कौल, अमित खन्ना, जयप्रकाश चौकसे, विनोद अनुपम, अजय ब्रह्मात्म, अनूप कुमार, सर्वचेतन कटोच, प्रमोद कुमार दूबे, आनंद कुमार, अभिजीत पाठक, विवेक कुमार, रेणुका सिंह, इहसानुल हक, रियाज पंजाबी, उदयन वाजपेयी, वागीश शुक्ल, सुजन विश्वनाथन, निलिका मेहरोत्रा, रबीन्द्र रे, मैत्री चौधरी जैसे विद्वानों एवं विदुषियों का सहयोग प्राप्त हुआ। इन लोगों की प्रतिक्रिया के आलोक में इस सेमिनार के केन्द्रीय विचार 'भारतीय संस्कृति में सिनेमा' को संशोधित करने में मदद मिली। इस द्वितीय संस्करण में इस लेख को दिया जा रहा है जिसमें समकालीन भारतीय संस्कृति के लोकप्रिय कलात्मक पक्ष पर प्रकाश डाला गया है। पिछले संस्करण में भारतीय संस्कृति के कला पक्ष पर चर्चा नहीं होने की कमी की ओर कई पाठकों ने ध्यान दिलाया था, उम्मीद है कि यह पुस्तक अब ज्यादा पठनीय बन जाएगी।

इस पुस्तक के द्वितीय संशोधित एवं संवर्धित संस्करण के

प्रकाशन में मिथिलेश कुमार त्रिपाठी, सुधांशु त्रिवेदी, आचार्य जितेन्द्र, अशोक कुमार मल्होत्रा, अरविंद कुमार, असिताभ सिन्हा, अमिताभ गुप्ता, मनमोहन चड्ढा, नीता माथुर, रबीन्द्र रे, विनय कुमार श्रीवास्तव, सौरभ कुमार, संजीव रंजन इत्यादि से हुए संवादों की महत्त्वपूर्ण भूमिका रही है। इस दौरान भगवान सूर्य से लगातार आशीर्वाद प्राप्त हुआ है। इस पुस्तक के द्वितीय संस्करण का प्रकाशन उन्हीं के प्रेरणा से संभव हुआ है।

कार्तिक शुक्ल पक्ष
सप्तमी, संवत् 2070
शनिवार (छठ व्रत)
(9 नवम्बर, 2013)

अमित कुमार शर्मा
समाजशास्त्र विभाग
जवाहरलाल नेहरू विश्वविद्यालय
नई दिल्ली–110067
Email : amitjnu@icloud.com

निवेदन

प्रस्तुत पुस्तक भारत की समकालीन पारंपरिक संस्कृति को समझने का एक प्रयास है। समाजशास्त्र के शिक्षक के रूप में समाज एवं संस्कृति को समझना और समझाना मेरा कार्य है। आधुनिक पश्चिम में विकसित अवधारणाओं के आधार पर भारतीय समाज, इसकी अर्थव्यवस्था एवं राजनीति को समझने की बहुत कोशिश हुई है। भारतीय धर्मों का सांप्रदायिकता (कम्युनलिज्म), धर्मांधता (फंडामेंटलिज्म), सामाजिक असमानता एवं अंधविश्वास के स्रोत के रूप में या वैवाहिक नियमों तथा नातेदारी संबंधों को प्रभावित करने वाले तत्त्व के रूप में भी अध्ययन हुआ है लेकिन भारतीय संस्कृति का व्यवस्थित अध्ययन अब तक नहीं हुआ है। लखनऊ विश्वविद्यालय के समाजशास्त्र विभाग के राधाकमल मुखर्जी, डी. पी. मुखर्जी, डी. एन. मजुमदार एवं ए. के. सरण ने इस ओर कुछ शुरूआती कार्य किया था। इस विश्वविद्यालय में प्रशिक्षित विद्वानों – टी. के. उन्नीथान, इन्द्रदेव, योगेन्द्र सिंह, टी. एन. मदान, आर. के. जैन एवं पी. सी. जोशी – ने भी इस क्षेत्र में अध्ययन जारी रखा। जे. पी. एस. उबेराय एवं सी. एन. वेणुगोपाल जैसे विद्वानों ने भी इस ओर कुछ ध्यान दिया परन्तु समाजशास्त्र की मुख्यधारा में भारतीय संस्कृति का समाजशास्त्र विकसित नहीं हो सका। फलस्वरूप भारतीय संस्कृति को समझने के लिए डी. बेरी एवं अन्य द्वारा संपादित 'सोर्सेस ऑफ इंडियन ट्रेडिशन' या एस. राधाकृष्णन एवं अन्य द्वारा संपादित एवं रामकृष्ण इन्स्टीट्यूट ऑफ कल्चर, कलकत्ता द्वारा छः खंडों में प्रकाशित 'द कल्चरल हेरिटेज ऑफ इंडिया' या श्रीअरविंदो की 'फाउन्डेसंस ऑफ इंडियन कल्चर' और उसका हिन्दी अनुवाद 'भारतीय संस्कृति का आधार' या जवाहरलाल

नेहरू की 'भारत की खोज' या आधुनिक पश्चिमी लेखकों से प्रभावित पुस्तकों का इस्तेमाल होता रहा है। उपरोक्त स्रोतों की एक सीमा तो यही है कि इनमें भारतीय संस्कृति का विश्लेषण प्रकाशित पुस्तकों या लेखों या उद्धरणों के आधार पर करने का प्रयास किया गया है एवं भारत की वाचिक परंपरा को नजरअंदाज किया गया है। दूसरी सीमा यह है कि इनमें आधुनिकता एवं परंपरा का घालमेल है। यह घालमेल तीनों स्तर पर है - अवधारणा के स्तर पर, अध्ययन पद्धति के स्तर पर और उदाहरणों द्वारा तर्क की संपुष्टि के स्तर पर। तीसरी सीमा यह है कि भारतीय संस्कृति को प्राचीन संस्कृति मानकर इसका स्रोत संस्कृत साहित्य के अंग्रेजी राज में प्रकाशित एवं संपादित संस्करणों के आधार पर (विलियम जोंस एवं मैक्समूलर जैसे पश्चिमी भारतविदों से संवाद बनाकर) लिखी गई है। फलस्वरूप भारत की लोकभाषाओं एवं लोकसंस्कृतियों में उपलब्ध लिखित या वाचिक परंपरा का समुचित उपयोग नहीं हुआ है। साथ ही भारतीय संस्कृति के व्यावहारिक एवं समकालीन स्वरूप की जीवंत उपस्थिति को नजरअंदाज कर पुरानी पड़ चुकी पोथी एवं अप्रासंगिक हो चुकी मान्यताओं को मानक के रूप में स्थापित किया गया है।

इसके विपरीत प्रस्तुत पुस्तक भारतीय संस्कृति के व्यावहारिक पक्ष पर केन्द्रित है। इसका एक आधार भारतीय समाजशास्त्र के लखनऊ सम्प्रदाय द्वारा किया गया समाजशास्त्रीय अध्ययन है। इसका दूसरा आधार बिहार, पश्चिमी उत्तर प्रदेश, हिमाचल प्रदेश, दिल्ली, तमिलनाडु एवं कर्नाटक के कुछ हिस्सों में भारतीय संस्कृति का जीवन पद्धति के रूप में किया गया समाजशास्त्रीय अध्ययन है। तीसरा आधार लोकभाषाओं में उपलब्ध साहित्य का अध्ययन है। चौथा आधार आनंद कुमारस्वामी, रामस्वरूप, ए. के. सरण, भरतसिंह उपाध्याय, विद्यानिवास मिश्र, रामचंद्र शुक्ल, हजारी प्रसाद द्विवेदी, रामविलास शर्मा, मैनेजर पांडे, चंद्रधर शर्मा गुलेरी, ओशो रजनीश, जे. पी. एस. उबेराय, एन. के. बोस, योगेन्द्र सिंह एवं टी. एन. मदान जैसे लेखकों के भारतीय

संस्कृति के बारे में लेखन का सम्मिलित प्रभाव है। इसका पाँचवाँ आधार श्रीवेंकटेश्वर कॉलेज (दिल्ली विश्वविद्यालय), जनता वैदिक कॉलेज, बड़ौत (मेरठ विश्वविद्यालय) एवं जवाहरलाल नेहरू विश्वविद्यालय, नई दिल्ली के मेरे विद्यार्थी हैं जिन्होंने पिछले 15–16 वर्षों में अपनी निर्दोष जिज्ञासा के द्वारा मुझे समाजशास्त्रीय अध्ययन की सीमा को पहचानने और लोकजीवन की सनातनी आस्था के समाजशास्त्रीय तर्क खोजने के लिए प्रेरित किया। इसका छठा आधार विद्यानिवास मिश्र, जे. पी. एस. उबेराय, योगेन्द्र सिंह, सी. एन. वेणुगोपाल, आर. के. जैन, टी. के. उम्मेन, इहसानुल हक, आनंद कुमार, सतीष जैन, वागीश शुक्ल, मैनेजर पाण्डेय, अभिजीत पाठक, एस. के. भट्टाचार्य, रबीन्द्र रे, अश्विनी कुमार, ओमप्रकाश सिंह, उदय सहाय, दीपेन्द्र पाठक, अरविन्द शंकर, राकेश कपूर एवं मिथिलेश त्रिपाठी जैसे व्यक्तियों से हुई अनौपचारिक चर्चाओं में निहित है। इस पुस्तक के लेखन में मेरे पिताजी पं. नवलकिशोर शर्मा का मार्गदर्शन भी प्राप्त हुआ है।

भारतीय संस्कृति भौगोलिक या राजनीतिक-भौगोलिक अर्थ में 'भारतीय' नहीं है। यह भू-सांस्कृतिक अर्थ में 'भारतीय' है। भारत के सभी निवासी इसमें आस्था नहीं रखते। दूसरी ओर, भारत के बाहर रहने वाले कई लोगों की इस संस्कृति में आस्था एवं विश्वास है। भारतीय संस्कृति में कई उपासना पद्धतियाँ स्वीकृत हैं, फलस्वरूप भारतीय संस्कृति के साझीदार कई सम्प्रदायों एवं कई समुदायों के लोग हैं। इसी तरह, भारत में रहने वाले कुछ लोग अन्य संस्कृतियों के भी हिमायती हैं। इन कुछ लोगों में पश्चिमी शिक्षाप्राप्त बुद्धिजीवियों की एक जमात प्रमुख है जो विभिन्न कारणों से भारतीय संस्कृति से खुद को जोड़ नहीं पाती। भारतीय संस्कृति उन्हें उपहास और नफरत करने लायक चीज नजर आती है। ये लोग भारतीय संस्कृति को प्राचीनता से जोड़कर समकालीन समय में इसे अप्रासंगिक मानते हैं।

ऐसे विद्वानों की राय के विपरीत इस पुस्तक की स्थापना है

कि भारतीय संस्कृति को उसके अतीत से नहीं, उसकी समकालीनता या वर्तमानता से पहचानना अधिक जरूरी है। अंग्रेजी में जिसे 'कम्पोजिट कल्चर' कहते हैं उसे सामासिक संस्कृति कहने का चलन बढ़ रहा है। भारतीय लोग समास शब्द का अर्थ व्याकरण पढ़ने के क्रम में सीखते हैं। व्याकरण में समास का अर्थ घटकों का योग नहीं होता, घटकों से एकदम अलग होता है। समास का प्रयोजन है घटकों की भूमिका को कम करना, गौण बनाना। दूसरी ओर, 'कम्पोजिट कल्चर' को सामान्यतः घटकों का जोड़ माना जाता है। अंग्रेजी राज में भारतीय संस्कृति को हिन्दू संस्कृति, मुस्लिम संस्कृति, बौद्ध संस्कृति, जैन संस्कृति, सिक्ख संस्कृति, ईसाई संस्कृति और जनजातीय संस्कृति का जोड़ मानने की रणनीति शुरू हुई। उपनिवेशवादी विद्वानों ने इस प्रवृत्ति को व्यवस्थित अभियान के तहत संस्थाबद्ध किया। इसके बावजूद भारतीय समाज में अपनी संस्कृति की पारंपरिक समझ न सिर्फ बची हुई है बल्कि फल-फूल रही है। प्रस्तुत पुस्तक भारतीय संस्कृति के इसी पारंपरिक स्वरूप के बारे में है।

पारंपरिक भूगोल के अनुसार भारतवर्ष सप्तद्वीपा वसुन्धरा के अन्तर्गत जम्बूद्वीप का एक वर्ष अथवा अंग है। इसके उत्तर में हिमालय और दक्षिण में लवण-समुद्र है। यह भोगभूमि होने पर भी विशेषतः कर्मभूमि है। शीत, ग्रीष्मादि षड् ऋतुओं का संबंध तथा विभिन्न प्रकार के धर्मों का परस्पर समन्वय एकमात्र भारतवर्ष में ही दृष्ट होता है। प्रसुप्त शक्तियों के विकास के लिए यह स्वाभाविक क्षेत्र है। भारतीय संस्कृति की गहराई, व्यापकता, विरोध-समन्वय-सामर्थ्य और सर्वतोमुख विकास के प्रति प्रतिबद्धता अतुलनीय है। इस संस्कृति की प्रत्येक विद्या, प्रत्येक कला, प्रत्येक शास्त्र तथा प्रत्येक वृत्ति का उद्देश्य मोक्ष, निर्वाण या कैवल्य है।

भारतीय संस्कृति की सबसे प्रमुख विशेषता कथनी एवं करनी में अद्वैत का आग्रह है। भारतीय संस्कृति ने किसी विचारधारा के आगे कभी समर्पण नहीं किया, न ही किसी वस्तु को इस दृष्टि से

आत्मसात् किया कि उस वस्तु का नामोनिशान न रहे। भारतीय संस्कृति ने विविधता तथा अनेकरूपता को बराबर आदर एवं प्रश्रय दिया है। देश के अंदर एवं बाहर कहीं भी इसने अपने आप को आरोपित नहीं किया है। हाँ, इसने प्रत्यारोपण जरूर किया है। जैसे इसने सरकंडे को गन्ने के रूप में प्रत्यारोपण के द्वारा विकसित कर सरकंडे में रस भरा। इसने जंगली धान्य को शालि के रूप में विकसित कर उसमें सुगंध दिया। इसने जंगली आम की कलम बनाकर सहकार का विकास किया, उसमें गंध और रस दोनों भरा। इसी तरह, काफी पहले भारतीय मूल के व्यक्ति आज के मध्य वियतनाम के चंपा नगर में पहुँचे। वे कौंडिन्य गोत्र से संबंधित थे। उन्होंने एक स्थानीय नागी नाम की कन्या से विवाह किया, और वहीं के हो गए। उनके साथ रामायण एवं महाभारत भी वहाँ रच-बस गया और कालांतर में उनके रूपांतर भी हुए। उन्होंने खुद को चंपा में प्रतिरोपित कर लिया। चंपा के मूल निवासियों की कला तथा उस कला के अभिप्राय को उन्होंने नष्ट नहीं किया, बल्कि उन्हें नई जमीन दी।

भारतीय संस्कृति का एक प्रतीक बरगद है। इसका विकास ऊपर की शाखाओं में तो होता ही है, यह शाखाएँ नीचे भी फेंकता है। भारतीय संस्कृति एकमूल संस्कृति नहीं, अनेकमूल संस्कृति है। यह मूल सहित उखड़कर भी नष्ट नहीं होती। कबीर के शब्दों में यह 'मरजीवा' है; तांत्रिकों के शब्दों में 'छिन्नमस्ता' है; वैष्णव भक्तों के शब्दों में 'दरददीवानी' है, गीता के शब्दों में यह 'ब्रह्महवि' है। इसमें जीने की अदम्य आकांक्षा है। भारतीय संस्कृति सदाजीवा दूब की तरह रसगर्भा है। गरमी (संकट-काल) में एकदम सूख जाती है, पर मरती नहीं। पानी पड़ते ही जी उठती है। सदाजीवा को लोकसंस्कृति में दूब कहा जाता है। हर अनुष्ठान में इसका उपयोग किया जाता है। भारतीय संस्कृति के प्रमुख प्रतीकों में गाय, जल, सूर्य, माँ, सदाजीवा दूब और बरगद वृक्ष की चर्चा की जा सकती है। कमल की चर्चा की जा सकती है। बर्तनों में बारहगुणा (बरहगुना) की चर्चा की जा

सकती है। अंग-वस्त्रों में अंगोछा या गमछी की चर्चा की जा सकती है। भारतीय संस्कृति में बरहगुना, गमछी या गाय का गोबर या दलान (बैठक) बहुआयामी एवं बहुउपयोगी वस्तुओं का प्रतीक हैं। भारतीय संस्कृति में एक ही चीज का बहुत लोगों द्वारा, बहुत तरह से, बहुत बार उपयोग करने की प्रवृत्ति रही है। फलस्वरूप भारतीय संस्कृति में नये शिल्प एवं तकनीक के प्रयोग से पहले इसमें सरलता, बहुआयामी और निरंतर उपयोग की संभावना तथा आर्थिक एवं प्राकृतिक दृष्टि से बहुसंख्यक लोगों के लिए लाभदायक होने का गुण देखा जाता है। हमारी परंपरा में तकनीक में परिवर्तन बहुत सोच-समझ कर किया जाता है। हमारे यहाँ प्रयोग एवं परिवर्तन का मानक लोकमंगल तथा धर्मरक्षण रहा है।

भारतीय संस्कृति के केन्द्र में मनुष्य नहीं है। भारतीय संस्कृति के केन्द्र में एक वैश्विक दृष्टि है। भारतीय संस्कृति के केन्द्र में सनातन धर्म है, मानववादी विचारधारा नहीं। भारत में मनुष्य तन पाना गौरव की बात मानी जाती है। भाग्यवान को मनुष्य तन मिलने की बात हमारी संस्कृति में अक्सर सुनने को मिलती है, लेकिन इसके बावजूद न तो मनुष्य इस ब्रह्मांड का केन्द्र है, न मनुष्येतर जीव केवल भोग्य हैं, और न मनुष्य इस संसार का भोक्ता है। संत रैदास के शब्दों में मनुष्य मात्र दीया की बाती है (प्रभु जी, तुम चंदन हम पानी; प्रभु जी, तुम दीया हम बाती)। भारतीय संस्कृति किसी महल की तरह जड़ रचना भी नहीं है। वह जल, दूब और सूर्य की तरह एक निश्चित गंतव्य की ओर चेतन एवं सतत यात्रा है। वह गंतव्य मोक्ष, निर्वाण, कैवल्य या आत्म-साक्षात्कार कहलाती है। हमारी संस्कृति में आत्म-साक्षात्कार और ब्रह्म-साक्षात्कार में गुणात्मक भेद नहीं, परिमाणात्मक भेद है।

ब्रह्म सत्य है और सत्य ब्रह्म है। सत्य एक शाश्वत आग है। उसमें बिना तपे सिद्धि नहीं मिलती। सत्य का अन्वेषण ही सत्य है। सत्य की प्रतीति या साक्षात्कार तीन मार्ग से संभव हैः (1) भक्तिमार्ग या निश्छल निष्कपट भाव से - शबरी, निषादराज (रामायण) और

गोपियाँ (श्रीमद्‌भागवत) सत्य-स्वरूप राम और कृष्ण को निश्छल भाव से साधते हैं। (2) ज्ञान मार्ग या कठोर तपस्या से - विश्वामित्र, वशिष्ठ, महावीर, बुद्ध, पतंजलि, गोरखनाथ जैसे ऋषि कठोर तपस्या के दौरान सत्य का साक्षात्कार करते हैं। (3) कर्म मार्ग या निर्ममता से या साक्षी भाव से भी सत्य का साक्षात्कार कर सकते हैं। भारत के अधिकांश नर-नारी इसी मार्ग से सत्य का साक्षात्कार करते हैं। युधिष्ठिर, कबीर, रैदास आदि ने इसी मार्ग के द्वारा सत्य की प्रतीति की थी। दरअसल भारत में भक्ति मार्ग की सगुण शाखा में निश्छल निष्कपट भाव की प्रमुखता होती है और भक्ति मार्ग की निर्गुण शाखा में साक्षी भाव से कर्म करने पर जोर होता है। इसके लिए निर्ममता से कर्तृत्व का अभिमान कुचलना पड़ता है। सत्य की प्रतीति के बाद या तो अपार करुणा की अभिव्यक्ति होती है या महान निर्ममता की। भगवान बुद्ध अपार करुणा की अभिव्यक्ति हैं तो योगिराज कृष्ण महान निर्ममता की अभिव्यक्ति हैं।

भारतीय संस्कृति का मूल आधार सत्यं, शिवं, सुंदरम् की अवधारणा है। हमारे यहाँ सत्य ही शिव तत्त्व या परम तत्त्व माना गया है। उसे ही अंतिम अर्थों में सुंदर भी माना गया है। असत्य थोड़ी देर के लिए सुन्दरता का भ्रम फैला सकता है लेकिन सनातन सुन्दरता केवल सत्य में ही होती है। भारत में आम लोग इस अवधारणा को भारतीय संस्कृति के मूल वाक्य के रूप में प्रस्तुत करते रहे हैं लेकिन रामचंद्र शुक्ल एवं विद्यानिवास मिश्र जैसे कुछ विद्वानों ने इस पर असहमति जतायी है। विद्यानिवासजी ने एक जगह लिखा है कि 'यह बात ऐतिहासिक दृष्टि से तो गलत है ही, क्योंकि यह उन्नीसवीं शताब्दी की पश्चिमी अवधारणा का अनुवाद है। भारतीय सांस्कृतिक परंपरा में यह त्रिपुटी कहीं नहीं मिलती। यह बात तत्त्वतः भी बहुत भ्रामक है। भारतीय परंपरा में सत् चित् आनंद की बात आती है; अस्ति, भाति और प्रियं की बात आती है। सत्य, दान, दया और तप की बात आती है। सत्य समेत पंचशीलों की बात आती है। सत्य, अहिंसा और अपरिग्रह की बात आती है; पर सत्यं,

शिवं, सुंदरम् नाम की अजूबी वस्तु कहीं नहीं मिलती।' इस कठोर प्रतिवाद के साथ-साथ विद्यानिवासजी उसी जगह पर यह भी स्वीकारते हैं कि 'हजार बार सुन चुका और पढ़ चुका कि भारतीय संस्कृति का मूल आधार सत्यं, शिवं, सुंदरम् है।'

एक समाजशास्त्री के नाते मेरे लिए 'हजार बार सुनी और पढ़ी अभिव्यक्ति' को नजरअंदाज करना संभव नहीं है। कुछ अन्य विद्वानों ने इसे 'लाखों बार सुना और पढ़ा है।' कुछ अन्य लोगों को विद्यानिवासजी की अपनी अभिव्यक्ति 'सत् चित् आनंद' और 'सत्यं, शिवं, सुंदरम्' में तात्त्विक विरोध के बदले मात्र शाब्दिक विरोध नजर आया। यदि यह मान भी लिया जाये कि उद्गम की दृष्टि से 'सत्यं, शिवं, सुंदरम्' उन्नीसवीं शताब्दी की पश्चिमी अवधारणा का अनुवाद है तब भी पिछले 200 वर्षों में इसे भारतीय लोगों ने स्वदेशानुकूल करके 'सत् चित् आनंद' के ही अर्थो में अपना लिया है। खुद विद्यानिवासजी ने अपने लेखन में पश्चिम की कई अवधारणाओं का रचनात्मक प्रयोग किया है या पश्चिमी विमर्शों की प्रेरणा या दबाव में भारतीय संस्कृति के गौण तत्त्व को प्रधान एवं प्रधान तत्त्व को गौण बनाया है। इसको तर्कपूर्ण बनाने के लिए उन्होंने कभी शास्त्रों का सहारा लिया है और कभी लोकजीवन का सहारा लिया है। उनके प्रेरणा स्रोत आनंद कुमारस्वामी एवं स्टेला क्रैमिश्च रहे हैं। कुमारस्वामी को भारतीय विमर्श में स्थापित करने में विद्यानिवासजी का ए. के. सरण से ज्यादा योगदान रहा है। खुद कुमारस्वामी के लेखन पर विलियम मौरिस जैसे ईसाई कला विशारदों का प्रभाव कम नहीं है। कुमारस्वामी ने इसे छिपाया भी नहीं। उन्होंने तो साफ-साफ कहा कि आधुनिकता के मुकाबले दुनिया की हर परंपरा में स्वरूपात्मक सहधर्मिता है। पश्चिम की पारंपरिक अवधारणा का भारत की पारंपरिक अवधारणा में तर्कसंगत अनुवाद हो सकता है जबकि भारत की आधुनिक अवधारणा का भारत की पारंपरिक अवधारणा में तर्कसंगत अनुवाद नहीं हो सकता। अतः विद्यानिवासजी की उपरोक्त आपत्ति को नजरअंदाज करके यह कहा

जा सकता है कि 'सत्यं, शिवं, सुंदरम्' हर पारंपरिक समाज की मूल अवधारणा है। दुर्भाग्य से अखंड रूप में केवल भारतीय सभ्यता में पारंपरिक समाज एवं संस्कृति जीवंत है। अतः 'सत्यं, शिवं, सुंदरम्' भारतीय संस्कृति की मूल विशेषता कही जा सकती है।

मैं इस पुस्तक को अपनी पुस्तक 'हिन्द स्वराज की प्रासंगिकता' का पूरक ग्रंथ मानता हूँ। मैं इस पुस्तक में वर्णित तथ्यों, अभिव्यक्तियों एवं अवधारणाओं का मात्र संकलनकर्ता, प्रस्तुतकर्ता एवं संपादक हूँ। पश्चिमी अर्थों में मैं इस पुस्तक का मौलिक लेखक नहीं हूँ। इस पुस्तक की ज्यादातर अभिव्यक्तियाँ लोकजीवन एवं लोकसंस्कृति में प्रचलित वाक्यों का करीब-करीब हू-ब-हू संकलन है। इस तरह के संकलन-संपादन के प्रणेता वेद-व्यास माने जाते हैं। आधुनिक काल में भी इस प्रकार का संकलन कई लोग कर चुके हैं। उदाहरण के लिए, गोपीनाथ कविराज, परशुराम चतुर्वेदी, विद्यानिवास मिश्र, कुबेरनाथ राय, हजारीप्रसाद द्विवेदी, केदारनाथ सिंह, जानकी बल्लभ शास्त्री, ओशो रजनीश, राहुल सांकृत्यायन, रामचन्द्र शुक्ल इत्यादि। उपरोक्त संकलनों को न सिर्फ मैंने देखा है बल्कि जहाँ जरूरत पड़ी है मैंने उनका निःसंकोच सदुपयोग किया है। ज्यादातर संदर्भग्रंथों की (पुस्तक के अंत में) सूची दे दी गई है। लेकिन पुस्तक की प्रस्तुति को यथासंभव सरल एवं पठनीय बनाये रखने के लिए पाद-टिप्पणी या संदर्भिका की पश्चिमी शैली का सोच-समझ कर पालन नहीं किया गया है। वेद-व्यास के जमाने से हमारे यहाँ लेखन का उद्देश्य परंपरा की अभिव्यक्ति रही है। इस अभिव्यक्ति की बार-बार आवश्यकता इसलिए पड़ती है कि एक ओर तो यह परंपरा खुद पुनर्नवा है और दूसरी ओर परंपरा को आत्मसात् करने की दृष्टि से हर नई पीढ़ी की समस्याएँ भी कुछ हद तक नई होती हैं। फलस्वरूप नई पीढ़ी 'पुनः नई हुई' परंपरा का समकालीन संदर्भ में सांस्कृतिक हस्तांतरण चाहती है। इस पुस्तक का उद्देश्य भारतीय संस्कृति के जिज्ञासुओं को पारंपरिक संस्कृति के समकालीन स्वरूप की प्रतीति कराना है। इसकी दृष्टि सनातनी है और दायरा समाजशास्त्री।

कंप्यूटर के माध्यम से इसकी प्रस्तुति में प्रभात कुमार, नन्हें लाल एवं निशांत ने बहुत मेहनत की है। प्रूफ संशोधन में वन्दना, विवेकानंद एवं नागेन्द्रपति ने बहुत सहयोग किया है। परिवार के सदस्यों तथा घनिष्ठ मित्रों ने नैतिक समर्थन दिया है। कौटिल्य संस्थान, शाश्वत भारती, सोसाइटी फॉर इंडियन थॉट ऐण्ड ऐक्शन (सीता) एवं जे. एन. यू. के साथियों ने कई प्रकार से सहयोग किया है। कौटिल्य प्रकाशन के वागीश शुक्ल एवं अशोक मल्होत्रा के उत्साह के बिना इस पुस्तक का समय पर सुरुचिपूर्ण प्रकाशन संभव नहीं हो पाता। उम्मीद है भारतीय संस्कृति के स्वरूप को समझने में यह पुस्तक उपयोगी होगी। इसकी प्रस्तुति में जो त्रुटियाँ रह गई हैं उसके लिए क्षमा-प्रार्थी हूँ।

अक्षय तृतीया
संवत् 2063,
शाका 1926, रविवार
(30 अप्रैल, 2006)

अमित कुमार शर्मा
समाजशास्त्र विभाग
जवाहरलाल नेहरू विश्वविद्यालय
नई दिल्ली-110067
Email : amitjnu@icloud.com

भूमिका

भारतीय संस्कृति की मूल विशेषता

भारतीय संस्कृति मनुष्य के विचारों एवं व्यवहारों के प्रतिमान को इंगित करती है। इसके अंतर्गत मूल्य, विश्वास, आचार संहिता, राजनीतिक प्रतिमान तथा आर्थिक संगठन भी शामिल हैं। संस्कृति के ये तत्त्व एक पीढ़ी से दूसरी पीढ़ी तक औपचारिक एवं अनौपचारिक प्रक्रियाओं द्वारा हस्तांतरित किए जाते हैं।

संस्कृति समाज के सदस्य के रूप में हमारे विचार और कार्य (चिंतन एवं व्यवहार) के तरीकों का समुच्चय है। फलस्वरूप सामूहिक जीवन की समस्त उपलब्धियों को सम्मिलित रूप से संस्कृति कहा जाता है। लोकप्रिय दृष्टि से, संस्कृति के भौतिक पक्ष जैसे वैज्ञानिक एवं तकनीकी उपलब्धियों को सभ्यता कहा जाता है एवं समूह की उच्च अभौतिक उपलब्धियों को (जिसमें कला, संगीत, साहित्य, दर्शन, धर्म एवं विज्ञान के सिद्धांत शामिल हैं) विशिष्ट संस्कृति कहा जाता है।

सभ्यता समाज का संगठित पक्ष है जो संस्कृति की दशाओं का निर्माण करती है। संस्कृति इसी सभ्यता रूपी संगठन की उपज है जो भाषा, कला, दर्शन, धर्म, सामाजिक आदतों, प्रथाओं, आर्थिक संगठन एवं राजनीतिक संस्थाओं में अभिव्यक्त होता है।

संस्कृति एक व्यापक शब्द है जिसमें निम्नलिखित बातें सम्मिलित हैं:

1. व्यवहार के प्रतिमान एवं तरीके।
2. उत्पादन की तकनीक एवं प्रौद्योगिकी, सामाजिक संगठन, कला, विज्ञान, शिक्षा, स्वास्थ्य एवं अन्य सेवाओं के प्रोत्साहन के लिए बनी संस्थाएँ।

3. बुनियादी मुद्राओं, मूल्यों, विश्वासों, विश्वदृष्टियाँ इत्यादि जिनकी अभिव्यक्ति कला, संगीत, साहित्य, दर्शन एवं धर्म के माध्यम से होती है।

संस्कृति के अंतर्गत तकनीक, उपकरण, भौतिक वस्तुएँ, उपभोक्ता वस्तुएँ, गृह सज्जा एवं भवन निर्माण कलाओं, उत्पादन विधियों, व्यापार, वाणिज्य, युद्ध कला एवं अन्य सामाजिक गतिविधियों को शामिल किया जाता है। अभौतिक संस्कृति के अंतर्गत मानदंडों, मूल्यों, विश्वासों, मिथकों, अनुष्ठानों, साहित्य, कर्मकाण्ड, कला रूपों एवं अन्य बौद्धिक-साहित्यिक गतिविधियों को सम्मिलित किया जाता है। संस्कृति के दोनों पहलू सामान्यतः एक दूसरे पर निर्भर होते हैं। परन्तु कभी-कभी भौतिक संस्कृति में जल्दी परिवर्तन हो जाता है जबकि अभौतिक संस्कृति में काफी धीमी गति से परिवर्तन होता है।

भारतीय संस्कृति की अवधारणा

सामाजिक संरचना की दृष्टि से समाजशास्त्रियों द्वारा पारंपरिक भारतीय संस्कृति का संबंध मोटे तौर पर राजाओं, पुजारियों, साधुओं, मुनियों, संन्यासियों, भिक्षुओं, विद्वानों, धनपतियों एवं समृद्ध समूहों के साथ जोड़ा जाता है। परन्तु यह एक प्रकार के दृष्टि असंतुलन का उदाहरण है। पारंपरिक भारतीय संस्कृति की संरचना में सबसे प्रमुख स्थान गृहस्थ किसान या शिल्पकार का है। आचार्य नरेन्द्र देव ने संस्कृति को चित्त की खेती कहा है। पारंपरिक भारतीय संस्कृति को समकालीन संस्कृति विमर्श के दायरे में समझा ही नहीं जा सकता। समकालीन संस्कृति विमर्श के केन्द्र में यूरोपीय 'कल्चर' विमर्श का अतिरंजित प्रभाव है। अंग्रेजी शब्द 'कल्चर' और संस्कृत शब्द 'संस्कृति' में गुणात्मक अन्तर है। जर्मन विद्वानों ने 'कल्चर' शब्द की व्याख्या आधुनिक सभ्यता के पूँजीवादी संदर्भ को एकमात्र सभ्यता मानकर किया है। इस संदर्भ में 'कल्चर' का संबंध अभिजात संस्कृति से है। अभिजात संस्कृति पूँजीवादी उद्योगों का

एक कृत्रिम उत्पाद है। थियोडोर एडोर्नो तथा रेमण्ड विलियम्स जैसे विद्वानों ने इसी अभिजात संस्कृति को संस्कृति उद्योग के उत्पाद के रूप में विश्लेषित किया है। यह पश्चिम का दुर्भाग्य है कि इसने अपने समाज में आधुनिकता-पूर्व वाले सांस्कृतिक विरासत को बचाकर नहीं रखा। पश्चिम में परंपरा एक काल्पनिक वस्तु है जिसका समाज एवं संस्कृति में कोई वजूद नहीं है। इसका अस्तित्व केवल कला, साहित्य और सिनेमा में है परन्तु इस परंपरा का पश्चिम के समाज से कोई जीवंत रिश्ता न है, न हो सकता है। यह आधुनिकता से उकताये कुछ पश्चिमी कलाकारों, साहित्यकारों एवं संवेदनशील व्यक्तियों की काल्पनिक फैंटेसी, स्वप्न या यूटोपिया का उदाहरण है। ऐसे ही कुछ विद्वानों ने भारत जैसे पारंपरिक देशों को अपने रूमानी यूटोपिया की अभिव्यक्ति के रूप में पेश करना चाहा है। इस तरह की प्रस्तुति आज प्राच्यवाद या भारतविद्या के नाम से आधुनिक विश्वविद्यालयों में लोकप्रिय है। इसकी भारत में बढ़ती लोकप्रियता घातक है। यूरोप की तुलना में भारत की सभ्यता जटिल है। इसकी संस्कृति को समझने के लिए इसकी भाषा परंपरा को समझना आवश्यक है। इसके निवासियों की प्रथाएँ तथा रीति-रिवाजों को समझना आवश्यक है। इसकी विविधता के बीच इसकी एकता को समझना आवश्यक है। प्राचीन काल से लेकर आधुनिक काल तक, उत्तर भारत से लेकर दक्षिण भारत तक, पूर्वी भारत से लेकर पश्चिमी भारत तक, संस्कृत, पालि, प्राकृत, तमिल से लेकर समकालीन भारतीय भाषाओं और बोलियों तक, हिन्दू, जैन, बौद्ध, सिक्ख से लेकर मुसलमान, ईसाई, पारसी, यहूदी और प्रकृति पूजक भारतीयों के बीच तक भारतीय संस्कृति के स्वरूप में कुछ मूलभूत समानतायें हैं। ऊपरी मतभेदों, आवरण-भेद, अभिव्यक्ति-भेद के बावजूद कुछ समानतायें हैं। सबसे बड़ी समानता यह है कि भारतीय लोग संस्कृति को प्रकृति का संस्कार या परिष्कार मानते हैं। पश्चिम में प्रकृति को संस्कृति और सभ्यता का विलोम माना जाता है। फ्रायड से लेकर मार्क्स तक, हॉब्स से लेकर धार्मिक तत्त्ववादियों तक सभी

प्रकृति को खतरनाक, अव्यवस्थित, असभ्य, अधार्मिक, अदैवीय मानते हैं। इसको सभ्य समाज का शत्रु मानते हैं। आधुनिक पश्चिमी सभ्यता में प्रकृति और संस्कृति का अस्तित्व एक साथ संभव नहीं है। इसके विपरीत भारत में संस्कृति और प्रकृति के बीच न सिर्फ सहअस्तित्व संभव है बल्कि दोनों के बीच पूरकता है। पश्चिम में मनुष्य और प्रकृति के बीच एक अवधारणात्मक खाई है जबकि भारत में मनुष्य खुद प्रकृति का अंग है। मनुष्य और प्रकृति दोनों ईश्वरीय रचना हैं। संस्कृति उसी तरह मनुष्यों के चित्त का परिमार्जन करती है जिस तरह कृषि प्रकृति का दोहन करती है। कृषक उसी तरह जमीन या प्रकृति का दोहन करता है जिस तरह बछड़ा अपनी माँ (गाय) के दूध का दोहन करता है। इसी अर्थ में गाय भारतीय संस्कृति में पूज्य भी है और प्रतीक भी। उत्तर भारत के हिन्दीभाषी लोक में अक्सर कहा जाता है कि खुद कमाना और खाना प्रकृति है। दूसरों की कमाई खाना विकृति है। खुद कमाना, दूसरों को खिलाना और जो बचे उसे प्रसाद समझकर भक्ति भाव से खाना संस्कृति है। इस मानक पर फलदार वृक्ष एवं गाय सुसंस्कृत जीवों के सबसे महत्त्वपूर्ण उदाहरण हैं। माँ, सामान्य गृहिणी और गृहस्थ किसान इसके मानवीय उदाहरण हैं। इस संस्कृति का सर्वोत्तम विकास गाँव के लोक में होता रहा है। सिंधु घाटी की सभ्यता के दिनों से भारत में नगरों का निरंतर अस्तित्व रहा है लेकिन नगरों की भूमिका केन्द्रीय न होकर पूरक या सहयोगी क्षेत्र जैसी रही है। नगर या तो स्थानीय राजधानी रहे हैं या तीर्थस्थान या वाणिज्य-व्यापार के पारंपरिक व्यवस्था के स्थान रहे हैं। इन नगरों की प्रमुख भूमिका इन गाँवों एवं कृषि केन्द्रित पारंपरिक जीवन पद्धति का संरक्षण, संवर्धन एवं पोषण करना रही है। लोक कला, गीत, संगीत एवं नृत्य भारतीय संस्कृति के अभिन्न अंग के रूप में सामान्यतः गाँवों में ही फलते-फूलते रहे हैं। शिल्प भारतीय संस्कृति में उत्कृष्ट कला मानी जाती रही है। अंग्रेजी राज से पहले तक (यानि 1757 से पहले तक) इस पारंपरिक संस्कृति की संरचनात्मक बनावट में सभ्यतामूलक निरंतरता रही है। अंग्रेजी

राज में भारतीय संस्कृति के संरचनात्मक आधार में रूपांतरण होना शुरू हुआ। गाँवों, कृषि, गो-पालन, पारंपरिक शिल्प एवं पारंपरिक नगरों का महत्त्व गौण होने लगा और अंग्रेजों द्वारा विकसित महानगरों, उद्योग-धंधों, वाणिज्य-व्यापार, कोर्ट-कचहरी, अप्राकृतिक एवं असंतुलित विकास एवं राज्य संस्था का महत्त्व बढ़ने लगा।

आधुनिक काल के दौरान अंग्रेजों द्वारा अभिव्यक्त शास्त्रीय परंपरा तथा स्थानीय लोकपरंपराओं के बीच पहले जैसा सामंजस्य कायम नहीं रह पाया। पारंपरिक संतुलन को आधुनिकीकरण के कारकों तथा प्रक्रियाओं ने प्रभावित किया। आधुनिक सामाजिक शक्तियों ने शास्त्रीय तथा लोकपरंपराओं के संबंध को विघटित किया। शहरी क्षेत्रों में नये मध्यमवर्ग का विकास हो रहा है तथा यह वर्ग आधुनिक पश्चिम की शास्त्रीय परंपरा को अपनाने की कोशिश कर रहा है। मध्यमवर्ग की विश्व दृष्टि तथा अभिरुचियाँ लोकपरंपरा के वाहकों से मूल रूप से भिन्न हैं। ये लोग अधिकांशतः पश्चिमी सांस्कृतिक मूल्यों, प्रतिमानों, विचारों, अभिरुचियों एवं संस्थाओं के वाहक हैं तथा अंग्रेजी इनके लिए शास्त्रीय भाषा बन चुकी है।

सामान्यतः लोक तथा जनजातीय परंपराएँ तुलनात्मक रूप से राजनीतिक संरचना में होने वाले परिवर्तनों से अप्रभावित रही हैं। शास्त्रीय परंपराओं का महत्त्व राजनीतिक शक्ति संरचना में परिवर्तन के साथ कई बार बदलता रहा है, परन्तु लोक तथा जनजातीय परंपराएँ हमेशा जीवंत बनी रही हैं। पारंपरिक भारत में शास्त्रीय परंपराओं ने हमेशा ही लोक तथा जनजातीय संस्कृति को उचित स्थान तथा महत्त्व दिया है। परन्तु आधुनिक पश्चिम की शास्त्रीय सांस्कृतिक परंपराओं के वाहकों ने लोक तथा जनजातीय परंपराओं के प्रति कम सहिष्णुता दिखलाई है। ये लोग पारंपरिक संस्कृति को सामान्यतः आधुनिक संस्कृति की तुलना में पिछड़ा, बर्बर एवं अंधविश्वासी मानते हैं। ये लोग भारतीय संस्कृति के सभी तत्त्वों एवं धाराओं का आधुनिकीकरण तथा पश्चिमीकरण करने की कोशिश

करते हैं। आजकल पश्चिमीकरण, औद्योगीकरण, नगरीकरण, वैश्वीकरण तथा जनतंत्रीकरण जैसी प्रक्रियाएँ भारतीय संस्कृति के विभिन्न पक्षों को प्रभावित कर रही हैं। परन्तु आधुनिकता एवं पंथ निरपेक्षता की ये शक्तियाँ भी भारतीय संस्कृति की परंपरागत धार्मिक जड़ों को पृथक नहीं कर पायी हैं। समकालीन भारतीय संस्कृति के शास्त्रीय तथा लोकप्रिय दोनों रूपों में पारंपरिक संस्कृति के कुछ पहलुओं का रचनात्मक सात्मीकरण हो चुका है।

पारंपरिक भारतीय संस्कृति की मुख्य विशेषताएँ

पारंपरिक भारतीय संस्कृति अपने संतुलित दृष्टिकोण एवं लोकमंगल के प्रति अपने सर्वोपरि आग्रह के कारण सार्वभौमिकता, अन्त्योदय, सर्वोदय, परोपकार, लचीलापन, उदारता, सरलता तथा सादगी जैसे मूल्यों को प्रोत्साहित करती है। भारतीय संस्कृति की कुछ मुख्य विशेषताएँ जो विभिन्न जातियों, जनजातियों, नृजातीय समूहों, धार्मिक समूहों एवं सम्प्रदायों में समान रूप से पायी जाती हैं, निम्नलिखित हैं:

1. **वैश्विक दृष्टि** – भारतीय संस्कृति के ढाँचे में मानव प्राणी को ईश्वर जनित जगत की अवधारणा के संदर्भ में समझा जाता है। यह दृष्टि मनुष्य केन्द्रित न होकर सृष्टि की सभी सजीव एवं निर्जीव रचना को ईश्वरीय अभिव्यक्ति मानती है। इसलिए यह ईश्वरीय योजना का सम्मान करती है तथा सह–अस्तित्व के आदर्श को प्रोत्साहित करती है। यह दृष्टि मनुष्य, प्रकृति तथा ईश्वर को एक ही एकात्मक पूर्णता के आयाम के रूप में संयोजित करती है। यह दृष्टि सत्यं, शिवं, सुन्दरम् के आदर्श में प्रतिबिंबित होती है।
2. **सामंजस्य** – भारतीय दर्शन तथा संस्कृति आंतरिक सामंजस्य एवं व्यवस्था प्राप्त करने तथा इन सब का पूरे विश्व तक विस्तार करने की कोशिश करती है। भारतीय संस्कृति की मान्यता है कि प्राकृतिक वैश्विक व्यवस्था ही नैतिक तथा

सामाजिक व्यवस्था का मार्गदर्शन करती है। आंतरिक सामंजस्य बाहरी सामंजस्य का आधार है। आंतरिक सामंजस्य के आधार पर स्वाभाविक रूप से बाहरी व्यवस्था तथा सौन्दर्य का विकास होता है। भारतीय संस्कृति भौतिकता एवं आध्यात्मिकता के बीच सामंजस्य स्थापित करने की कोशिश करती है। इस सामंजस्य की अभिव्यक्ति 'पुरुषार्थ' की अवधारणा में होती है।

3. **सहिष्णुता** - भारतीय संस्कृति यथार्थ के बहुआयामी पक्ष को स्वीकार करती है तथा दृष्टिकोणों, व्यवहारों, प्रथाओं एवं संस्थाओं की विविधता का स्वागत करती है। यह एकरूपता के विस्तार के लिए विविधता के दमन की कोशिश नहीं करती। भारतीय संस्कृति का आदर्श-वाक्य 'अनेकता में एकता' एवं 'एकता में अनेकता' दोनों है।

4. **कर्त्तव्य पर बल** - अधिकार की तुलना में भारतीय संस्कृति धर्म या नैतिक कर्त्तव्य पर बल देती है। यह माना जाता है कि अपना अधिकार मांगने की तुलना में अपना कर्त्तव्य निभाना ज्यादा महत्त्वपूर्ण है। यह अपने कर्त्तव्य और दूसरों के अधिकार की पूरकता पर बल देती है। इस तरह, सामुदायिक या पारिवारिक कर्त्तव्यों पर बल देकर, भारतीय संस्कृति व्यक्तिगत स्वतंत्रता एवं स्वायत्तता की जगह परस्पर निर्भरता को प्रोत्साहित करती है।

5. **आत्मोत्सर्ग एवं बलिदान** - भारतीय संस्कृति उन लोगों का सम्मान करती है जो दूसरों के सुख के लिए व्यक्तिगत हितों का बलिदान करते हैं। महर्षियों, संतों तथा संन्यासियों को राजाओं एवं व्यापारियों से हमेशा ऊँचा माना जाता है। भारतीय संस्कृति नायक के रूप में शहीदों को हमेशा ही राजाओं एवं व्यापारियों से अधिक महत्त्व देती है।

6. **निरंतरता के दायरे में परिवर्तन** - भारतीय संस्कृति ने हमेशा निरंतरता के दायरे में ही परिवर्तन को पसंद किया है। यह

क्रमिक परिवर्तन या सुधार की पक्षधर रही है। यह आकस्मिक या क्षणिक परिवर्तन को प्रोत्साहित नहीं करती है। इसी कारण, अधिकांश वैचारिक परिवर्तन के क्रम में मौलिक चिन्तन में बदलाव के बदले नए और पुराने के बीच समन्वय को वरीयता दी जाती है न कि पुराने को बदल कर नए को स्वीकार करने पर जोर दिया जाता है।

7. **संयुक्त परिवार का आदर्श** – विवाह के स्तर पर भारत में काफी विविधता है परन्तु परिवार के स्तर पर आश्चर्यजनक समानता है। उदाहरण के लिए संयुक्त परिवार का आदर्श या मूल्य करीब-करीब सभी भारतीय स्वीकार करते हैं। सभी व्यक्ति एक संयुक्त निवास स्थान में रहें यह आवश्यक नहीं है। लेकिन संयुक्त परिवार का आदर्श कायम रहता है। संयुक्त परिवार को भारतीय संस्कृति की पारिभाषिक विशेषता माना जाता है। भारतीय लोग व्यक्तिगत पहचान एवं पारिवारिक पहचान में अंतर करते हैं।

8. **कर्म का सिद्धांत** – ज्यादातर भारतीय मानते हैं कि एक व्यक्ति अपने कर्मों के फल भोगने से बच नहीं सकता। सामान्यतः यह विश्वास किया जाता है कि भाग्य का संबंध पुराने कर्मों से है।

9. **स्थानीय पंचांग एवं काल चक्र** – भारत के हर क्षेत्र एवं भाषा-समूह में स्थान एवं समय को समझने एवं अपने सांस्कृतिक जीवन को गतिशील संतुलन देने के लिए लोक या स्थानीय भाषा में पंचांग का इस्तेमाल किया जाता है। इसका सैद्धांतिक आधार तो भारतीय ज्योतिष विज्ञान है लेकिन व्यावहारिक आधार ऋतु चक्र परिवर्तन की पारंपरिक अनुभूति है। पंचांग एक ओर प्राकृतिक चक्र में परिवर्तन को पारंपरिक माह एवं ऋतु के क्रम में प्रस्तुत करता है तो दूसरी ओर सांस्कृतिक चक्र में परिवर्तन को संक्रांति, व्रतों एवं त्योहारों के क्रम में प्रस्तुत करता है। ग्रेगरी कैलेंडर का

इस्तेमाल मूल रूप से सरकारी कार्यालय एवं आधुनिक संस्थाओं के कार्य-व्यापार में होता है परन्तु धार्मिक, सांस्कृतिक एवं व्यक्तिगत जीवन में भारतीय लोग अपने समुदाय, क्षेत्र एवं भाषा-समूह अथवा सम्प्रदाय में लोकप्रिय पंचांगों का ही व्यवहार करते हैं। चैत्र (चैत), वैशाख (वैशाख), ज्येष्ठ (जेठ), आषाढ़ (अषाढ़), श्रावण (सावन), भाद्रपद (भादो), आश्विन (क्वार), कार्तिक (कातिक), मार्गशीर्ष (अगहन), पौष (पूस), माघ (माघ), फाल्गुन (फागुन) बारह महीने हैं। अलग-अलग पंचांगों में इन्हें अलग-अलग नाम से प्रस्तुत किया जाता है। परन्तु हर महीने का प्राकृतिक एवं सांस्कृतिक महत्त्व करीब-करीब समान ही रहता है। मुख्य रूप से तीन ऋतुएँ होती हैं - शीत ऋतु, ग्रीष्म ऋतु और वर्षा ऋतु। किन्तु आयुर्वेद में छः ऋतुओं की चर्चा है - वसन्त, ग्रीष्म, वर्षा, शरद, हेमन्त और शिशिर। ग्रीष्म और वर्षा काल के बीच की ऋतु प्रावृट कहलाती है। सामान्यतः चैत्र-वैशाख में वसन्त ऋतु, ज्येष्ठ-आषाढ़ में ग्रीष्म ऋतु, सावन-भादो में वर्षा ऋतु, आश्विन कार्तिक में शरद ऋतु, मार्गशीर्ष-पौष में हेमन्त ऋतु एवं माघ-फाल्गुन में शिशिर ऋतु माना जाता है। परन्तु प्रति दिन-रात में भी इन ऋतुओं की अनुभूति होती है। प्रातःकाल वसन्त, दोपहर में ग्रीष्म, सन्ध्या के समय वर्षा, आधी रात में शरद और सूर्योदय से पूर्व ब्रह्म मुहूर्त में हेमन्त ऋतु के लक्षण पाये जाते हैं। दोपहर बाद प्रावृट ऋतु पाया जाता है।

10. **योग एवं प्राकृतिक चिकित्सा** - भारतीय संस्कृति में योग, ध्यान, प्राणायाम एवं प्राकृतिक चिकित्सा का महत्त्व करीब-करीब हर समुदाय, हर क्षेत्र एवं हर भाषा समूह में एक आदर्श के रूप में स्वीकारा जाता है। व्यावहारिक स्तर पर हर व्यक्ति तो योग, ध्यान या प्राणायाम नहीं करता परन्तु वह इन्हें करने योग्य आदर्श व्यवहार अवश्य मानता

है। दूसरी ओर अधिकांश भारतीय लोग अस्वस्थ होने पर तुरंत डाक्टर के पास या अस्पताल जाने की बजाय पारंपरिक, घरेलू या प्राकृतिक चिकित्सा के द्वारा ही स्वस्थ होने की कोशिश करते हैं ।

11. **नृत्य, गीत एवं संगीत** - भारतीय संस्कृति में जीवन की हर दशा, दिशा एवं स्वरूप की अभिव्यक्ति के लिए तदनुरूप नृत्य, गीत एवं संगीत का इस्तेमाल होता है। भारत में शायद ही कोई परिवार, जाति या समुदाय ऐसा हो जिसमें दुख एवं सुख, सफलता एवं असफलता, विवाह, जन्म एवं मृत्यु, ऋतु परिवर्तन एवं व्यावसायिक उपलब्धियों की अभिव्यक्ति बिना नृत्य, गीत या संगीत के की जाती हो। भारत में संगीत, गीत एवं नृत्य एक ओर मनोरंजन के सर्वप्रमुख माध्यम हैं तो दूसरी ओर जीवन की गहनतम अनुभूतियों एवं अभिव्यक्तियों के भी माध्यम हैं। भारतीय सिनेमा की सफलता, असफलता एवं कलात्मकता में भी गीत, संगीत एवं नृत्य की प्रमुख भूमिका रही है।

12. **अनेकता एवं बहुलता** - भारतीय संस्कृति में अनेकता या बहुलता को जीवन, विचार तथा प्रथाओं की स्वाभाविक स्थिति माना जाता है। अधिकांश भारतीय मानते हैं कि हर मार्ग, तरीके, प्रथा, परंपरा या पूजा-पद्धति से आत्म-साक्षात्कार एवं ब्रह्म-साक्षात्कार संभव है।

अध्याय 1

भारतीय संस्कृति में अनेकता में एकता

भारतीय समाज एवं संस्कृति की सर्वप्रमुख विशेषता इसके विभिन्न पक्षों के बीच अनेकता में एकता है। यही भारत की निजी पहचान है। भारत केवल राष्ट्र-राज्य नहीं है। राधाकुमुद मुखर्जी के अनुसार यह सभ्यतामूलक राष्ट्र है तथा भौगोलिक रूप से एक विशाल उप-महादेश है, जिसमें सदियों से समन्वय की प्रक्रिया चलती रही है। उत्तर से दक्षिण तथा पूरब से पश्चिम तक विभिन्न पृष्ठभूमियों के लोग आपस में घुलते-मिलते रहे हैं। उनकी संस्कृतियों के बीच आदान-प्रदान होता रहा है। भारत के अन्तर्गत जितनी सांस्कृतिक विविधता रही है वह अन्यत्र देखने को नहीं मिलती। इस अनेकता के बावजूद भारत में एकता रही है। भारतीय एकता का मूल स्वर इसके विभिन्न पक्षों की विविधताओं से संवर्धित होता रहा है।

धर्म, भाषा एवं रीति-रिवाजों की विविधता के अन्तर्गत इस विशाल देश में एक अद्भुत एकता रही है। प्राचीन काल से ही भारत में एकता के सूत्र एवं विचार देखने को मिलते हैं। भारतीय सभ्यता में एकता का स्वरूप मूलतः सांस्कृतिक एवं भौगोलिक रहा है। इस एकता का संवर्धन मध्यकाल एवं आधुनिक काल में भी होता रहा। अंग्रेजी राज के दौरान भारत में प्रशासनिक एकता पर ज्यादा जोर दिया गया, परन्तु स्वाधीनता आंदोलन ने सांस्कृतिक एकता के सूत्रों का संरक्षण एवं संवर्धन किया। स्वतंत्रता प्राप्ति के पश्चात् एक राष्ट्र के रूप में भारत में एकता के सूत्रों एवं तत्त्वों का युगानुकूलन किया गया।

भारत में अनेकता और एकता के आयाम ऐतिहासिक रूप से

पुनर्परिभाषित होते रहे हैं, परन्तु इसमें निरंतरता कायम रही है। राजनैतिक उठा-पटक एवं ऐतिहासिक परिवर्तन की शृंखलाओं के बीच इस देश की एकता का निरंतर बने रहना भारत की मौलिक विशेषता है। विद्वानों ने इसे भारत की एक आश्चर्यजनक उपलब्धि के रूप में रेखांकित किया है।

भारत के हर क्षेत्र एवं सामाजिक जीवन के विविध आयामों के बीच अनेकता में एकता देखी जा सकती है। उत्तर में हिमालय से लेकर दक्षिण में कन्याकुमारी तक, पश्चिम में कच्छ से लेकर पूरब में अरुणाचल तक भारतीय लोगों के बीच अनेकता और एकता दोनों पाए जाते हैं। अनेकता और एकता के बीच समन्वय स्थापित करने में भारतीय लोगों का सांस्कृतिक अनुभव ऐतिहासिक रूप से बहुत गहरा है। भारत में यह मान्यता रही है कि सत्य एक है, परन्तु हर व्यक्ति अपनी समझ, परिस्थिति एवं मान्यता के आधार पर उसकी अलग-अलग व्याख्या करता है। यह भी माना जाता है कि सत्य तक पहुँचने के कई रास्ते हैं। फलस्वरूप भारत में एकता के लिए एकरूपता को कभी आवश्यक नहीं माना गया। देश, काल और पात्र के आधार पर जीवन दृष्टियाँ एवं पद्धतियाँ फलती-फूलती एवं फैलती गई। बाहरी तौर पर ये एक-दूसरे से भिन्न दिखती हैं परन्तु इनके बीच भीतरी तौर पर एकता के सूत्र मजबूत रहे हैं।

यूरोपीय समाजशास्त्र किसी समाज में एकता के सूत्र भाषाई राष्ट्रीयता या राजनीतिक संप्रभुता के आधार पर खोजता रहा है। अतः एकता का प्राथमिक आधार राष्ट्र की सदस्यता माना जाता है। परन्तु कई भारतीय समाजशास्त्री इस मत से सहमत नहीं हैं। इनका कहना है कि भारत एवं दक्षिण एशिया में एकता का स्वरूप सभ्यतामूलक रहा है। इनका मानना है कि पूरे दक्षिण एशिया में सभ्यता के स्तर पर एकता है, परन्तु राष्ट्र-राज्य के रूप में यह सभ्यता आज भारत, पाकिस्तान, बंगलादेश, श्रीलंका और नेपाल के रूप में विभाजित है। परिवार, जाति, रीति-रिवाज एवं जीवन पद्धति जैसी सामाजिक संस्थाओं एवं परंपराओं के स्तर पर भारतीय

उपमहाद्वीप एवं दक्षिण एशिया के विभिन्न समाजों एवं राष्ट्र–राज्यों के बीच प्राचीन काल से मौलिक एकता रही है, जो आज भी काफी हद तक कायम है।

पारंपरिक भारत में एकता का एक महत्त्वपूर्ण स्रोत सांस्कृतिक संवाद, अंतःक्रिया एवं संचार रहा है। समाजशास्त्रियों ने भ्रमणशील साधु–संतों, व्यापारियों, कथा–वाचकों, शिल्पकारों, कारीगरों एवं अन्य कलाकारों जैसे कुम्हार, संगीतकार, नर्तक एवं नर्तकी की समन्वयकारी भूमिका को रेखांकित किया है। तीर्थाटन, मेले एवं सामाजिक–सांस्कृतिक त्योहारों जैसी संस्थाओं ने भी सांस्कृतिक एकता को बनाने–बढ़ाने में महत्त्वपूर्ण योगदान दिया है। इनके अलावा सामाजिक संरचना एवं अर्थव्यवस्था को बनाने वालों ने भी विभिन्न क्षेत्रों, समूहों एवं सांस्कृतिक परंपराओं के बीच संवाद एवं समन्वय के सूत्र जोड़ने में भूमिका निभाई।

सात्मीकरण के बिना भी समायोजन भारतीय सभ्यता की सुपरिचित विशेषता रही है। समायोजन एक सामाजिक प्रक्रिया है, जिसके अंतर्गत समाज के विभिन्न तत्त्व बिना अपना अस्तित्व खोये एकताबद्ध किए जाते हैं। दूसरी ओर, सात्मीकरण एकीकरण की ऐसी पद्धति है जिसमें समाज के विभिन्न तत्त्व अपने पुराने अस्तित्व या पहचान को भुलाकर नई सामाजिक पहचान में विलीन हो जाते हैं। भारतीय इतिहास एवं संस्कृति में सात्मीकरण पर ज्यादा जोर नहीं दिया गया है। नई पहचान पाने के लिए पुरानी पहचान मिटाना भारत में आवश्यक नहीं समझा जाता। अनेकता का समायोजन भारतीय समाज एवं संस्कृति की स्थापित विचारधारा रही है। विभिन्न सामाजिक एवं सांस्कृतिक कारकों ने इस एकतामूलक विचारधारा का संवर्धन किया है। भारतीय सभ्यता में स्थायित्व एवं व्यवस्था कायम रखने का काम राज्य की तुलना में सामाजिक, सांस्कृतिक, नैतिक एवं तकनीकी संस्थाओं एवं मूल्यों द्वारा होता रहा है। भारतीय सभ्यता में किसी भी तरीके से जीवन यापन करने की पर्याप्त स्वतंत्रता दी गई, परन्तु विभिन्न पारंपरिक जीवन पद्धतियों को एक सामाजिक आदर्श

के आधार पर श्रेणीबद्ध भी किया गया। फलस्वरूप भारत में एकता तो स्थापित हो गई परन्तु असमानता भी बनी रही।

अनेकता में एकता के कारक

भारत में अनेकता में एकता के निम्नलिखित कारकों की चर्चा की जा सकती है:

1. **भौगोलिक एवं जनसंख्यात्मक कारक** – भारत की सबसे महत्त्वपूर्ण विशेषता इसकी भौगोलिक एवं जनसंख्यात्मक स्थिति है। भौगोलिक रूप से भारत एक अटूट इकाई है, जो उत्तर से दक्षिण एवं पूरब से पश्चिम तक एक विस्तृत एवं स्वतंत्र भूखंड के रूप में फैला हुआ है। यह ग्रेट ब्रिटेन से चौदह गुणा एवं पूरे ब्रिटिश द्वीप से दस गुणा बड़ा है। भारत में हाड़ कंपा देने वाली ठंड से तपती गर्मी तक की विविधता देखने को मिलती है। सम-शीतोष्ण, उष्ण-कटिबंधीय एवं ध्रुवीय तीनों प्रकार की जलवायु भारत में पाई जाती है। शारीरिक बनावट एवं जनसंख्यात्मक पहलुओं में भी भारत में विस्मयकारी विविधता है। बनावट, त्वचा एवं आँख का रंग, ऊँचाई, सुन्दरता एवं व्यक्तित्व की दृष्टि से भारतीय लोगों का वर्गीकरण करना बहुत मुश्किल है। भारतीय लोगों ने भारतीय भू-भाग के अन्तर्गत भाषा, बातचीत, व्यवहार, रीति-रिवाज एवं मूल्यों, आदर्शों, संस्कारों एवं प्रतिमानों की दृष्टि से विविधता बनाए रखी है। विभिन्न भौगोलिक क्षेत्रों में फसलों एवं खाद्य पदार्थों की विशिष्ट किस्में उगाई जाती हैं। फलस्वरूप खान-पान से लेकर वस्त्र-विन्यास तक में क्षेत्रीय विविधता बहुत ज्यादा है। विभिन्न भौगोलिक क्षेत्रों में कला, शिल्प एवं तकनीकों का विकास भी एक जैसा नहीं है। भौगोलिक परिस्थितियों एवं जनसंख्यात्मक कारकों ने क्षेत्रीय संस्कृतियों के विकास में योगदान दिया है। भौतिक संस्कृतियों के विकास में तो भौगोलिक कारकों का योगदान है ही, रीति

रिवाज, पूजा पद्धति एवं सामाजिक संस्थाओं के विकास पर भी भौगोलिक कारकों का प्रभाव देखा जा सकता है। इस तरह भौगोलिक कारकों को विविधता का प्रमुख स्रोत माना जा सकता है।

परन्तु भूगोल एवं भौगोलिक कारकों ने भारत की एकता में भी महत्त्वपूर्ण भूमिका निभाई है। भारतीय एकता एवं भारतीयता की भावना को कायम रखने में भौगोलिक कारकों की भूमिका प्रभावशाली रही है। एक भू-भाग के रूप में भारत प्राकृतिक रूप से एक संपूर्ण इकाई रहा है। हिमालय जैसे दुर्गम पहाड़ एवं हिन्द महासागर जैसे विशाल समुद्र ने इसके चारों ओर एक शक्तिशाली सुरक्षा कवच बनाया हुआ है। इसकी सीमाएँ तुलनात्मक रूप से बहुत सुरक्षित रही हैं। इसकी आबादी की अधिकांश भौतिक जरूरतों की पूर्ति इसकी उपजाऊ जमीन, खानों, नदियों, पहाड़ों एवं जलाशयों से हो जाती है। इसकी प्राकृतिक सीमा के भीतर इस देश को बाँटने या इसकी सीमा का अतिक्रमण करने की अधिकतर राजनीतिक-सैनिक कोशिशें असफल रही हैं।

इसके विस्तृत भू-भाग ने भारतीय लोगों के मानस को दो तरह से प्रभावित किया है। भूदृश्य, जलवायु एवं जीवन की भौगोलिक परिस्थिति की विविधता ने भारतीय लोगों में अनेकता एवं भिन्नता की स्थिति को आसानी से स्वीकार कर लेने की प्रवृत्ति विकसित करने में मदद की है। दूसरी ओर, विस्तृत भू-भाग ने हर क्षेत्रीय संस्कृति को विघ्नरहित विकास एवं हर नये-पुराने समूहों में कम प्रतिस्पर्धा के साथ आंतरिक विकास के लिए भौगोलिक आधार प्रदान किया है। भौगोलिक एकता ने यहाँ के आर्थिक जीवन को भी प्रभावित किया है। देश के भौगोलिक आकार एवं जमीन की गुणवत्ता ने जनसंख्या एवं कृषियोग्य भूमि की क्रमिक वृद्धि एवं विकास को संभव बनाया है। भारत में चार से पाँच हजार

वर्षों तक अनवरत कृषि आधारित अर्थव्यवस्था का विकास एवं विस्तार हुआ है। भारतीय संस्कृति और कृषि पर निर्भर व्यक्तियों, परिवारों एवं समूहों में कुछ मौलिक समानताएँ पाई जाती हैं। ये समानताएँ आर्थिक, सामाजिक एवं सांस्कृतिक तीनों स्तरों पर हैं। कुछ लोग भारत की विशालता एवं विविधता में भौगोलिक एकता देखना भूल जाते हैं। पूरे देश में पूजास्थल, पवित्र स्थानों एवं ऐतिहासिक स्थलों के जाल द्वारा देश की एकता की स्थायी अभिव्यक्ति हुई है। विभिन्न धार्मिक समुदायों से जुड़े असंख्य पवित्र स्थलों, इमारतों एवं स्तूपों ने भौगोलिक एकता को सांस्कृतिक आयाम दिया है।

2. **धार्मिक कारक** - भारत के धार्मिक जीवन में भी काफी विविधता है। 2001 की जनगणना के अनुसार भारत में प्रमुख रूप से सात धार्मिक समुदाय पाए गए हैं। इनमें हिन्दू समुदाय के लोगों की संख्या सबसे ज्यादा है (करीब 80.5 प्रतिशत)। मुस्लिम समुदाय की आबादी दूसरे नम्बर पर है (करीब 13.4 प्रतिशत)। ईसाई मत मानने वालों की आबादी तीसरे नम्बर पर है (करीब 2.3 प्रतिशत)। सिक्ख लोगों की आबादी चौथे नम्बर पर है (करीब 1.9 प्रतिशत)। बौद्ध (करीब 0.8 प्रतिशत), जैन (करीब 0.4 प्रतिशत) तथा अन्य (जिसमें यहूदी, पारसी एवं प्रकृतिपूजक जनजातियाँ शामिल हैं) सबसे कम हैं (करीब 0.6 प्रतिशत)। आबादी में कम होने पर भी भारत के धार्मिक जीवन में इनका योगदान बड़े समुदायों से किसी मामले में कम नहीं है।

भारतीय समाज में धर्म के माध्यम से एकता एवं विविधता दोनों आती है। करीब-करीब सभी प्रमुख धर्म आंतरिक रूप से विभाजित हैं। जाति या जाति-सदृश समूह हिन्दू, मुस्लिम, सिक्ख एवं ईसाई सभी समुदायों में पाए जाते हैं। यदि समाज में केवल एक ही धार्मिक समुदाय के लोग हों

तो धर्म की भूमिका काफी समन्वयकारी होती है, परन्तु एक बहुधर्मी समाज में धर्म विवाद और संघर्ष का मुद्दा बन सकता है। पारंपरिक रूप से भारत में सभी धार्मिक समुदाय आपसी सद्भाव से रहते आए हैं। हाल के वर्षों में विभिन्न धर्मों एवं सम्प्रदायों के बीच सामुदायिक सद्भाव कुछ कम हुआ है।

किसी भी धर्म के सामान्यतः दो पक्ष होते हैं - आध्यात्मिक एवं लौकिक। सभी धर्मों के आध्यात्मिक पक्षों में बहुत समानता है। सभी धर्मों के अंतर्गत नैतिक आचरण एवं स्वार्थों के अतिक्रमण को रोकने पर जोर दिया जाता है। धर्म के इस पक्ष को व्यक्तिगत उपासना एवं आचरण का विषय माना जाता है। इसके विपरीत धर्म के लौकिक पक्ष का संबंध समूह की पहचान एवं संगठन की व्यवस्था से होता है। धार्मिक विश्वास एवं कर्मकाण्ड के द्वारा सामाजिक व्यवस्था कायम रखना पारंपरिक समाज में काफी उपयोगी होता है। भारत में न सिर्फ प्रचुर मात्रा में धार्मिक सद्भाव रहा है, बल्कि कुछ धार्मिक स्थलों का स्वरूप धीरे-धीरे साम्प्रदायिक न रहकर सभी धर्मावलंबियों के लिए श्रद्धा एवं उपासना का लोकप्रिय माध्यम हो गया है। इसी तरह कुछ धार्मिक उत्सवों को, एक खास समुदाय में उद्गम होने के बावजूद, अधिकांश समुदायों द्वारा मनाया जाता है। वाराणसी, मथुरा, बोधगया, अमृतसर, अजमेर शरीफ, तिरूपति एवं वैष्णोदेवी आदि ऐसे ही स्थान हैं। उदाहरणस्वरूप अजमेर शरीफ जैसे मुस्लिम धार्मिक स्थान में बहुत-से हिन्दू तीर्थयात्री भी अपनी श्रद्धा अर्पित करते हैं एवं बहुत सारे हिन्दू तीर्थस्थानों में अन्य धर्मावलंबी भी जाया करते हैं। इन धार्मिक स्थलों की अर्थव्यवस्था में अन्य धर्मावलंबी दुकानदारों एवं सेवा-टहल करने वालों की संख्या एवं भूमिका बहुत सराहनीय है।

भक्ति एवं उपासना के क्षेत्र में हिन्दू संतों एवं मुस्लिम सूफी संतों के बीच बहुत समानता एवं साझेदारी रही है।

दीपावली, दशहरा एवं होली जैसे त्योहारों एवं उत्सवों के दो पक्ष रहे हैं – कर्मकांडीय एवं सांस्कृतिक। इन त्योहारों का कर्मकांडीय पक्ष तो हिन्दुओं तक सीमित रहता है, परन्तु इसका सांस्कृतिक पक्ष करीब-करीब सभी समुदायों द्वारा मनाया जाता है। इसी तरह क्रिसमस एवं ईद-ऊल-फितर का कर्मकांडीय पक्ष भले ही ईसाइयों एवं मुसलमानों तक सीमित हो परन्तु इनके सांस्कृतिक पक्ष में अन्य समुदायों की भी भागीदारी होती है। कबीर, अकबर, दारा शिकोह एवं महात्मा गाँधी जैसे व्यक्तियों ने साझी विरासत एवं आपसी सद्भाव बढ़ाने में महत्त्वपूर्ण भूमिका निभाई है।

फारसी सूफी परंपरा ने भारत में आकर नया स्वरूप ग्रहण किया। रामानन्द एवं कबीर जैसे कवियों एवं धार्मिक उपदेशकों ने हिन्दुओं और मुसलमानों की उत्कृष्ट बातों को सराहा और कुरीतियों पर समान रूप से प्रहार किया। अवध तथा हैदराबाद के राजदरबारों में फारसी एवं राजपूताना की सांस्कृतिक परंपरा का समन्वय चित्रकला, काव्य, खान-पान एवं प्रेम आख्यानों में किया गया था। मुसलमानों ने हिन्दू प्रभाव में जाति का तत्त्व ग्रहण किया तो मुस्लिम प्रभाव में हिन्दू समाज ने पर्दाप्रथा को एक हद तक अपनाया।

इन समन्वयकारी भूमिकाओं के साथ-ही-साथ धर्म का दुरूपयोग मतभेद एवं संघर्ष को पोषित करने में भी किया गया। इस देश का भारत एवं पाकिस्तान के रूप में बँटवारा मूलतः धार्मिक-सांप्रदायिक आधार पर ही किया गया था। देश के बँटवारे के बाद भी सांप्रदायिकता की समस्या जब-तब सिर उठाती रही है। सांप्रदायिकता, जो घृणा एवं हिंसा को जन्म देती है, धार्मिक कट्टरवाद से जन्म लेती है। कट्टरवाद की प्रवृत्ति का जन्म तब होता है, जब लोग धर्म की आत्मा को भूल कर धर्म के बाहरी स्वरूप और अंधविश्वास को असली धर्म समझने लगते हैं। यह प्रवृत्ति

अज्ञान के साथ-साथ सोची-समझी शरारत की उपज है। सांप्रदायिक लोग राजनीतिक सत्ता और आर्थिक सुविधा पाने की अनाधिकार चेष्टा के तहत भोले-भाले धार्मिक लोगों की भावनाओं का शोषण सांप्रदायिक विभेद पैदा करने के लिए करते हैं।

3. **सांस्कृतिक कारक** - भारतीय संस्कृति की कहानी सतत विकास, समन्वय और संतुलित समृद्धि का अनुपम उदाहरण है। धर्म की तरह संस्कृति भी एकता के साथ-साथ विविधता बढ़ाती है। भारत की सांस्कृतिक एवं सामाजिक विविधता की रक्षा में शक्तिशाली साम्राज्यों एवं राज्यों की नीतियों की भी महत्त्वपूर्ण भूमिका रही है। मौर्य एवं गुप्त जैसे साम्राज्यों ने सामाजिक एवं सांस्कृतिक मामलों में समुदायों की स्वायत्तता एवं विविधता का आदर किया और राज्य शक्ति के दबाव में समरूपता स्थापित करने की कोशिश नहीं की। हालाँकि मध्यकाल में भारत के अधिकांश भागों में इस्लाम एक राजनीतिक प्रभुता संपन्न धर्म था, परन्तु इसने हिन्दू धर्म और इसकी संरचना को खत्म या गुणात्मक रूप से रूपांतरित करने की कोशिश नहीं की। हिन्दुओं ने भी जो इस देश में बहुत से मामलों में प्रभुत्वशाली रहे हैं, दूसरे समुदायों की संस्कृति, जीवनपद्धति, मूल्य, प्रतिमान एवं विश्वासों को दबाने या खत्म करने की कोशिश नहीं की। धीरे-धीरे विभिन्न समुदायों के बीच सांस्कृतिक आदान-प्रदान से एक साझी विरासत मजबूत होती रही है। परन्तु समुदायों ने अपनी स्वतंत्रता, सांस्कृतिक पहचान भी बनाए रखी है। भारतीय समाज अनगिनत जनजातियों, जातियों, उपजातियों, गोत्रों, पंथों, संप्रदायों, समूहों और समुदायों में बँटा हुआ है तथा इन सभी की अपनी जीवन शैली, जीवन आदर्श और सांस्कृतिक पहचान बनी हुई है।

विभिन्न समाजशास्त्रियों ने विभिन्न भौगोलिक क्षेत्रों में

रह रहे भारतीय लोगों में पाए जाने वाले रीति-रिवाजों, आदतों, मूल्यों, आदर्शों, प्रथाओं एवं प्रतिमानों को विस्तार से लिपिबद्ध किया है। भौतिक संस्कृति के तत्त्वों जैसे वेश-भूषा, भवन निर्माण एवं साज-सज्जा, कलाकारी, कारीगरी, शिल्प, खाद्य पदार्थों की उपज, निर्माण एवं खाद्य संस्कृति का अध्ययन करने पर भारत क्षेत्रीय विविधता का एक ज्वलंत उदाहरण नजर आता है।

भारत में एकता स्थापित करने एवं कायम रखने में यहाँ पाए जाने वाले धर्म, दर्शन, कला एवं साहित्य की बहुत महत्त्वपूर्ण भूमिका है। जाति एवं संयुक्त परिवार जैसी सामाजिक संस्थाएँ भारत के प्रत्येक क्षेत्र एवं कोने में लगभग सभी समुदायों में पाई जाती हैं। बहुत सारे त्योहार पूरे देश के लगभग सभी समुदायों की भागीदारी से मनाए जाते हैं। इन त्योहारों की संरचना भी पूरे देश में करीब-करीब एक जैसी है। मंदिरों एवं राजमहलों का वास्तु शिल्प, इनसे जुड़ी कलाएँ तथा सांस्कृतिक विन्यास भी पूरे देश में काफी हद तक एक जैसा है। इस सबसे एकता की भावना बढ़ती है। भारत में विभिन्न समुदायों के बीच मौलिक एकता होते हुए भी सांस्कृतिक विविधता को गौरवान्वित करने का प्रचलन पारंपरिक है।

4. **राजनीतिक कारक** – सामान्य मान्यता है कि एक सभ्यता के रूप में भारत की निरंतरता मूल रूप से सामाजिक एवं सांस्कृतिक कारकों द्वारा नियमित रही है और इसमें राज्य एवं राजनीतिक कारकों की भूमिका गौण रही है। यह भी कहा जाता है कि सामाजिक व्यवस्था एवं स्थायित्व कायम करने में राज्य की भूमिका की तुलना में सामाजिक एवं सांस्कृतिक संस्थाओं की भूमिका ज्यादा महत्त्वपूर्ण रही है। इस देश की विशालता एवं इस देश में पाई जाने वाली अनगिनत प्रकार की विविधताएँ, विषमताएँ एवं अनेकता के

कारण भारत में अखिल भारतीय साम्राज्य स्थापित करना संभव नहीं हो पाया है। फलस्वरूप इस देश के प्राचीन एवं मध्यकालीन इतिहास में अखिल भारतीय राजनीतिक एकता एक सामान्य विशेषता के रूप में दिखाई नहीं पड़ती।

परन्तु संपूर्ण देश को एक केन्द्रीय शासन के अन्तर्गत लाने का विचार भारत के महान शासकों एवं राजनेताओं में सदैव रहा है। इसी उद्देश्य को ध्यान में रखकर प्राचीन भारत के नरेशों ने 'चक्रवर्ती' की अवधारणा प्रस्तुत की। चन्द्रगुप्त मौर्य, अशोक, समुद्रगुप्त, विक्रमादित्य एवं हर्षवर्धन जैसे शासकों ने 'चक्रवर्ती' नरेश की अवधारणा को व्यवहार में जीने की कोशिश की। अकबर एवं जहांगीर जैसे कुछ मुस्लिम शासकों का सामाजिक-राजनीतिक योगदान भी राजनीतिक एकता की दृष्टि से सराहनीय था। अकबर की 'दीन-ए-इलाही' की अवधारणा एवं जहांगीर की न्यायप्रियता की चर्चा इस दृष्टि से की जा सकती है।

एक अर्थ में भारत कभी भी एक संगठित राजनीतिक इकाई के रूप में एक राज्य सरकार के अधीन नहीं रहा। अंग्रेजी राज के अन्तर्गत भी पूरे भारत का भौगोलिक-सांस्कृतिक क्षेत्र एक संगठित राजनीतिक इकाई नहीं था। अंग्रेजी राज सबसे शक्तिशाली इकाई अवश्य था पर उसी समय देश में करीब 600 देसी रियासतें भी थीं जो अधिकांश मामलों में स्वतंत्र एवं संप्रभु राजनीतिक इकाइयाँ थीं, जिनका अंग्रेजी राज से संबंध बराबरी का भले न हो पर अधीनता का भी नहीं था। अंग्रेजों ने एक शक्तिशाली केन्द्रीय सत्ता के रूप में रक्षा, विदेशी मामलों एवं कुछ आर्थिक मामलों में पूरे देश में एक प्रकार की राजनीतिक एकता स्थापित करने की कोशिश अवश्य की, पर ऐसी कोशिशें पहले भी होती रही हैं। स्वतंत्रता प्राप्ति के बाद भारत को राजनीतिक एवं प्रशासनिक दृष्टि से एक करने की एक बार

फिर कोशिश की गई परन्तु यह नहीं भूलना चाहिए कि तब तक देश का भारत और पाकिस्तान और बाद में पाकिस्तान और बंगलादेश के रूप में बँटवारा हो चुका था। इस प्रकार एक सभ्यता के रूप में संपूर्ण भारत राजनीतिक एवं प्रशासनिक दृष्टि से एक इकाई कभी नहीं रहा। इसकी एकता का असली आधार भू-सांस्कृतिक (भौगोलिक एवं सांस्कृतिक) ही रहा है। परन्तु स्वतंत्रता प्राप्ति के बाद भारत की एकता की सबसे प्रमुख अभिव्यक्ति एक राष्ट्र के रूप में होती है। यह संस्था जहाँ एक ओर स्वाधीनता आंदोलन की उपज है तो दूसरी ओर अंग्रेजी राज की संवैधानिक विरासत से भी प्रभावित है। आज देश में राजनीतिक एवं प्रशासनिक एकता है परन्तु इस देश में अनेक राजनीतिक दल एवं राजनीतिक विचारधाराएँ हैं। इस तरह, राजनीति इस देश की एकता एवं विविधता दोनों को प्रभावित करती है।

5. **भाषाई कारक** - भारत एक बहुभाषी राष्ट्र है। भाषा सांस्कृतिक विविधता एवं एकता का एक अन्य कारक है। यह सामूहिक पहचान और कभी-कभी सामूहिक संघर्ष में महत्त्वपूर्ण भूमिका अदा करती है। भारतीय संविधन में 18 भाषाओं की चर्चा हुई है। सभी महत्त्वपूर्ण भाषाओं की कई क्षेत्रीय उपभाषाएं एवं बोलियाँ हैं। उदाहरणस्वरूप, हिन्दी भाषा में अवधी, ब्रज, भोजपुरी, मागधी, बुन्देली, पहाड़ी, मालवी जैसी कई उपभाषाएँ तथा बोलियाँ हैं। भाषाविदों ने भारत में 179 भाषाएँ तथा 544 बोलियों की पहचान की है। इन भाषाओं और बोलियों को तीन भाषा परिवारों - इंडो आर्यन, द्रविड़ियन तथा मुंडारी में बाँटा गया है। इंडो आर्यन भाषा परिवार के अंतर्गत संस्कृत एवं अन्य उत्तर भारतीय भाषाएँ जैसे हिन्दी, बंगाली, उड़िया, मराठी, गुजराती, पंजाबी एवं इनकी बोलियाँ आती हैं। द्रविड़ियन भाषा परिवार के अन्तर्गत तमिल, तेलुगू, कन्नड़ एवं मलयालम आती हैं।

मुंडारी भाषा समूह के अन्तर्गत जनजातीय समुदायों की पारंपरिक भाषाएँ एवं बोलियाँ आती हैं।

मध्यकाल के दौरान फारसी, अरबी एवं उर्दू जैसी भाषाएँ भारत में लोकप्रिय हुईं। हिन्दुस्तानी भाषा के रूप में उर्दू एवं हिन्दी का विकास करीब-करीब एक ही समय एवं क्षेत्र में साथ-साथ हुआ। इन दोनों भाषाओं की लिपियाँ तो भिन्न हैं परन्तु इनके बीच बहुत अधिक समानताएँ हैं। मध्यकाल में अरबी तथा फारसी राजदरबार एवं राजकाज की भाषा के रूप में लोकप्रिय हुईं।

आधुनिक काल में अंग्रेजी ने राजदरबार तथा राजकाज की भाषा के रूप में उर्दू का स्थान ग्रहण किया हुआ है। स्वतंत्रता प्राप्ति के बाद हिन्दी को राष्ट्र-भाषा का दर्जा दिया गया परन्तु अंग्रेजी केन्द्रीय सरकार तथा न्यायालयों की भाषा बनी रही।

1835 के बाद से उच्च शिक्षा एवं शोध की भाषा के रूप में भी अब तक अंग्रेजी का महत्त्व बरकरार है। स्वतंत्रता प्राप्ति के बाद भी अंग्रेजी को दिए गए महत्त्व का प्रभाव एक ओर भारतीय भाषाओं एवं साहित्य पर पड़ा, दूसरी ओर सामाजिक संरचना एवं श्रम-विभाजन पर भी पड़ा। अंग्रेजी बोलने वाले प्रभावशाली वर्ग एवं भारतीय भाषा तथा बोलियाँ बोलने वाले लोगों के बीच का सामाजिक एवं आर्थिक विभाजन काफी स्पष्ट रहा है।

भारतीय संस्कृति की एकता एवं निरंतरता में भाषाओं की सराहनीय भूमिका रही है। यद्यपि भाषा एवं बोली की दृष्टि से भारत में बहुत अधिक विविधता रही है, परन्तु विचारों तथा विषयों की दृष्टि से इनकी अभिव्यक्तियों में मौलिक समानता रही है। व्याकरण की दृष्टि से भी इनकी संरचना में एकत्व रहा है। संस्कृत का प्रभाव उत्तर भारतीय भाषाओं पर तो है ही, दक्षिण की भाषाओं में भी संस्कृत के

बहुत से शब्द एवं मुहावरे पाए जाते हैं। अरबी, फारसी एवं अंग्रेजी के बहुत सारे शब्द विभिन्न भारतीय भाषाओं द्वारा अपना लिए गए हैं। समायोजन की प्रक्रिया विभिन्न संजातीय समूहों के बीच भारतीय साहित्य में भी होती रही है।

भाषाई विविधता के कारण प्रशासनिक एवं राजनीतिक समस्याएँ भी उठती रही हैं। भाषा की भूमिका सामुदायिक पहचान की अतिवादी व्याख्या एवं अलगाववादी राजनीति के पोषण में भी देखी गई है। विभिन्न काल खण्डों में भाषा के आधार पर विभिन्न समुदायों के बीच राजनीतिक ध्रुवीकरण एवं संघर्ष होते रहे हैं। परन्तु यह ध्यान देने योग्य है कि भाषा के आधार पर राजनीतिक ध्रुवीकरण या संघर्ष भाषाई विविधता के स्वाभाविक परिणाम नहीं हैं। इन ध्रुवीकरणों एवं संघर्षों का विकास आधुनिक काल के विशेष ऐतिहासिक परिप्रेक्ष्य में हुआ है।

स्वतंत्रता प्राप्ति के बाद भारत की भाषाई समस्या के केन्द्र में निम्नलिखित तीन मुद्दे थेः

(क) सरकारी भाषा की मान्यता का मुद्दा

(ख) अंग्रेजों द्वारा स्थापित प्रदेशों का भाषा के आधार पर पुनर्गठन का मुद्‌दा

(ग) पुनर्स्थापित राज्यों में अल्पसंख्यक भाषाओं की प्रस्थिति का मुद्दा

काफी विचार विमर्श के बाद हिन्दी को राज भाषा का दर्जा दिया गया, परन्तु संक्रमण काल के लिए अंग्रेजी का उपयोग जारी रखने का निर्णय हुआ। शुरू में इस संक्रमण काल को 15 वर्षों तक सीमित किया गया था। परन्तु सन् 1965 में अंग्रेजी को 'अतिरिक्त सहायक सरकारी भाषा' के रूप में केन्द्र सरकार एवं विभिन्न प्रदेश सरकारों के बीच काम-काज एवं बोल-चाल की भाषा के रूप में मान्यता दे दी गई। प्रमुख क्षेत्रीय भाषाओं का उपयोग संबंधित प्रदेशों में होने लगा और इनको अन्य राष्ट्रीय भाषाओं के रूप में भारतीय

संविधान की आठवीं अनुसूची में शामिल किया गया। यद्यपि हिन्दी देश के सरकारी कामकाज की भाषा है परन्तु 'अतिरिक्त सहायक सरकारी भाषा' अंग्रेजी ने अपनी शक्ति, प्रभाव और आकर्षण को बरकरार रखा है।

पारंपरिक भारत में एकता के तत्त्व

सांस्कृतिक एवं आर्थिक अंतःक्रिया तथा भौगोलिक गतिशीलता के कारण पारंपरिक भारत में एक अखिल भारतीय शैली का उदय हुआ है। भारत के विभिन्न क्षेत्रों के बीच अन्तःसंबंधित कड़ियों के तत्त्वों की संयुक्त शृंखला विकसित हुई। भारत में अखिल भारतीय संरचना के निम्नलिखित तत्त्वों को पहचाना जा सकता है:

1. भारतीय परंपरा में 'मार्गी' की अवधारणा और 'देसी' से इसका संबंध – मार्गी या शास्त्रीय संस्कृति की अवधारणा विभिन्न क्षेत्रों में समान रूप से स्वीकृत है जबकि देसी संस्कृति एक खास क्षेत्र की विशिष्ट पहचान है। मार्गी संस्कृति को संप्रेषित करने वाली भाषाओं में संस्कृत, प्राकृत, पालि एवं तमिल का प्रमुख स्थान है।
2. संस्कृत-ब्राह्मी लिपि भारतीय तथा भारतीय उपमहाद्वीप की भाषाओं और साहित्य के बीच संपर्क एवं संवाद का प्रमुख माध्यम रही है।
3. हर भाषा क्षेत्र में कृषक, कारीगर एवं विभिन्न प्रकार की विशिष्ट सेवा-प्रदान करने वाली जातियाँ पाई जाती हैं जो उस क्षेत्र के ग्रामीण समुदाय की रीढ़ होती हैं। इनके बीच पाए जाने वाले पारंपरिक संबंधों को जजमानी व्यवस्था कहा जाता है। शहरी क्षेत्रों में इसे उद्योग-व्यवसाय कहा जाता है। शहरी क्षेत्रों में प्रभुतासंपन्न जातियाँ बनिया (व्यापारी), शिल्पकार और अन्य जातियाँ जैसे ब्राह्मण और कायस्थ होते हैं।
4. प्रशासन एवं रक्षा से संबंधित संस्थाओं में गतिशील संतुलन

वर्तमान रही है। संगीत एवं नृत्य के घरानों जैसी सांस्कृतिक संस्थाओं में शिष्य/शिष्याओं, सहयोगियों, सहायकों एवं गायकों, वादकों की नियुक्ति पात्रता, प्रशिक्षण एवं अभिरुचि के आधार पर होती रही है। चिकित्सा, उच्च शिक्षा, धार्मिक पीठ, उपासना स्थल एवं धार्मिक सम्प्रदायों के अखाड़ों का चरित्र भी स्थानीय न होकर अखिल भारतीय मानदण्डों से नियंत्रित होता रहा है।

5. तीर्थयात्रा केन्द्रों ने भी अखिल भारतीय स्तर पर एकता बढ़ाने में महत्त्वपूर्ण भूमिका निभाई है। विभिन्न सांस्कृतिक अवसरों पर इन तीर्थ स्थलों में जाति-वर्ग एवं अन्य सामाजिक निषेधों का महत्त्व काफी हद तक कम हो जाता है। इन तीर्थ केन्द्रों में विभिन्न क्षेत्रों से आए लोगों में अन्तःक्रिया होकर अंतरंगता बढ़ती है जिससे सामाजिक-सांस्कृतिक सद्भाव एवं एकता बढ़ती है।

6. सांस्कृतिक पहचान के निर्माण में हर जाति एवं जनजाति में लोकप्रिय महापुरुषों, सन्तों एवं उनके मठों, आश्रमों की भूमिका होती है। विशिष्ट समुदायों से जुड़े होने के बावजूद इन मठों एवं आश्रमों की संरचना। समाज में एकत्व को बढ़ाने वाली साबित हुई है।

7. अखिल भारतीय स्तर के महाकाव्य, आख्यान एवं मिथकों का रूपान्तरण करीब-करीब हर क्षेत्र में पाया जाता है जिसके फलस्वरूप समान आदर्श एवं लक्ष्य का विकास होता रहा है। उदाहरण के लिए, पुरुषार्थ, ऋणों की अवधारणा, दान, व्रत, प्रायश्चित, जन्म एवं मृत्यु, विवाह आदि के अवसर पर संस्कारों की विधि का स्वरूप संरचना की दृष्टि से अखिल भारतीय रहा है।

8. पारंपरिक उत्तराधिकार कानून एवं अन्य सामाजिक रीतिरिवाज एवं परंपराओं में भी अखिल भारतीय स्तर पर काफी समानता एवं समरूपता रही है। दायभाग बंगाल में

एवं मिताक्षरा केरल एवं बंगाल को छोड़कर पूरे देश में लोकप्रिय रहा है।

9. अधिकांश भारतीय लोग स्वर्ग, नर्क (नरक), कर्मफल एवं भाग्य की अवधारणा में विश्वास करते हैं और जीवन-मरण के चक्र से मुक्त होकर मोक्ष, कैवल्य, संबोधि या मुक्ति की कामना करते हैं।

मध्यकालीन भारत में एकता के तत्त्व

मध्यकाल में जब यूरोप और मध्यपूर्व में असहिष्णुता एवं उत्कट अविश्वास एवं घृणा के कारण धार्मिक एवं सांप्रदायिक लड़ाई का बोलबाला था, तब भारत में विभिन्न धार्मिक समुदायों के बीच सापेक्षिक शांति एवं सद्भाव था। इसमें भारत की सहिष्णुता की परंपरा का हाथ तो था ही परन्तु अकबर और शिवाजी जैसे शासकों की भी महत्त्वपूर्ण भूमिका थी।

मध्यकालीन भारतीय समाज में इस्लाम ने नई स्थिति को पैदा किया। भारतीय परिस्थिति ने भी इस्लाम के अरबी, फारसी, तुर्की या मंगोल चरित्र में रूपान्तरण किया। इस देश के कुछ हिन्दुओं ने पूजा पद्धति एवं उपासना की दृष्टि से तो इस्लाम धर्म स्वीकार किया, लेकिन जाति, परिवार, दाम्पत्य, कर्म, भाग्य जैसे तत्त्वों को प्रत्यक्ष या अप्रत्यक्ष रूप से कायम रखा। दूसरी ओर इस्लामी शासन के अन्तर्गत हिन्दू धर्म, समाज एवं संस्कृति को भी रूपान्तरण की प्रक्रिया से गुजरना पड़ा। इस्लाम के प्रभाव से हिन्दू धर्म के अन्तर्निहित समानता के सिद्धांत को बल मिला और हिन्दू संस्थाओं की जगह व्यक्तिगत भक्ति एवं उपासना का सापेक्षिक महत्त्व बढ़ा। इसी प्रकार हिन्दू दर्शन के प्रभाव से इस्लाम में आध्यात्मिक तत्त्वों को प्रोत्साहन मिला। उदाहरण के लिए, दक्षिण भारत के नयनार संतों द्वारा शुरू किए गए भक्ति आंदोलन को इस्लाम तथा मुस्लिम प्रभाव के परिप्रेक्ष्य में उत्तर भारत में फैलाने में बल मिला। इसी तरह इस्लाम के आध्यात्मिक तथा उपासनात्मक पक्ष को हिन्दू धर्म दर्शन के

संपर्क से बल मिला। रामानन्द, कबीर, नानक, रहीम और दाराशिकोह आदि ने हिन्दुओं और मुसलमानों के बीच आपसी विश्वास और सौहार्द्र विकसित करने में महत्त्वपूर्ण भूमिका निभाई।

भाषा, संगीत तथा कला के क्षेत्र में मध्यकाल में एक नयी संस्कृति भी विकसित हुई। हिन्दी तथा उर्दू इसी साझी संस्कृति की उपज हैं। दोनों भाषाओं का आधार साझा है, शब्द-भंडार साझे हैं परन्तु इनकी लिपियाँ अलग हैं - देवनागरी तथा फारसी। संगीत तथा कला के क्षेत्र में हिन्दू तथा मुसलमान लोग साथ-साथ आए। उत्तर भारतीय हिन्दुस्तानी संगीत मुस्लिम राजदरबारों, हिन्दू मंदिरों एवं नर्तकियों के कोठों पर विकसित हुआ। हिन्दू गायकों ने मुस्लिम राजदरबार में तथा मुस्लिम भजन गायकों ने हिन्दू मंदिरों में भजन गाए। राधा-कृष्ण एवं गोपियों के गीत हिन्दू एवं मुस्लिम गायक-गायिकाओं के बीच समान रूप से लोकप्रिय रहे हैं।

मध्यकाल की भवन-निर्माण कला में भी हिन्दू मुस्लिम तत्त्वों का मिश्रण देखने को मिलता है। अकबर के शासन काल में तुर्की एवं फारसी अवधारणाओं तथा भारतीय शैलियों के बीच सम्मिश्रण किया गया। जहांगीर के शासनकाल में हिन्दू प्रभाव कुछ और बढ़ा। सिकन्दरा में अकबर के मकबरे में मुस्लिम मेहराबों तथा गुम्बदों के बावजूद सामान्य प्रतिमान पर बौद्ध विहारों एवं महाबलीपुरम के रथों का प्रभाव बड़ा स्पष्ट है। फतेहपुर सीकरी की मस्जिद पर जैन प्रभाव पाया गया है। मुगलकालीन भवन-निर्माण कला की विशेषताओं में अपना नयापन है जो न तो पारंपरिक फारसी शैली है और न ही भारतीय शैली से लिया गया है।

मध्यकालीन पेन्टिंग में भी तुर्की-ईरानी शैली एवं पारंपरिक भारतीय शैली का सम्मिश्रण देखने को मिलता है। अकबर ने अपने दरबार में प्रोत्साहन देने के लिए एक अकादमी स्थापित की जिसमें हिन्दू और मुस्लिम कलाकार साथ-साथ काम करते थे। जहांगीर ने न सिर्फ कला का संरक्षण किया बल्कि वह खुद भी एक कलाकार था। उसके राज में चित्रकला अपने चरमोत्कर्ष पर पहुँची।

आधुनिक भारत में एकता के तत्त्व

औपनिवेशिक काल में विभिन्न कारकों ने भारतीय समाज की संरचना में महत्त्वपूर्ण परिवर्तन किए। भारतीय सभ्यता की पारंपरिक रूपरेखा के अंतर्गत एकता के सूत्र कमजोर होते गए। औपनिवेशिक शासकों द्वारा शुरू किए गए आधुनिक शिक्षण से भारतीय संस्कृति में पश्चिमीकरण की प्रक्रिया शुरू हुई।

स्वतंत्रता आंदोलन (1857–1947) ने भारतीय समाज में एकता का नया स्रोत विकसित किया। भारतीय समाज में समन्वय बढ़ाने में धीरे-धीरे राष्ट्रवाद एवं राष्ट्रीयता की भावना की भूमिका धर्म एवं संस्कृति की तुलना में ज्यादा प्रमुख होती गई। 1947 में देश के बँटवारे के बावजूद भारतीय एकता के आधार के रूप में स्वाधीनता आंदोलन की भावना अभी भी विद्यमान है।

स्वतंत्रता प्राप्ति के बाद राष्ट्र और इसकी विभिन्न इकाइयाँ भारत की एकता को बढ़ाने के स्तंभ बन गए। भारतीय संविधान ने भारत की एकता को और बढ़ाने के लिए उसे समानता, भ्रातृत्व, पंथ-निरपेक्षता एवं न्याय जैसे मूल्यों के साथ जोड़ दिया है। समकालीन भारत में एकता के प्रमुख स्तंभ निम्नलिखित हैं:

1. **भारतीय संविधान** - अपनी सीमाओं के बावजूद यह आज भारत में एकता का सबसे मौलिक स्रोत है। अधिकांश भारतीय इसकी मौलिक रूपरेखा को एकता का आधार-स्तंभ मानते हैं।
2. **भारतीय संसद** - यह भारतीय राष्ट्र-राज्य की वह इकाई है जो राष्ट्रीय स्तर पर विधियों या विधेयकों का निर्माण करती है। संसद के प्रतिनिधियों का चुनाव आम जनता द्वारा होता है। हर वयस्क नागरिक इस चुनाव में अपने मत द्वारा निर्णायक भूमिका अदा करता है। भारतीय संसद के चुनाव की प्रक्रिया में अभी भी काफी अपूर्णता है। इसके बावजूद काफी हद तक यह लोगों की इच्छाओं का प्रतिनिधित्व करता है।

3. **राष्ट्रपति** – औपचारिक रूप में भारत सरकार के मुखिया राष्ट्रपति हैं, परन्तु वे प्रधानमंत्री के नेतृत्व में एक मंत्री–परिषद् की राय से शासन चलाते हैं। 1989 के बाद से इस देश के प्रधानमंत्री अनेक दलों और अनेक गुटों के दबाव में शासन चलाते हैं। इसके बावजूद देश की एकता एवं अखंडता के मुद्दे पर भारत सरकार को पूरे देश का समर्थन निरन्तर मिलता रहा है।

4. **न्यायपालिका** – इस देश की जनता को न्यायपालिका कानूनी संरक्षण देती है। राष्ट्रीय, प्रांतीय एवं स्थानीय स्तर पर न्यायपालिका एक स्वायत्त संगठन है तथा यह भारत के संविधान की परिरक्षक है। जब से इस देश की सरकार पर गठबन्धन की राजनीति का दबाव बढ़ा है तब से संविधान–सम्मत निर्णयों को सुनिश्चित कराने के लिये न्यायपालिका को चाहे–अनचाहे ज्यादा सक्रिय होना पड़ा है। कुल मिलाकर स्वायत्त और सक्षम न्यायपालिका आज के प्रजातांत्रिक दौर में देश की आंतरिक एकता एवं संविधान प्रदत्त मूल्यों के नैरन्तर्य के लिये सबसे महत्त्वपूर्ण स्तम्भ है।

5. **पेशेवर व्यवसाय** – नौकरशाही, पुलिस तथा अन्य प्रशिक्षित व्यवसायों के लोग जैसे अभियंता, वैज्ञानिक, चिकित्सक, शिक्षक एवं पत्रकार आदि का इस देश में व्यवस्था कायम रखने, शासन करने तथा विकास की विभिन्न प्रक्रियाओं में महत्त्वपूर्ण योगदान रहा है। इस दृष्टि से भारतीय सेना के योगदानों की विशेष चर्चा की जा सकती है। आतंकवाद, राजद्रोह, सीमा पर बढ़ रहे दबाव से सफलतापूर्वक जूझने एवं बाढ़, भूकम्प एवं समुद्री तूफान जैसी प्राकृतिक आपदाओं के दौरान योगदान एवं उपलब्धियों के लिए भारतीय सेना को सराहा जाना स्वाभाविक है।

6. **आधुनिक जनसंचार के साधन** – जनसंचार के साधनों जैसे रेल, सड़क, वायु–यान, जल–यान, डाक–घर, टेलीग्राफ,

टेलीफोन, अखबार, पत्रिकाएँ, रेडियो, सिनेमा एवं टेलीविजन आदि ने राष्ट्रीयता और 'हम की भावना' फैलाने में महत्त्वपूर्ण भूमिका निभाई है। परिवहन व्यवस्था के आधुनिक साधनों के विकास के कारण एक क्षेत्र के लोगों का दूसरे क्षेत्र के लोगों से मेल-जोल बढ़ा है।

7. **औद्योगीकरण, शहरीकरण एवं अन्य आर्थिक कारक** - इन कारकों ने देश में मध्यवर्ग को जन्म दिया है। इसके अलावा मजदूरों तथा सेवा प्रदान करने वालों के बीच पूरे देश में गतिशीलता आई है। इनसे एकता की प्रक्रिया एवं भावना बढ़ी है।

राष्ट्र-निर्माण एवं राष्ट्रीय एकता की समस्याएँ

संस्कृति, प्रथा, जीवन-दृष्टि, भाषा आदि के आधार पर एक अलग समूह के पहचान की चेतना विकसित होती है। इस पहचान के आधार पर संजातीयता और संजाति समूह का विकास होता है। यह अनुभव किया गया है कि एक संजातीय समूह द्वारा दूसरे संजातीय समूह का दमन करने पर संजातीय संघर्ष और संजातीय स्वचेतना का विकास होता है। दमन की यह अनुभूति राजनीतिक, आर्थिक, सांस्कृतिक या सामाजिक हो सकती है। एक जाति, जनजाति, भाषा समूह, धार्मिक और सांस्कृतिक समूह भी संसाधन पाने के लिए स्पर्धा करते हुए संजातीय समूह की तरह व्यवहार कर सकते हैं। सृजनात्मक समझौते की रणनीति द्वारा संजातीय भागों से उत्पन्न समस्याओं में से अधिकांश का समाधान किया जा सकता है। स्वतंत्र भारत में संजातीय माँगें होती रही हैं। भारतीय संविधान में अल्पसंख्यक धार्मिक समूह, अनुसूचित जाति, अनुसूचित जनजाति एवं अन्य पिछड़े वर्गों की संजातीय माँगों के निराकरण का प्रयास भारतीय संविधान में किया गया है। भाषा के आधार पर प्रांतों का पुनर्गठन भी संजातीय भिन्नताओं के कारण ही किया गया है। द्रविड़ आंदोलन भी मूलतः संजातीय आंदोलन रहा है। कश्मीर, उत्तर-पूर्व,

गोरखालैंड, पंजाब एवं अन्य स्थानों से भी संजातीय माँगें होती रही हैं।

राष्ट्र-निर्माण के लिए भारतीय संविधान में दो प्रकार की नीतियाँ अपनाई गई हैं:

1. पारंपरिक रूप से वंचित एवं शोषित तबकों की भलाई के लिए सकारात्मक विभेदीकरण या आरक्षण।
2. सामाजिक, आर्थिक एवं राजनीतिक विकास के लिए एक विस्तृत राष्ट्रीय नीति जो न्यायिक, प्रशासनिक एवं संस्थागत आधुनिकीकरण एवं नागरिक संस्कृति के सिद्धांतों पर आधारित है।

प्रभावी राष्ट्रनिर्माण एवं राष्ट्रीय एकता के सामने देश में वर्षों से व्याप्त गरीबी, आर्थिक ध्रुवीकरण, जनसंख्या अतिरेक एवं विकास की दृष्टि से क्षेत्रीय असंतुलन सबसे बड़ी चुनौती है। एक ओर वैश्वीकरण के कारण शिक्षित एवं समृद्ध तबकों के लिए नए अवसर सामने आए हैं। वैश्वीकरण ने समृद्ध तबकों के शिक्षित, कुशल एवं धनी वर्ग के व्यक्तियों को विश्व बाजार की प्रतिस्पर्धा में भाग लेने का सुअवसर दिया है। दूसरी ओर बहुसंख्यक ग्रामीण एवं शहरी परिवारों की गरीबी एवं पिछड़ापन तथा युवकों की बेरोजगारी लगातार बढ़ रही है।

सामाजिक रूप से महानगरीय एवं औद्योगिक समृद्धि से युक्त मध्यमवर्गीय 'इंडिया' तथा गरीब, ग्राम-केन्द्रित और सांस्कृतिक परंपरा से जुड़े 'भारत' का अन्तर न सिर्फ कायम है बल्कि लगातार बढ़ रहा है।

सांस्कृतिक क्षेत्र में फिल्मों एवं टेलीविजन कार्यक्रमों ने सामूहिक राष्ट्रीय चेतना के संरक्षण एवं संवर्धन में महत्त्वपूर्ण भूमिका निभाई है। पारंपरिक एवं धार्मिक विषयों जैसे आध्यात्मिक महाकाव्यों, आख्यानों के प्रसारण के साथ-साथ शासन एवं लोकतांत्रिक राजनीति के प्रचार-प्रसार में टेलीविजन के विभिन्न चैनलों एवं सुरुचिपूर्ण फिल्मों का राष्ट्रीय एकता बढ़ाने में सराहनीय

योगदान रहा है। परन्तु हाल के वर्षों में प्राइवेट टेलीविजन चैनलों के विस्तार एवं आपसी प्रतिस्पर्धा के कारण इस लोकप्रिय माध्यम का मुख्य सरोकार क्रिकेट जैसे खेल और आधुनिक-पाश्चात्य शैली के लोकप्रिय मनोरंजन के प्रायोजित कार्यक्रमों का प्रसारण होता जा रहा है। इससे धीरे-धीरे एक अन्य प्रकार की सामूहिकता का प्रसार हो रहा है।

अध्याय 2

भारतीय संस्कृति का स्वरूप

भारतविदों के अनुसार भारतीय संस्कृति का मूल आधार केवल पारंपरिक सामाजिक संहिता में ही नहीं वरन् जीवन के आध्यात्मिक आधार में भी है। विस्तृत रूप से हम भारतीय संस्कृति के तीन प्रमुख तत्त्वों की चर्चा कर सकते हैं : (क) शास्त्रीय, अभिजात या मार्गी संस्कृति, (ख) लोक या देसी संस्कृति एवं (ग) जनजातीय संस्कृति। प्राथमिक रूप से यह केवल अवधारणात्मक वर्गीकरण है। उपर्युक्त में से कोई भी सांस्कृतिक तत्त्व अपने शुद्ध रूप में भारतीय समाज में देखने को नहीं मिलता है। लोक एवं शास्त्रीय तत्त्व सामान्यतः एक-दूसरे के काफी समान हैं और कभी-कभी तो यह कहना मुश्किल हो जाता है कि किस बिन्दु पर एक समाप्त होता है और दूसरा प्रारंभ होता है। उपर्युक्त वर्गीकरण केवल कामचलाऊ अवधारणात्मक उपकरण उपलब्ध कराता है जिसके सहारे भारतीय संस्कृति के आदर्श-प्रारूप एवं मौलिक विशेषताओं का वर्णन एवं विश्लेषण किया जा सके। यह भारतीय समाज में पाई जाने वाली अनुभवाश्रित सांस्कृतिक वर्गीकरण का वस्तुगत चित्रण नहीं है। देश के प्रत्येक क्षेत्र तथा विभिन्न ऐतिहासिक काल में असंख्य सांस्कृतिक विविधताएँ रही हैं। भारतीय परंपरा की तीन विशेषताएँ हैं। इसकी पहली विशेषता है जीवन की अखंडता और निरंतरता की पूरी स्वीकृति, जीवन जो सामने है उसकी भी, जो परोक्ष है उसकी भी। दोनों प्रकार के जीवन एक दूसरे के पूरक हैं। इसीलिए यह परंपरा न मनुष्य को केन्द्र में रखती है, न उसके परिवेश को, बल्कि समष्टि को एक-दूसरे के लिए सापेक्ष बनाने पर बल देती है। इसकी दूसरी विशेषता है कि यह देशकाल के प्रति सजग होते हुए भी इसके

अतिक्रमण के लिए प्रयत्नशील रही है, ताकि दूसरा देशकाल भी अपना हो सके। एक विशेष प्रकार की चिंतन-पद्धति इसका निजत्व है। इसका दर्शन और भावना-पद्धति सफलता के लिए क्षुद्रता की बलि देनेवाली पद्धति है। इसकी तीसरी विशेषता है इसका वाक्-केन्द्रित होना, इसमें वाक् का महत्त्वपूर्ण होना और फलतः वाक् की पवित्रता, वाक् की संयोजकता, वाक् की सत्यता और वाक् की धारावाहिता का महत्त्वपूर्ण होना। इसी कारण इसमें सामान्यतः रूढ़ संस्थाबद्धता नहीं आ पाती और इसी कारण इसमें शास्त्र लोकापेक्षी रहता है और लोक शास्त्र से प्रभावित।

शास्त्रीय/अभिजात/मार्गी परंपरा

भारतीय संस्कृति की शास्त्रीय परंपरा के दायरे में विभिन्न विषयों, भाषाओं और कलाओं को शामिल किया जाता है। उदाहरणस्वरूप, धर्मशास्त्र, नीतिशास्त्र, ज्योतिष विज्ञान, दर्शनशास्त्र, संगीत, नाट्यशास्त्र, व्याकरण, आयुर्वेद, वास्तु एवं शिल्प आदि।

इस परंपरा को कई नामों से पुकारा जाता है - जैसे शास्त्रीय, मार्गी और अभिजात। इस परंपरा की काफी लंबे समय से निरंतरता बनी हुई है। शास्त्रीय संस्कृति की उल्लेखनीय विशेषता इसकी अभिव्यक्ति में उच्च श्रेणी की निपुणता एवं उत्कृष्ट कौशल-विन्यास का विकास है। शास्त्रीय संस्कृति के किसी आयाम में निपुणता के लिए विशिष्ट प्रशिक्षण एवं लंबे समय तक निरंतर अभ्यास की आवश्यकता होती है। इसे साधना या रियाज कहते हैं। यह ज्ञान की विभिन्न शाखाओं तथा हर प्रकार की कला के लिए आवश्यक होता है।

भारतीय संस्कृति के शास्त्रीय तत्त्वों के विभिन्न रूपों में उल्लेखनीय रचनात्मकता देखने को मिलती है। इसमें लोक एवं जनजातीय परंपराओं के तत्त्वों को शास्त्रीय संस्कृति में समाहित करने की अलौकिक क्षमता भी शामिल है। इस प्रक्रिया के समुचित विकास में भारतीय संस्कृति में पाई जाने वाली ऊँचे स्तर की

सहिष्णुता से भी सहायता मिलती रही है। भारतीय संस्कृति ने यदि आदर्श व्यवहार के लिए कुछ मानक तय किये हैं, तो विश्वास के मामले में काफी स्वतंत्रता भी दी है। उदाहरण के लिए, अलग-अलग प्रकार के धार्मिक विश्वासों एवं कर्मकाण्डों को उपरोक्त आधार पर ही सहज एकता के सूत्र में पिरोया गया है। भारतीय संस्कृति में शास्त्रीय परंपरा की निरंतरता का यही सबसे बड़ा कारण है।

लोक या देसी परंपरा

भारतीय जनसंख्या के अधिकांश लोग लोकपरंपरा के वाहक रहे हैं। यह परंपरा सामान्यतः मौखिक रही है और प्रत्यक्ष रूप से पुस्तकों पर निर्भर नहीं रही है।

लोकसंस्कृति तथा जनजातीय संस्कृति के बहुत से तत्त्व समान हैं, परन्तु इनके बीच कुछ महत्त्वपूर्ण अंतर भी पाया जाता है। किसी जनजाति की सांस्कृतिक परंपरा अपने आप में स्वावलंबी और समग्र होती है, जबकि लोकपरंपरा हमेशा ही शास्त्रीय परंपरा की पूरक रही है। भारत में शास्त्रीय से लोक एवं लोक से शास्त्रीय के बीच चक्रीय आदान-प्रदान होता रहा है और दोनों परंपराओं ने एक दूसरे से कई तत्त्व ग्रहण किए हैं। उदाहरण के लिए, कई लोक-धुनों को कुछ परिष्कार के बाद शास्त्रीय रागों में सम्मिलित कर लिया गया है।

लोकसंस्कृति में भाषाओं, बोलियों, अभिव्यक्तियों एवं छवियों की दृष्टि से काफी विविधता है, परन्तु विचारों, विषय सूचियों एवं मूल्यों के मामले में मौलिक एकता है। यद्यपि बाह्य अभिव्यक्तियों में विविधता है, परन्तु संस्कृति के अधिकांश आयामों के बुनियादी ढाँचे एवं संस्कृति की आत्मा में मौलिक एकता है। भारत के करीब-करीब हर गाँव के अलग-अलग विशेष देवता होते हैं, परन्तु विश्वास एवं कर्मकाण्ड की दृष्टि से करीब-करीब पूरे देश में समानता है। उदाहरण के लिए, नाग देवता एवं शीतला माता की पूजा भारत के लगभग हर गाँव में होती है परन्तु उनके स्थानीय नाम अलग-अलग

हो सकते हैं।

लोकसाहित्य, लोकगीत, महाकाव्य, कहानियाँ, कहावतें, पहेलियाँ एवं जादू के सूत्रों की लोकप्रियता कई भाषाई क्षेत्रों की सीमा को पार करती हैं, परन्तु सार लगभग एक जैसा ही होता है; उसी प्रकार महाकाव्यों के लोक संस्करणों के कथानकों के प्रतिमान में विभिन्न क्षेत्रों के बीच भी सामान्यतः समानता होती है। क्षेत्रीय विविधता न केवल लोकसंस्कृति में अपितु शास्त्रीय संस्कृति में भी देखने को मिलती है। लोकसंस्कृति का भी एक व्यापक सार्वभौमिक पहलू है। यह न तो छोटे स्थान तक सीमित है, और न ही इसकी प्रकृति संकीर्ण है। लोकसंस्कृति छोटे या पृथक समुदायों का भी निर्माण नहीं करती है। लोकसंस्कृति भी सभ्यता का एक अंग है। हालाँकि गाँव के ज्यादातर लोग लोकपरंपरा के वाहक होते हैं, परन्तु लोकसंस्कृति केवल गाँवों तक सीमित नहीं है। शहरों में भी सामान्यतः लोग लोकपरंपरा के वाहक होते हैं। इस प्रकार, लोक परंपरा की हदें काफी विस्तृत होती हैं। लोकपरंपरा को लोकप्रिय परंपरा भी कह सकते हैं जबकि समाजशास्त्रीय अवधारणा की दृष्टि से लोक को 'फोक' एवं लोकप्रिय को 'पोपुलर' कहने का चलन है। सामान्यतः लोक एवं शास्त्रीय सांस्कृतिक परंपराओं के वाहक न केवल एक-दूसरे के समीप रहते हैं, अपितु अधिकांशतः एक ही परिवार में भी रहते हैं। कभी-कभी तो एक ही व्यक्ति दोनों परंपराओं का वाहक होता है। दोनों परंपराएँ एक ही विश्वदृष्टि को समान रूप से स्वीकार करती हैं, यह समान मौलिक मूल्यों पर आधारित होती हैं तथा समान तात्त्विक विचारों को ग्रहण करती हैं। दोनों परंपराओं के बीच प्रमुख अन्तर इनके परिष्कार, व्यवस्थितिकरण, विशेषज्ञ प्रशिक्षण तथा साधना के अंशों में अंतर्निहित है।

लोककलाओं, दस्तकारी एवं लोकसंस्कृति की तकनीकों को सामान्यतः जीवन की सामान्य चर्या के रूप में दैनिक कार्यों, उत्सवों या अनुष्ठानों में भागीदारी करते हुए सीखा जाता है। दूसरी ओर,

शास्त्रीय परंपराओं को एक विशिष्ट प्रशिक्षण के द्वारा किसी ख्याति प्राप्त विशेषज्ञ की व्यावसायिक निगरानी में सिखलाया जाता है। इसका यह आशय नहीं है कि लोकविचार या लोककला की अभिव्यक्तियाँ अपरिपक्व होती हैं। लोकगीतों एवं लोकनृत्यों का एक पारंपरिक प्रतिमान होता है, जिसे लंबे काल से देखा, समझा, सीखा या संजोया जाता है। मूल अंतर यह है कि लोककला में नैसर्गिक प्रतिभा का सहज परिस्थिति में स्वाभाविक विकास होता है। छोटी पीढ़ी के लोग बड़ी पीढ़ी के लोगों को कार्य करते देखकर सहज ही उनकी नकल करने लगते हैं। खेल-खेल में, बात-बात में कठिन से कठिन मुद्रा, शिल्प, तकनीक एवं रीति-रिवाज सीख जाते है। दूसरी ओर, शास्त्रीय कलाओं एवं शिल्पों में नैसर्गिक प्रतिभा के बावजूद किसी स्थापित गुरु, संस्था या घराना से औपचारिक प्रशिक्षण प्राप्त करना आवश्यक माना जाता है।

जनजातीय सांस्कृतिक परंपराएँ

जनजातीय संस्कृतियाँ तुलनात्मक रूप से अलग-अलग एवं स्वायत्त होती हैं। एक जनजातीय संस्कृति अन्य संस्कृतियों से कुछ तत्त्व उधार ले सकती है परन्तु यह लेन-देन आकस्मिक या कभी-कभी ही होता है। इसलिए जनजातीय संस्कृतियाँ लोक एवं शास्त्रीय संस्कृतियों से गुणात्मक रूप से भिन्न होती हैं। कभी-कभी एक जनजातीय संस्कृति शास्त्रीय या लोकसंस्कृतियों के इतने करीब आ जाती है कि उन पर निर्भर हो जाती है। कालक्रम में यह जनजातीय परंपरा विशिष्ट परिस्थितियों में शास्त्रीय या लोकपरंपराओं का एक भाग बन जाती है।

जनजातीय संस्कृतियों की चार विशेषताएँ होती हैं: छोटा आकार, सजातीयता, विशिष्टता एवं आत्मनिर्भरता। जनजातीय संस्कृतियों की अनेक विशेषताएँ लघु समुदायों वाली होती हैं। एक समुदाय की विशेषताएँ समान भू-भाग तथा साझा मनोभाव होते हैं।

भारत में अनेक जनजातीय संस्कृतियाँ हैं। देश के विस्तृत भू-भाग में चारों ओर जनजातियाँ बिखरी हुई हैं। इनके बीच आम तौर से बहुत कम सांस्कृतिक आदान-प्रदान होता है। विभिन्न जनजातियों के आर्थिक, तकनीकी, संस्थागत एवं धार्मिक प्रतिमानों में विविधता पायी जाती है।

एक लंबे अरसे से भारत में शास्त्रीय, लोक एवं जनजातीय सांस्कृतिक धाराओं का सह-अस्तित्व रहा है। ऐतिहासिक रूप से भारतीय संस्कृति की इन तीनों सांस्कृतिक धाराओं के मौलिक अथवा बुनियादी हितों में आम तौर से शायद ही टकराव रहा है। जनजातीय संस्कृति मुख्यधारा के विश्वासों या मूल्यों को माने अथवा न माने, परन्तु जनजातीय और गैर-जनजातीय संस्कृतियों के बीच भारत में संघर्ष नहीं रहा है।

भारतीय संस्कृति में लोक एवं शास्त्र का पारंपरिक स्वरूप

श्रीअरविंदो, आनंद कुमारस्वामी, ए. के. सरण एवं विद्यानिवास मिश्र जैसे विद्वानों के अनुसार भारतीय परंपरा वाक्-केन्द्रित परंपरा है। पीढ़ी-दर-पीढ़ी माता-पिता से संतान को या गुरु से शिष्य को सौंपी जानेवाली थाती परंपरा कहलाती है। सौंपनेवाले को सौंपने की एवं ग्रहण करनेवाले को ग्रहण करने की पात्रता या क्षमता प्राप्त करनी होती है। भारतीय परंपरा में नियम, विधि और भाव का महत्त्व इनकी प्रस्तुति के माध्यम से माना जाता है। पश्चिमी समाज की तुलना में भारत में संस्थाबद्धता को न्यूनतम महत्त्व मिला है, चाहे वह संस्था धर्म हो, राज्य हो या समाज हो। करपात्रीजी के अनुसार किसी भी धर्माचार्य या किसी भी शासक या किसी भी समुदाय-नायक का महत्त्व बस इतनी ही दूर तक है कि वह परंपरा की स्मृति सुरक्षित रखता है, वह उसका प्रसार करता है। धर्म, विधि, भाव, योग, ध्यान आपने किस गुरु, किस संस्था, किस संगठन के माध्यम से सीखा इसका सीमित महत्त्व है। इसी तरह अष्टावक्र गीता में कहा गया है कि गुरु के प्रति आदर और कृतज्ञता

का भाव तो होना चाहिए, परन्तु गुरु या उसके व्यक्तित्व का बंदी नहीं होना चाहिए। करपात्रीजी यह भी कहते थे कि गुरु प्रमाण नहीं है, उसकी वाणी प्रमाण है। कोई भी अनुष्ठान हो, उसको पवित्रता मंत्र से, मंत्र की शुद्धता से प्राप्त होती है। मंत्र का व्युत्पत्तिपरक अर्थ है मनन का साधन, ध्यान का आलंब। मंत्र सम्पूर्ण सत्ता का, बाह्य या आभ्यंतर दोनों प्रकार की सत्ता का, बौद्धिक अमूर्तीकरण है। जो वेद का प्रमाण नहीं स्वीकार करते, वे भी किसी-न-किसी आगम शास्त्र से ही परिचालित होते हैं। बौद्ध, जैन सभी आगमों से निर्देश लेते हैं। संघ और गण बनाकर भी बौद्ध और जैन सम्प्रदाय एकांततः स्थविर या गणी से अनुशासित नहीं हुए। अनेक वैष्णव, शाक्त और शैव सम्प्रदाय भी आचार्यों से एकांततः अनुशासित नहीं हुए। इसके पीछे अमूर्त चिंतन की वाणी को महत्त्व देने की प्रवृत्ति ही काम करती रही है। यह आकस्मिक नहीं है कि भक्ति की सगुण और निर्गुण दोनों धाराओं का संयोजक सूत्र नाम-स्मरण है। यह अमूर्तन शक्ति के केन्द्रीकरण को बराबर रोकता रहा है। यह भक्तों को संस्थाओं के अनाचारों का प्रतिरोध करने की शक्ति देता रहा है। इसी के कारण इस परंपरा में एक लचीलापन बना रहता है, जड़ता नहीं आ पाती।

भारतीय संस्कृति में शब्दों के अर्थ ग्रहण करने की विशिष्ट पारंपरिक या शास्त्रीय विधि है। भारतीय परंपरा में शास्त्र और विधि अविभाज्य हैं। जब इनका विभाजन होता है तो ये अर्थहीन हो जाते हैं। ऐसा अनेकों बार हुआ है, आज भी हो रहा है, परन्तु शास्त्र को जीनेवाले व्यक्ति और शास्त्र में अपने को विलीन करनेवाले व्यक्ति के माध्यम से शास्त्र पुनर्नवा होता रहा है।

विद्यानिवासजी ने लिखा है कि लोक की उपेक्षा करनेवाली विधि शास्त्र का निषेध है। यह विधि समावेशक और संश्लिष्ट है। बहुत से लोकाचार, लोकानुष्ठान और उसके अंगभूत लोकगीत तथा लोकाख्यान कहीं-कहीं तो वैदिक मंत्रों की गूँज जान पड़ते हैं। कहीं-कहीं बहुत से तांत्रिक अनुष्ठानों की गूँज वहाँ मिलती है।

भारतीय परंपरा तो संश्लिष्ट है, उसमें कितना प्रतिशत वैदिक है, कितना तांत्रिक, कितना जनजातीय, यह विश्लेषण अनावश्यक है; क्योंकि परंपरा इतिहास से या तिथि-क्रम में पुरानेपन से प्रमाणित नहीं होती, वह प्रमाणित होती है वर्तमानता और सफलता से। हर मोड़ पर, हर बिन्दु पर वह पूर्णता प्राप्त करती रही है। उदाहरण के लिये, बौद्ध परंपरा के स्थविरयान, महायान और वज्रयान में शाखा-भेद तो है परन्तु इनमें सातत्य भी है। जैसे तिब्बती भोट परंपरा में क्रिया और चर्या के स्तर पर हिन्दू धर्म से समानता दिखाई पड़ती है। पूजा का क्रम लगभग वही है, जो हिन्दू पूजा का है। यही नहीं, अवतार की अवधारणा भी वैसी ही है जैसी हिन्दू परंपरा में विकसित हुई है। वेद वाक्य का प्रमाण न स्वीकार करते हुए भी परंपरा उसके अध्ययन क्रम को जारी रखती है, उसको वैचारिक स्तर पर स्वीकृति देती है। महायान सम्प्रदाय में जिस सुजाता ने बोधि के पूर्व खीर खिलाई थी उसने साल भर तक भगवान बुद्ध को बोधि की प्राप्ति में सहयोग के लिए एक सौ आठ ब्राह्मणों से वेद-पाठ कराया था। इसी प्रकार, जैन परंपरा में भी राम और कृष्ण की कथाएँ अनुस्यूत हो जाती हैं। प्रारंभ जैसे भी हुआ हो, इन सभी परंपराओं में तर्क-विचार और कर्मकांड की एक ही भाषा संस्कृत रह जाती है। यहाँ तक कि उत्तर कालीन पालि और प्राकृत भी संस्कृत की प्रत्यक्षर छाया बन जाती है। परंपरा की एकसूत्रता बनाए रखने का भाव सहज रूप में भारत में बना रहा है। परंपरा की एकसूत्रता का अर्थ प्राचीन से निभाव नहीं है, क्योंकि परंपरा में स्वीकार-परिहार दोनों चलते हैं। कुछ चीजें छूटती जाती हैं, कुछ जुड़ती जाती हैं; पर किसी का एकदम लोप नहीं होता। विरोध भी परंपरा के प्रवाह में कुछ दूर अलग-अलग चलकर विरोध नहीं रह जाते, विकल्प बन जाते हैं। इस असंलक्ष्य रूपांतर की प्रक्रिया में अलग उपादान तत्त्वों की पहचान उतना महत्त्व नहीं रखती जितना परिणति महत्त्व रखती है। परिणति स्वयं परिणामोन्मुख है।

भारतीय संस्कृति में समन्वय की तुलना में तादात्म्य पर जोर

है। इसमें समन्वय एक सीमित अर्थ में है, एक मुख्य अर्थ को अंगीभूत बनाने के अर्थ में, एक बड़े लक्ष्य के आगे दूसरे लक्ष्यों को छोटा बनाने के अर्थ में, उन्हें बड़े लक्ष्य का सापेक्ष बनाने के अर्थ में। रामकृष्ण परमहंस इस्लामी, मसीही, तांत्रिक साधना की सभी पद्धतियों से गुजरे, सबके साथ एकात्म हुए, पर किसी एक पद्धति तक सीमित न रहे। उन्हें ये सभी मार्ग सोपान लगे। माँ का वात्सल्य पाने की पात्रता इनसे आई, क्योंकि जगज्जननी का वात्सल्य पाने के लिए जगत् मात्र के सारतत्त्व के साथ अपने को जोड़ना उन्हें आवश्यक लगा।

भारतीय परंपरा की विशेषता उसकी अतिक्रामी क्षमता है। भारतीय परंपरा का रुझान मनुष्य के भीतर अपने अतिक्रमण की संभावना और उस अतिक्रमण की आवश्यकता जगाने की ओर है। इसी से उसमें न प्रकृति या उसकी ऊर्जा के स्रोत का ऐकांतिक महत्त्व है, न मानव समाज की समरसता का। सामाजिक समरसता और नैतिकता का आग्रह, जो प्राचीन चीनी परंपरा में रहा है, वह भी मनुष्य के ऊपर अधिकतर आरोपित रहा है। मनुष्य के हृदय का संवाद उसके साथ नहीं रहा है। भारतीय परंपरा बाह्य प्रकृति को अंतःप्रकृति का प्रक्षेप मानती है। अतः उस पर विजय को ध्येय भी नहीं मानती, क्योंकि उसे निरपेक्ष नहीं समझती और उसके लिए वह मोह नहीं पालती। पश्चिमी अर्थ में सामाजिक समरसता, सामाजिक नैतिकता, सामाजिक न्याय भी नियामक रूप में भारतीय परंपरा को मान्य नहीं है। भारतीय परंपरा आत्मचिंतन को आत्म होकर सोचने को महत्त्व देती है, देह या इंद्रिय होकर नहीं। विषय होकर भी नहीं, अपितु यह जगत् में व्याप्त ऊर्जा के प्रवाह की एक अवस्था के रूप में सोचने को महत्त्व देती है जिससे मनुष्य के भीतर यह साहस उत्पन्न हो कि वह सभी प्रतिबद्धताओं का अतिक्रमण कर सके। नागार्जुन की तरह वह तथागत का और शंकर की तरह सोपाधि ईश्वर का अतिक्रमण कर सके।

भारतीय संस्कृति की तर्क पद्धति : आगम एवं निगम

भारतीय संस्कृति में दोनों प्रकार की तर्क पद्धति लोकप्रिय है। एक को निगमनात्मक तर्क पद्धति कहते हैं और दूसरे को आगमनात्मक तर्क पद्धति कहा जाता है। इन्हीं तर्क पद्धतियों से आगम और निगम नामक शास्त्र पद्धति का विकास हुआ है। वैदिक परंपरा में निगम का महत्त्व ज्यादा माना जाता है। तांत्रिक एवं श्रमण परंपरा में आगम ज्यादा लोकप्रिय है। निगम प्रथम सिद्धांत है, यह सृष्टि का प्रतिरूप है। इसके अनुसार, एक ओर जीवन की सम्पूर्णता, निरंतरता और अन्योन्य सापेक्षता स्थापित है, दूसरी ओर तप से ऋत् और सत्य का प्रवर्तन होता है। भारतीय परंपरा में तपोवन ही वैचारिक ऊर्जा का अधिष्ठान है। तप का एक अर्थ तो एक लक्ष्य, एक साधन पर निरंतर कायम रहना है। इसका दूसरा अर्थ है प्राणिमात्र की प्रीति को अपनी प्रीति मानना, आवश्यकताएँ इतनी कम रखना कि दूसरों पर अवलंबित न रहना पड़े। जीवन के सहज काम को स्वच्छ बनाए रखना, अभय और विश्वास का भाव उत्पन्न करना। विश्वव्यापी प्रेम और करुणा के रस की उद्भावना के लिए प्रज्ञा की एक आग धधकाए रखना। एक तेजस्विता और स्वाधीनता जगाए रखना, जिसको कोई राज्यसत्ता छू न सके। विद्यानिवास मिश्र ने लिखा है कि भारतीय परंपरा में समर्पण और अतिक्रमण की दोहरी प्रक्रिया बराबर (कभी-कभी थोड़ी सुषुप्तावस्था के अंतरालों को छोड़कर) चलती रही है। पहली प्रक्रिया को हम कर्ममार्ग कह सकते हैं, स्वधर्म-पालन कह सकते हैं। जो कुछ प्राप्त है, उसको ग्रहण करें, उसके अनुकूल अपने को बनाएँ। इसी को वैदिक भाषा में 'ऋत्' कह सकते हैं। 'पोराण पकिति' (पुराण प्रकृति) या पुरखों की रीति कह सकते है। आनन्द कुमारस्वामी कहते हैं कि ऐसे समाज का एक मुख्य विभेदक अभिलक्षण है पूरे समुदाय का, समुदाय के रूप में सभ्यतामूलक व्यवस्था का। समस्त जीवन कुछ पहचाने साँचों में पलकर चलता है। इस सोच या दृष्टि की प्रामाणिकता के बारे में कोई प्रश्न नहीं करता। व्यक्ति के कुछ विशिष्ट प्रकार्य अलग साधे जाते

रहें, पर समुदाय के रूप में यह सामुदायिक जीवन पद्धति के लिए अर्पित है। ऐसी सभ्यतामूलक व्यवस्था के अनुपालन में ही आत्मसाक्षात्कार की, व्यक्ति की सीमा के अतिक्रमण की संभावनाएँ तीव्रतर होती हैं। इसका प्रतिपालन साहित्य-सर्जना या कला-सर्जना के क्षेत्रों में या साधना के क्षेत्रों में ज्यादा और आर्थिक-राजनैतिक क्षेत्रों में कम देखने को मिलता है।

समकालीन भारतीय राजनीति एवं अर्थनीति में आगमनात्मक तर्क प्रणाली का प्रभुत्व है। परन्तु भारतीय परंपरा, पारंपरिक कला एवं चिन्तन प्रणाली में प्रमाण की विधि निगमनात्मक है। दूसरे शब्दों में, हमारे कलाकार या विचारक आगमनात्मक विधि का प्रमाण या उसका कलात्मक अनुपात या मॉडल बनाने के लिए प्रयोग नहीं करते। उनके विमर्श का प्रमाण या कला की संरचना, मॉडल या अनुपात परंपरा से विरासत में प्राप्त होती है। उनको केवल इसे अपने व्यक्तित्व एवं अनुभूति में आत्मसात करना होता है। उसका अनुशीलन करके उसे अपने भीतर पूर्णतर करना होता है। इसके बाद जो कलाकृति उससे रची जाएगी वह उसकी नहीं होगी, उसकी परंपरा की होगी। उसकी मौलिकता मूल से हटकर नहीं है, मूल के निर्वाह में है। कोई अच्छी तरह बनाया घोड़ा-हाथी दूसरे की नकल नहीं होता, हर एक की एक अलग पहचान है। वे ही कलाकृतियाँ रम्य मानी जाती हैं, जो शास्त्र-मान के अनुसार रचित हैं। परंपरा में व्यक्तिगत रुचि कोई कसौटी नहीं है। किसी पारंपरिक कलाकार के नाम से कोई वाद भारत में नहीं चला, कलाकार किसी सम्प्रदाय के नाम से ही जाना गया। बहुत कम कलाकारों ने अपनी रचनाओं में अपने नाम दिए। प्रामाणिकता, निष्ठापूर्वक अनुवर्तन और चैतस (केवल ज्ञानात्मक या केवल भावात्मक नहीं) ऐक्य से आती है। उसमें नवसर्जन भी होता है, उसी समाधि-स्थिति में नए मंत्र भी रचे जाते हैं। सम्पूर्ण को अतंःसाक्ष्य करके ही कोई उस सम्पूर्ण के साथ सामंजस्य की सृष्टि कर सकता है। सामंजस्य के बिना नूतन सृष्टि का कोई अर्थ नहीं है।

भारतीय परंपरा में एक प्रक्रिया दी हुई पद्धति को उत्तमतर रूप से प्रस्तुत करती है तो दूसरी सहवर्ती प्रक्रिया साधना के द्वारा नई पूर्णतर पद्धति का आविष्कार करती है। इस प्रक्रिया को मैक्स मूलर, विलियम जोंस और अन्य पश्चिमी भारतविद् अपने भिन्न संस्कारों तथा यूरोप केन्द्रित दृष्टि के कारण ठीक से समझ नहीं पाये। हाल के वर्षों में श्रीअरविंदो, आनंद कुमारस्वामी, विद्यानिवास मिश्र जैसे विद्वानों ने निरुक्त के आधार पर वाक् केन्द्रित पारंपरिक दृष्टि को नये संदर्भ में प्रस्तुत किया है। इस पारंपरिक दृष्टि के अनुसार नए कला सम्प्रदाय, नए धर्म सम्प्रदाय, नए अभिव्यक्ति विधान इसी प्रकार उद्भुत होते हैं। वे विधि के द्वार से होकर निषेध, या ठीक-ठीक कहें तो अतिक्रमण बनते हैं। सच्चाई बाहर से भीतर और भीतर से बाहर अभिव्याप्त होकर सनातन रूप से अक्षुण्ण बन जाती है। मद के वश में न होना, मद को नष्ट करनेवाली मधुर वाक् की साधना करना ही परंपरा की सिद्धि है।

विद्यानिवासजी के शब्दों में जय यात्रा का अर्थ किसी को हराना नहीं है, इसका अर्थ अपराजेय भाव है, अक्षुण्ण भाव है, अप्रतिहत गतिशीलता है। भारतीय परंपरा में विजेता और विजित कभी भी दो नहीं माने गये। इंद्र ही वृत्र है, वृत्र ही इंद्र है। इंद्र वृत्र के भीतर कैद है और वृत्र इंद्र के भीतर। दोनों एक-दूसरे से मुक्ति चाहते हैं। दूसरे शब्दों में, दोनों भेद की स्थिति से मुक्ति चाहते हैं। राजसूय यज्ञ का अर्थ ही है जीतकर हार जाना, भरपूर होकर बँट जाना, संपन्न होकर अकिंचन हो जाना। आर्य शब्द जिससे बना है उसमें मूल अर्थ गति है, लाक्षणिक अर्थ श्रेष्ठतर होना है, पर्याप्ततर होना है। अलम् और अरम् एक है। 'दास' शब्द का भी वेदों में प्रयोग किसी नस्ल के संदर्भ में नहीं है, न नौकर के संदर्भ में। उसका अर्थ है देवता का वह आवरण, वह मोह, वह ढोंग, जो उसे नष्ट करता है। इसी 'दास' का संवादी शब्द पारसी धर्मग्रंथ अवेस्ता में 'दाहक' है, जो अहि या साँप भी कहा गया है। अहि का अर्थ है जो छूट न पाए।

भारतीय सभ्यता में तथाकथित आर्य, द्रविड़, कोल, किरात नस्लें कभी प्रागैतिहासिक काल में अलग रही भी हों, ऐतिहासिक काल में ये सभी मिश्रित हो चुकी थीं। ईसा पूर्व 6000 वर्ष के आसपास के जो मानव अस्थि-पंजर और समकालीन धान के बीज या पशु-पंजर मिले हैं, वे इस बात का भौतिक साक्ष्य प्रस्तुत करते हैं। वैदिक वाङ्मय में भी आर्य सत्य का अर्थ आर्य जाति का सत्य नहीं है, उसका अर्थ वरेण्य सत्य है। महाभारत में स्पष्ट रूप से कहा गया है कि रक्त या जाति के आधार पर श्रेष्ठता का निर्णय नहीं करना चाहिए क्योंकि कोई जाति शुद्ध नहीं है। श्रेष्ठता का सही आधार केवल शील हो सकता है। उन्नीसवीं सदी के नस्लवादी भाषाविज्ञान और डार्विन के अपूर्ण विकासवादी चिन्तन के प्रचार-प्रसार के पहले विश्वमोहन सौंदर्य की श्यामलता हमारी आँखों में बसी थी। हमारी परंपरा में पूज्य राम और कृष्ण सांवले थे और महाभारत के रचयिता वेदव्यास काले थे, यह बात हम भूलने लगे हैं। आधुनिक पश्चिमी प्रभाव में अब गोरी चमड़ी का महत्त्व बढ़ने लगा है। जे. पी. एस. उबेराय ने अपने शोध के आधार पर दिखलाया है कि मजेन्टा या बैंगनी रंग का महत्त्व समझे बिना पारंपरिक सभ्यता में विज्ञान एवं संस्कृति का अद्वैत समझा ही नहीं जा सकता। आधुनिकता के प्रभाव में हम पारंपरिक अवधारणाओं को भूलने लगे हैं। इसी संदर्भ में विद्यानिवासजी कहते हैं कि हमारी संस्कृति का एक मूल वाक्य 'कृण्वन्तो विश्वमार्यम' है। इसका अर्थ सारे संसार को हिन्दू बनाना नहीं है। एक-सा बनाना भी नहीं है। इसका अर्थ सबको पूर्णतम बनाना है, सबके भीतर पूर्णतम होने की आकांक्षा उत्पन्न करना है। अकेले कोई पूरा नहीं होता, समष्टि भाव से भरकर ही पूरा हुआ जा सकता है। इसी आदर्श से अनुप्राणित विभिन्न आचार पद्धतियों का विकास भारतीय संस्कृति में हुआ है।

भारतीय संस्कृति में राष्ट्रीय स्तर पर आचार व्यवहार का कभी मानकीकरण नहीं हुआ। प्रादेशीय आचारों को मान्यता मिलती रही। भारतीय परंपरा एकरूपता के लिए नहीं, सहमति के लिए,

सर्वसहमति के लिए चिंतित रही है। इन प्रश्नों पर वही विचार कर सकता है, जो वैचारिक रूप से उन्मुक्त होगा, बंधा नहीं होगा। रहीम कवि ने ठीक ही कहा है कि 'देनहार कोउ और है भेजत है दिन रैन, लोग भरम मो पै करैं तासों नीचे नैन।' भारतीय संस्कृति में लेन-देन की भी अद्वितीय प्रथा विकसित हुई। यहां लेते समय बड़े होकर नहीं लेते तो वह लेना भीख हो जाता है। देते समय छोटे होकर नहीं देते तो वह देना दंभ बन जाता है। भारतीय परंपरा ने विराट होकर, हाथ बड़ा करके लिया है। हम उसे ले रहे हैं जो हमारे सहभागी का अनुभव है।

कुमारस्वामी के अनुसार भारतीय परंपरा का जो प्रभाव वियतनाम या अन्यत्र पड़ा वहाँ भारतीय परंपरा ने वर्ण्य विषय दिया, भीतरी अन्विति दी; पर शैली नहीं दी। इसके फलस्वरूप अलग-अलग शैलियों में अलग-अलग बल के साथ वही रामकथा, वही गोचर और आभ्यंतर की एकता इन देशों की कलाओं में प्रस्फुटित हुई। जबकि चीन का जहाँ गहरा प्रभाव पड़ा वहाँ देसी शैली नष्ट हो गई, यद्यपि वर्ण्य विषय प्रभावित देशों के ही बने रहे। बाली और जावा की रामलीला में जो विशिष्ट है, वह देसी प्रतिभा के प्रभाव के कारण। भारतीय परंपरा देश के अंदर या बाहर कभी भी आक्रामक नहीं रही। यह उसकी दुर्बलता नहीं है, उसकी शक्ति है।

इस अनाक्रामक संस्कार के निर्माण में गौतमबुद्ध, भक्ति आन्दोलन एवं कृषक मानसिकता का योगदान तो है ही, सामान्य गृहिणियों ('मातृशक्ति') का भी योगदान है। इस शक्ति का मूलतत्त्व सतोगुण एवं तमोगुण है। इस शक्ति के केन्द्र में रजस तत्त्व का सन्तुलन है। जब रजस तत्त्व समाज में बढ़ता है तो महत्त्वकांक्षा बढ़ती है, लालच बढ़ता है, फूट बढ़ती है, पतन होता है। रजस के अभाव के कारण हम पराजित नहीं हुए, बल्कि समाज के कुछ लोगों में रजस की वृद्धि के कारण हम पराजित हुए। जयचंद में रजस का अभाव नही था। अंग्रेजी राज को लाने और इस देश में बनाए रखने में भी हमारे देश के प्रभुवर्ग का असन्तुलित रजस था। हमारा

राजनीतिक पराभव कायरता के कारण नहीं हुआ, पुरुषार्थ के अभाव में भी नहीं हुआ बल्कि भोग-लालसा, ईर्ष्या-द्वेष और दृष्टि-दोष के कारण हुआ। हमारा पतन तब हुआ जब अनेक में एक की पहचान धूमिल हुई। ऐसा जब-जब हुआ तब-तब हम खंडित होते रहे, परस्पर सहयोग की बात भूलते रहे और पराजित होते रहे। पराभव के बावजूद कुछ लोग किसी प्रकार अगर अपनी सांस्कृतिक अस्मिता बचा कर रख पाये तो इसका कारण अपने स्वभाव एवं स्वधर्म में आस्था थी। जिनकी पारंपरिक आस्था कमजोर हो गयी वे परिस्थितियों के दबाव में खंडित व्यक्तित्व एवं दृष्टि-दोष के कारण परस्पर आक्रामक एवं शंकालु हो गए। हमारे शास्त्रकार लोक की, गोचर संसार की कभी भी उपेक्षा नहीं करते थे; दूसरी ओर, लोक भी शास्त्र का पूरक बनने के लिए शास्त्र द्वारा विस्मृत जीवन-पद्धति को, शास्त्र द्वारा सरल मानकर छोड़ी हुई पद्धति को पुनः उन्मीलित करता रहा है। लोक शास्त्र के ठहराव को कभी झकझोरता, कभी उसको तोड़ता और कभी उसको अपने कंधे पर ढोता भी रहा है। इसी के कारण विच्छिन्न शास्त्रीय परंपरा को सफल होने का अवसर प्राप्त होता रहता है। लोक-प्रचालित व्यवहार शास्त्र की रक्षा भी करते हैं और शास्त्र का नियमन भी करते हैं। यह दृष्टि ही भारतीय परंपरा को पोथीवादी नहीं बनाती। इस परंपरा में पोथी का महत्त्व है, पर लोक जीवन से जुड़कर। अभ्यास के अभाव में इसी से कभी-कभी शास्त्र निगूढ़ हो जाते हैं। तब उन्हें लोक-प्रसूत व्यवहारों के द्वारा आकलित करना पड़ता है। व्याकरणशास्त्र, नाट्यशास्त्र, योगशास्त्र और कलाशास्त्र की बहुत-सी गुत्थियाँ प्रयोग की पारंपरिक, लौकिक पद्धतियों के अध्ययन से ही सुलझाई जाती हैं। लोक-प्रसिद्धि को प्रायः सभी शास्त्रों ने मान्यता दी है। हमारा जीवन-क्रम धर्म से अनुशासित है। परन्तु धर्म के स्वरूप को लोक और शास्त्र व्यावहारिक रूप से निरूपित करते हैं।

भारतीय परंपरा न तो प्रबुद्धवादी या अभिजात्यवादी परंपरा है, न वह अबौद्धिक या भावनात्मक प्रवाह है। बहुत-सी तर्कातीत

बातों की स्वीकृति देने के पूर्व उनकी तार्किक परीक्षा होती है। यही परंपरा को जड़ नहीं होने देता, उदार बनाता है, प्रयोगशील बनाता है। यज्ञ की वेदी का नक्शा इसी से विकसित होकर मंदिर का विन्यास बन जाता है। यज्ञ-यूप गरुड स्तंभ बन जाता है। पर प्रयोगधर्मिता विच्छृंखल नहीं होती, कुछ प्रतिमानों के अनुसार होती है, मूल्य दृष्टि के अनुसार होती है। जब-जब हमने कहीं से कोई चीज ली और हमारी विश्व-दृष्टि से उसका सामंजस्य स्थापित नहीं हो सका, उसे हमने कुछ ही समय बाद तिरस्कृत कर दिया। उदाहरण के लिए, अखमनी साम्राज्य के वैभव से चमत्कृत होकर सम्राट अशोक ने बड़े-बड़े स्तंभ बनवाए। इन वैभव सूचक स्तंभों का निमार्ण क्रम आगे नहीं चला। इनकी कला की भव्यता को लोक में प्रतिष्ठा नहीं मिली। अजंता, एलोरा आख्यानों के अंकन के माध्यम से जीवन की प्रवाहशीलता निरूपित करते हैं, जीवन की शिखरता नहीं। अमीर खुसरो का कथन है कि कोई भी भाषा तभी समृद्ध हो सकती है जब वह लचीली हो, दूसरे प्रभावों के साथ अपना सामंजस्य रख सकती हो। हिन्दी ने अरबी की तरह दूसरी भाषाओं से लिया तो है, पर अपने स्वरूप में ढालकर लिया है, अपने स्वरूप को विकृत नहीं होने दिया है। एक मायने में हिन्दी अरबी से भी अधिक लचीली है। वह गाँव की बोली से भी मौजूद शब्द और भाव लेती रहती है। अमीर खुसरो की यह टिप्पणी समूची भारतीय सांस्कृतिक परंपरा पर लागू है। जिसमें संवहन क्षमता होती है, वेग होता है वही नदी सहायक नदियों एवं नालों के जल को आत्मसात् कर सकती है, उनकी अशुचिता भी दूर कर सकती है। वह क्षमता और वह वेग उसके अपने होते हैं। वे अगर अनुपात से अधिक दूसरों के दान से बोझिल हो जाएँ तो नदी मरने लगती है। जनपद या लोक का व्यवहार मूल स्वरूप की खोई पहचान का संस्मरण कराता है तो कबीर, सूर, तुलसी जन्म लेते हैं; हरिदास, बैजू और तानसेन जन्म लेते हैं। मुगल दरबार से अलग एक चित्रकारी जन्म लेती है। लोककला का अर्थ उसकी विधि, उस विधि की भावना में ही मिलेगा। मिट्टी में चैतन्य का

आवाहन ही तो सुहाग है, सौंदर्य की सिद्धि है। वैदिक अनुष्ठान से लेकर लौकिक अनुष्ठान तक में इसी विधि के प्रत्यक्ष अनुभव से चित् के संस्कार बनते हैं। परंपरा के दोनों अक्षय स्रोतों 'लोक' एवं 'शास्त्र' का एक ओतप्रोत भाव है। इस तप से तपोवन लोक-संश्रय बनता है। जनजीवन में भी आह्लाद का क्षण तप के स्मरण से ही मांगलिक बनता है। इन सभी उदाहरणों में अपने को खाली करके, रीता करके विशाल भाव से भरे जाने की तैयारी की कामना अकिंचनता बोधक है। अकिंचनता के बिना विराट् का आभरण नहीं होता; क्योंकि विराट भी तो महाशून्य है, महानिष्किंचन है। जीवन आभरण है, यह भाव जितना साधकों की अनुभव भाषा में व्याप्त है उतना ही जनजीवन के सामान्य अनुष्ठान में भी व्याप्त है।

निगम की पुष्टि आगम से होती है, सिद्धांत की प्रतिपूर्ति प्रयोग से होती है। आगम अनेक हैं, क्योंकि प्रयोग की संभावना अनंत है – बौद्ध आगम, जैन आगम, शैव आगम, वैष्णव आगम, शाक्त आगम। इनके भी अलग-अलग सम्प्रदाय, उनके अलग-अलग ग्रंथ। निगम और लोकाचार के बीच आगम एक प्रकार से सेतु का काम करते हैं। कोई भी आगम देशकाल की उपेक्षा नहीं करता, परिवेश की उपेक्षा नहीं करता और वह एक रचनात्मक भाषा के उपयोग के द्वारा सच्चाई को तरल रूप में ग्रहण करता चलता है। भारतीय संस्कृति में रचनात्मक भाषा के उपयोग को अवदान रचना या पुराण रचना या मिथक रचना कहते है। हमारी परंपरा में जब तक यह रचना-सामर्थ्य रही तब तक उसमें खुलापन और भरापूरापन रहा, जब से हमने यह सामर्थ्य खोना शुरू किया तब से परंपरा खंडित होती गई, बँधती गई। धीरे-धीरे पुराण को सच्चाई के निर्वचन के रूप में न देखकर ऐतिहासिक विवरण के रूप में देखा जाने लगा। और तब पूर्ववर्ती परंपरा को परवर्ती परंपरा की कड़ी बनाने का भाव जाता रहा, लचीलापन गाँठ बनता रहा।

भारतीय संस्कृति में निगम और आगम परस्पर पूरक हैं। निगम के ज्ञान की पूर्ति आगम की क्रिया में, निगम के विधि पक्ष की

पूर्ति आगम के आत्मनिषेध में, निगम के यज्ञ की पूर्ति आगम की उपासना में, निगम के प्रभु भाव की पूर्ति आगम के सख्य भाव में होती रहती है। किसी एक का पलड़ा भारी पड़ने पर जब विश्रृंखलता आती है तो लोकाचार इस स्थिति को संभाल लेता है और नए आगम का कार्य करने लगता है। बहुत से आगम, इसी प्रकार, सामंजस्य की प्रक्रिया में बने। रामायण और महाभारत की रचना भी आगम के रूप में ही हुई। पंचम वेद, सनातन लीलागाथा, गीतगोविंद और रामचरितमानस की रचना भी इसी तरह हुई। इस प्रकार, शास्त्र और लोक में आपसी संवाद होता रहा और परंपरा इनकी संवादी क्रियाशीलता को ग्रहण करके स्वयं संवादिनी होती रही।

पुराण रचना का एक लोकप्रिय उदाहरण देवी महापुराण है। इसमें रामायण और श्रीमद्भागवत की कथा का मिथकीय रूपान्तरण है। राधा की उद्भावना की एक मिथकीय उत्पत्ति देवी महापुराण में मिलती है। इस महापुराण के अनुसार राम को विवश होकर सीता की स्वर्णमूर्ति को यह आश्वासन देना पड़ा कि मेरे अगले जन्म में तुम राधा होगी और तब तुम नित्य संयुक्त रहोगी। हाँ, तुमने इतनी जिद ठानी, इसलिए तुम नित्य वियुक्त भी रहोगी। राधा एकनिष्ठ प्रेम की सबसे परिशुद्ध अभिव्यक्ति है। शुद्ध भाव रूप है। मिलन की आकांक्षा की तीव्रता ही मिलन-बिछुड़न का अनुभव साथ-साथ कराती रहती है। श्रीकृष्ण की प्राप्ति का यह वरदान उद्वेलन बनकर ही सार्थक होता है। इसी तरह तांत्रिक परंपरा में यह माना जाता है कि काली कृष्ण के रूप में अवतरित होती हैं और शिव राधा के रूप में। काली का विध्वंसन स्वभाव कृष्ण को मिलता है। फलस्वरूप वे सारे नाते-रिश्ते निछोह होकर तुड़वा देते हैं। कोई भी ऐसी सत्ता नहीं रहने देते हैं जो उनके सापेक्ष न हो। दूसरी ओर शिव की अवतार राधा शिव की तरह भोली-भाली रहती हैं, वैसी ही तपोनिष्ठ, वैसी ही एकाग्र और निश्चल; शक्ति की सारी वक्रता और चंचलता कृष्ण में संक्रांत हो जाती है। जब तक इस तरह के मिथक रचे जाते रहे तब तक हम भावप्रवण बने रहे, इनके मंद पड़ने पर हमारे भीतर जकड़न

भी आई। इस अपूर्व पुराण-निर्मात्री प्रतिभा को समझे बिना अपनी परंपरा की शक्ति पहचानना मुश्किल है।

सनातन भारतीय संस्कृति, धर्म और लोक शास्त्र

भारतीय संस्कृति विविधता के प्रति काफी सहिष्णु रही है। भारत के प्रमुख धार्मिक समूहों के बीच शास्त्रीय, लोक एवं जनजातीय संस्कृति की धाराएँ विद्यमान रही हैं। आनंद कुमारस्वामी ने दावा किया है कि भारत की सभी धार्मिक परंपराओं में शास्त्र एवं लोक के बीच अंतःक्रिया के प्रतिमान करीब-करीब एक समान रहे हैं।

भारत में हिन्दू, बौद्ध एवं जैन परंपराएँ एक-दूसरे की पूरक रही हैं। न केवल शासक बल्कि आम जनता ने भी बिना स्वतंत्रता की भावना का त्याग किए धार्मिक विविधता का समायोजन किया है। राजनीतिक विचलन के बावजूद समायोजन की भावना आज भी भारत में व्याप्त है। समायोजन एवं सहिष्णुता की यह भावना पवित्र नदियों, धर्म स्थानों एवं दूर-दराज में स्थित मठों में एकत्रित हुए लोगों के बीच देखी जा सकती है। भारत ने न सिर्फ विभिन्न धर्मों को पनाह दिया बल्कि इन धर्मों के बीच पाए जाने वाले विभिन्न पंथों को भी आदरपूर्वक कायम रखा है। हिन्दू, बौद्ध, जैन, सिक्ख, मुस्लिम, ईसाई, पारसी एवं यहूदी समुदाय के लोग यहाँ अपने विभिन्न सम्प्रदायों के साथ शांतिपूर्वक रहते आए हैं। विभिन्न सम्प्रदायों ने एक साझी विरासत को स्वीकारते हुए भी अपनी अलग-अलग विचार दृष्टियों को अभिव्यक्त किया है। इसके परिणामस्वरूप भारतीय समाज में विभिन्न प्रकार के आदर्श एवं व्यावहारिक प्रतिमानों का जन्म हुआ है। भारतीय लोगों ने व्यावहारिक दृष्टिकोण विकसित करने के लिए मूल ग्रंथों के अर्थों की रचनात्मक व्याख्या या भाष्य की परंपरा विकसित की। भाष्यों का भी युगानुकूल भाष्य होता रहा है। फलस्वरूप परंपरा के दायरे में परिवर्तन की धारा सदैव बहती रही है।

आनंद कुमारस्वामी ने रेखांकित किया है कि कला के क्षेत्र में भारत के विभिन्न समुदायों के बीच समानता है। भारत के विभिन्न मंदिरों, स्मारकों एवं राजदरबारों के भवन-निर्माण एवं स्थापत्य कलाओं में उल्लेखनीय समानताएँ दिखाई देती है। भारतीय कला पवित्र विषय वस्तुओं एवं विस्तृत आदर्शों पर केन्द्रित एक प्रतीकात्मक प्रारूप है। कुमारस्वामी के अनुसार हिन्दू, मुस्लिम एवं ईसाई परंपराओं में कला समान धार्मिक स्रोतों एवं समान आध्यात्मिक अर्थों पर आधारित है।

विभिन्न समुदायों के बीच भाषा एवं साहित्य में, कला एवं भवन निर्माण कला में, संगीत एवं चित्रकला में, नृत्य एवं नाट्य कला में, आर्थिक एवं राजनीतिक जीवन में, सामाजिक आदर्शों एवं प्रथाओं में सह-अस्तित्व एवं आपसी समझ की भावना विद्यमान रही है। मुस्लिम एवं हिन्दू मतों के बीच रचनात्मक आदान-प्रदान से भक्ति एवं सूफी मतों के विकास को संबल मिला। भक्ति आंदोलन से जुड़े सम्प्रदायों ने सभी धर्मों के बीच समानता एवं ईश्वरीय अवधारणाओं के बीच मौलिक एकता पर जोर दिया। इन सब ने सरल उपासना एवं विश्वास को मुक्ति के साधन के रूप में स्वीकारा तथा आवश्यकता से अधिक कर्मकाण्ड एवं रूढ़ियों का विरोध किया। सूफी सम्प्रदाय ने आत्म-साक्षात्कार तथा आध्यात्मिक हर्षोन्माद में ब्रह्म के प्रति समर्पण का उपदेश दिया। यह भारत में ईरान से आया और बौद्ध धर्म, वेदान्त एवं योग के प्रभाव में विकसित हुआ।

इस प्रकार, भारतीय समाज में एक लंबे समय से उद्गम की दृष्टि से कई संस्कृतियों एवं धर्मों को मानने वाले लोग रहते रहे हैं। समकालीन भारतीय सभ्यता एक जटिल प्रघटना है, जिसकी उत्पत्ति कई शताब्दियों के दौरान विभिन्न तत्त्वों के बीच हुए समन्वित विकास के क्रम में हुई है। इसमें शास्त्रीय, लोक, जनजातीय तथा विभिन्न धार्मिक जीवन धाराओं का एक प्रकार्यवादी, संतुलित एवं समन्वित प्रतिमान के रूप में समायोजन हुआ है।

आनंद कुमारस्वामी, रामस्वरूप, ए. के. सरण एवं

विद्यानिवास मिश्र जैसे विद्वानों का कहना है कि यदि सनातन धर्म शुद्ध रूप से पोथी-धर्म रहता तो पशुयज्ञ और गोमेध अब भी होता, पर लगभग दो हजार वर्ष से दोनों बंद हो गये, क्योंकि लोक में ऐसे आन्दोलन हुए जिन्होंने इस अनुष्ठान को मंगलकारक नहीं माना, उन आन्दोलनों को बाद में शास्त्रीय प्रतिष्ठा भी मिली। दूसरी ओर, जैन और बौद्ध धर्म का प्रचार जनभाषाओं में पहले हुआ, पर इन्हीं धर्मावलम्बियों ने जब अपने को प्रतिष्ठित करने का उपक्रम किया तो उन्होंने संस्कृत का आश्रय लिया। यहाँ तक कि कबीरदास के बीजक पर संस्कृत में भाष्य लिखा गया। ईसा के आसपास की शताब्दियों के अभिलेख देखने पर पता चलता है कि बाहर से आया हुआ और देश की मुख्य धारा में समाविष्ट रूद्रदामन् ईसा की पहली-दूसरी शताब्दी में संस्कृत में शिलालेख लिखवाता है और उसी के समकालीन सातवाहन राजा प्राकृत में अभिलेख टंकित करते हैं, अपने को ब्राह्मण कहते हैं और भगवान बुद्ध के मार्ग के श्रमणों के लिए भिक्षु-विहार बनवाते हैं। इसी युग की विभूति महाकवि कालिदास अपने कुमारसम्भव में शिव-पार्वती विवाह के प्रसंग में सरस्वती के द्वारा शिव की स्तुति संस्कृत में और पार्वती की स्तुति प्राकृत (सुखग्राह्य भाषा) में कराते हैं। यहाँ वस्तुतः शास्त्र और लोक का आदान-प्रदान निरन्तर होता रहा है, मध्यकाल में भी यह प्रक्रिया चलती रही। मध्यकाल में अकबर ने सामुदायिक सहिष्णुता एवं साझी सांस्कृतिक समझ विकसित करने में महत्त्वपूर्ण भूमिका निभाई थी। शिवाजी के अंगरक्षक एवं कुछ सेनापति मुस्लिम मत मानने वाले थे। मुहम्मद गोरी ने हिन्दू देवी लक्ष्मी की प्रतिमा वाला सोने का सिक्का चलाया था। दाराशिकोह भारतीय दर्शन एवं साहित्य के प्रसार का महान समर्थक था। आज भी यह प्रक्रिया जारी है।

सनातन धर्म लोकसंग्रही धर्म है, उसका लोक बहुत विशाल है। लोक के कई अर्थ हैं। एक अर्थ है प्रकाश। प्रकाश का स्वभाव है प्रसरण, सब तरफ फैलना। दूसरा अर्थ है 14 भुवन (ऊपर के सात भू-लोक - भुवर्लोक, स्वर्लोक, तपोलोक, लोक, जनलोक, महोलोक,

सत्यलोक और नीचे के सात – तल, अतल, सुतल, पाताल, रसातल, आदि)। तीसरा अर्थ है प्रकाश और भुवन जैसी फैली हुई प्रकृति का मनुष्य, सामान्य जन (आज के मुहावरे का आम आदमी) या लोकमानुष। लोकमानुष केवल अपने लिए और केवल अपनी आँख से नहीं देखता, वह 'सब' को देखता है तथा सबमें एक को देखता है। शास्त्र लोकमानस में एक-दूसरे की आँख हैं, वह एक के माध्यम से सबको देखता है। वह अध्ययन करने वाले व्यक्ति का साधन है, वह भीतर से अनुशासित है। विद्यानिवास मिश्र के अनुसार भारतीय परंपरा में शास्त्र सनातन धर्म की दाहिनी आँख है, सूर्य है, सविता है, विवेक है, ज्ञान है, तर्क प्रज्ञा है और लोक उसकी बाँयी आँख है, चन्द्र है, रस है, बहाव है, भाव है। सनातन धर्म ज्ञानमय भाव है, न वह ज्ञानरूप है, न विश्वासरूप, न कोरा भावरूप। भाव और ज्ञान अलग होते हैं तो सनातन धर्म खंडित होता है। जब-जब खंडन के ऐसे अवसर आये हैं, तब-तब लोक ने अपने-आप को मथा है। उदाहरण के लिए, पुराणों में वेन की कथा आती है। वह निरंकुश शासक हो गया था। ऋषियों ने कुशों से उसे मार डाला। पर पुनः शासक की अपेक्षा हुई तो उसी के शव का मन्थन किया। उससे पहले निषाद एवं पृथु पैदा हुए। पृथु ने वीरान और उजाड़ पृथ्वी को बसाया। पृथ्वी का नाम पृथु के कारण पृथ्वी पड़ा। इस पृथु का भाई है निषाद। वह लोक भाव की अग्रज संतान है, पृथु उसके छोटे भाई हैं। पृथु शास्त्र और लोक के संयोजक सूत्र बनते हैं। शास्त्र जब-जब जड़ या लोकनिरपेक्ष हो गया है तब एक-न-एक नया बौद्धिक और भावनात्मक आन्दोलन हुआ है। उस आंदोलन ने शास्त्र की जड़ता को तोड़ा है। पर उसने शास्त्र की विधि का अतिक्रमण नहीं किया। शास्त्र की विधि तो कहती ही है कि ज्ञानचक्षु से सबकुछ देखो। शास्त्र में जो कहा गया है उसे करो पर जानते हुए करो कि ठीक कर रहा हूँ या नहीं और जाँचते हुए करो कि विधि का तात्पर्य समझ रहा हूँ कि नहीं। शास्त्र अंतरात्मा की पूरक है, विकल्प नहीं। लोक मन में अंतरात्मा की आवाज का महत्त्व शास्त्र से ज्यादा माना जाता है। परन्तु अंतरात्मा की आवाज

को समझने-समझाने में शास्त्र की विधि का महत्त्व असंदिग्ध है। एक अर्थ में शास्त्र अपुरुषेय माना जाता है। शब्द रूप में शास्त्र को ब्रह्म माना गया है। एक दूसरे अर्थ में शास्त्र संस्कृति में स्थापित प्रयोग की विधि है। इस दूसरे अर्थ में शास्त्र जब कुंठित होता है तब उससे विद्रोह करने का विधान भी शास्त्र में निहित है। शास्त्र विधि का तात्पर्य शास्त्र का पाठ नहीं, शास्त्र की समझ है। शुद्ध भाव से किया गया लोक-व्यवहार इस समझ को निखारता रहता है, पर जब लोक-व्यवहार ऋत् और सत्य से स्वछन्द हो जाता है तो शास्त्रों का अनुस्मरण ही उसे ठीक रास्ते पर लाता है।

आधुनिक काल में परमहंस रामकृष्ण ने अपने जीवन से, स्वामी विवेकानन्द ने अपनी व्याख्या से, स्वामी दयानन्द ने अपनी तेजस्विता से, लोकमान्य तिलक और महात्मा गाँधी ने अपनी लोक भावना से और गोपीनाथ कविराज आदि ने अपने लेखन से सनातन शास्त्र को नई दिशा दी। जहाँ कहीं हमारे सोचने में ठहराव आ गया था, वहाँ-वहाँ उन्होंने गतिशीलता दी, पर एक असंतुलित विजातीय शिक्षा के बोझ ने और मूल्यहीन राजनीतिक परिवेश के प्रभाव से पारंपरिक शास्त्रों का प्रभाव कम हुआ है। ऊपर से देखने पर लगता है कि पूजा-पाठ बढ़ रहा है, मंदिरों में चढ़ावा ज्यादा आ रहा है। आयुर्वेद, शास्त्रीय नृत्य, संगीत एवं वास्तुशास्त्र का प्रचार-प्रसार देश-विदेश में खूब हो रहा है, योग और तंत्र का निर्यात व्यापार बड़े पैमाने पर हो रहा है, गंडों और मालाओं की मांग ऐसी बढ़ी है कि रूद्राक्ष की चोरबाजारी हो रही है, परन्तु कुल मिलाकर सनातन-शास्त्र की पारंपरिक अर्थो में समझ कम हो रही है। सनातन बौद्धिकता न केवल तर्क है, न केवल व्याख्या है, न केवल इलहाम (अन्तःकरण से आया प्रकाश) है, न केवल ज्ञान है, न केवल भाव है, वह इनको समाविष्ट करने वाला व्यापार है। यह बौद्धिकता सत्संग अथवा सुनने, सोचने और ध्यान से आती है। इस बौद्धिकता को लोक एवं शास्त्र दोनों संपोषित करते हैं। लोकप्रिय अर्थों में इसको आध्यात्मिकता कह सकते हैं।

भारतीय परंपरा में शास्त्र की अवधारणा काफी विकसित है। केवल वेद, पुराण, उपनिषद् नहीं, धम्मपद एवं जिनसूत्र भी शास्त्र हैं। व्याकरण, ज्योतिष, वास्तु, आयुर्वेद, धुनुर्वेद, दर्शन, नाट्यशास्त्र, कामशास्त्र, अर्थशास्त्र, योगशास्त्र, मंत्रशास्त्र, तंत्रशास्त्र, यंत्रशास्त्र, महाकाव्य आदि शास्त्र के अन्य उदाहरण हैं। इन शास्त्रों के मूर्त्त रूप प्राचीन मंदिर, चित्र, शिल्प और संगीत आदि भी सनातन शास्त्र हैं। जीवन को जो भी आस्वादनीय बनाता है, वह सब सनातन शास्त्र है। सनातन शास्त्र निरंतर लिखा जाने वाला शास्त्र है। सनातनी मंदिरों में कबीर, तुलसी, सूर, मीरा और अन्य भक्तों के भजन गाये जाते हैं। इन्हें शास्त्रीय गौरव प्राप्त है, क्योंकि इनमें शास्त्र विधि का अनुवर्तन है। इनमें शास्त्र लोक के साथ जुड़कर प्रखर हुआ है। आज सनातनी शास्त्रों के गहरे और व्यापक अनुशीलन की आवश्यकता है। कुमारस्वामी, भरतसिंह उपाध्याय, ए. के. सरण और विद्यानिवास मिश्र जैसे विद्वानों की रचनाओं के माध्यम से देखने पर हम पाते हैं कि बुद्ध-वचन में उपनिषद्रों की प्रतिध्वनि है, कबीर में शैवागम की व्यवस्थित प्रक्रिया है। जिसे हम लोकतत्त्व कहते हैं, वह शास्त्र का ही विसरण है। लंबी गुलामी के दौर में हमारी शास्त्रीय परंपरा का व्यवस्थित अध्ययन-अध्यापन की परंपरा तो कमजोर हुई है परन्तु लोकसंस्कृति में हमारी परंपरा अब भी जीवंत है। इस लोकतत्त्व में (चाहे वह गीत हो, चित्रकला हो, शिल्प हो, नृत्य हो, नाट्य हो, लीला हो) और भारत के अनपढ़ आम आदमी के सोचने के ढंग में पारंपरिक शास्त्र का सत्त्व अधिक सुरक्षित है। दूसरी ओर, आधुनिक विश्वविद्यालयों में भारतीय शास्त्रों का जिस रूप में अध्ययन और विवेचन हो रहा है, उसमें आधुनिक दृष्टि पारंपरिक दृष्टि पर हावी है। इनमें शास्त्रों का विरूपीकरण हो रहा है। इसमें परंपरा को भूतकाल (प्राचीन एवं मध्यकाल) से जोड़ कर अप्रासंगिक बनाने एवं बताने की कोशिश चल रही है। महात्मा गाँधी की कृति 'हिन्द स्वराज' भारतीय परंपरा को समकालीन समय में समझने के लिए महत्त्वपूर्ण सूत्र प्रस्तुत करती है

भारतीय संस्कृति के पक्ष

कला एवं भवन निर्माण कला - भारतीय कला धर्म से अनुप्राणित है तथा धार्मिक रूप से पवित्र समझी जाने वाली विषय-वस्तुओं के आस-पास केन्द्रित है। परन्तु भारतीय धर्म एवं कला अपने मूल रूप में पारलौकिक न होकर इहलौकिक एवं सांसारिक है। जीवन, प्रकृति तथा मनुष्यों की सनातन विविधता भारतीय कला रूपों में प्रतिबिंबित हुई है। सिन्धु घाटी के दिनों से ही भारत में स्थापत्य कला तथा भवन निर्माण कला काफी विकसित रही है। भारत लोक तथा जनजातीय कलाकृतियों का बहुत बड़ा भंडार है। भारतीय कला, धर्म एवं संस्कृति संसार को ईश्वरीय शरीर का विस्तार मानती है। भारतीय कला ईश्वरीय लीला (संसार) की अनुकृति है। भारतीय धर्म भी इसी अर्थ में ईश्वर का अनुकीर्तन है। आत्मा और परमात्मा तथा पिण्ड और ब्रह्माण्ड में सहधर्मिता है। अनुकृति और अनुकीर्तन की अवधारणा इसी का स्मरण कराते हैं। स्मृति साहित्य के मूल में भी यही स्मरण है। भारतीय कला एवं भवन-निर्माण कला में भी यही स्मरण है। मंदिर ब्रह्माण्ड की अनुकृति है और मंदिर की उपासना पद्धति एवं विग्रह निर्माण कला में अनुकीर्तन है।

संगीत - संपूर्ण भारत में संगीत शब्द के अंतर्गत गायन एवं वादन दोनों रूपों को सम्मिलित किया जाता हैं। ऋग्वेद तथा सामवेद की धुनें शब्दों को संगीत में पिरोने का सबसे पुराना उदाहरण है। भारतीय संगीत का सबसे पुराना एवं विस्तृत सिद्धांत भरत मुनि के नाट्यशास्त्र में उपलब्ध है, जिसका समय ईसाई संवत् के प्रारंभ में माना गया है। भारतीय शास्त्रीय संगीत के दो रूप हैं, पहला उत्तर भारतीय हिंदुस्तानी शास्त्रीय संगीत एवं दूसरा दक्षिण भारतीय कर्नाटक संगीत है। शास्त्रीय संगीत के ज्यादा विशिष्ट सम्प्रदायों को 'घराना' के नाम से जाना जाता है। घरानों से जुड़े शास्त्रीय संगीत को भारतीय संस्कृति के विश्वविख्यात पक्ष के रूप में याद किया जाता है।

गायन एवं नृत्य हमेशा से ही भारतीय सामाजिक गतिविधियों एवं कार्यक्रमों के भाग रहे हैं। मेला, विवाह, उत्सव तथा अन्य आयोजनों को इनके बिना अधूरा माना जाता है। फिल्मी गानों ने आधुनिक काल में संगीत की लोकप्रियता को आम जनों के बीच और अधिक विस्तृत करने में महत्त्वपूर्ण भूमिका निभाई है।

नृत्य - भारतीय शास्त्रीय नृत्य भारतीय मानस की आध्यात्मिकता एवं कलात्मकता का सुन्दर एवं महत्त्वपूर्ण प्रतीक है। पारंपरिक भारतीय शास्त्रों में नृत्य (संगीत) एवं नाट्य (नाटक) के कई वर्णन आए हैं। नृत्य एवं संगीत के कार्यक्रम भारतीय गृहस्थ जीवन के हर सोपान पर आवश्यक रूप से शामिल किए जाते हैं। एक़ वर्गीकरण भारतीय नृत्य के तीन रूप बताता है - नाट्य, नृत्य तथा नृत्त। नाट्य नाटक का समानार्थी है। नृत्य विश्लेषणात्मक नर्तन का उदाहरण है जो शब्दों के संगीतबद्ध ताल पर किया जाता है। जबकि नृत्त शुद्ध नर्तन का उदाहरण है जहाँ शारीरिक गतियों के द्वारा किसी भाव की अभिव्यक्ति की जाती है।

भारत में शास्त्रीय एवं लोक नृत्यों की समृद्ध विविधता है। कुचिपुड़ी (आंध्र प्रदेश), ओडिसी (उड़ीसा), कथाकाली (केरल), मोहिनीअट्टम (केरल), भरतनाट्यम (तमिलनाडु), मणिपुरी (मणिपुर) और कत्थक (उत्तर प्रदेश) आदि भारत में कुछ उल्लेखनीय नृत्य रूप हैं। इसके अलावा, भारत में लोक-कथाओं, आख्यानों, मिथकों आदि की समृद्ध परंपरा रही है जिनमें नृत्य और गायन को मिश्रित करके समन्वित कला रूपों का विकास किया गया है।

नाटक - यह मान्यता है कि शास्त्रीय नृत्य का जन्म दैवीय स्रोत से हुआ है जबकि नाटक का जन्म आम जन के बीच में हुआ। भरत मुनि के नाट्यशास्त्र को पारंपरिक भारतीय नाट्य विधा का संपूर्ण मार्गदर्शन करने वाली कृति माना गया है। आधुनिक भारतीय नाटकों की विधा का जन्म तीन औपनिवेशिक नगरों कलकत्ता, बंबई, मद्रास (वर्तमान में कोलकाता, मुंबई एवं चेन्नई) में हुआ। यह यूरोपीय नाट्य विद्या की मान्यताओं एवं प्रवृत्तियों से बहुत ज्यादा प्रभावित रहा है।

पारंपरिक भारतीय नाटकों के अंतर्गत कई स्पष्ट धाराएँ रही हैं। पहली धारा के नाटकों की भाषा संस्कृत थी। यह नाट्य परंपरा राजदरबारों एवं मंदिरों तक सीमित रही है और काफी परिष्कृत तथा प्रशिक्षित संवेदात्मक अभिरुचियों की अभिव्यक्ति करती है। दूसरी धारा के अंतर्गत स्थानीय भाषाओं और बोलियों में खेला जाने वाला नाटक है जो विभिन्न स्थानों एवं क्षेत्रों में खेला जाता है। भारत में सामान्यतः नाटक तब खेला जाता है जब फसलें कट जाती हैं। अभिनेताओं तथा दर्शकों दोनों के पास फुर्सत का समय होता है। यह खुले रंगमंचों पर खेला जाता है। नाटक का कथानक सामान्यतः एक मिथक होता है जो दर्शकों को पहले से पता होता है। इस कथानक को नृत्य, संगीत, अभिनय और नृत्य संयोजन के माध्यम से नाटक के रूप में प्रस्तुत किया जाता है। भारतीय सिनेमा को कई लोग भारत की नाट्य परंपरा का तकनीकी रूपान्तरण एवं विस्तार मानते हैं। इसमें पश्चिमी तकनीक एवं भारतीय कथानक का समन्वय हुआ है। भारतीय सिनेमा की मुख्यधारा में शास्त्रीय एवं लोकसंगीत का भरपूर इस्तेमाल होता है। भारतीय सिनेमा का जन्म सन् 1913 में राजा हरिश्चन्द्र नामक मूक फिल्म के निर्माण से हुआ है। 1931 में आलमआरा नामक पहली सवाक् फिल्म बनी थी। सन् 2000 में सिनेमा निर्माण एवं वितरण को एक उद्योग का दर्जा दिया गया।

भारत में राज्य, बाजार एवं संस्कृति

स्वतंत्रता प्राप्ति के बाद राज्य ने संस्कृति के क्षेत्र में बहुत महत्त्वपूर्ण भूमिका निभाई है। राज्य ने साहित्य अकादमी, संगीत नाटक अकादमी, ललित कला अकादमी, नेशनल गैलरी ऑफ मॉडर्न आर्ट जैसी अनेकों संस्थाओं को कला, साहित्य तथा संस्कृति के संरक्षण तथा संवर्धन के लिए विकसित किया है। संस्कृति विभाग सांस्कृतिक संस्थाओं का नियमन करने वाली केन्द्रीय संस्था है। परन्तु हाल के वर्षों में धीरे-धीरे गैर-सरकारी क्षेत्र भी कला तथा संस्कृति के महत्त्वपूर्ण समर्थक एवं आयोजक के रूप में उभर रहे हैं।

बाजार, राज्य व्यवस्था तथा संस्कृति के बीच भारत में काफी

घनिष्ठ अंतःक्रिया होती है। व्यापार ने व्यक्तियों की गतिशीलता को संभव बनाया है तथा सांस्कृतिक उत्पादों एवं गतिविधियों के लिए बाजार का निर्माण किया है। व्यापार से जुड़ी वाणिज्यिक गतिविधियाँ एवं शासकों के संरक्षण ने साहित्यिक तथा सांस्कृतिक गतिविधियों को भी प्रभावित किया है। भारत में महत्त्वपूर्ण पारंपरिक नगर (कांचीपुरम, काशी, उज्जैन, इत्यादि) व्यापार के भी महत्त्वपूर्ण केन्द्र रहे हैं।

भारतीय संस्कृति में कला को संरक्षण देने से हमेशा सम्मान तथा प्रतिष्ठा मिलती रही है। प्रचलित मान्यता के अनुसार एक स्थापित या महत्त्वाकांक्षी कलाकार को मदद देने वाले को पुण्य की प्राप्ति होती है। पारंपरिक काल में और कुछ हद तक आज भी मंदिरों के व्यवस्थापक भी कला के संरक्षकों एवं सुविधादाताओं की भूमिका निभाते रहे हैं। हालाँकि समकालीन समय में कला तथा परिष्कृत सांस्कृतिक गतिविधियों के मुख्य संरक्षक राज्य की संस्थाएँ तथा बाजार हैं। वैश्वीकरण के इस युग में व्यापारिक संघों एवं बाजार की शक्तियाँ विशेष महत्त्वपूर्ण बन गई हैं।

संस्कृति तथा जनसंचार के साधन

आधुनिक जनसंचार के साधनों रेडियो, दूरदर्शन, फिल्म, अखबारों, पत्रिकाओं, शोध पत्रिकाओं ने अखिल भारतीय स्तर पर भारतीय संस्कृति को हाल के दिनों में संवर्धित करने में महत्त्वपूर्ण भूमिका निभाई है। रेडियो का प्रसारण 1927 में शुरू हुआ तथा ऑल इंडिया रेडियो की स्थापना 1936 में हुई। ऑल इंडिया रेडियो तथा हाल के दिनों में गैर-सरकारी चैनलों के माध्यम से भारतीय शास्त्रीय संगीत के श्रोता पूरे देश में बन रहें हैं। यह फिल्म तथा लोकप्रिय संगीत के प्रचार-प्रसार के लिए भी महत्त्वपूर्ण माध्यम रहा है।

भारतीय टेलीविजन का तंत्र आज विश्व का सबसे विस्तृत टेलीविजन तंत्र बन गया है। डिश एंटीना तथा केबल टी. वी. ने आज अधिकांश शहरी तथा ग्रामीण घरों को काफी संख्या में टेलीविजन चैनलों से जोड़ दिया है। टेलीविजन का विकसित तंत्र एक

तरह से करीब-करीब हर प्रकार के कला तथा सांस्कृतिक रूपों के प्रसारण का लोकप्रिय माध्यम है। दूसरी तरफ, टेलीविजन बाजारी शक्तियों एवं विज्ञापन शुल्कों के प्रभाव में ऐसे लोकप्रिय कार्यक्रमों को प्रोत्साहन दे रहा है जो सांस्कृतिक तथा शैक्षणिक दृष्टिकोण से मूल्यहीन कहे जा सकते हैं।

भारतीय फिल्में अपनी उपलब्धियों और सीमाओं के साथ भारतीय सांस्कृतिक जीवन की सबसे प्रामाणिक अभिव्यक्तियों में शामिल की जाती हैं। भारत आज दुनिया में सबसे ज्यादा फिल्मों का निर्माण करता है। करीब एक दर्जन भाषाओं में लगभग आठ सौ फिल्में भारत में हर वर्ष बनती हैं। कुल मिलाकर भारत में सिनेमा मूलतः एक शहरी माध्यम रहा है। ग्रामीण इलाकों पर इसका प्रत्यक्ष प्रभाव अपेक्षाकृत कम रहा है। लेकिन रेडियो एवं टेलीविजन, टेपरिकॉर्डर एवं विडियो पार्लर के बढ़ते प्रचार-प्रसार से गाँवों में भी सिनेमा का प्रभाव धीरे-धीरे बढ़ रहा है। भारत में फिल्म संगीत आजकल सबसे लोकप्रिय संगीत के रूप में उभरा है। फिल्म संगीत का स्वाभाविक एवं समृद्ध विकास पुराने लोकसंगीत के स्रोत से हुआ है। आज फिल्म संगीत को आधुनिक भारत के लोकसंगीत का दर्जा हासिल है। आजकल जिसे शास्त्रीय संगीत माना जाने लगा है उनमें से अधिकांश का जन्म उस संगीत से हुआ है जिसका लक्ष्य लोक दर्शकों का मनोरंजन रहा था ।

सांस्कृतिक क्षेत्र में फिल्मों एवं टेलीविजन कार्यक्रमों ने सामूहिक राष्ट्रीय चेतना के संरक्षण एवं संवर्धन में महत्त्वपूर्ण भूमिका निभाई है। पारंपरिक एवं धार्मिक विषयों जैसे आध्यात्मिक महाकाव्यों, आख्यानों के प्रसारण के साथ-साथ शासन एवं लोकतांत्रिक राजनीति के प्रचार-प्रसार में टेलीविजन के विभिन्न चैनलों एवं सुरुचिपूर्ण फिल्मों का राष्ट्रीय एकता बढ़ाने में सराहनीय योगदान रहा है। परन्तु टेलीविजन का मुख्य सरोकार क्रिकेट जैसे खेल और आधुनिक-पाश्चात्य शैली के लोकप्रिय मनोरंजन के प्रायोजित कार्यक्रमों का प्रसारण होता जा रहा है। इससे धीरे-धीरे एक अन्य प्रकार की सामूहिकता का प्रसार हो रहा है।

अध्याय 3

भारतीय संस्कृति, सनातन दृष्टि एवं परंपरा

भारतीय सभ्यता एवं संस्कृति सनातन परंपरा का एक ऐतिहासिक रूप है। विविधता इसका स्थायी स्वरूप या भाव है। इसमें एकरूपता या एकरसता का भाव अस्वाभाविक, अप्राकृतिक एवं कृत्रिम माना जाता रहा है। भारतीय सभ्यता की व्याख्या या विश्लेषण के लिए कम-से-कम नौ प्रकार के दर्शनों {पूर्व मीमांसा, सांख्य, वैशेषिक, न्याय, योग एवं उत्तर मीमांसा (वेदांत) जैसे वैदिक, बौद्ध एवं जैन जैसे श्रमणिक एवं लोकायत जैसे प्राकृतिक अनुभववादी} की सहायता ली जाती रही है। मनुष्य, प्रकृति एवं ब्रह्मांडीय शक्ति के लीलात्मक संबंधों के शिवत्व, सत्य एवं सौन्दर्य की थाह पाने के लिए नौ प्रकार के भाव या रस (शांत, करुण, वात्सल्य, शृंगार, वीर, रौद्र, अद्भुत, हास्य, वीभत्स) की अवधारणा विकसित की गई है। प्रकृति एवं संस्कृति के द्वन्द्वात्मक संबंधों के विभिन्न सोपानों को ऋतु-चक्र परिवर्तन {वसंत, ग्रीष्म, वर्षा, शरत्, हेमंत, पतझड़ (शिशिर)} की अवधारणा द्वारा अभिव्यक्ति दी गई है। मनुष्य के अंतर्निहित स्वभाव को समझने के लिए चार वर्णों (ब्राह्मण, क्षत्रिय, वैश्य, शूद्र) की अवधारणा विकसित की गई है। हर व्यक्ति के जीवन में चार पुरुषार्थों (धर्म, अर्थ, काम, मोक्ष) की प्राप्ति सहजता से हो सके इसके लिए चार आश्रमों (ब्रह्मचर्य, गार्हस्थ्य या गृहस्थ, वानप्रस्थ एवं संन्यास) की व्यवस्था की गई। चार आश्रमों के अंतर्गत सोलह संस्कारों (गर्भाधान, पुंसवन, सीमंतोन्न्यन, जातकर्म, नामकरण, निष्क्रमण, अन्नप्राशन, चूड़ाकरण, कर्णभेद, विद्यारंभ, उपनयन, वेदारंभ, केशान्त, समावर्तन, विवाह, अंत्येष्टि) की विधि विकसित की गई। जो लोग वैकल्पिक माध्यम से जीवन जीना चाहते हैं उनके लिए

श्रमण एवं प्राकृतिक अनुभववादी रास्ते सुलभ रहे हैं। तीनों रास्तों से वैवाहिक जीवन शुरू किया जा सकता है, अतः 8 प्रकार के विवाह (ब्राह्म, दैव, आर्ष, प्रजापत्य, आसुर, गंधर्व, राक्षस, पिशाच) की व्यवस्था की गई है। विवाह का मूल उद्देश्य सृजन (संतान प्राप्ति/संतानोप्राप्ति) एवं पितृऋण से छुटकारा पाना रहा है। भारतीय संस्कृति का केन्द्र सूर्य है। प्रकाश-पुंज सूर्य की किरणों में सात रंग (बैंगनी, नीला, आसमानी, हरा, पीला, नारंगी, लाल) हैं। इन विविधताओं के बीच व्यवस्था की कम से कम चार वैकल्पिक (समानांतर) पद्धतियाँ फलती-फूलती रही हैं - सम्प्रदायों एवं पंथों की धार्मिक पद्धति, जातियों की सामाजिक पद्धति, कुटुम्बों की नातेदारी पद्धति एवं राज्यों की राजनैतिक पद्धति। ये चारों व्यवस्थायें एक-दूसरे की पूरक रही हैं। इनके अधिकार एवं कर्त्तव्य की सीमाएँ संस्थाबद्ध रही हैं।

भारतीय सभ्यता में विचारधारा के तार्किक आग्रह की तुलना में आस्था एवं आस्तिकता का महत्त्व ज्यादा रहा है। किसी एक लक्ष्य के लिए विविधता धारण करने वाले सम्प्रदायों, जातियों, समूहों में समन्वय स्थापित करने की कोशिश करने के बदले एक-दूसरे के स्वतंत्र अस्तित्व को स्वीकारते हुए, एक-दूसरे की समस्याओं को समझते हुए, सभ्यतामूलक एकता को संवर्धित करने की ओर ज्यादा जोर रहा है।

भारतीय सभ्यता में एकात्मता की तुलना में तादात्म्यता पर ज्यादा जोर रहा है। भूतकाल के वैभव की स्मृति के महत्त्व को स्वीकारने के बावजूद वर्तमान में आस्था रख कर भविष्य केन्द्रित पुरुषार्थ करने पर ज्यादा जोर रहा है। सनातन जीवन दृष्टि एवं धर्म में सतत अध्ययन, मनन, चिन्तन, अभ्यास, अनुभूति, साधना, भक्ति एवं यज्ञ का महत्त्व वर्तमान में आस्था के अकाट्य प्रमाण हैं।

भारत के अंतर्गत रह रहे सनातन धर्म के विभिन्न रूपों के करीब 80 करोड़ अनुयायियों की अपनी-अपनी आस्थायें हैं। इन 80 करोड़ लोगों को किसी एक संगठन से जोड़ने का हर प्रयास अब तक असफल रहा है। भारतीय सभ्यता की विभिन्न इकाइयों में संस्कृति

और सांस्कृतिक अवस्थाओं का स्वरूप तरल, लचीली, विस्तृत तथा गहरी अनुभूतियों के स्तर पर समझा एवं समझाया जाता है। किसी भी चीज को समझने एवं समझाने का सबसे प्रमुख माध्यम किसी व्यक्ति के जीवन का जीता जागता उदाहरण रहा है। किताबी अवधारणाओं या पुरातात्त्विक तत्त्व चिन्तन का जैसा प्रभाव यूरोप की संस्कृतियों में देखने को मिलता है वैसा प्रभाव भारतीय संस्कृति में सामान्यतः नहीं मिलता। पश्चिमीकरण के प्रभाव में अब तकनीकी परिवर्तन ज्यादा हुए हैं। सांस्कृतिक आस्था के स्वरूप का उद्गम यहाँ अब भी परंपरा ही है। भारत में संस्कृति नदी के जल और उसके बहाव जैसी चीज मानी जाती है और अवधारणायें इस चीज की अभिव्यक्ति न होकर इसकी ओर संकेत करने वाली प्रतीकात्मक चीज या इस नदी के जल के ऊपर चलने वाली नाव जैसी चीज मानी जाती है। नदी के जल और उसके बहाव को जिस तरह नदी धारण करती है ठीक उसी प्रकार संस्कृति के स्वाभाविक विकास को धारण करना और कायम रखना सभ्यता का धर्म है, जबकि संस्कृति और संस्कार को धारण करना व्यक्ति का धर्म है। पारंपरिक दृष्टि में धर्म, सभ्यता एवं राष्ट्र तीनों भू–सांस्कृतिक अवधारणायें हैं और एक स्तर पर इनमें सहधर्मिता या तादात्म्य है। यह भारतीय संस्कृति का, समाजशास्त्रीय दृष्टि से, संरचनात्मक सिद्धांत है। इसको विस्तार से समझना आवश्यक है।

एक व्यक्ति के रूप में संस्कृति को जीना एक बात है। हर प्रतिबद्धता के बावजूद एक व्यक्ति संस्कृति को उपभोक्ता के रूप में ही जीता है और संस्कृति के विभिन्न रूपों को एक स्वाभाविक स्थिति के रूप में ही स्वीकारता है। इस प्रक्रिया में एक निष्क्रियता है। आम आदमी मूलतः एक व्यक्ति के रूप में ही या एक परिवार के रूप में ही तात्कालिक परिस्थिति को स्वाभाविक स्थिति मानकर जीता है। लेकिन यह कि वह उसके बहुआयामी स्वरूपों, निहितार्थों, फलितार्थों को भी समझता है, ऐसा नहीं कहा जा सकता। यह काम विशेषज्ञों का है।

हर संस्कृति की अपनी समस्यायें होती हैं और उन समस्याओं के समाधान के लिए हर संस्कृति के अपने विशेषज्ञ होते हैं। परन्तु विशेषज्ञों और गैर-विशेषज्ञों के बीच हर संस्कृति में एक जैसा संबंध नहीं होता। उदाहरण के लिए, भारतीय संस्कृति में पारंपरिक रूप से विशेष ज्ञान या विशेष अनुभव रखने वाले किसी भी व्यक्ति या परिवार को विशेषज्ञ कहा जाता है। परन्तु पश्चिमी समाजों की तरह भारतीय समाज में विशेषज्ञों और गैर-विशेषज्ञों का अलग-अलग वर्ग नहीं रहा है। हमारे यहाँ हर व्यक्ति, परिवार, जाति एवं सम्प्रदाय का लक्ष्य किसी-न-किसी प्रकार की विशेष अनुभूति या विशेष ज्ञान या विशेष दक्षता (कुशलता) प्राप्त करना रहा है। इस प्रकार के विशेष ज्ञान, अनुभूति या दक्षता प्राप्ति के सामान्यतया तीन स्रोत रहे हैं: (1) शास्त्रीय प्रशिक्षण, (2) लौकिक प्रशिक्षण, तथा (3) व्यक्तिगत साधना, तपस, अभ्यास। सामान्यतया एक ही परिवार में तीनों तरह से विशेषज्ञता प्राप्त की जाती रही है। इन्हें क्रमशः ज्ञान मार्ग, कर्म मार्ग एवं भक्ति मार्ग कहा जाता है।

इसी तरह हर राज्य, साम्राज्य एवं राजनैतिक व्यवस्था को बनाने, चलाने एवं विस्तारित करने के लिए अपने विशेषज्ञ होते हैं। धीरे-धीरे करीब-करीब हर राज्य, साम्राज्य एवं व्यवस्था के विशेषज्ञों का एक वर्ग (प्रभु वर्ग) बन जाता है जो आम आदमियों की तुलना में ज्यादा साधन एवं अधिकार संपन्न होता है। इस प्रकार सामाजिक व्यवस्था एवं राज्य के अंतर्गत विभिन्न सदस्यों के अधिकार-कर्त्तव्य में किसी-न-किसी तरह गैर-बराबरी अथवा असमानता आ ही जाती है। राज्य व्यवस्था के लिए प्रभु वर्ग की विशेषज्ञता सामान्यतः आवश्यक समझी जाती है, जबकि सामान्यतः संस्कृति में एक प्रकार की लोकतांत्रिकता या सहभागिता होती है।

गुलामी के लंबे दौर में आम आदमियों ने व्यक्ति, परिवार, जातियों एवं सम्प्रदायों के स्तर पर भारतीय संस्कृति को कुछ हद तक बचाये रखा, लेकिन इस संस्कृति के विशेषज्ञों और उनको पोषित करनेवाली संस्थाओं को नहीं बचाया जा सका। इनके गुरुकुल नष्ट

कर दिये गये। विशेषज्ञों को या तो मार दिया गया या उनकी संस्थायें बर्बाद कर दी गई या उन्हें इतना लांछित किया गया कि उन लोगों ने अपने आप धीरे-धीरे स्वधर्म निभाना छोड़ दिया। फिर उनको लोभ-लालच देकर दूसरे कामों में लगा दिया गया अथवा भारतीय संस्कृति को विरूपित और विखंडित करके विदेशी साम्राज्य को पोषित करने वाली गतिविधियाँ चलाने का 'प्रोजेक्ट' दे दिया गया। इन प्रोजेक्टों का दिशा-निर्देश, गति, निहितार्थ, फलितार्थ आदि साम्राज्य के अपने विदेशी विशेषज्ञों द्वारा पहले से तय कर दिये जाते थे। विधर्मी साम्राज्य बनते-बिगड़ते रहे। राज्य और इसके संसाधनों पर कब्जा करने के लिए केवल सैनिकों और सेनापतियों की आवश्यकता नहीं पड़ती, बुद्धिजीवियों और कलाकारों की भी आवश्यकता पड़ती है।

कोई भी साम्राज्यवादी शासक सामान्यतया किसी देश पर विजय प्राप्त करने के उपरांत उस देश के निवासियों और उनकी संस्कृति को पूरी तरह नष्ट नहीं करना चाहता। हर साम्राज्य को अपनी सुविधा एवं अपने लाभ के लिए गुलाम चाहिए, कुशल कारिंदे चाहिए, देशी परिस्थितियों में साम्राज्य के अनुकूल बुनियादी ढाँचा एवं संस्थायें चाहिए। इनके विकास में बहुत समय, श्रम और साधन लगता है। अतः किसी भी साम्राज्य के रणनीतिकार सामान्यतः उस देश की संस्थाओं एवं विशेषज्ञों को नष्ट करने की तुलना में देशी परिस्थिति को अनुकूल बनाना बेहतर मानते हैं और केवल अपनी प्रभुता बनाये रखना चाहते हैं। स्पेन वालों ने कोलंबस द्वारा अमेरिका खोजने के बाद वहाँ के मूल निवासियों और वहाँ की संस्कृतियों के साथ जो किया वह एक तरह का अतिवाद था जिसकी जड़ें धर्मान्धता में थी, साम्राज्यवाद में नहीं। अधिकांश साम्राज्यवादी मूलतः दो काम करते हैं: (1) उस देश के कानून को अपने देश के कानून के अनुकूल बनाते हैं, और (2) उस देश की व्यवस्था एवं सभ्यतामूलक संस्थाओं को पोषित करने वाली, विशेषज्ञों को पैदा करने वाली शास्त्रीय प्रणाली को तोड़ देते हैं। अन्य चीजों को नये साम्राज्य के फ्रेमवर्क से

जोड़कर विरूपित कर दिया जाता है। इस दृष्टि से भारत में अंग्रेजों ने मैकॉले की शिक्षा नीति के तहत अपनी साम्राज्यवादी नीतियों को सूत्रबद्ध किया। इसके तहत भारत की शास्त्रीय प्रणाली को इसके जीवंत स्रोतों से काट कर सुखा दिया गया। देश की परंपराओं, रीति-रिवाजों, कानूनों को अप्रासंगिक बना दिया गया और इनके स्थान पर अंग्रेजी साम्राज्य को पोषित करने वाले, तथाकथित आधुनिक कानून एवं आधुनिक शास्त्रीय प्रणालियाँ लाद दी गई।

ऐसी कोशिश की गई कि आधुनिक कानून और भारत के सनातनी जीवन मूल्यों, जीवन शैली एवं कार्य संस्कृति के बीच खाई पैदा हो जाये। एक ऐसी खाई का निर्माण हो सके कि आम भारतीय व्यक्ति का जीवन दुविधा से भर जाये, उसकी आस्था और अस्तित्व में संघर्ष और प्रतियोगिता की स्थिति बनी रहे। वास्तव में आधुनिक सभ्यता एक पारंपरिक व्यक्ति के सामने केवल तीन विकल्प प्रस्तुत करती है:

1. अपराधी बनो और काले धन सम्पत्ति कमाओ।
2. अपराधबोध से बचना चाहते हो तो पाप करो।
3. यदि अपराध और पाप जैसे पुरुषार्थ तुम्हारे वश की बात नहीं है तो शहीद बन जाओ। अंग्रेजी राज में पारंपरिक भारतीयों के लिए चौथा रास्ता पश्चिमी सभ्यता के मानदंडों पर स्वाभाविक नहीं था। ऐसे हर रास्ते को आधुनिक सभ्यता नष्ट कर देती है।

भारत सरकार का कानून आज भी सनातनी जीवन मूल्यों एवं पारंपरिक जीवन शैली को सहयोग देने की स्थिति में नहीं है। भारतीय कानून का उपनिवेशवादी स्वरूप काफी हद तक अब भी कायम है। पारंपरिक दृष्टिकोण से देखने वाले कई लोग खुलेआम कहते हैं कि अंग्रेजी कानून लागू होने के बाद भारत में ज्यादातर लोगों के पास विलासिता के लिए जो भी धन है वह किसी-न-किसी प्रकार के अपराध के बल पर कमाई गई है। परन्तु ऐसे धन का कुछ अंश भारतीय संस्कृति के संरक्षण, संवर्धन एवं पोषण में भी खर्च

किया जाता है। एक विपरीत एवं विषम परिस्थिति में जब भारतीय संस्कृति पर चौतरफा आक्रमण हो रहा था तब उपरोक्त प्रकार का आर्थिक सहयोग भारतीय संस्कृति एवं भारतीय संस्थाओं की अस्तित्व रक्षा के लिए कुल मिलाकर कल्याणकारी साबित हुआ। इसे रणनीतिक व्यावहारिकता अथवा सांसारिक युक्ति के रूप में स्वीकार किया गया। यह कहा गया कि बिना अपराध किये या अपराधबोध सहे एक पारंपरिक व्यक्ति के रूप में आधुनिक भारत में आप न तो आनंद पा सकते हैं, न समृद्धि पा सकते हैं। हाँ, अपनी संस्कृति को पूरी तरह त्याग कर कुछ व्यक्ति पश्चिमी सभ्यता की इकाई बन कर गैर-पश्चिमी समाज के शोषण, लांछन, आत्म-तिरस्कार, आत्म-दमन और आत्म-विरूपण की प्रक्रिया को प्रोत्साहित करके पारिश्रमिक के रूप में पश्चिमी सुख-सुविधा पा सकते हैं। भारतीय दृष्टि से यह तो अपराध से भी बदतर है। यह तो पाप की श्रेणी में आयेगा। इसका कारण यह है कि भारतीय संस्कृति का लक्ष्य व्यक्तिगत समृद्धि न होकर लोकमंगल और परम ऐश्वर्य रहा है। परम ऐश्वर्य का अर्थ है व्यक्ति, समुदाय, राष्ट्र, संसार और जगत् सबका एकात्मक विकास, चतुर्दिक प्रगति, सर्वोदय। इसके विपरीत पश्चिमी विमर्श के केन्द्र में लोकमंगल की अवधारणा नहीं है। यह मूलतः साम्राज्यवादी है। आधुनिक पश्चिमी मानव सभ्यताओं को यूरोपीय दर्शन केन्द्रित साम्राज्य में रूपांतरित करने में संलग्न रहा है। इस साम्राज्य की प्रजा (स्वामिभक्त प्रजा) के रूप में गैर-यूरोपीय लोग एवं जातियों के लिए तो जगह है लेकिन गैर-यूरोपीय संस्थाओं, रीति-रिवाजों तथा प्रथा के लिए जगह नहीं है। गैर-यूरोपीय लोक एवं शास्त्र के लिए जगह नहीं है। गैर-यूरोपीय विवाह, परिवार एवं नातेदारी के लिए जगह नहीं है। गैर-यूरोपीय जीवन-दृष्टि और जीवन दर्शन के लिए जगह नहीं है। ये सब युगानुकूल नहीं माने जाते। फैशनेबुल नहीं माने जाते। फलस्वरूप इनका संरक्षण, संवर्धन, प्रोत्साहन, पोषण नहीं किया जाता। यूरोपीय राजनैतिक-अर्थशास्त्र द्वारा नियंत्रित साम्राज्यवादी कानून के दायरे में इनका अस्तित्व

कायम रखना ऐसे भी मुश्किल होता है। अतः व्यक्तिवादी सोच से निकला चिन्तन सामान्य रूप से सुधारवादी मानसिकता एवं समझौतावादी रुझान वाला होता है। फलस्वरूप केवल कानून बदल कर और भारतीय मध्य वर्ग में पश्चिमी सुख-सुविधा के प्रति लोभ-लालच जगा कर यह मान लिया गया कि धीरे-धीरे अपने आप लोग अपने पारंपरिक मूल्य छोड़ देंगे। सनातन धर्म नष्ट हो जायेगा। भारत में भारतीय संस्कृति का नाम लेने वाले और भारतीय संस्कृति के आधार पर सामुदायिक जीवन जीने वाले लोग नहीं बचेंगे। परन्तु एक खतरा तब भी था - भारत के देशी विशेषज्ञों की अपनी परंपरा पर अटूट आस्था एवं लोक में उनका मान-सम्मान।

फलस्वरूप भारत के देशी विशेषज्ञों को संरक्षण एवं प्रोत्साहन देने की बजाय, उनके खिलाफ तरह-तरह के कुतर्क रचकर उन्हें हर तरह की गड़बड़ी, कुरीतियाँ, असहिष्णुता एवं जलालत के लिए जिम्मेदार ठहराया गया और लांछित किया गया। दूसरी ओर, भारतीय परंपरा एवं शास्त्रीय प्रणाली के यूरोपीय विशेषज्ञ (इंडोलॉजिस्ट एवं ओरिएन्टैलिस्ट) तैयार किए गए जिन्होंने कुछ तो नासमझीवश और बहुत कुछ साम्राज्यवादी साजिश के तहत एक जीती-जागती पारंपरिक सभ्यता को एक ऐतिहासिक एवं पुरातात्त्विक खिलौने की तरह पेश किया। अंग्रेजों द्वारा प्रायोजित एवं आधुनिक पश्चिमी दृष्टि से प्रस्तुत इस भारतीय सभ्यता की सुन्दरता और सम्पूर्णता पर गर्व तो किया जा सकता था परन्तु यह वर्तमान या भविष्य में एक स्वस्थ, समृद्ध एवं संतोषप्रद सामाजिक जीवन की आधारशिला नहीं बन सकती थी। अंग्रेजों के आने तक देश में जितने भी पारंपरिक शास्त्र एवं ग्रंथ भोजपत्र, ताड़-पत्र, ताम्र-पत्र, या अन्य माध्यमों में संप्रेषित थे उनका संग्रह एवं संपादन करने का साम्राज्यवादी उत्साह रंग लाया। आज जितने भी ग्रंथ एवं शास्त्र पुस्तकालयों या बाजारों में मिलते हैं उनके संस्करण या तो अंग्रेजी राज द्वारा तैयार कराये गये या अन्य यूरोपीय संस्थाओं द्वारा तैयार कराये गये हैं। उस वक्त की देशी रियासतों द्वारा तैयार किये गये

संस्करण भी यूरोपीय विद्वानों द्वारा या यूरोपीय मानकों पर यूरोपीय पद्धति द्वारा तैयार किये गये। फलस्वरूप, जब भारतीय लोगों में अपनी परंपराओं एवं शास्त्रीय पद्धतियों को जानने की आवश्यकता महसूस की जाने लगी तो गैर-यूरोपीय स्रोतों का अकाल दिखने लगा।

परन्तु हमारे सौभाग्य से सनातन सभ्यता के भारतीय स्वरूप को गैर-यूरोपीय स्रोतों से समझना अब भी संभव है। शास्त्रीय परंपरा से हमारा जीवंत संबंध भले ही टूट गया है परन्तु लोकपरंपरा में जीवंत स्रोत अब भी बचे हुए हैं। सामी (सेमेटिक) परंपरा में दीक्षित होने के कारण अंग्रेज साम्राज्यवादियों ने अंग्रेजी राज के दौरान लोकपरंपरा को निरीह और अशक्त समझकर अपने भरोसे जीने-मरने के लिए छोड़ दिया था। उन्होंने अपनी पृष्ठभूमि के कारण भारत की लोकपरंपरा की शक्ति को कम करके आँका। उन्हें केवल संस्कृत भाषा में लिखित और ब्राह्मणों द्वारा संरक्षित शास्त्रीय ज्ञान से खतरा लगा जबकि वाचिक परंपरा और लोकभाषाओं में उपस्थित लोकशास्त्रों की वे ठीक से पहचान नहीं कर सके। उन्होंने दर्शन, गणित और धर्मशास्त्रों को अपना निशाना बनाया परन्तु साहित्य, कला एवं लोक में व्याप्त पारंपरिक ज्ञान-विज्ञान, तकनीक, विधियों एवं रीतियों को या तो समझ नहीं पाये या इनके निहितार्थ एवं फलितार्थों के महत्त्व का आकलन नहीं कर पाये। वे इन्हें मनोरंजन के साधन एवं कौतूहल की वस्तु मानते रहे। इनके प्रति अंग्रेजों की नीति सामान्यतः उदासीनता की रही परन्तु कई बार मनोरंजन के साधन एवं सांस्कृतिक विविधता के साधन के रूप में उन्होंने इनको प्रोत्साहन एवं संरक्षण भी दिया। वे समझ नहीं पाये कि पश्चिमी सामी सभ्यता के विपरीत भारतीय सभ्यता के केन्द्र में गणित, यांत्रिकी एवं धर्मशास्त्र की यूरोपीय अवधारणाओं से ज्यादा महत्त्वपूर्ण मिथक, साहित्य, कला एवं संगीत की गुणात्मक रूप से अलग, सनातनी अवधारणाएँ रही हैं। यह आकस्मिक नहीं है कि महात्मा गाँधी को प्रभावित करने वाले जॉन रस्किन मूलतः कला समीक्षक एवं

कला-इतिहासकार थे और आनन्द कुमारस्वामी खुद ही कला समीक्षक एवं कला-इतिहासकार बन गये थे। भारत में विज्ञान एवं तकनीक का विकास लोक-साधना कला के रूप में ही हुई है और संसार को लीला (नाटक) माना जाता रहा है। भारत में जब भी कोई बड़ा सामाजिक परिवर्तन हुआ है तो उसका मानक एवं वाहक मिथकों एवं महाकाव्यों के रूपांतरण को माध्यम बनाकर हुआ है।

हर व्यक्ति अपनी समझ से ही विरोधियों को झुकाता, तोड़ता या लाचार बनाता है। विरोधियों की समझ और सभ्यता को समझकर बहुत कम तोड़ता-फोड़ता है। विजेताओं के अहंकार से की गई हत्या सामान्यतः संपूर्ण सभ्यता की हत्या नहीं होती। ठीक उसी तरह लोक साहित्य, लोक कलायें, लोक के रीति-रिवाज, कहावतें, मुहावरों एवं लोक धर्म की साम्प्रदायिक परंपरायें अंग्रेजी राज में भी अक्षुण्ण रह गईं। परंपराओं को समझने का यह सूत्र भारत के आम जन को तो मालूम है ही, चीन, रूस और यूरोप के गैर-आधुनिक मनीषियों को भी मालूम रहा है। उदाहरण के लिए रस्किन, टॉल्सटॉय, विलियम मॉरिस, रेने गुयेनो, लुई रेनेयू, जोसेफ कैम्पबेल, कार्ल जुंग, आनन्द कुमारस्वामी, मार्कों पैलिस और कनफ्युशियस के अनुयायियों जैसे माओत्से तुंग एवं देंग शियाओ-पिंग जैसे लोगों को भी मालूम रहा है। महात्मा गाँधी द्वारा 1909 में रचित 'हिन्द स्वराज' की प्रेरणा ऐसी ही लोकपरंपरा थी। 'हिन्द स्वराज' का उद्देश्य देशी विशेषज्ञों की एक स्वराजी जमात पैदा करके सनातनी सभ्यता को पोषित करने वाली प्रणाली विकसित करना था।

भारत में परंपरा एवं सनातनता

भारतीय संस्कृति में परंपरा और सनातनता की अवधारणायें परस्पर संबंधित मानी जाती हैं। पारंपरिक (सनातन) जीवन दृष्टि के अनुसार इस सृष्टि में उपलब्ध हर अस्तित्ववान पदार्थ एक ही ब्रह्म का विस्तार है। पूरा का पूरा जगत् एवं संसार ब्रह्म के शरीर का विस्तार ही है। ब्रह्म की तरह यह जगत् और संसार भी शाश्वत है,

सनातन है। पूरब और पश्चिम की सभ्यता उसी शाश्वत संसार की अभिव्यक्ति है। जगत् प्रकृति अथवा 'नेचर' है, संसार संस्कृति अथवा 'कल्चर' है। इस दृष्टि से ईसा, मूसा और मुहम्मद उसी ब्रह्म की अभिव्यक्ति थे जैसे राम, कृष्ण और बुद्ध अभिव्यक्ति थे। साम्प्रदायिक भेद तो इन सबों में है या था परन्तु तात्त्विक भेद तो नहीं है। सनातनी दृष्टि से पश्चिम को असत्य या अशिव तो नहीं कहा जा सकता है, केवल अधूरा कहा जा सकता है। पश्चिम में जिसे रिलिजन कहा जाता है उससे मिलती-जुलती चीज भारतीय सांस्कृतिक परंपरा में सम्प्रदाय कहलाती है। भारतीय दृष्टि में ईश्वर तत्त्व तो एक है, परन्तु विभिन्न सम्प्रदाय उसकी आराधना की अलग-अलग विधियाँ विकसित कर उसे अलग-अलग नाम से पुकारती हैं। भारतीय दृष्टि में ईश्वर तत्त्व तक पहुँचने के कई रास्ते हैं और सभी रास्ते सत्य पर आधारित हैं। सभी रास्तों से ईश्वर तक पहुँचा जा सकता है। समकालीन पश्चिमी समाज ईसाई, आधुनिक एवं उत्तर-आधुनिक के साथ-साथ पैगन के रूप में कई सम्प्रदायों में बँटा है और उसके पास सबों को समाहित करने वाली बहुसांस्कृतिक-सभ्यतामूलक दृष्टि नहीं है। साथ ही, पश्चिम खुद को पूरब के घोर विरोधी/दूसरे ध्रुव के रूप में परिभाषित करता रहा है, पूरक इकाई के रूप में नहीं।

भारतीय संदर्भ में देखें तो अधिकांश ईसाई या मुसलमान भी सामान्यतः सनातनी जीवन जीते हैं, भले ही सनातनी जीवन दृष्टि नहीं रखते। जबकि भारत के अन्य सम्प्रदाय अब भी सनातनी जीवन के साथ सनातनी दृष्टि भी रखते हैं। भारत के बाहर रहने वाले मुसलमान एवं ईसाई लोग बाइबिल (ओल्ड टेस्टामेंट) के जिस आख्यान में विश्वास करते हैं उसमें केवल पैगम्बर के रास्ते ही ईश्वर की अराधना की जा सकती है। अन्य लोग काफिर हैं। उनकी दूसरी मान्यता यह है कि संसार में दो साम्राज्य हैं - एक ईश्वर का दैवीय साम्राज्य और दूसरा शैतान का अदैवीय या शैतानी साम्राज्य। इस तरह की अवधारणा भारत में नहीं पायी जाती। भारत में एक ही

संसार में विभिन्न तरह के जीव रहते हैं। सभी जीव एक ही ईश्वर की रचना हैं। कोई भी जीव स्वायत्त नहीं है। सभी कर्म और फल के तहत अस्तित्ववान हैं। परन्तु कुछ जीव धर्मरत रहते हैं और कुछ अधर्मरत रहते हैं। एक ही जीव कभी धर्मरत और कभी अधर्मरत रह सकता है। परन्तु 'अधर्म' की अवधारणा और 'शैतान की रचना' दोनों अलग-अलग प्रकार की अवधारणायें हैं। अधर्म व्यक्ति करता है। सभ्यता अधार्मिक हो ही नहीं सकती। संसार शैतान का साम्राज्य हो ही नहीं सकता। इस तरह, रावण की लंका भी सेमेटिक अर्थों में शैतानी साम्राज्य नहीं था। राम की अयोध्या और जनक की मिथिला और रावण की लंका के ऐश्वर्य में सम्प्रदाय भेद तो है परन्तु तत्त्व भेद नहीं है। सनातनी दृष्टि के अंतर्गत युद्ध अपने आप में अधार्मिक नहीं होते। कुछ युद्ध अधार्मिक कारणों से लड़े जा सकते हैं परन्तु युद्ध अपने आप में ईश्वरीय लीला का ही अंग है। इस दृष्टि से युद्ध भी संवाद एवं समन्वय का एक ऐतिहासिक रूप रहा है। प्रारब्ध और कर्म के सिद्धान्त से युद्धों के आध्यात्मिक या दैवीय रूप को भी समझा जा सकता है।

परंपरा संपूर्ण ब्रह्मांड को संपूर्णता में समझने की एक दृष्टि अथवा पैराडाइम है। भारतीय परपरा सनातन धर्म के पैगन संस्करण का ही एक जीवंत रूप है। यह इस विश्वास पर आधारित है कि "अन्ततः जो हो रहा है वह ईश्वर की इच्छा से ही हो रहा है।" शैतान (डेविल) इतना शक्तिशाली नहीं हो सकता कि ईश्वर की इच्छा या डिजाइन या लीला को दैवीय उद्देश्यों से भटका दे। एक तो सामी (सेमेटिक) अर्थों वाला शैतान भारतीय दृष्टि में होता ही नहीं। भारत में अगर शैतान होता भी है तो वह ईश्वर की योजना का ही अंग होता है या सहायक होता है। शिव पुराण में भूत-प्रेत-राक्षस ईश्वर के विरोधी नहीं, भक्त हैं। वे भी दैवीय शक्ति के ही रक्षक हैं। भूत-प्रेत-राक्षस भी दैवीय शक्ति से ही उत्पन्न होते हैं। वे भी ईश्वर की रचना हैं। उनके ही भक्त हैं। उनकी लीला के ही पात्र हैं। उनकी भूमिका भी इस लीला में सहयोग करने वाली है। इसके विपरीत

पश्चिमी मान्यता के अनुसार ईश्वर और शैतान दोनों का दो अलग-अलग स्वायत्त साम्राज्य है। आधुनिक पश्चिम में सभ्यता का एक ही विमर्श है। यह सत्ता या राज्य केन्द्रित विमर्श रहा है। रोमन ईसाई परंपरा भी सत्ता केन्द्रित विमर्श ही रही है। प्रोटेस्टेंट चर्च पोप की सत्ता भले न स्वीकारती हो लेकिन राज्य की सत्ता का विकल्प नहीं प्रस्तुत करती। पश्चिमी दृष्टि में सभ्यता की प्रक्रिया राज्य या सत्ता केन्द्रित रही है।

इसके विपरीत भारतीय सभ्यता धर्म केन्द्रित रही है। राज्य एक महत्त्वपूर्ण संस्था रहा है परन्तु अन्य संस्थाओं की स्वायत्तता को प्रभावित करने में राज्य की तुलना में धर्म या कला का महत्त्व राज्य से ज्यादा रहा है। इस तरह भारतीय सांस्कृतिक परंपरा में दो प्रकार के विमर्श पाये जाते हैं। एक है सत्तामूलक विमर्श एवं दूसरा है सभ्यतामूलक विमर्श। उदाहरण के लिए सत्तामूलक सनातन भारत के पौराणिक साहित्य में विष्णु सत्ता के प्रतीक पुरुष हैं। विष्णु पुराण राज्य केन्द्रित विमर्श है। शिव पुराण सभ्यतामूलक विमर्श है। उसी तरह महात्मा गाँधी द्वारा रचित हिन्द स्वराज तो सभ्यतामूलक विमर्श है लेकिन अपने अन्तिम अर्थों में स्वतंत्रता आन्दोलन के नायक के रूप में महात्मा गाँधी का विमर्श राज्यकेन्द्रित विमर्श है। यह विमर्श भारत में अंग्रेजी राज और इससे जुड़ी प्रक्रियाओं को संबोधित था। यह राज्य के स्वरूप को रूपांतरित करने का प्रयास था। बहुत कुछ वैसा ही प्रयास जैसा विश्वामित्र ने वैदिक युग में किया था। विश्वामित्र के प्रयास से इन्द्र का सिंहासन डोलता था। इन्द्र राज्य के प्रतीक पुरुष हैं। इन्द्र वैदिक देवता हैं। वे कृत युग में देवताओं के राजा हैं। विष्णु और उनके प्रमुख अवतार मूलतः त्रेता एवं द्वापर के देवता हैं। वे राजा हैं। राज्य के प्रतीक पुरुष हैं, वे सत्ता के प्रतीक पुरुष हैं। कलियुग में वैष्णव धर्म का रूपान्तरण होता है। विष्णु एवं इनके अवतारों को प्रजातांत्रिक भक्ति का, लोक या सिविल सोसाइटी का, प्रजा का प्रतीक पुरुष बनाया जाता है। विष्णु अवतार मूलतः राज्यमूलक होते हैं। महाभारत के कृष्ण (गीता के कृष्ण) भी

राज्यमूलक विमर्श के प्रतीक पुरुष हैं। परन्तु श्रीमद्भागवत के कृष्ण लोकमूलक हैं।

भारतीय परंपरा एवं पश्चिमी आधुनिकता

भारतीय परंपरा की तुलना में पश्चिमी आधुनिकता का विमर्श गुणात्मक रूप से काफी अलग है। आधुनिकता की सबसे बड़ी विशेषता इसका खुलापन, इसकी तरलता है। आधुनिकता की खास बात इसका संस्थागत रूप से एक स्वतंत्र बाजार की तरह खुला होना और सार्वजनिक क्षेत्र में भी, आत्म सजग रूप से, सर्वसमावेशी होना है। तुलनात्मक रूप से, परंपरा इतनी खुली नहीं होती। एक पारंपरिक व्यक्ति अपने व्यक्तिगत जीवन में खुला हो सकता है, परन्तु संस्थाओं के खुलेपन की अपनी सीमा होती है। खासकर समालोचना को पचाने के मामले में और बाहरी प्रभाव से निपटने के मामले में यह सीमा बहुत स्पष्ट दिखती है। यह सीमांकन केवल जाति के रूप में ही प्रभावी नहीं होता बल्कि सम्प्रदाय और घराना के रूप में भी प्रभावी होता है। आयुर्वेद जैसे विज्ञान के क्षेत्र में भी यह प्रभावी होता है। सूचनाओं का स्वतंत्र आदान-प्रदान परंपरा में सामान्यतः नहीं होता, परन्तु हो सकता है और इसे सैद्धान्तिक रूप से इनकार नहीं किया जा सकता। दूसरी ओर, आधुनिकता में भी सैद्धान्तिक खुलेपन के बावजूद व्यावहारिक सुलभता नहीं होती है। सब कुछ मुफ्त में उपलब्ध नहीं होता। पेटेंट नियम होते हैं। कॉपीराइट होते हैं। भाषा की सीमा होती है। एक खास भाषा में एक खास तरह से ही आधुनिकता अपनी सूचनाएँ बाँटा करती है। आधुनिकता में भी अधिकार प्राप्ति के लिए कुछ बंदिशें अथवा पात्रता की शर्तें होती हैं।

परंपरा में भी पात्रता का संबंध न्यूनतम आवश्यक योग्यता से ही होता है। फिर भी परंपरा में समुदायों को जैसी स्वयात्तता मिलती है, उसकी रक्षा के लिए समुदाय के सदस्यों को वैसी स्वतंत्रता नहीं दी जाती जैसी आधुनिकता में व्यक्तियों को दी जाती है। दूसरी ओर, आधुनिकता में केवल राज्य को स्वायत्तता प्राप्त होती है,

समुदायों को नहीं। उत्तर-आधुनिकता में व्यक्ति एवं बाजार की स्वायत्तता सर्वोपरि होती है जबकि तुलनात्मक रूप से राज्य की स्वायत्तता खोखली हो जाती है।

भारतीय परंपरा, सांसारिक युक्ति एवं सनातन दृष्टि

भारतीय परंपरा में व्यक्ति को सांसारिक दृष्टि से उतनी स्वायत्तता प्राप्त नहीं है जितनी आधुनिक व्यवस्थाओं में होती है। परन्तु आध्यात्मिक दृष्टि से व्यक्तिगत मुक्ति की बात बहुत सहजता से की जाती है। उदाहरण के लिए, रमण महर्षि आदि का मॉडेल व्यक्तिगत मुक्ति वाला आध्यात्मिक मॉडेल है। यह सामाजिक मुक्ति का व्यवस्थित मॉडेल नहीं है। भारतीय लोगों ने लंबी गुलामी से जूझने के बावजूद आत्म सजग रूप से व्यावहारिक स्तर पर व्यवस्थागत विकल्प का एक विस्तृत ब्लूप्रिंट के रूप में क्रियाशील मॉडेल अब तक विकसित ही नहीं किया है।

देश के अधिकांश निवासियों, खासकर आधुनिक हिन्दुओं, में जो आत्मचेतस ढुलमुलपन दिखायी देता है, वह काफी हद तक लंबी गुलामी के दौरान अपनी सांस्कृतिक पहचान कायम रखने एवं विपरीत परिस्थिति में अपने स्व की रक्षा करने की रणनीतिक व्यावहारिकता (प्रैगमेटिज्म) के तहत धीरे-धीरे विकसित हुआ है। इस प्रवृत्ति की त्रासदी को व्यक्तिगत रूप से बहुत लोग स्वीकारते हैं, परन्तु इस पर व्यवस्थित विचार करने का सार्वजनिक प्रयास प्रचलित नहीं है।

राम और कृष्ण के जमाने से हिन्दू लोग सिद्धांत-नीति या मतवाद के नाम पर बेवजह अड़ियल-अव्यावहारिक रुख अपनाने से बचते रहे हैं। उदाहरण के लिए, भगवान राम ने खुद बालि को मारने, समुद्र को पार करने एवं मेघनाद की लक्ष्मण द्वारा हत्या करवाने जैसे प्रकरणों में एक प्रकार की सांसारिक युक्ति का सहारा लिया था। उसी तरह भगवान कृष्ण ने जरासंध द्वारा मथुरा पर आक्रमण करने के बाद उससे लोहा लेने की तुलना में रणछोरजी

कहलाना ज्यादा उचित समझा एवं भीष्म पितामह, गुरु द्रोणाचार्य, जयद्रथ, कर्ण, जरासंध एवं दुर्योधन की पाण्डवों द्वारा हत्या करवाने में शुष्क नीति या सिद्धांत पर अड़ने की तुलना में व्यावहारिक लचीलापन एवं युक्ति अपनायी।

अवसरवादी या समझौतापरस्त लोग कहीं-न-कहीं अपने प्रतिद्वंदी से या विपरीत परिस्थितियों से डर कर एक प्रकार के दबाव में समझौता या गठबंधन करते हैं। दूसरी ओर, सनातनी व्यावहारिकतावादी अभय (निर्भय) अवस्था में स्वेच्छा से अपने स्वविवेक के आधार पर बदलती हुई परिस्थितियों का सतत मूल्यांकन करते रहते हैं। इसी बदलते हुए स्वैच्छिक मूल्यांकन के आधार पर वे स्वविवेक से सांसारिक युक्ति का उपयोग करते हैं। यह सनातन संस्कृति की पारिभाषिक विशेषता है। इसमें नियति के आगे समर्पण और कर्म के सिद्धांत को मानने का भाव भी अंतर्निहित है।

पारंपरिक युक्ति से अलग आधुनिक व्यवहारवाद (प्रैगमेटिज्म) का प्रचार भारतीय संस्कृति के लिए नई प्रवृत्ति है। 1814 के आस-पास राजा राममोहन राय के नेतृत्व में एक प्रकार की अवसरवादी या समझौतापरस्त व्यावहारिकता की वकालत भी भारत में की जाने लगी। अंग्रेजों के मिथक, मानदंड एवं प्रारूप के आधार पर भारतीय समाज एवं संस्कृति को समझने, सुधारने एवं विकसित करने का 'महान कर्म' पढ़े-लिखे भारतीयों का सामाजिक पुरुषार्थ बनने लगा तथा एक नये प्रकार का वैचारिक एवं तात्त्विक ढुलमुलपन पढ़े-लिखे भारतीयों में लोकप्रिय होने लगा। इस नयी प्रवृत्ति का विकास आधुनिक यूरोप के ज्ञानोदय (एनलाइटमेंट) एवं ब्रिटिश साम्राज्य की भारतीय नीतियों से प्रत्यक्ष रूप से प्रभावित होने के बावजूद तत्कालीन भारत के वैचारिक संघर्षों से भी संबंधित रहा है।

मध्यकालीन भारत के सांस्कृतिक इतिहास में हिन्दू समाज के सामने कबीरदास ने पारंपरिक दृष्टिकोण का एक पक्ष प्रस्तुत किया। उनके बाद तुलसीदास ने एक दूसरा पक्ष प्रस्तुत किया। तुलसीदास के बाद समर्थ रामदास ने एक तीसरा पक्ष प्रस्तुत किया। तीनों पक्षों को

विस्तार से समझने के लिए कई स्रोतों से तथ्य संग्रह करना पड़ेगा और भारतीय विश्वविद्यालयों में आजकल प्रचलित मानदंडों का अतिक्रमण करना पड़ेगा। संक्षेप में, कबीरदास निर्गुण भक्ति एवं निवृत्ति मार्ग के प्रवक्ता थे। तुलसीदास सगुण भक्ति एवं प्रवृत्तिमार्ग के प्रवक्ता थे। समर्थ रामदास ने दोनों प्रकार की भक्ति एवं दोनों प्रकार के मार्ग का समन्वय करने का प्रयास किया था। कबीर की परंपरा से महात्मा गाँधी और बाबा साहब अम्बेडकर दोनों ने प्रेरणा ग्रहण किया। तुलसीदास की परंपरा के सबसे प्रमुख व्याख्याकार आचार्य रामचन्द्र शुक्ल माने जाते हैं। समर्थ रामदास की परंपरा शिवाजी महाराज से शुरू होकर राणाडे, सावरकर, मुँजे और मालवीय तक सीमित नहीं थी बल्कि यह कहीं-न-कहीं बंगाल नवजागरण के अधिकांश हिन्दू चिंतकों को भी प्रेरित करती रही थी। उदाहरण के लिए, कांग्रेस के सुरेन्द्रनाथ बनर्जी जैसे कुछ मशहूर नरमपंथी नेता अंग्रेजी राज के बरकत के गीत गाते-गाते स्वदेशी आंदोलन के दौरान मैनचेस्टर के कपड़े और लिवरपूल के नमक का बहिष्कार करने का आग्रह करने लगे। उन्होंने कुछ अधिक संकोच के साथ ही सही, राष्ट्रीय शिक्षा के आंदोलन में भी भाग लिया। आम हिन्दुओं को आकृष्ट करने के उद्देश्य से विदेशी वस्तुओं के बहिष्कार आंदोलन को धार्मिक रंग देने के प्रयत्नों को भी नरमपंथी नेताओं का समर्थन मिला। बाद में मगरा के मंदिर के प्रांगण में भाषण देते हुए सुरेन्द्रनाथ बनर्जी ने तो यहाँ तक दावा किया कि स्वदेशी धार्मिक प्रतिज्ञा की पूरी कल्पना उन्हीं की देन थी। कुछ अन्य नरमपंथी नेताओं ने युवा वर्ग के उग्र-राष्ट्रवादियों के प्रथम दल को चोरी-छिपे आर्थिक सहायता के साथ-साथ अपना आशीर्वाद भी दिया था। बहुत समीक्षकों ने इसे अंतर्विरोध माना है। कुछ अन्य विद्वानों ने इसे हिन्दू चरित्र की रहस्यमयता कहा है। कुछ लोगों ने इसे गुलाम मानसिकता का ढुलमुलपन भी माना है। भारतीय समीक्षकों ने इसे रणनीतिक व्यावहारिकता कहा है।

समकालीन हिन्दुओं में पाया जाने वाला रणनीतिक व्यावहारिकता का पहला सैद्धान्तिक आधार संभवतः समर्थ रामदास

ने विकसित किया था। समर्थ रामदास ने एक ओर तो 'दासबोध' नामक अपने ग्रंथ में बार-बार मूर्तिपूजा का निषेध किया है, वह भी काफी कठोर शब्दों में; दूसरी ओर भक्ति मार्ग के तहत मूर्तिपूजा से ईश्वर साक्षात्कार करके द्वैत से अद्वैतानुभव की अनुभूति और इसके फलस्वरूप मुक्ति भी बतलाई। एक ओर वे ब्रह्म को सत्य एवं जगत् को मिथ्या कहते हैं तो दूसरी ओर वे यह भी कहते हैं कि चरम सत्य विश्व में भी व्याप्त है। वे राम से रहित विश्व को असत्य तथा राम से युक्त विश्व को सत्य मानते हैं। वे साधक को यह छूट देते हैं कि वह अपनी रुचि तथा प्रवृत्ति के अनुसार साधना मार्ग का चयन करे। वे बहुत दृढ़ता से कहते हैं कि परमात्मा को प्राप्त करने का मार्ग साधक के हाथ में ही है। यदि साधक की साधना में गहराई है, तो भव सागर को लांघने के लिए माया नौका बन जाती है। मनुष्य मात्र का उद्धार माया की सहायता लिये बिना हो ही नहीं सकता। ज्ञान मुक्ति का प्रमुख साधन है किंतु स्वयं ज्ञान विद्यामाया का ही एक उत्कट आविष्कार है। पाँच भौतिक तत्त्वों का जो विकास विश्व में दिखाई देता है, वह वस्तुतः माया का ही विकास है। अध्यात्म का अर्थ ही है माया तथा ब्रह्म के स्वरूप का ज्ञान। बिना साधना के सामान्यतः ब्रह्म ज्ञान प्राप्त नहीं हो पाता और सद्गुरू की कृपा से अगर वह प्राप्त हो भी गया तो भी उसे बनाये रखने के लिए साधना आवश्यक है। साधना में परिपूर्णता लाने के लिए भक्ति की आवश्यकता है। समर्थ रामदास खुद मूर्तिपूजक थे और उन्होंने दूसरों को भी मूर्ति-पूजा करना सिखाया। एक विकट एवं विपरीत समय में उन्होंने नवीन देवालयों के निर्माण एवं मूर्ति-स्थापना को उत्सव के रूप में शुरू किया। उन्होंने देवालयों के गर्भगृह में राम, सीता व लक्ष्मण की मूर्तियों को स्थापित किया परन्तु हनुमान की मूर्ति गर्भगृह में स्थापित न करके मंदिरों के बाहर कहीं भी स्थापित करने की एक नई परंपरा शुरू की और इस प्रकार उन्होंने गर्भगृह की अवधारणा ही बदल दी। उन्होंने यह भी स्थापित किया कि राम की भक्ति करना या राम के दास की भक्ति करना दोनों का फल ब्रह्म-साक्षात्कार जैसा है। उन्होंने ग्यारह मारुति की स्थापना का उत्सव शुरू किया। उन्होंने ग्यारह सौ

मठों में प्रशिक्षित महंतों को स्थापित किया और उन्हें व्यक्तिगत मोक्ष के बदले सामाजिक मुक्ति का पुरुषार्थ करना सिखलाया। इन्हीं मठों और महंतों ने उनके शिष्य शिवाजी महाराज के राजनैतिक अभियानों को संबल दिया। उनकी मान्यता थी कि जबतक स्वराज एवं सुराज स्थापित नहीं हो जाता तब तक नैतिक और परमार्थिक शिक्षा देना सुगम नहीं होगा। मध्यकालीन दुर्दशा के लिए वे विदेशी आक्रांताओं की तुलना में इस देश के निवासियों, खासकर क्षत्रियों के तेज नष्ट होने की स्थिति एवं ब्राह्मणों के अशास्त्रीय ढोंग को जिम्मेदार मानते थे। शत्रु से लड़ने के लिए गुप्त रीति से तैयारी करने एवं शत्रु की कमजोरी से फायदा उठाते हुए गुरिल्ला युद्ध जारी रखने के वे कुशल रणनीतिकार थे। वे शास्त्र और शस्त्र के अधिकारी आचार्य थे। उन्होंने एक तो सनातनी परंपरा में रूढ़ हो चुके 'गर्भगृह' की अवधारणा में गुणात्मक रूपांतरण किया और दूसरे अपनी महान कृति 'दासबोध' में भक्ति, पुरुषार्थ, नियति और कर्म जैसी सनातनी अवधारणाओं को युगानुकूल स्वरूप प्रदान किया। वे निम्नलिखित क्षेत्रों में समन्वय का प्रयास कर रहे थेः (1) गार्हस्थ्य और परमार्थ, (2) सगुण और निर्गुण, (3) कर्म, भक्ति और ज्ञान, (4) धर्म और राजनीति, (5) विविध धार्मिक सम्प्रदायों की सनातनी धारायें, (6) जगत् की सत्यता और असत्यता, (7) भाग्य और पुरुषार्थ, (8) वैयक्तिक उन्नति और सामाजिक उन्नति, (9) विवेक और वैराग्य, (10) उक्ति और कृति, (11) ग्रांथिक ज्ञान और प्रत्यक्ष अनुभव, (12) प्रादेशिक भाषायें, देवनागरी भाषा और संस्कृत, (13) द्वैत और अद्वैत, (14) विभिन्न काव्यशैलियों में अभिव्यक्त सनातनी परंपरायें। इसका पहला राजनैतिक उपयोग शिवाजी महाराज ने किया था। परन्तु उसके बाद यह आधुनिक हिन्दू चिन्तकों के सामान्य लक्षण के रूप में फैलता चला गया।

हिन्दू मान्यता में धीरे-धीरे यह भाव विकसित हुआ कि मनुष्य के बनाये सिद्धांत पर अड़ना अथवा लकीर का फकीर होना एक प्रकार का अहंकार है जबकि नियति की इच्छा के आगे झुकना

या लचीला रुख अपनाना सांसारिक युक्ति है। सोच-समझ कर या राय-मशविरा कर के बनाये गये सामाजिक सिद्धांतों एवं सांस्कृतिक आदर्शों का सामान्य स्थिति में एक हद तक महत्त्व तो स्वीकारा जाता है लेकिन विशेष, विषम एवं विकट परिस्थितियों में हर व्यक्ति अपनी अंतरात्मा की आवाज या ईश्वरीय प्रेरणा के आधार पर निर्णय लेता है अथवा बलिदान देता है। बिना अंतरात्मा की स्वीकृति पाये या ईश्वर द्वारा बिना व्यक्तिगत निर्देश पाये केवल सामाजिक आदर्शों एवं सिद्धांतों पर टिके रहने का उदाहरण हिन्दुओं में कम ही पाया जाता है। किसी राजा या महापुरुष के प्रति आदर एवं सम्मान के बावजूद अगर राजा एवं महापुरुष अपनी आस्था, विश्वास, धर्म या सम्प्रदाय बदल लेते हैं तो उनकी प्रजा या उनके अनुयायी सामान्यतः उनका साथ छोड़ देते हैं। राजा या महापुरुष सामान्यतः ऐसी उम्मीद भी नहीं करते। भारत के आम स्त्री-पुरुष सामान्यतः अपने पारंपरिक रीति-रिवाजों, अपनी व्यक्तिगत आस्था एवं व्यक्तिगत सूझ-बूझ पर बने रहते हैं। पश्चिमी समाज एवं सेमेटिक धर्मों में राजा, धर्मगुरु, महापुरुष एवं शास्त्रीय धर्मग्रंथों पर जैसी आस्था, विश्वास, बलिदान करने की तत्परता, उत्साह एवं सामूहिकता ऐतिहासिक रूप से देखने को मिलती है वह हिन्दू समाज में सामान्यतः नहीं मिलती।

भारत के किसी धर्मगुरु, महापुरुष या राजा को कभी यह उम्मीद नहीं रहती कि उनकी समझ, साधना या दावे को बिना व्यक्तिगत रूप से परीक्षा किये या बिना व्यक्तिगत रूप से अंतरात्मा की साक्षी पाये आम जन, प्रजा या अनुयायी सामूहिक अभियान का आधार बनायेंगे। फलस्वरूप समाजसुधार, धर्मसुधार, धर्म परिवर्तन या सांस्कृतिक पुनर्निमाण की प्रक्रिया भारत में सिद्धांतों, विचारधाराओं या दर्शनप्रणालियों के आधार पर नहीं चलती। किसी व्यक्ति का मूल्यांकन उसकी विचारधारा या सिद्धांत के आधार पर सामान्यतः नहीं किया जाता। एक सीमा से ज्यादा सिद्धांतों का महत्त्व नहीं माना जाता। व्यावहारिक आदर्श के पालन में एक प्रकार का लचीलापन पाया जाता है जिसका आधार हर व्यक्ति की अपनी

समझ, आत्मानुभूति, ब्रह्मानुभूति तथा समय-समय पर मिलने वाली अंतरात्मा की आवाज होती है।

यह लचीलापन विश्वामित्र, राम, कृष्ण एवं बुद्ध जैसे महापुरुषों में भी देखा जा सकता है। दूसरी ओर हरिश्चन्द्र एवं भीष्म पितामह की सिद्धांतवादिता एवं कठोर प्रतिज्ञा पर विपरीत परिस्थिति में भी कायम रहना एक प्रकार का अपवाद माना जा सकता है। सामान्यतः यह माना जाता है कि भाग्य का संबंध तो कर्मफल से है एवं अकर्म का फल नहीं होता। जबकि नियति का संबंध ईश्वर की इच्छा से है। फलस्वरूप विपरीत परिस्थिति एवं असहज विश्व व्यवस्था में भी सांस्कृतिक पहचान एवं सनातनी रीति-रिवाजों को कायम रखते हुए पुरुषार्थ करने की रणनीतिक चतुराई हिन्दू समाज में पीढ़ी-दर-पीढ़ी विकसित होती रही है।

आधुनिक भारत में इस सनातनी प्रवृत्ति को रामकृष्ण परमहंस ने एक नया तर्क दिया। रामकृष्ण ने कबीर, तुलसी एवं समर्थ रामदास के मार्गों के बीच की तादात्म्यता की पहचान कर अंग्रेजी राज द्वारा प्रस्तुत एवं भारतीय मध्यवर्ग द्वारा विकसित सांस्कृतिक विमर्श को सनातनी आयाम दिया। अपनी अटूट आस्था एवं सहज साधना के बल पर उन्होंने सनातनी परंपरा का सामयिक भाष्य प्रस्तुत किया। उनकी पहली स्थापना यह है कि सबसे पहले ईश्वर का दर्शन करना आवश्यक है। निराकार या साकार दोनों प्रकार के ईश्वर का दर्शन फलप्रद है। जो ईश्वर मन-वाणी से परे हैं, वे ही भक्त की सुविधा एवं कल्याण के लिए देहधारण करके दर्शन देते हैं और बात करते हैं। ईश्वर दर्शन के बाद, उनका निर्देश लेकर ही लोकहित के कार्य करने चाहिए। ईश्वर का निर्देश पाने के लिए पहले चित्त को शुद्ध करना चाहिए। मन एवं चित्त शुद्ध होने पर भगवान पवित्र आसन पर आकर बैठते हैं। रामकृष्ण कहते हैं कि पहले ईश्वर तत्त्व में डुबकी लगाओ। बिना डुबकी लगाये और ईश्वर का आशीर्वाद पाये लोगों को समझाना कठिन काम है। भगवान के दर्शन के बाद यदि किसी को उनका आदेश प्राप्त हो, तो वह

लोक-शिक्षा दे सकता है। भगवान के निर्देश के बिना लोकशिक्षा नहीं होती। वे सरलता से पूछते हैं कि शास्त्र कितना पढ़ोगे? केवल विचार करने से क्या होगा? पहले ईश्वर की कृपा प्राप्त करने की चेष्टा करो। पुस्तकें पढ़कर क्या जानोगे? पढ़ने तथा अनुभव करने में बहुत अंतर है। ईश्वर-दर्शन के बाद शास्त्र, विज्ञान आदि सब कूड़ा-कचरा जैसे लगते हैं। बिना साधना एवं पुरुषार्थ के ईश्वर के साथ परिचय नहीं होता। ईश्वर प्राप्ति के लिए निर्जन में उन्हें पुकारो। कुछ दिन सब कुछ छोड़कर उन्हें अकेले में पुकारो। धर्म का उद्देश्य है ईश्वर को प्राप्त करना, उनका दर्शन करना। रामकृष्ण यह भी कहते हैं कि आस्थावान हिन्दू शब्दों और सिद्धांतों के जाल में समय बिताना नहीं चाहता। वह यथाशीध्र ईश्वर का साक्षात्कार कर लेना चाहता है। केवल ईश्वर के प्रत्यक्ष दर्शन से ही मनुष्य की समस्त शंकाएँ दूर हो सकती हैं। अतः हिन्दू ऋषि आत्मा के विषय में, ईश्वर के विषय में अक्सर यही प्रमाण देते हैं कि 'मैंने आत्मा का दर्शन किया है, मैंने ईश्वर का दर्शन किया है।' हिन्दुओं की सारी साधना-प्रणाली का लक्ष्य केवल एक ही है और वह है सतत अध्यवसाय द्वारा पूर्ण बन जाना, देवता बन जाना, ईश्वर के निकट पहुँचकर उनका दर्शन करना। ईश्वर सान्निध्य को प्राप्त कर, उनका दर्शन कर ईश्वर के समान पूर्ण हो जाना।

रामकृष्ण कहते हैं कि धर्म केवल सिद्धांतों या मतवादों में नहीं है। सभी धर्मों का चरम लक्ष्य है आत्मा में परमात्मा की अनुभूति। यही एक सार्वभौमिक धर्म है। समस्त धर्मों में यदि कोई सार्वभौमिक सत्य है, तो वह है ईश्वर का प्रत्यक्ष दर्शन करना। परमात्मा और उनकी प्राप्ति के साधनों के संबंध में विभिन्न धर्मों की धारणाएँ भिन्न भिन्न भले ही हों, पर उन सब में वही एक केन्द्रीय भाव है। सहस्र त्रिज्याएँ भले ही हों, पर वे सब एक ही केन्द्र में मिलती हैं, और यह केन्द्र है ईश्वर का साक्षात्कार। इस इन्द्रिय-ग्राह्य जगत् के पीछे, इस निरन्तर खाने-पीने और थोथी बकवास के पीछे, इन उड़ते छाया-स्वप्नों और स्वार्थ से भरे इस संसार के पीछे वर्तमान

किसी सत्ता की अनुभूति ही असली धर्म है। समस्त ग्रन्थों और धर्ममतों के अतीत, इस जगत् की असारता से परे वह ईश्वर विद्यमान है। कोई व्यक्ति संसार के समस्त गिरिजाघरों में आस्था भले ही रखता हो, अपने सिर में समस्त धर्मग्रन्थों का बोझ लिये भले ही घूमता हो, इस पृथ्वी की समस्त नदियों में उसने भले ही बपतिस्मा लिया हो, फिर भी यदि उसे ईश्वर-दर्शन न हुआ हो तो उसे रामकृष्ण घोर नास्तिक ही मानते हैं।

स्वामी रामकृष्ण से प्रेरणा लेकर स्वामी विवेकानंद ने भी अपने राजयोग नामक ग्रन्थ में लिखा है कि सभी धर्माचार्यों ने ईश्वर को देखा था। उन सभी ने आत्मदर्शन किया था। अपने अनन्त स्वरूप का सभी को ज्ञान हुआ था, सभी ने अपनी भविष्य अवस्था देखी थी और जो कुछ उन्होंने देखा था, उसी का वे प्रचार कर गये हैं। भेद इतना ही है कि आजकल के प्रायः सभी धर्मों में एक अद्भुत दावा प्रस्तुत किया जाता है कि इस समय ये अनुभूतियाँ असंभव है। इन धर्मों की मान्यता है कि उनके धर्म के संस्थापक और उनके पूर्वजों को ही ऐसा प्रत्यक्षानुभव संभव हुआ था। अब ऐसे अनुभव के लिए रास्ता नहीं रहा, फलतः अब धर्मों पर केवल विश्वास भर कर लेना होगा। विवेकानंद कहते हैं कि वे इस मान्यता को पूरी शक्ति से अस्वीकार करते हैं। वे कहते हैं कि समवर्तन ही प्रकृति का सार्वभौमिक नियम है। एक बार जो घटित हुआ है, वह फिर घटित हो सकता है। पहले भी कोटि-कोटि बार उसकी उपलब्धि की संभावना थी, आगे भी अनन्त काल तक उसकी उपलब्धि की सम्भावना रहेगी।

स्वामी विवेकानंद कहते हैं कि संसार के अन्य धर्मों की तुलना में हिन्दू धर्म में एक भाव विशेष रूप से पाया जाता है। वह भाव यह है कि मनुष्य को इसी जीवन में ईश्वर की प्राप्ति करनी होगी। इस प्रकार, द्वैतवादियों के मतानुसार ब्रह्म की उपलब्धि करना, ईश्वर का साक्षात्कार करना, या अद्वैतवादियों के कहने के अनुसार ब्रह्म को जानना, इस देश के ऋषियों के उपदेशों का एकमात्र लक्ष्य है।

स्वामी रामकृष्ण परमहंस ने भी पुराणों के आधार पर इसी तथ्य को दूसरे तरीके से कहा है। एक पुराण के मत में श्रीकृष्ण चिदात्मा हैं और श्रीराधा चित्‌शक्ति। एक दूसरे पुराण में श्रीकृष्ण को ही काली और आद्याशक्ति कहा गया है। देवी पुराण के मत से काली ने ही कृष्ण का स्वरूप धारण किया है। वास्तव में ईश्वर अनंत हैं और उन तक पहुँचने के मार्ग भी अनंत हैं। जिसने यह रहस्य समझ लिया है उस पर ईश्वर की दया है। ईश्वर की कृपा हुए बिना कभी संशय दूर नहीं होता। असल बात यह है कि किसी तरह उन पर भक्ति होनी चाहिए, प्यार होना चाहिए, अनेक खबरों से क्या काम है? एक रास्ते से चलते-चलते अगर उन से प्यार हो जाये तो काम बन गया। प्यार की गहनता ही ईश्वर-भक्ति के लिए आवश्यक है। इसके बाद अगर जरूरत होगी तो वे समझा देंगे - सब रास्तों की खबर बतला देंगे। ईश्वर से प्यार होने से ही काम बनेगा। भक्तों में हनुमान की तरह समर्पण और भक्ति चाहिए। हनुमान कहा करते थे कि "मैं वार, तिथि, नक्षत्र, यह सब कुछ नहीं जानता, मैं तो बस श्रीरामचन्द्रजी का स्मरण किया करता हूँ।"

सांसारिक युक्ति एवं अमेरिकी व्यावहारिकता

भारतीय लोगों की सांसारिक युक्ति तथा अमेरिकी व्यावहारिकता में समानता की बात अक्सर की जाती है। यूरोपीय सिद्धांतवाद की तुलना में अमेरिकी व्यावहारिकता या व्यवहारवाद भारतीय लोगों की सांसारिक युक्ति के ज्यादा करीब है। भारत एवं अमेरिका दोनों कभी ब्रिटिश साम्राज्य के उपनिवेश थे। फलस्वरूप भारतीय लोगों की युक्ति और अमेरिकी व्यवहारवाद (प्रैगमेटिज्म) में अतिरंजित समानता रेखांकित की जाती है और इनके बीच का महत्त्वपूर्ण अंतर नजरअंदाज किया जाता है। यह समझना आवश्यक है कि अमेरिकी प्रैगमेटिज्म का आधार यूरोप का मानववाद है। यूरोपीय मानववादी दृष्टि की तरह ही अमेरिकी दृष्टि में भी मनुष्य के रूप में व्यक्ति ब्रह्मांड का केन्द्र है और इसमें भी व्यक्ति को परम

स्वतंत्र और परम स्वायत्त कर्ता ही माना जाता है। दूसरी ओर एक भारतीय व्यक्ति जब सांसारिक युक्ति की बात करता है या किसी किताबी सिद्धांत के प्रति समर्पित होने की तुलना में अपनी अंतरात्मा की आवाज को ज्यादा महत्त्व देता है तो वह ब्रह्मांड के केन्द्र में एक प्रकार की अतिमानवीय शक्ति या सत्ता के अस्तित्व को स्वीकार रहा होता है। भारतीय दृष्टि में व्यक्ति इसी अतिमानवीय शक्ति की अभिव्यक्ति का एक माध्यम भर होता है। यहाँ सांसारिक युक्ति का लक्ष्य नियति का एक प्रभावी माध्यम (सुपात्र) बने रहने के उद्देश्य से प्रेरित होता है; न कि परम स्वतंत्र, स्वायत्त व्यक्ति बने रहने के मानववादी अहंकार से प्रेरित होता है।

इसी तरह उत्तर-आधुनिकतावादियों के विमर्श के केन्द्र में भी यूरोपीय मानववाद की ही ज्यादा उत्कट अभिव्यक्ति हुई है। उत्तर-आधुनिकतावादियों को लगता है कि आधुनिक संस्थाओं के तहत मनुष्य के रूप में एक व्यक्ति उतना स्वतंत्र एवं स्वायत्त नहीं रह पाता जितना कि उसे होना चाहिए या जितना कि वह होने में समर्थ है। अतः बहुसांस्कृतिक विकल्प की वकालत के पीछे उत्तर-आधुनिकतावादियों का उद्देश्य व्यक्ति की मानववादी दृष्टि को तार्किक परिणति देना है। उनका उद्देश्य मात्र इतना होता है कि व्यक्ति को अधिक-से-अधिक चुनाव का अवसर मिले। उनके लिए बहुसांस्कृतिक विमर्श बाजार में उपलब्ध मनोरंजक उत्पाद भर है जिसका उपयोग उत्तर-आधुनिक मानव एक परम-स्वतंत्र, परम-स्वायत्त व्यक्ति के रूप में करता है। उत्तर-आधुनिक विमर्श की प्रकृति एवं ईश्वरीय तत्त्व से, तात्त्विक रूप से, वही संबंध है जो आधुनिक विमर्शों का रहा है। उत्तर-आधुनिक विमर्श के केन्द्र में भी मनुष्य ही है और उनके यहाँ भी संस्कृति की अवधारणा में पारिभाषिक रूप से प्रकृति या ईश्वरतत्त्व की कोई भूमिका अब तक स्वीकार नहीं की गई है।

इसके विपरीत भारत की हर संस्कृति के केन्द्र में ईश्वरीय तत्त्व, शक्ति या सत्ता ही मानी गई है। हर संस्कृति, मत या सम्प्रदाय

इसी तत्त्व तक पहुंचने का एक माध्यम है। संस्कृति और प्रकृति परिभाषा से ही एक दूसरे की पूरक एवं संबंधित अवधारणायें हैं। भारत के हर सांस्कृतिक या सांसारिक विमर्श में नियति या ईश्वरीय तत्त्व की लीला या सृजनात्मक शक्ति ही अभिव्यक्त होती है।

इस तरह यूरोपीय सभ्यता की दोनों समकालीन प्रवृत्तियाँ - अमेरिकी व्यवहारवाद (प्रैगमेटिज्म) और उत्तर-आधुनिकता यूरोपीय सभ्यता के पारिभाषिक दायरे से बाहर नहीं जा पाती और भारतीय सभ्यता के साथ इनका अंतर काफी हद तक कायम रह जाता है। यूरोपीय साहित्य, संस्कृति, सिनेमा, दर्शन, समाजविज्ञान एवं धार्मिक विमर्श में मनुष्य की अवधारणा प्रकृति से स्वतंत्र एवं स्वायत्त है जबकि भारतीय संदर्भ में ऐसा नहीं है। उदाहरण के लिए, भारतीय साहित्य एवं संस्कृति में नायक का पेड़ या नायिका का लता बन जाना एवं पशु-पक्षियों द्वारा श्रेष्ठ ऋषियों को तत्त्व-ज्ञान देना सामान्य घटना है। भारतीय दृष्टि से जब संसार ही एक खेल है तो सांसारिक हार-जीत, सफलता-असफलता, खुशी-गम से लेकर पूजा पद्धति या विचारधारा परिवर्तन भी हँसी-खेल का माध्यम है। उत्सव में या खेल में बड़ी लगन और उत्साह से मूर्ति या इमेज बनायी जाती है और पूजा की जाती है। लेकिन खेल के बाद या उत्सव के बाद उतने ही उत्साह और उतनी ही लगन से विसर्जन कर दिया जाता है। भारतीय दृष्टि से 'खेल', 'लीला', 'उत्सव' और 'विमर्श' एक ही सभ्यतामूलक सृजन प्रक्रिया को अभिव्यक्त करने वाली समानधर्मी अवधारणायें हैं।

अध्याय 4

भारतीय संस्कृति में गाँव एवं शहर

भारतीय संस्कृति में गाँव एवं शहर सामुदायिक जीवन के आधार स्तंभ हैं। समुदाय की दो विशेषता मानी गई है: (क) एक निश्चित भौगोलिक क्षेत्र, एवं (ख) इसके सदस्यों के बीच 'हम की भावना'। गाँव और शहर समुदाय के दो रूप हैं। समुदाय के सदस्य सामान्य रूप से इसमें स्थायी रूप से निवास करते हैं। किसी भी संस्कृति की पूर्ण अभिव्यक्ति समुदायों के अंतर्गत ही होती है। पारंपरिक संस्कृति की आत्मा गाँवों में फलती-फूलती है जबकि शहरों की भूमिका पूरक की होती है। इसके विपरीत आधुनिक संस्कृति शहर केन्द्रित होती है और गाँवों की भूमिका कच्चे माल एवं अप्रशिक्षित श्रमिकों की आपूर्ति करने वाले गौण सामुदायिक क्षेत्र की होती है। समकालीन भारत में दोनों प्रकार की संस्कृतियाँ अस्तित्व में हैं और इनके प्रतिनिधियों के बीच राज्य-व्यवस्था पर वर्चस्व स्थापित करने के लिए 1974 से लगातार प्रतिद्वंद्विता चलती रही है।

गाँवों में रहना मानव समाज की एक चिरपरिचित विशेषता रही है जो मानव सभ्यता के उदय काल से परिलक्षित होती है। ग्रामीण समुदाय एक प्रकार का विस्तृत प्राथमिक समूह है। इसकी प्रमुख विशेषता यह है कि इसके अधिकांश सदस्य कृषि या पशुपालन के कार्य में लगे रहते हैं और इनका जीवन प्रकृति पर बहुत अधिक निर्भर रहता है। इनके सदस्यों के बीच सामान्यतः घनिष्ठ एवं आत्मीय संबंध होता है जो आमने-सामने के संपर्कों पर आधारित होता है। इसके सदस्य इसमें स्थायी रूप से निवास करते हैं और अपने सांस्कृतिक मानदंडों पर अपने व्यक्तिगत एवं सामुदायिक जीवन को पूर्णता देने की कोशिश करते हैं।

नगरीय समुदाय लोगों का एक खुला संगठन है जिसमें व्यक्ति एक सीमित क्षेत्र में रहते है, जहाँ जनसंख्या-घनत्व अपेक्षाकृत अधिक होता है तथा जीविका का साधन शिल्प, उद्योग या व्यापार होता है। नगरीय जीवन जटिल सामाजिक शक्तियों का प्रतिफल होता है। ये सामाजिक शक्तियाँ जनसंख्या के संवेग, ग्रामीणों के अप्रवास, संचार एवं यातायात के साधनों के विकास, व्यापारिक केन्द्रों की अत्यधिक वृद्धि और औद्योगीकरण के प्रभाव से विकसित होती हैं। अमेरिकी मानवशास्त्री रॉबर्ट रेडफील्ड ने आधुनिक दृष्टि से समुदायों का सुव्यवस्थित अध्ययन किया है। इनका अध्ययन उद्‌विकासवादी सिद्धांत पर आधारित है। इनकी दृष्टि में अल्प-विकसित समाजों में लघु समुदाय (गाँव) एवं विकसित समाजों में वृहत् समुदाय (शहर) का विकास होता है। गाँवों की संस्कृति को उन्होंने सरल, अविकसित एवं स्थानीय माना जबकि शहरों की संस्कृति को जटिल, विकसित एवं सार्वभौमिक माना। भारतीय संदर्भ में यह दृष्टि दोषपूर्ण है। यह पारंपरिक सभ्यता और गाँवों की अंतर्निहित शक्ति को नजरअंदाज करता है और आधुनिक सभ्यता को एकमात्र सभ्यता के रूप में पेश करता है।

भारत में सिन्धु घाटी के समय से नगरों का अस्तित्व रहा है। मंदिर नगर, राजधानी (दुर्ग या किला) आकार में बहुत बड़े नहीं होते थे। भारत में प्राचीन काल से कई प्रकार के नगर एवं कई प्रकार के गाँव पाये जाते हैं। कुछ पारंपरिक गाँव तो आकार की दृष्टि से नगरों की तुलना में बड़े आकार वाले रहे हैं। आज भी ऐसे गाँवों का अस्तित्व बना हुआ है जिनकी जनसंख्या या आकार मंदिर-नगर (टेम्पुल टाउन) या स्थानीय कस्बा से बड़ा है। ऐसे गाँवों की जनसंख्या घनत्व भी महानगरों से तुलनीय है। दूसरी ओर जनजातीय गाँव या पहाड़ी गाँव आकार और जनसंख्या घनत्व में काफी छोटे होते हैं। पारपरिक गाँवों के विपरीत कुछ नए गाँव भी हैं जिनका इतिहास न सिर्फ ज्ञात है बल्कि काफी छोटा है। पारंपरिक गाँव का इतिहास नहीं होता। उनका मिथक या आख्यान होता है। नए गाँवों

का निर्माण काफी हद तक समकालीन नगरों की तरह ऐतिहासिक काल में किसी-न-किसी व्यक्ति, परिवार, जाति या सम्प्रदाय के द्वारा किया गया था। इनका मौखिक या लिखित इतिहास एवं जीवंत स्मृति चिह्न होता है। बहुत से ऐसे गाँव पड़ोस के मुख्य गाँव के टोला (उप-गाँव) के रूप में शुरू हुए थे। इनको शुरू करने वाले व्यक्ति या परिवार किसी दूसरे गाँव या क्षेत्र से आकर बसे थे। अधिकतर गाँवों या टोलों में ऐसे परिवार मिलते हैं जो बाहर से आये थे और उन्होंने अपने वर्तमान निवास स्थान में अपने को पुनर्स्थापित किया। उनका गोत्र, उनके रीति-रिवाज, उनकी प्रथाएँ एवं उपजाति स्थानीय निवासियों की मुख्य धारा से अलग होती है। जब नए गाँव बसते हैं तब वहाँ भी नए रोजगार पैदा होते हैं, जजमानी व्यवस्था चलाने के लिए, कृषि केन्द्रित अर्थ एवं समाज व्यवस्था चलाने के लिए सहवर्ती-पूरक पेशा, शिल्प एवं कला-तकनीक से जुड़े परिवारों के स्थायी निवास की संभावना बनती है।

पारंपरिक गाँवों के केन्द्र में कृषि और कृषक परिवार होता है। कृषि इनके लिए केवल जीविका का साधन नहीं होकर साधना क्षेत्र एवं उपासना पद्धति भी होता है। उसी तरह अन्य पेशा, शिल्प एवं कला-तकनीक से जुड़े परिवारों के लिए भी मामला केवल आजीविका प्राप्त करना न होकर अपने शिल्प, कला, तकनीक या पेशा के द्वारा साधना करना एवं आत्म विकास करना रहा है। इस दृष्टि से गाँवों को साधना क्षेत्र एवं नगरों को साधन मुहैया कराने वाला क्षेत्र भी माना जाता है। आधुनिक सभ्यता में नगर एवं गाँव दोनों सामुदायिक जीवन के स्थायी निवास स्थान तथा आजीविका के केन्द्र हैं। आधुनिक सभ्यता में जीवन के उद्देश्यों का आम आदमी के लिए कोई महत् उद्देश्य नहीं होता, चाहे वह गाँव में रहे या शहर (महानगर) में रहे। आम आदमी के लिए जिन्दगी भोगने का एक अवसर है। भोगने के लिए साधन चाहिए। आजीविका प्राप्ति के साधन और साधन प्राप्ति की प्रक्रिया या विकल्प की दृष्टि से गाँव और शहर में अंतर होता है। लेकिन आधुनिक दृष्टि वाले गाँवों और

शहरों में साधना का संबंध आम आदमी के सामान्य जीवन से नहीं होता। साधना की जरूरत केवल दार्शनिकों, वैज्ञानिकों या कलाकारों जैसे विशिष्ट जन या प्रभुवर्ग को पड़ती है। आधुनिक सभ्यता के प्रभुवर्ग का निवास स्थान या तो महानगरों में होता है या प्राकृतिक दृष्टि से सुरम्य वादियों में या फिर महानगरों से लगे फार्म हाउसों में।

पारंपरिक गाँवों में ऊर्जा का निर्माण, संचय एवं उपभोग कोयला, किरासन तेल, डीजल, पेट्रोल, प्राकृतिक गैस या बिजली न होकर गोबर, सूखी लकड़ियाँ, खर-पतवार, सरसों या तीसी का तेल या घी होता था। सौर ऊर्जा, पवन ऊर्जा, जल ऊर्जा के इस्तेमाल की तकनीक, विधि एवं प्रक्रिया विकसित थी। पारंपरिक नगरों में भी ऊर्जा के स्रोत गाँवों जैसे ही थे। पारंपरिक ऊर्जा के उत्पादन, संचय, वितरण एवं उपभोग का अपना गणित, अपना व्याकरण अपना नीति-निर्देश एवं अपनी संस्थाएँ रही हैं।

पारंपरिक गाँवों एवं शहरों में व्यक्तिगत, पारिवारिक या सामुदायिक जीवन में गतिशीलता का उद्देश्य आत्मानुभूति, ब्रह्मानुभूति, मोक्ष, निर्वाण, कैवल्य रहा है। यह आत्मानुभूति या ब्रह्मानुभूति इसी संसार में किसी भी साधन या साधना के उपयोग से संभव मानी जाती रही है। पारंपरिक जीवन एवं संस्कृति की समकालीन प्रवृत्तियों का स्वरूप मध्यकालीन भक्ति साधना से निर्धारित हुआ है। गोरख, कबीर, रैदास, मीरा, सूर, तुलसी, हरिदास, बैजू, तुकाराम, नानक एवं रामदास जैसे भक्तों ने साधन के ऊपर साधना की वरीयता स्थापित की। पारंपरिक मनुष्य अपनी संतति के माध्यम से अपने भौतिक विरासत को लंबे समय तक कायम रखना चाहता है। इसी तरह अपने सामाजिक, सांस्कृतिक, एवं आध्यात्मिक विरासत को अपने नाम-यश से कायम रखना चाहता है। इसके लिए वह यथासंभव सत्य, सुकर्म एवं सुनीति का पालन करता है। सांसारिक कष्टों को वह अपने धैर्य एवं आस्था की परीक्षा का माध्यम मानता है। दुख और कष्ट उसके लिए आत्म-शुद्धि के अवसर उपस्थित करते हैं जबकि सुख एवं सफलता

उसके अहंकार एवं पतनकामी प्रवृत्ति के प्रस्फुटन या निरसन के अवसर उपस्थित करते हैं। अतः भक्त कवि एवं संत साहित्य कीचड़ में जन्मे कमल की तरह मनुष्य जीवन के विकास को आदर्श मानते हैं।

उपरोक्त दृष्टि का सर्वोत्तम विकास पारंपरिक गाँवों, पारंपरिक शहरों या अंग्रेजी राज से पहले के पहाड़ों, जंगलों में सहजता से हो सकता था। अंग्रेजी राज में उपरोक्त जीवन-दृष्टि को धारण कर सकने वाली सभ्यतामूलक आधार, संरचना एवं ढाँचा को छिन्न-भिन्न कर दिया गया। अब पारंपरिक गाँव और शहर भी आधुनिक सभ्यता के उप-केन्द्र माने जाते हैं। गाँवों का व्यक्ति भी आधुनिक जीवन दृष्टि तथा आधुनिक उपभोक्ता की तरह व्यवहार करने लगा है। दूसरी ओर महानगरों की अंतहीन, अर्थहीन भागदौड़ से उकताये लोगों में पारंपरिक जीवन दृष्टि एवं पारंपरिक संस्कृति के प्रति आकर्षण बढ़ रहा है। लेकिन पारंपरिक सभ्यतामूलक आधार, संरचना एवं ढाँचा का पुनर्निर्माण फिलहाल संभव नहीं दिखता।

भारतीय समाज में सिन्धु घाटी की सभ्यता के जमाने से ही गाँवों और शहरों का सह-अस्तित्व रहा है। दोनों समुदाय एक-दूसरे के पूरक रहे हैं। दोनों की संस्कृति में विशेष अंतर नहीं रहा है। जबकि पश्चिम में विकसित आधुनिक समाज में ग्रामीण एवं नगरीय क्षेत्रों के बीच बहुत अंतर है। पाश्चात्य विचारक गाँव एवं नगर के अंतर पर विशेष बल देते हैं, नगरों को गाँवों से श्रेष्ठ माना जाता है। पश्चिमी समाजों में गाँव अधिकांशतः आर्थिक रूप से कमजोर, विशेषज्ञता और कौशल में निम्न तथा नगरों पर आश्रित रहे हैं। दूसरी तरफ अंग्रेजी शासन के पूर्व भारतीय ग्रामीण समाज अपेक्षाकृत शक्तिशाली एवं स्वतंत्र थे एवं ग्रामीण लोग अनेक व्यवसायों एवं कलाओं में दक्ष थे। अंग्रेजी राज की साम्राज्यवादी नीतियों के तहत भारत के पारंपरिक नगरों एवं उद्योगों का जबरदस्त पतन हुआ और गाँवों के ऊपर अतिरिक्त जनसंख्या के पालन-पोषण का बोझ लाद दिया गया। इसके अलावा भूमि पर से किसानों का पारंपरिक

स्वामित्व समाप्त करके जमींदारी एवं महालवारी प्रथा लागू कर दी गई। सामुदायिक संस्थाओं को आर्थिक आधार प्रदान करने वाली कृषि प्रणाली एवं जंगल, पहाड़, नदियों एवं सामूहिक चारागाह पर लोगों का पारंपरिक अधिकार समाप्त कर सरकार को स्वामित्व दे दी गई। जमींदारी एवं ठेकेदारी व्यवस्था से स्वदेशी कृषि, उद्योग, शिल्प, वाणिज्य-व्यापार को अपार हानि हुई। दूसरी ओर, विदेशी वस्तुओं के आयात पर से कर हटा दिया गया। आयातित वस्तुओं को प्रश्रय दिया गया। इससे यूरोपीय ढंग के शहर एवं महानगर विकसित हुए। इससे गाँवों एवं शहरों का पारंपरिक संतुलन बदल गया। स्वतंत्रता प्राप्ति के बाद भी अंग्रेजी राज के दौरान आया असंतुलन काफी हद तक कायम रहा। शहर आधुनिक सुविधाओं के केंद्र बने रहे जबकि गाँवों में पारंपरिक संस्थाओं का लगातार क्षरण होता रहा।

समकालीन भारत में नगरीय क्षेत्रों का निर्धारण राज्य सरकारों द्वारा होता है और इसके लिए विभिन्न राज्यों ने भिन्न-भिन्न मानदंडों का प्रयोग किया। ये संविधिक शहर कहलाते हैं तथा प्रशासनिक कार्यों के लिए शहरी विकास मंत्रालय से अनुदान प्राप्त करते हैं। इन शहरों का शासन अलग प्रकार की इकाइयों (जैसे नगरपालिका, अधिसूचित क्षेत्रीय समिति अथवा निगम) के द्वारा होता है।

संविधिक शहरों के अलावा जनगणना के आधार पर भी शहरों को परिभाषित किया जाता है। जनगणना अधिकारी संपूर्ण भारतीय क्षेत्र को दो वृहत् समूहों में विभाजित करते हैं - ग्रामीण एवं नगरीय केन्द्र। इस वर्गीकरण का कानूनी या प्रशासनिक आशय नहीं होता है। इसका उद्देश्य अकादमिक सुस्पष्टता एवं सामाजिक मानकों का सांस्कृतिक संदर्भ समझने के लिए किया जाता है। यह वर्गीकरण जनगणना निदेशालयों द्वारा स्वीकृत होता है। इसके अतिरिक्त, जनगणना अधिकारियों ने अपने अलग मानदंड निर्मित कर रखे हैं जिनके आधार पर वे किसी संविधिक क्षेत्र को शहर अथवा कस्बा घोषित करते हैं। ये शर्तें निम्न हैं :

1. न्यूनतम जनसंख्या 5000 या उससे अधिक हो।
2. कम-से-कम 75 प्रतिशत वयस्क पुरुष जनसंख्या गैर-कृषि कार्यों में लगी हो।
3. जनसंख्या घनत्व कम-से-कम 400 व्यक्ति प्रति किलोमीटर हो।

आवास के प्रकार

भारतीय जनगणना आकार एवं जनसंख्या के घनत्व के आधार पर तीन प्रकार के आवासों का निर्धारण करती है : नगर, कस्बा एवं गाँव।

1. वह आवास जिसकी जनसंख्या 1,00,000 या अधिक हो, नगर कहलाता है।
2. एक कस्बे की जनसंख्या 5,000 या इससे अधिक होनी चाहिए तथा गाँवों की जनसंख्या 5,000 से कम होनी चाहिए।
3. नगर की स्थानीय शासन व्यवस्था नगरपालिका तथा गाँव की ग्राम पंचायत कहलाती है।

नगर एवं शहरों को एक साथ नगरीय वर्ग में तथा शेष आवासों को ग्रामीण वर्ग में रखा गया है। नगर के मानदंड हैं: आकार, घनत्व, व्यवसाय-संरचना तथा प्रशासनिक व्यवस्था।

ग्रामीण समुदाय

भारत में गाँवों का एक महत्त्वपूर्ण स्थान है। प्राचीन काल से ही भारत की अधिकांश जनसंख्या गाँवों में निवास करती है। समकालीन समय में भी गाँवों का महत्त्व बरकरार है, लेकिन गाँवों की आंतरिक संरचना एवं शहरों से इसके आपसी संबंध में धीरे-धीरे महत्त्वपूर्ण परिवर्तन हो रहा है। समकालीन भारत की व्यवस्था में आज भी गाँवों का विशिष्ट सामाजिक, सांस्कृतिक, आर्थिक एवं राजनीतिक महत्त्व है। इसके अपने कुछ निजी लक्षण हैं जिसमें भारतीय परंपरा के सूत्र पहचाने जा सकते हैं।

ग्रामीण समुदाय की विशेषताएँ

भारतीय गाँवों की प्रमुख विशेषताएँ निम्नलिखित हैं :

1. **कृषि** : उत्पादन का मुख्य आधार कृषि है। कृषि मात्र उत्पादन का तरीका ही नहीं है बल्कि जीवन शैली भी है। ग्रामीण परिवेश के सभी संबंध कृषि द्वारा प्रभावित होते हैं। जनसंख्या का एक छोटा भाग जीविकोपार्जन के लिए कृषि के अलावा दूसरे व्यवसायों पर भी निर्भर होता है परन्तु उनका व्यवसाय अप्रत्यक्ष रूप से कृषि से संबंधित होता है। कृषक अर्थव्यवस्था ग्रामीण अर्थव्यवस्था का मुख्य आधार होती है।
2. **संयुक्त परिवार** : भारतीय ग्रामीण जीवन की एक प्रमुख विशेषता उसका संयुक्त परिवार है। यद्यपि संयुक्त परिवार नगरों में भी पाए जाते हैं, परन्तु गाँवों में इनका सामाजिक एवं सांस्कृतिक महत्त्व अधिक होता है।
3. **जाति** : जाति व्यवस्था हमेशा भारतीय ग्रामीण समुदाय का आधार रही है। सामाजिक अन्तःक्रिया, धार्मिक अनुष्ठान, व्यवसाय एवं अन्य बातें काफी सीमा तक जाति के मानकों से प्रभावित होती हैं। आज भी यह ग्रामीण जीवन में सामाजिक संस्तरण एवं सामाजिक व्यवस्था का मुख्य आधार है।
4. **जजमानी व्यवस्था** : जजमानी व्यवस्था ऐसी व्यवस्था है जिसमें गाँव के विभिन्न परिवार सामाजिक, सांस्कृतिक एवं आर्थिक रूप से दूसरे जातिगत परिवारों से संबद्ध होते हैं। प्रत्येक गाँव मुख्यतः दो बड़े समूहों में विभाजित रहा है – जजमान एवं सेवाएँ उपलब्ध कराने वाली जातियाँ। पारंपरिक रूप से सेवा उपलब्ध कराने वाले परिवार सामान्यतः अन्न अथवा नकद पैसे प्राप्त करते हैं। शुभ अवसरों एवं त्योहारों पर उन्हें इसके अलावा पारिश्रमिक मिलता है। यह जजमानी व्यवस्था विभिन्न जातियों को एक वंशानुगत एवं स्थायी संबंधों में बाँधे रखती है। जजमान मुख्यतः उच्च जाति के किसान परिवार के लोग माने जाते

हैं। इन्हे प्रभु जाति का परिवार भी कहा जाता है। विभिन्न क्षेत्रों में ब्राह्मण, राजपूत, पटेल, पटनायक, मराठा, रेड्डी, लिंगायत, नायर इत्यादि जातियाँ जजमान परिवार की भूमिका निभाती रही हैं जबकि सेवा प्रदान करने वाली मध्यम एवं निम्न जाति के परिवार विभिन्न प्रकार के पारंपरिक शिल्प, कला एवं तकनीक में दक्ष होती हैं। पारंपरिक पेशा से जुड़ी इन जातियों में नाई, कुम्हार, लोहार, सोनार, बढ़ई, तमोली, धोबी इत्यादि प्रमुख हैं। पारंपरिक व्यवस्था के अनुसार हर किसान परिवार अपनी उपज का एक निश्चित अंश इन परिवारों को जीविकोपार्जन के लिए दिया करता था। आधुनिक बाजार के विस्तार, नगरीकरण, उद्योगीकरण एवं उपभोक्तावाद के प्रचार के फलस्वरूप जजमानी व्यवस्था का प्रभाव दिनों-दिन कम हो रहा है।

5. **पंचांग** : अधिकांश भारतीय गाँवों में लोग समय का सदुपयोग पारंपरिक पंचांग के अनुसार करते हैं जो घनिष्ठ रूप से सामाजिक-सांस्कृतिक एवं धार्मिक जीवन से जुड़ा हुआ है। अंग्रेजी पंचांग भी पारंपरिक पंचांग के साथ देखे जाते हैं परन्तु दैनिक जीवन में इनका प्रयोग बहुत कम होता है। अंग्रेजी पंचांग मूलतः सरकारी कामकाज में इस्तेमाल होता है।

6. **सामुदायिक भावनाएँ** : गाँव के सदस्यों के बीच काफी घनिष्ठ एवं व्यक्तिगत संबंध होते हैं। सामुदायिकता की भावना गाँव की एक चिर-परिचित विशेषता है।

7. **सादा जीवन** : यह ग्रामीण जीवन की एक महत्त्वपूर्ण विशेषता है। गाँवों में अपराध और पथ-भ्रष्ट व्यवहार जैसे चोरी, हत्या, दुराचार इत्यादि शहरों की तुलना में बहुत कम होते हैं। ग्रामीण लोग भगवान से भय खाते हैं तथा परंपरावादी होते हैं। वे नगरीय जीवन के चकाचौंध एवं मोह से कम प्रभावित होते हैं तथा एक साधारण जीवन व्यतीत करते हैं।

उनका व्यवहार एवं क्रियाकलाप गाँव की प्रथा, रूढ़ि एवं जनरीतियों से संचालित होता है।

8. **गरीबी एवं अशिक्षा** : ग्रामीण जीवन में गरीबी एवं अशिक्षा दीर्घकाल से चली आ रही है। अलाभदायक भूमि का अधिग्रहण और वितरण, बंजर एवं विखंडित भूमि के विकास की समस्या तथा खराब उत्पादन ग्रामीण जनसंख्या की गरीबी का प्रमुख कारण है। गाँवों की आबादी का एक बड़ा हिस्सा गरीबी रेखा के नीचे रहता है और ये लोग मौलिक सुविधाओं से भी वंचित हैं। मौलिक नागरिक सुविधाएँ, स्वास्थ्य सुविधाएँ, आवागमन एवं संचार आदि की सुविधाएँ इन्हें कठिनाई से उपलब्ध होती हैं। अनेक सरकारी योजनाओं एवं ग्रामीण विकास उपक्रमों के बावजूद ग्रामीण क्षेत्रों में गरीबी विद्यमान है। पारंपरिक कृषि के प्रति दुष्प्रचार एवं आधुनिक कृषि की सुविधाओं के अभाव में कृषि की उत्पादकता एवं दूसरे आर्थिक क्रियाकलाप निम्न स्तर के हैं।

9. **मंद गतिशीलता एवं सामाजिक परिवर्तन** : भारत में अधिकांश ग्रामीण समुदायों की एक मुख्य विशेषता गतिशीलता एवं सामाजिक परिवर्तन की धीमी गति रही है। व्यवसाय में बहुत आसानी से परिवर्तन संभव नहीं है। अधिकांश ग्रामीण परिवर्तन एवं सुधार को शीघ्रता से स्वीकार नहीं करते हैं। इस प्रकार, सामाजिक गतिशीलता और सामाजिक परिवर्तन की प्रक्रिया भारतीय ग्रामीण परिवेश में सामान्यतः धीमी रही है।

10. **सामाजिक नियंत्रण की कठोरता** : अनौपचारिक रूप से सामाजिक नियंत्रण में प्राथमिक संस्थाएँ जैसे परिवार, जाति, धर्म, इत्यादि की महत्त्वपूर्ण भूमिका होती है। गाँवों में पारंपरिक संस्थाओं का प्रभाव अनौपचारिक लेकिन शक्तिशाली होता है। सदस्यों के लिए इन अनौपचारिक नियमों का पालन करना आवश्यक होता है। इन नियमों की

अवहेलना की संभावना नगण्य होती है। अवहेलना होने पर इसकी कठोरता से आलोचना होती है और पंचायत द्वारा दंडित भी किया जाता है।

नगरीय समुदाय

नगरीय समुदाय विभिन्न प्रकार के होते हैं। आकार की विभिन्नता के बावजूद पारंपरिक नगरों में सामान्य रूप से कुछ निश्चित लक्षण पाए जाते हैं। पारंपरिक नगर प्रायः बड़ी-बड़ी दीवारों से घिरे रहते थे, ये किले-रूपी दीवारें नगरीय समुदाय को ग्रामीण समुदाय से पृथक करती थीं। केन्द्रीय क्षेत्र प्रायः एक विशाल सार्वजनिक स्थल होता था और कभी-कभी दूसरी आंतरिक दीवार से घिरा रहता था, जो बाजार का काम करती थी। मुख्य भवन सामान्यतः धार्मिक अथवा राजनीतिक स्वरूप के होते थे जैसे मंदिर, मस्जिद, चर्च, राजमहल एवं अदालत। प्रशासक एवं कुलीन वर्ग के आवास सामान्यतः मुख्य चौक, केन्द्र अथवा उसके समीप होते थे तथा साधारण जनता नगर की परिधि के आस--पास निवास करती थी। केन्द्रीय क्षेत्र में, जहाँ पर उत्सव के अवसर पर लोग जमा होते थे, सारे लोग आसानी से एक साथ बैठ सकते थे। नगरों के विस्तार का मुख्य कारण जनसंख्या वृद्धि और बाहरी लोगों का दूसरे गरीब देशों से प्रव्रजन था।

डेविड पोकोक ने बल देकर कहा है कि भारत में गाँवों एवं पारंपरिक नगरों में कोई विभाजन नहीं है। दोनों समान रूप से भारतीय सभ्यता के तत्त्व हैं। दूसरी ओर पारंपरिक भारतीय नगरों एवं औपनिवेशिक भारतीय नगरों में बहुत-सी विभिन्नताएँ विद्यमान हैं। जहाँ पारंपरिक भारतीय नगर भारतीय सभ्यता के दृष्टिकोण से बसाये गये हैं, वहीं औपनिवेशिक भारतीय नगर पाश्चात्य अथवा आधुनिकता के प्रभावों के वाहक हैं। दोनों प्रकार के नगर एक साथ दो अंगों के रूप में एक ही नगर संस्थिति के रूप में अस्तित्व में रह सकते हैं। उदाहरणस्वरूप, पुरानी दिल्ली और नई दिल्ली। पोकोक

उन समाजशास्त्रियों का सुव्यवस्थित रूप से प्रतिकार करते हैं जिनका मानना है कि भारत में नगरीकरण का तात्पर्य जाति व्यवस्था एवं संयुक्त परिवार के विखंडन से है। उनका यह भी मानना है कि भारतीय संदर्भ में नगरीकरण का तात्पर्य पश्चिमीकरण नहीं है।

इसके विपरीत एम. एस. ए. राव का मानना है कि पोकोक ने भारतीय गाँवों एवं पारंपरिक नगरों में समानता को अतिरंजित कर दिया है। गाँव एवं नगरों की संस्था में संगठनात्मक एवं क्रियात्मक विभिन्नताएँ हैं। उदाहरणस्वरूप, जहाँ गाँवों में जजमानी व्यवस्था होती है वहीं पारंपरिक नगरों में महाजन अथवा शिल्पसंघ प्रमुख हैं। दूसरे, यद्यपि जाति एवं सगोत्रता गाँवों और प्राचीन भारतीय नगरों में आम थे, परन्तु उनके संगठनात्मक स्वरूप में महत्त्वपूर्ण अन्तर था। तीसरे, यह दर्शाना आवश्यक है कि पैक्स ब्रिटेनिका ने भारतीय जीवन में अलग प्रकार की नागरिक संस्कृति एवं नगरीकरण को प्रोत्साहित किया। इस नगरीकरण का प्रभाव पारंपरिक नगरों पर भी पड़ा। इस प्रकार की पारस्परिक अंतःक्रिया से ग्रामीण एवं नगरीय परिवेश के संदर्भ में एक नए प्रकार के संयुक्त पारिवारिक संरचना का विकास देखा जा सकता है। नगरीय संदर्भ में संयुक्त परिवारों के स्वामित्व (संपत्ति) के संबंधों एवं पारस्परिक व्यक्तिगत व्यवहारों में अन्तर आया है। नगरों एवं गाँवों के बीच अन्तःक्रियाओं का स्वरूप कालक्रम में बदलता रहा है।

नगरीय समुदाय की विशेषताएँ

समकालीन भारत में नगरीय समुदायों की विशेषताएँ निम्नलिखित हैं:

1. **सामाजिक विषमता** : एक बड़ी जनसंख्या का छोटे क्षेत्र में केन्द्रीकरण सामाजिक विषमता को प्रेरित करता है। जनसंख्या घनत्व अपेक्षित लाभ के लिए प्रतियोगिता को प्रेरित करता है जिसके फलस्वरूप विशिष्टीकरण की प्रक्रिया में वृद्धि होती है। नगर हमेशा से ही एक ऐसे बर्तन के समान

रहा है जिसमें विभिन्न प्रकार के लोगों एवं संस्कृतियों का मिलन होता है। यह विश्व के विभिन्न भागों से लोगों को आकर्षित करता है एवं उन्हें न केवल सहन करता है, बल्कि विशिष्ट स्थान देता है।

2. **सामाजिक नियंत्रण** : नगर में व्यक्ति प्रायः सघन सामाजिक नियंत्रण से मुक्त होते हैं। सामाजिक जीवन में विलगाव एवं अकेलापन नगरीय देन है। बड़े नगरों में नियंत्रण की समस्या भी बढ़ जाती है एवं द्वितीय नियंत्रण के साधन जटिल हो जाते हैं। सामाजिक न्याय एवं सांस्कृतिक पहचान को कायम रखने के लिए दबाब समूह का महत्त्व बढ़ जाता है।

3. **स्वैच्छिक संस्थाएँ** : जनसंख्या घनत्व व आकार, सांस्कृतिक विभिन्नताएँ और सहज संपर्क स्वैच्छिक संस्थाओं के विकास के लिए नगर को एक आदर्श स्थान बना देते हैं। नगरों में सभी द्वितीयक समूह एक प्रकार की स्वैच्छिक विशेषता प्राप्त कर लेते हैं। इस प्रकार के समूह में सदस्यता रिश्तेदारी एवं प्रदत्त प्रस्थिति पर निर्भर नहीं करती है। नगरों में विभिन्न प्रकार के क्लब, संस्थाएँ एवं स्वशासित संगठन पाए जाते हैं।

4. **व्यक्तिवाद** : नगरीय संगठन का द्वितीयक एवं स्वैच्छिक स्वरूप, अवसरों की बाहुल्यता एवं सामाजिक गतिशीलता व्यक्ति को बाध्य करते हैं कि वह अपना निर्णय स्वयं ले एवं अपने भविष्य को नियोजित करे। नगरीय जीवन की प्रतियोगिताएँ पारिवारिक देखभाल एवं वचनबद्धता के लिए बहुत कम अवसर देती हैं। फलस्वरूप नगरीय जीवन में स्वार्थ एवं व्यक्तिवाद को बढ़ावा मिलता है।

5. **सामाजिक गतिशीलता** : नगर सामाजिक गतिशीलता को चरितार्थ एवं प्रोत्साहित करते हैं। नगरों में विस्तृत एवं योजनाबद्ध श्रम विभाजन होता है। यह किसी व्यक्ति की प्रदत्त प्रस्थिति पर निर्भर नहीं करके उसकी उपलब्धि पर निर्भर करता है। अपने जीवन काल में ही नगरीय व्यक्ति

अपने प्रयासों से अपनी प्रतिष्ठा बढ़ा व घटा सकता है। प्रतिष्ठा के लिए प्रतियोगिता नगरवासियों के लिए एक अन्तहीन कार्य बन जाती है। नगरीय संगठन एक औपचारिक संगठन (जिसको क्षमता, दक्षता एवं नवीनता के आधार पर चुना जाता है) के द्वारा संचालित होता है। यह एक खुले वर्गीकरण को प्रोत्साहन देता है जिसकी विशेषता विजातीयता होती है।

6. **अत्यधिक असमानता** : नगरीय जनसंख्या की विभिन्नता एवं अवैयक्तिक संबंधों को ध्यान में रखते हुए नगरों में विचारों एवं रुचियों के विषय में एक निश्चित सीमा तक सहिष्णुता पाई जाती है। नगरों में एक निश्चित सीमा तक बाह्य समरूपता, शिष्टाचार एवं सुविधा होती है। नगरीय क्षेत्रों में अत्यधिक गरीबी एवं समृद्धि दोनों ही पाई जाती है। नगरीय समुदाय में झुग्गी-झोपड़ी एवं अभिजात क्लब अत्यधिक विषमता के मुख्य उदाहरण हैं।

7. **स्थानिक वियोजन** : विषमतापूर्ण एवं क्रियाशील नगर में स्थान के लिए प्रतियोगिता एक प्रकार के पृथक्करण को जन्म देती है जो वर्ग एवं क्रियाओं के आधार पर होता है एवं इसका स्वरूप स्थानिक होता है। नगरीय क्षेत्र के केन्द्र पर वित्त एवं शासन संबंधी क्रियाकलापों में लगी संस्थाओं का व्यावसायिक केन्द्र खर्चीले शौकों की पूर्ति करते हैं। उदाहरणस्वरूप, बड़ी विभागीय दुकानें, थियेटर, बड़े होटल, आभूषण की दुकानें इन्हीं केन्द्रों में स्थापित होती हैं। अत्यधिक मँहगी व्यावसायिक सेवाएँ जैसे अस्पताल, स्वास्थ्य-केन्द्र, प्रशिक्षण संस्थान, कानूनी दफ्तर, बैंक इत्यादि भी नगर के केन्द्रीय भाग में ही पाए जाते हैं।

भारत में ग्रामीण-नगरीय विभाजन की मुख्य विशेषताएँ

भारतीय संस्कृति में ग्रामीण-नगरीय विभाजन की मुख्य

विशेषताओं को समझने से पहले ग्रामीण एवं नगरीय समुदाय की अवधारणा पर विचार आवश्यक है। इस दृष्टि से पहली महत्त्वपूर्ण बात यह है कि किसी भी विधि या मापदण्ड से इसे स्थापित नहीं किया जा सकता कि व्यावहारिक रूप से गाँव की सीमा कहाँ समाप्त होती है एवं नगर की सीमा कहाँ से आरंभ होती है। दूसरा, अधिकांश कारक जो परिवर्तन के लिए उत्तरदायी हैं गाँवों एवं नगरों में समान रूप से काम करते रहते हैं। तीसरा, भारतीय गाँव एवं नगर की अवधारणा पश्चिमी देशों के गाँव एवं नगर की अवधारणा से पूर्णतया भिन्न है। भारतीय संदर्भ में ग्रामीण-नगरीय विभाजन की मुख्य विशेषताओं को उपरोक्त संदर्भ में निम्नलिखित शीर्षकों के अंतर्गत प्रस्तुत किया जा सकता है :

1. **सामाजिक संगठन** : गाँवों में संयुक्त परिवार की अवधारणा साधारणतः संयुक्त घर-बार को भी इंगित करता है जबकि नगरीय केन्द्र में यह बात नहीं है। नगरों में संयुक्त परिवार के सदस्य साधारणतः एकाकी परिवार को पसन्द करते हैं। रिश्तेदारी के संबंधों को मुख्यतः राजनीतिक या आर्थिक लाभ के लिए प्रयोग किया जाता है परन्तु सदस्यों के निजी जीवन में ये बंधन प्रायः दुर्बल ही होते हैं।

   भारत में विवाह को अखण्ड एवं अपरिवर्तनीय बंधन माना जाता है। यह एक धार्मिक संस्कार है। ग्रामीण परिवेश में अंतर्जातीय विवाह कम ही होते हैं। नगरों में प्रेम-विवाह, अंतर्जातीय विवाह एवं विवाह करने की उम्र में वृद्धि हो रही है। ग्रामीण समाज में पड़ोसियों का आपसी संबंध पारस्परिक सहयोग, समुदाय-भाव एवं हम की भावना पर आधारित होता है। अधिकांश नगरों में लोग अपने पड़ोस में रहने वालों से प्रायः संबंध नहीं रखते हैं। बढ़ते व्यक्तिवाद के कारण पारस्परिक सहयोग और सहानुभूति की कमी देखी जाती है। निहित स्वार्थ और यांत्रिक प्रतिस्पर्धा इसके अन्य कारण हैं । ग्रामीण जीवन में सामाजिक स्थिति

जाति पर आधारित होती है। नगरीय परिवेश में जाति सहवर्ती हो सकती है, परन्तु वर्ग भिन्नता प्रधान होती है।

2. **सामाजिक संबंध एवं अंतःक्रिया** : ग्रामीण समाज मे संबंधों का संचालन प्राथमिक समूह के द्वारा होता है। वे व्यक्तिगत, अनौपचारिक एवं स्थायी होते हैं। प्रतियोगिता कम तीव्र होती है क्योंकि ग्रामीणों में अपने स्वभाविक विकास पर जोर होता है जबकि आधुनिक नगरों में तुलनात्मक विकास पर जोर होता है। नगरीय समाज में व्यक्तिगत संबंध अधिकांशतः औपचारिक एवं अवैयक्तिक होते हैं। सामुदायिक शक्ति दुर्बल होती है एवं व्यक्तिगत स्वतंत्रता अधिक होती है।

3. **सामाजिक गतिशीलता** : गाँवों में व्यावसायिक एवं सामाजिक गतिशीलता जाति व्यवस्था को कठोरता से संचालित करती है। नगरीय समाज प्रदत्त प्रस्थिति की तुलना में अर्जित प्रस्थिति पर अधिक बल देता है। नगरीय संरचना क्षैतिजीय गतिशीलता एवं ऊर्ध्वगामी गतिशीलता के अधिक अवसर प्रस्तुत करती है। अर्जित प्रस्थिति जन्मना जाति पर आधारित न होकर आर्थिक वर्ग पर आधारित होती है।

4. **सामाजिक नियंत्रण** : ग्रामीण समाजों में सामाजिक नियंत्रण अनौपचारिक साधनों द्वारा किया जाता है, जैसे जनरीतियाँ, रूढ़ियाँ, मानक निषेध एवं उपहास इत्यादि। विचलन को जाति पंचायत अथवा गाँव पंचायत की धमकी से नियंत्रित किया जाता है। नगरीय समाज में केवल जनमत, अनौपचारिक शक्ति एवं नैतिक संरचना के आधार पर ही व्यवस्था को स्थापित नहीं किया जा सकता। नगरीय समाज इतना जटिल होता है कि सामाजिक नियंत्रण विशेषज्ञों द्वारा प्रतिपादित होता है, विधेयकों द्वारा निर्मित होता है, अदालतों द्वारा संगठित एवं पुलिस बल द्वारा इनका क्रियान्वयन किया जाता है। नगरीय समाज में सामाजिक नियंत्रण कठोर दंड देने के बदले सुधारात्मक प्रयासों पर आधारित होता है।

5. **सामाजिक परिवर्तन** : ग्रामीण परिवेश में नवीनता की तुलना में प्रामाणिकता पर जोर होता है। प्रामाणिकता का मानक परंपरा से प्राप्त होता है। आधुनिक नगरों में नवीनता एवं मौलिकता पर जोर होता है। नगरीय केन्द्रों में नवाचार, अनुकूलन एवं अनुकरण अधिक होता है क्योंकि खुलापन अधिक अवसर उपलब्ध कराता है। ऐसे परिवर्तन सरकारी ढाँचों द्वारा प्रोत्साहित होते हैं एवं नगरीय संस्थाएँ इन्हें बनाए रखती हैं।
6. **सांस्कृतिक जीवन** : गाँवों में सांस्कृतिक एकता होती है। सामान्य मूल्यों एवं समूह के मानदंडों को उत्सवों, धार्मिक कर्मकाण्डों तथा सामाजिक प्रथाओं के द्वारा शक्तिशाली बनाया जाता है। आज भी भारतीय गाँव भारतीय सभ्यता एवं संस्कृति का वाहक एवं सभ्यता की इकाई हैं। वे आज भी परंपरागत भारतीय पंचांग द्वारा संचालित होते हैं। दूसरी तरफ, नगरीय समाज के सांस्कृतिक स्वरूप गुणात्मक रूप से परिवर्तित हुए हैं।
7. **आर्थिक जीवन** : ग्रामीण क्षेत्रों में उत्पादन का प्रमुख आधार कृषि है। कृषि आधारित कुटीर उद्योग एवं पशुपालन भी अर्थव्यवस्था का अंग होता है। नकदी फसलें, खाद्य-संस्करण एवं छोटे उद्योग भी व्यवसाय एवं आय को बढ़ाते हैं। सामान्यतः ग्रामीण लोगों की आय एवं औसत खपत का स्तर साधारण है और लोगों की जीवन पद्धति सरल है।

नगरीय समाजों में औद्योगिकी ने विकास के उत्प्रेरक का कार्य किया है। नगरों में रोजगार के अच्छे साधन उपलब्ध हैं क्योंकि यहाँ पर साक्षरता, गतिशीलता, विशेषीकरण एवं प्रशिक्षित श्रमिक का विभिन्न प्रकार से उपयोग होता है। नगरीय लोगों के पास आय के अनेक स्रोत होते हैं। वे अधिकांशतः औद्योगिक क्षेत्रों एवं नौकरियों में कार्यरत हैं। नगरों की प्रौद्योगिकी एवं भौतिकवाद ने, जो कि पश्चिमीकरण एवं आधुनिकीकरण से भी प्रभावित होती है, एक ऐसी

संस्कृति को जन्म दिया है जो भारत में किसी व्यक्ति का मूल्य उसकी आय एवं जीवन-शैली द्वारा निर्धारित करती है और उसके आय के स्रोतों की अवहेलना की जाती है। अन्य कारकों के साथ यह भी एक कारक है जो नगरीय केंद्रों में 'काले-धन' को बढ़ावा देता है।

इस प्रकार, यह स्पष्ट है कि गाँवों एवं नगरीय समुदायों में अनेक विभिन्नताएँ हैं। लेकिन यह भी याद रखा जाना चाहिए कि इनके मध्य निरंतरता एवं विरोधाभास भी है। एस. सी. दुबे ने समकालीन भारतीय परिवेश में ग्रामीण-नगरीय विभाजन एवं संयोजन को दर्शाने का प्रयत्न किया है। यद्यपि भारत गाँवों की भूमि के रूप में जाना जाता है तथापि यहाँ नगरीय केन्द्रों की प्राचीन परंपरा रही है। यदि गाँव सहयोग के क्षेत्र हैं तो संघर्ष मुक्त भी नहीं हैं। विकास की इकाई के रूप में अब गाँवों में भी नगरों की भांति विभिन्न संस्थाएँ विद्यमान हैं। राजनीतिक दलों के प्रतिनिधि गाँवों एवं नगरों दोनों में विद्यमान हैं। गाँव नगरों की भाँति एक निगम द्वारा शासित समुदाय समूह नहीं है। इसकी स्वयं की पहचान है, निश्चित सीमाएँ हैं (राजस्व एवं वन) और साझी सम्पदा (जैसे कुएँ एवं तालाब इत्यादि) है। इसमें मंदिर, मस्जिद, चर्च एवं गुरूद्वारा भी हो सकता हैं। अधिकांश जातियाँ किसी पेशे अथवा शिल्प से जुड़ी हैं लेकिन यह आवश्यक नहीं है कि एक जाति के सभी सदस्य एक ही शिल्प अथवा व्यवसाय में हों। कुछ व्यवसाय ऐसे भी हैं जो 'खुले' हैं अथवा कोई भी उन्हें अपना सकता है। जाति की कोई बाधा नहीं होती।

गाँवों एवं नगरों के लोगों के बीच आर्थिक, धार्मिक क्रियाएँ, राजनीतिक एवं सामाजिक आदान-प्रदान होता रहता है। जाति-पंचायत नगरों में विद्यमान नहीं है परंतु गाँवों की तरह बड़े नगरों में नए जाति संगठन अस्तित्व में आ गए हैं। कुछ जाति संगठन क्षेत्रीय हैं जबकि कुछ अखिल-भारतीय स्तर के भी हैं। नगरों के बाजार ने जजमानी व्यवस्था को प्रतिस्थापित कर दिया है। इस परिवर्तन की प्रक्रिया ने विभिन्न गाँवों को एक-दूसरे से एवं

आस-पास के नगरों से अच्छी तरह से जोड़ दिया है। यदि परंपरागत गाँव एवं परंपरागत नगर एक दूसरे के पूरक थे तो समकालीन गाँव एवं नगरीय केन्द्र भारतीय राज्य की पूरक इकाई हैं। लेकिन भारत केवल एक राष्ट्र-राज्य न होकर एक सभ्यता भी है। एक राष्ट्र-राज्य के रूप में भारत आधुनिक बनने के लिए प्रयत्नशील है। इसके निर्माण में एक ओर अंग्रेजी राज की विरासत है तो दूसरी ओर स्वतंत्रता-संग्राम के आदर्शों एवं प्रेरणा की भूमिका है। एक सभ्यता के रूप में भारत आज भी एक पारंपरिक सभ्यता है जिसकी इकाई के रूप में आधुनिकता एवं आधुनिक संस्थाओं के लिए भी जगह है।

भारतीय दृष्टि से गाँव और शहर दो अलग प्रकार के समुदाय हैं। इस बात को गाँधीजी ने 'हिन्द स्वराज' में बार-बार उठाया है। शहर के बारे में पश्चिम के सांस्कृतिक मन में एक निश्चित धारणा है। कुछ भारतीय विद्वानों ने पश्चिम की संस्कृति में शहर की अवधारणा को सामी (सेमेटिक) धर्मों में लोकप्रिय आदम और उसके वंशजों की कहानी से जोड़ कर समझने पर बल दिया है। बाइबिल के अनुसार पहला शहर केन ने बसाया था जो आदम की पहली संतान था और जिसके मत्थे संसार की पहली हत्या है - अपने भाई आवेल की हत्या। केन ईश्वर कृपा से वंचित है। उसी की संतानों ने संगीत वाद्यों का और ढलाई के कारखानों का अविष्कार किया। फलस्वरूप पश्चिमी मानस में कला और प्रौद्योगिकी दोनों ही ईश्वर कृपा से वंचित हैं। टॉल्सटॉय जैसे चिंतको के मन में यही शहर है। गाँधीजी के मन में कौन-सा शहर था, हम नहीं जानते। किन्तु वे उसे वैसे ही याद करते हैं जैसे बाइबिल में केन को याद किया गया है। सभ्यता का जो स्वरूप यूरोप ने प्रस्तुत किया उसमें गाँव और शहर का एक साथ रहना संभव ही नहीं है। यूरोपीय सभ्यता में एक शहर बसता है जिसमें जंगली जानवर के लिए जगह नहीं है और उसके आगे कहीं एक जंगल दिखता है जो यूरोपीय सभ्यता का एक नया शहर बनने का इंतजार कर रहा होता है। इसलिए उसमें ऐसा भूगोल ही संभव नहीं, जिसमें उदाहरण के लिए, वनवासी के लिए कोई

जगह हो। यह ऑस्ट्रेलिया से लेकर अमेरिका तक देखा जा सकता है। पारंपरिक रूप से भारत थोड़ा भिन्न रहा, यहाँ शहर और जंगल में वैसा द्वेष नहीं रहा। हर शहरी को बचपन में पढ़ने के लिए और बुढ़ापा आने पर ब्रह्म-चिन्तन के लिए, जंगल में जाना ही था। इसलिए जो हम हैं उसके अलावा कुछ और भी हैं की समझ यहाँ शुरू से थी, जो अभी भी पूरी तरह गायब नहीं हुई है।

बीसवीं सदी के प्रारंभ में गाँधीजी ने भारत की ग्राम संस्कृति को उसकी वास्तविक संस्कृति घोषित किया। हम जानते हैं कि बीसवीं सदी के मध्य में, भारत के स्वतंत्र होने के समय, उन्होंने अपनी बात को फिर उठाया था। उनकी बात नहीं मानी गयी और भारत के विकास का वही मॉडल स्वीकार किया गया जो पश्चिम के विकास का मॉडल था। आज हमारा गाँव बहुत कुछ बदल चुका है। नवीनतम संचार माध्यम उसे एक दयनीय शहर में बदलने की लगभग सफल कोशिश कर चुके हैं। गाँधीजी ने इस सभ्यता को अधर्म कहा था और इसका अभिलक्षण यह बताया था कि यह शरीर सुख को जीवन का लक्ष्य समझती है। आज जब हम जीवन स्तर और उपभोक्तावादी खुले बाजार की बात करते हैं तो इस सभ्यता की ही बात करते हैं।

भारतीय सभ्यता में ग्रामीण समुदायों का महत्त्व नगरीय केन्द्रों से ज्यादा था। दोनों के कार्य अलग-अलग थे। परंपरागत भारतीय गाँव संस्कृति की पूर्णता को प्रदर्शित करते थे एवं नगर या तो प्रशासनिक इकाई अथवा धार्मिक केन्द्र होते थे। नगरों की भूमिका सहवर्ती की थी। भारतीय सांस्कृतिक आवश्यकताओं को पूरा करने के लिए नगर एक प्रमुख केन्द्र था।

समकालीन भारतीय गाँवों की भूमिका अब इस प्रकार की नहीं है। अब गाँव खाद्य, श्रम एवं कच्चे उत्पादों के आपूर्तिकर्ता हैं। समकालीन भारतीय राज्य गाँवों के विकास के लिए विभिन्न कार्यक्रमों को प्रायोजित करता है। गाँवों का विकास श्रमिकों एवं साधनों के आपूर्तिकर्ता के रूप में किया जा रहा है। अब नगर आधुनिक औद्योगिक सभ्यता की पूर्णता को प्रदर्शित करते हैं तथा ज्यादातर

गाँव अब इन केन्द्रों से अपने अस्तित्व के लिए जुड़े हुए हैं। समकालीन गाँवों की भूमिका एवं स्वरूप अब उस प्रकार का नहीं रहा जैसा कुछ वर्षों पहले तक हुआ करता था और जो महात्मा गाँधी के 'हिन्द स्वराज' में वर्णित सभ्यता का आधार स्तंभ था। स्वतंत्र भारत की पहली सरकार ने सामुदायिक विकास कार्यक्रम के तहत पारंपरिक गाँवों के स्वरूप एवं स्वभाव को बदल कर आधुनिक गाँव के रूप में रूपांतरित करने का काम शुरू किया जिसमें गाँव का मुख्य काम नगरों को खाद्य, श्रम एवं कच्चे उत्पादों की आपूर्ति करना हो गया। बाद की सभी सरकारों ने इस काम को तीव्रता से आगे बढ़ाया। भारत सरकार की दृष्टि में 15 अगस्त 1947 से भारत की आत्मा नगरों एवं आधुनिक उद्योगों में बसने लगी है। सरकारी दृष्टि में अब गाँव गरीबी, अशिक्षा और कुपोषण के केन्द्र हैं। फलस्वरूप गाँवों को शहरों की अनुकृति बनाने का सफल/असफल प्रयास किया जा रहा है। 1990 के दशक से वैश्वीकरण की प्रक्रिया के तहत एक तरफ शहरीकरण, औद्योगीकरण, सामाजिक गतिशीलता एवं स्थानांतरण (माइग्रेशन) की प्रक्रिया बहुत बढ़ गई है। नई पीढ़ी के अधिकांश लोग गाँव छोड़कर शहरों में रहना चाहते हैं। दूसरी ओर, वैश्वीकरण की पूरक प्रक्रिया के तहत विदेशों में रहने वाले भारतीय, महानगरों में कई पीढ़ी से रह रहे परिवारों के कुछ बच्चे एवं युवा, पर्यावरण-प्रदूषण से परेशान कुछ संवेदनशील लोग तथा हिन्दी फिल्मों के कुछ प्रमुख निर्देशकों में पारंपरिक गाँवों के प्रति रूमानी एवं आदर्शवादी लगाव बढ़ता जा रहा है। इस लगाव की एक अभिव्यक्ति महँगे फार्महाउसों में पारंपरिक गाँवों के परिवेश का निर्माण सामने आ रहा है। दूसरी ओर इन्हीं फार्महाउसों का उपयोग पर्यटन उद्योग द्वारा ग्रामीण जीवन की अनुभूति देने के नाम पर व्यावसायिक रूप से फल-फूल रहा है। ऐसे फार्महाउसों का आकर्षण भारत के प्रति आकर्षित विदेशी, भारतीय मूल के विदेशी, महानगरों में रह रहे मध्यवर्गीय छात्र-छात्राओं एवं पर्यावरण के प्रति संजीदा पेशेवर वर्गों में सबसे ज्यादा है। इसी प्रकार, गाँव से जुड़ी लोकसंस्कृति,

लोककला, लोकनृत्य, लोकसंगीत, वेश-भूषा एवं खान-पान आदि का, विविधता की अनुभूति दे सकने वाले उत्तर-आधुनिक फैशन उत्पाद के रूप में, व्यावसायिक एवं कलात्मक उपयोग बढ़ रहा है। इन समकालीन प्रवृत्तियों का भारतीय संस्कृति एवं गाँवों पर सम्मिलित प्रभाव अंत में क्या रूप लेगा यह भविष्य के गर्भ में है। किन्तु समकालीन प्रवृत्तियों के समाजशास्त्रीय विश्लेषण के आधार पर यह कहा जा सकता है कि भारतीय संस्कृति में नगरों या मध्यवर्गीय व्यवसायों का विकास तो स्वामी विवेकानंद के रास्ते हो सकता है जबकि भारतीय गाँवों के संतुलित एवं चतुर्दिक विकास का मार्ग तो 'हिन्द स्वराज' में वर्णित महात्मा गाँधी वाला मार्ग ही हो सकता है। स्वामी विवेकानंद पश्चिमी विज्ञान, तकनीक एवं प्रबंधन शैली तथा भारतीय वेदांत को भारतीय समाज के विकास का मूल मंत्र मानते थे। कुल मिलाकर उनकी दृष्टि पश्चिमी आधुनिकता से प्रभावित थी। दूसरी ओर महात्मा गाँधी का मानना था कि भारतीय समाज का विकास पारंपरिक संस्थाओं, तकनीकों एवं सेवा करने वाली तथाकथित शूद्र जातियों की कार्य संस्कृति के सबलीकरण तथा भारतीय गाँवों के भीतर स्वावलंबन एवं स्वराज की भावना विकसित करने से ही हो सकता है। कुल मिलाकर महात्मा गाँधी की दृष्टि पारंपरिक थी। पारंपरिक दृष्टि में पूरा सांसार ईश्वर की रचना है और संसार के हर जीव में ईश्वर का निवास है। फलस्वरूप पारंपरिक दृष्टि में सबल निर्बल हर जीव को जीने का बराबर अधिकार है। दूसरी ओर पश्चिमी आधुनिकता डार्विन के विकासवाद, हॉब्स के राजनीतिक सिद्धांत एवं फ्रायड के मनोविज्ञान तथा ऐडम स्मिथ के राजनीतिक अर्थशास्त्र में अभिव्यक्त हुई है। आधुनिक दृष्टि धर्म को व्यक्तिगत विश्वास का मामला मानती है और पूरे संसार को ईश्वरविहीन प्रकृति की अभिव्यक्ति मानती है, जिसमें केवल समर्थ लोगों को जीने का अधिकार है। इसमें विकास का अर्थ समर्थ लोगों का (या विकसित सभ्यता के बहुसंख्यक लोगों का) विकास है। उपरोक्त संदर्भ में भारतीय गाँवों की समकालीन

समस्याओं एवं ग्राम निवासियों की नई पीढ़ी में लोकप्रिय आकांक्षाओं को देखते हुए गाँवों का समग्र विकास महात्मा गाँधी के रास्ते पर चलने से ही हो सकता है। अपनी पारंपरिक गरिमा में भारतीय संस्कृति बचेगी तो संभवतः गाँधीजी द्वारा अनुमोदित पारंपरिक रास्ते से ही बचेगी।

कुछ लोगों का कहना है कि गाँधीजी का मार्ग सही तो है लेकिन इसको वर्तमान गाँवों में लागू नहीं किया जा सकता है। गाँधीमार्ग पर चलते हुए नया गाँव या मुहल्ला ही बसाया जा सकता है। गाँवों की पारंपरिक संस्थाओं का नये संदर्भ में पुनर्रचना या पुनरोद्धार ही हो सकता है। गाँधी ने आश्रम बसाया था, वह नहीं चल पाया। गाँधी ने स्वतंत्र भारत को स्वराजी सभ्यता के रूप में विकसित करना चाहा था, यह भी नहीं हो पाया। परन्तु स्वराजी ग्राम या मुहल्ला बसाया जा सकता है। फिर यह नया सम्प्रदाय बन जायेगा। भारत में सिद्धांत या विचारधारा नहीं चलती; जाति, ग्राम या सम्प्रदाय ही चलता है। जाति, ग्राम या सम्प्रदाय में सिद्धांत और विचारधारा अंतर्निहित होता है। जाति, ग्राम या सम्प्रदाय में कथनी और करनी तथा सिद्धांत एवं प्रयोग का मेल होता है, परन्तु दुर्भाग्य यह है कि उपरोक्त संस्थाओं के बारे में आधुनिक दुष्प्रचारों के प्रभाव में इनके सकारात्मक सदुपयोग पर विचार-विमर्श होना बंद हो गया है। चुनावों के समय में इन संस्थाओं का नकारात्मक उपयोग अवश्य बढ़ रहा है।

समकालीन गाँव, शहर केन्द्रित पूँजीवादी सभ्यता के गाँव हैं। यह स्थिति अंग्रेजी राज के समय से धीरे-धीरे विकसित हुई है। राष्ट्रीय सैंपल सर्वे संगठन के 1999–2000 में कराए गए सर्वेक्षण के मुताबिक देश में संगठित और असंगठित, दोनों ही क्षेत्रों में श्रमिकों की कुल संख्या 39.7 करोड़ थी। इनमें से 2.8 करोड़ संगठित क्षेत्रों में थे और बाकी 36.9 करोड़ असंगठित क्षेत्रों में थे। यही नहीं, भारत में लगभग 6 करोड़ बाल मजदूर भी हैं। अर्थात् ब्रिटेन की आबादी (29. 57 करोड़) से भी अधिक भारत में मजदूर हैं। इनमें यदि उन

बेरोजगारों को भी शामिल कर लिया जाए जिनकी संख्या सरकारी दस्तावेजों के मुताबिक करीब 30 से 33 करोड़ है तो तस्वीर कुछ अधिक ही विकृत नजर आएगी। अंग्रेजी राज से पहले भारतीय गाँवों में आधुनिक किस्म के मजदूर नहीं होते थे। गाँवों में या तो किसान होते थे या पेशेवर कारीगर, शिल्पी या कलाकार। गाँव, पेशेवर जातियाँ एवं जजमानी व्यवस्था (स्थानीय पारंपरिक व्यवस्थाएँ) ने हर व्यक्ति को रोजगार, आत्म-सम्मान, आंतरिक विकास एवं सांसारिक प्रगति का मौका दिया था। फलस्वरूप अधिकांश गाँव अंतर्मुखी थे। अब अधिकतर समकालीन गाँव अंतर्मुखी नहीं रहे, बहिर्मुखी हो चुके हैं। ये शहर की ओर देखते हैं। राज्य की ओर देखते हैं। नेताओं की ओर देखते हैं। अधिकांश ग्रामीण लोगों में, खासकर नक्सलवाद प्रभावित इलाकों में, अब गाँवों से या ग्रामीण जीवन से बहुत प्रेम नहीं बचा है। इन्हें गाँव अब रहने लायक स्थान नहीं लगता। अधिकांश लोग लाचारी में ही गाँवों में रह रहे हैं। ज्यादातर गाँवों में उसी परिवार की स्थिति अच्छी है जिनके परिवार का कोई-न-कोई सदस्य शहर में रहता है और अपनी कमाई का कुछ अंश गाँवों में भेजता रहता है; या फिर उन परिवारों की स्थिति ठीक है जो राज्य सरकार के विकास कार्यक्रमों का ठेका प्राप्त करने में सफल होते हैं; या फिर उन परिवारों ने अपनी स्थिति सुधारी है जो शहरों में कच्चा माल (अन्न, फल-फूल-सब्जियाँ, दूध-दही, लकड़ी) की आपूर्ति करते हैं। पारंपरिक विशेषज्ञ एवं संस्थाएँ या तो समाप्त हो चुकी हैं या मृतप्राय हैं। आधुनिक जीवन को पोषित करने वाली आधारभूत सुविधाओं एवं सेवाओं का विस्तार बहुत धीमी गति से हो रहा है।

गाँवों में भी परंपरा अब जीवन पद्धति नहीं रह गयी है। पारंपरिक गाँव अब शहरी जीवन से ऊबे एवं उकताये लोगों एवं विदेशी पर्यटकों के आर्कषण का केन्द्र बन गया है। समकालीन गाँवों में रहना परंपरावादी लोगों की आस्था एवं आदर्श का प्रयोग बन गया है। इस तरह का प्रयोग केवल समर्थ लोग ही करने की सोच सकते हैं।

महात्मा गाँधी उपरोक्त स्थिति से अपरिचित नहीं थे। इसीलिए उन्होंने कहा था कि अहिंसा या सत्याग्रह कमजोर व्यक्तियों के लिए नहीं है। इस रास्ते पर चलने के लिए ज्यादा बल (नैतिक बल), ज्यादा साहस, ज्यादा चेतना एवं ज्यादा आत्म-संयम चाहिए। अपने परम वैभव के दिनों में गाँवों में रहने वाले ज्यादा सामर्थ्यवान एवं ज्यादा धैर्यशील चेतना वाले लोग थे। यह उनकी लाचारी का परिचायक नहीं होकर उनके स्वावलंबन का परिचायक था। वर्ना उनके पास वन, कस्बा या नगर में रहने का विकल्प था। यह स्वीकारना बहुत मुश्किल है कि वन, ग्राम या नगर के बीच जनसंख्या की गतिशीलता नहीं होती थी। अपने स्वभाव एवं आवश्यकता के अनुसार प्रव्रजन तो प्राचीन काल से ही होता था लेकिन वन, ग्राम या नगर तीनों जीवन की तीन स्वावलंबी पद्धतियाँ थी। इनके बीच पूरकता का संबंध तो था लेकिन तीनों पद्धतियों के द्वारा परम वैभव की प्राप्ति एवं स्थिति की व्यावहारिक एवं सैद्धांतिक संभावना सदैव वर्तमान रहती थी। पारंपरिक सभ्यता ने इसे संभव बनाया था। आधुनिक सभ्यता ने पारंपरिक सभ्यता केन्द्रित गाँवों के भीतर की आंतरिक ऊर्जा, गति एवं विकास के स्रोतों को पूरी तरह कुंद कर दिया है। इसमें किसी भी पारंपरिक रास्ते से परम वैभव की प्राप्ति बहुत मुश्किल बना दी गई है। अतः अधिकांश भारतीय लोग अपनी नस्ल एवं संस्कृति बचाने के लिए आपद धर्म के रूप में आधुनिक रास्ते, साधनों एवं सुविधाओं का यथासंभव उपयोग करने लगे हैं। गाँधीवादी विद्वानों के अनुसार उपरोक्त रास्ते का उपयोग समस्या का समाधान न होकर समस्या की गंभीरता का लक्षण है। उपरोक्त लक्षण अमेरिका के आधुनिक विकास की प्रक्रिया में भी नजर आया था। कुछ विद्वानों ने यह स्थापित किया है कि आधुनिक विकास और शोषण एक दूसरे के पूरक हैं। इनका यह भी कहना है कि दास प्रथा के कारण ही अमेरिका में बाजार व्यवस्था का विकास संभव हुआ है। अमेरिका को बाजारवादी व्यवस्था का नेतृत्वकर्ता बनाने में पूरी-की-पूरी नीग्रो नस्ल ही गायब हो गई। उपरोक्त स्थिति भारत

जैसे अन्य देशों में भी आ सकती है। इसकी संभावना से आज इंकार नहीं किया जा सकता कि जहाँ अमेरिका या यूरोपीय बाजारू पूँजी पहुँचेगी वहाँ पूरी-की-पूरी नस्लें केवल लाभ के लिए खपा दी जाएगी। अतः भारतीय संस्कृति एवं भारतीय ग्रामों के विकास का असली रास्ता पारंपरिक संस्थाओं एवं पारंपरिक तकनीकों के सबलीकरण एवं पुनर्नवीनीकरण में ही है। इसी रास्ते गाँवों को सापेक्षिक रूप से स्वावलंबी बनाया जा सकता है और ग्रामीण लोगों के आत्म-सम्मान एवं स्वाभिमान की रक्षा की जा सकती है। हर पारंपरिक गाँव के केन्द्र में विभिन्न सम्प्रदायों से जुड़े मंदिर रहे हैं। इन्हीं मंदिरों के प्रांगण में सामुदायिक जीवन एवं सहकारिता फलती-फूलती रही है। लंबी गुलामी के दौर में अशिक्षा एवं अंधविश्वास के कारण सामुदायिक मंदिरों ने चाहे-अनचाहे ग्रामीण जीवन में अपनी पारंपरिक भूमिका खो दी। मंदिरों के ज्यादातर पुजारी, महंत एवं प्रबंधक अपने कर्त्तव्य की पूर्ति के लिए पर्याप्त रूप से प्रशिक्षित या कुशल नहीं हैं। उनमें उत्तरदायित्व वहन करने की क्षमता एवं सद-इच्छा का भी अभाव है। ज्यादातर मंदिर एवं मठ में संपत्ति के लिए झगड़े एवं उत्तराधिकार के मामले में विवाद है। विदेशी शासकों के कुप्रचार से भी ग्रामीण विकास एवं सहकारिता के क्षेत्र में मंदिरों की भूमिका अग्राह्य मानी जाने लगी। फलस्वरूप ग्रामीण जीवन में सरकारी संस्थाओं, राजनेताओं एवं राजनीतिक दलों की भूमिका बढ़ने लगी। समकालीन ग्राम पंचायतें सरकारी सहायता, सरकारी कारिंदे एवं आधुनिकतावादी विशेषज्ञों के ग्राम एवं परंपरा विरोधी दृष्टिकोण एवं योजनाओं को प्रचारित एवं प्रसारित करने के प्रमुख माध्यम बन रहे हैं। ऐसी परिस्थिति में एक बार फिर मंदिर केन्द्रित एवं पारंपरिक तकनीकों और संस्थाओं पर आधारित सहकारी आंदोलन से ही सर्वोदय एवं अंत्योदय जैसे पारंपरिक लक्ष्यों की प्राप्ति संभव है। इसमें वर्तमान मंदिरों का भी इस्तेमाल हो सकता है अथवा नये मंदिरों का भी निर्माण हो सकता है। कुछ पुराने, जीर्ण-शीर्ण मंदिरों एवं मठों का भी पुनरूद्धार हो सकता है। परन्तु

मंदिर केवल पूजा स्थल या इमारत भर नहीं होता, यह पारंपरिक रूप से स्थानीय समुदाय का पवित्र केन्द्र भी होता है। इस पर पूरे समुदाय का अधिकार होता है। पश्चिम में भी ईमाइल दुर्खीम एवं मैक्स वेबर जैसे विद्वानों ने धार्मिक केन्द्रों को सामुदायिक जीवन का प्राण माना है एवं आर्थिक तथा सामाजिक विकास के लिए धार्मिक प्रेरणा की महत्त्वपूर्ण भूमिका स्वीकार की है। तिलक महाराज, महात्मा गाँधी, डा. अंबेडकर एवं राममनोहर लोहिया जैसे भारतीय महापुरुषों ने भी सामाजिक विकास, समानता एवं सहभागी अभियानों के लिए धर्म की भूमिका स्वीकार की है। इसीलिए तिलक महाराज ने गणेश उत्सव, महात्मा गाँधी ने गीता पाठ एवं राम धुन, डा. अंबेडकर ने बौद्ध धर्म एवं डा. लोहिया ने रामायण मेला के सदुपयोग से लोकजागरण एवं लोकमंगल की प्राप्ति के लिए प्रयास किया। समकालीन संदर्भ में भी गाँवों के विकास में धर्म की पारंपरिक भूमिका को किसी-न-किसी रूप में स्वीकारना होगा। इस सृजनात्मक लक्ष्य के लिए नवधार्मिक आंदोलन की आवश्यकता से इनकार नहीं किया जा सकता। परन्तु इसमें रूढ़िवाद, अंधविश्वास, कुरीतियों एवं निहित स्वार्थ समूहों द्वारा अड़चन पैदा किये जाने की संभावना से भी इनकार नहीं किया जा सकता। भारत के गाँवों का पिछड़ापन 1000 वर्षों की गुलामी के दौरान कुंद हुए सभ्यतामूलक आधारों का प्रतिफल है। इसके बहुआयामी संदर्भों को समझे बिना राजनीतिक नेतृत्व द्वारा संकल्पित एवं नौकरशाही द्वारा कार्यान्वित हर योजना भ्रष्टाचार, असमानता, शोषण एवं वैमनष्य को जन्म देगी। इससे अमीर लोग और अमीर होंगे और गरीब लोग और गरीब। इससे कुछ लोगों का विकास होगा जबकि अधिकांश लोगों के लिए अपनी जिंदगी एवं इज्जत बचाना मुश्किल होगा। आधुनिक विकास संबंधी कार्य-योजनाओं का जहाँ-जहाँ आक्रामक प्रचार-प्रसार हुआ है, वहाँ गरीब किसानों के बीच आत्महत्या की दर एवं प्रवृत्ति बढ़ती गई है। उदाहरणस्वरूप आंध्रप्रदेश में चंद्रबाबू नायडू के शासन काल में हैदराबाद को साइबराबाद एवं आंध्रप्रदेश को अत्याधुनिक तकनीकों वाला प्रदेश

बनाने की कोशिश की गई लेकिन इसी दौरान आंध्रप्रदेश के किसानों ने सबसे अधिक आत्महत्या किया। इसी प्रकार गरीब परिवार की लड़कियाँ एवं महिलायें चाहे-अनचाहे अपने परिवार के भरण-पोषण के लिए देह-व्यापार या अपराधी गिरोहों में काम करने के लिए विवश हो रही हैं। इसी तरह नई पीढ़ी के ज्यादातर युवकों के पास रोजगार या जीविका का साधन नहीं है। ये लोग या तो अपराध, हिंसा के सहारे अपनी जीविका कमाने के लिए प्रवृत्त हो रहे हैं या फिर अवसाद में पड़कर नशाखोरी कर रहे हैं। कुछ लोग टी. वी. एवं फिल्मों के प्रभाव में उच्च-वर्गीय विलासिता एवं उच्च-मध्यम वर्गीय जीवन शैली प्राप्त करने के लालच में एवं आधुनिक फैशन के प्रभाव में बड़े घोटाले करने, बैंक लूटने या ट्रेन लूटने जैसा दुस्साहस करने लगे हैं। इसी प्रकार मध्यम वर्ग की कुछ पढ़ी-लिखी महिलायें भी आधुनिकता के नाम पर बड़े होटलों, फार्म हाउसों एवं अभिजात क्लबों में ग्राहक ढूँढ़ कर उच्च-वर्गीय विलासिता का स्वाद चखने लगी हैं। पंजाब, हरियाणा एवं पश्चिमी उत्तर प्रदेश जैसे आधुनिक हरितक्रांति वाले क्षेत्रों में जैव विविधता एवं भूमि की उर्वरकता कम हुई है। अन्य क्षेत्रों में भी कमोबेश यही हालत है। भारतीय पर्यावरण के संतुलन के प्रतीक माने जाने वाले चील एवं गौरैया जैसे पक्षियों की प्रजाति लुप्तप्राय हो गयी है। मौसमी बीमारियों से लड़ने के लिए हर स्थान में मौसमी फलों एवं सब्जियों की अनेक प्रजातियाँ पायी जाती थीं। उनमें से अधिकांश अब समाप्त हो रही है। हर स्थान के पर्यावरण एवं स्वास्थ्य को संतुलित करने वाली अनेक प्रकार की वनस्पतियाँ, कीट-पतंग, मेवा, पकवान, मिठाइयाँ एवं रीति-रिवाज नष्ट हो रहे हैं। इनके बदले पश्चिमी देशों के रीति-रिवाज, खान-पान एवं तकनीकों का आधुनिकता के नाम पर फैशन के रूप में बिना सोचे-समझे प्रचार-प्रसार किया जा रहा है। फलस्वरूप चुनौती केवल गाँवों की गरीबी मिटाने के लिए आधुनिक कार्य-योजना चलाने का नहीं है, बल्कि समकालीन विश्व में एक वैकल्पिक जीवन पद्धति को संपोषित करने का भी है। भारतीय गाँव

केवल परंपरा के खण्डहर भर नहीं हैं, वे उत्तर-आधुनिक विश्व के आशादीप भी हैं। वे दुनिया में पारंपरिक जीवन के समकालीन केन्द्र हैं। वैकल्पिक सभ्यता के निमार्ण में इन गाँवों के पारंपरिक स्वरूप से ही संबल मिलने की संभावना है। पर्यावरण असंतुलन से उपजी समस्याओं का समाधान केवल आधुनिक तकनीक से संभव नहीं है। अतः गाँवों के विकास के बारे में दृष्टि परिवर्तन की आवश्यकता है। इसके लिए वैकल्पिक शिक्षा प्रणाली एवं शोध संस्कृति विकसित करनी होगी ताकि हर क्षेत्र के लिए स्थानीय विशेषज्ञ विकसित हो सकें। इसी रास्ते स्थानीय संसाधन का संतुलित दोहन एवं स्थानीय प्रतिभा का समुचित विकास तथा संपूर्ण भारतीय समाज में परम वैभव आ सकता है।

अध्याय 5

भारतीय संस्कृति में विवाह, परिवार एवं नातेदारी

भारतीय संस्कृति में विवाह, परिवार एवं नातेदारी का बहुत महत्त्वपूर्ण स्थान है। नातेदारी शब्द को संक्षेप में 'नातेदारी एवं विवाह' के लिए सम्मिलित रूप में प्रयोग किया जाता है। पारिवारिक संबंध का आधार रक्त संबंध एवं विवाह संबंध होता है। माता-पिता और बच्चों के बीच रक्त संबध एवं पति-पत्नी के बीच वैवाहिक संबंध होते हैं। विवाह परिवार की आधारशिला है जबकि परिवार सामाजिक जीवन की आधारशिला है। पारिवारिक एवं वैवाहिक संबंधों के संयोग से नातेदारी का निर्माण होता है।

भारतीय समाज कई धार्मिक एवं सांस्कृतिक समूहों में बँटा हुआ है। फलस्वरूप विवाह एवं नातेदारी के गागलों गें काफी विविधताएँ हैं। विवाह की दृष्टि से हर धार्मिक समूह की अपनी प्रथाएँ एवं प्रणालियाँ हैं। विवाह एवं नातेदारी क्षेत्रीय संस्कृतियों के पक्ष हैं। अतः अखिल भारतीय स्तर पर इनका सामान्यीकरण नहीं किया जा सकता। भारत में विभिन्न प्रकार की विवाह पद्धतियों से भी प्रायः एक ही प्रकार के आदर्श परिवार का स्वरूप विकसित होता रहा है, इसे सामान्यतः संयुक्त परिवार कहा जाता है। संयुक्त परिवार भारत में विस्तृत नातेदारी संबंधों की एक इकाई रहा है।

सामाजशास्त्रियों ने सामान्यतः भारतीय जीवन में विवाह एवं नातेदारी का अध्ययन हिन्दुओं, मुसलमानों, ईसाइयों एवं जनजातियों के संदर्भ में किया है। विवाह एवं नातेदारी विषयक नृजातीय विविधताओं के बावजूद पारिवारिक संगठन में अखिल भारतीय स्तर पर बहुत ज्यादा समानता पायी जाती है। भारत में विवाह, परिवार

एवं नातेदारी के बारे में कुछ विस्तृत चर्चा आवश्यक है।

विवाह

विवाह मानव समाज की सबसे मौलिक एवं प्राचीन सामाजिक संस्थाओं में से एक है। प्राचीन काल से यह समाज में व्यवस्था एवं अनुशासन बनाये रखने का प्रमुख माध्यम रहा है। इसके बिना समाज मुक्त यौन संबंधों की अराजकता में भटक गया होता। इसका स्वरूप, प्रकृति तथा प्रक्रियाएँ अलग-अलग समाजों में एक जैसी नहीं होतीं। इसके बावजूद इस संस्था के कई सार्वभौमिक सामान्य तत्त्व एवं प्रकार्य हैं। एडवर्ड वैस्टरमार्क के अनुसार 'विवाह एक या अधिक पुरुष का एक या अधिक स्त्री के साथ संबंध है जिसे प्रथा या कानून की मान्यता प्राप्त होती है और जिसमें शामिल लोगों तथा इस संबंध से पैदा हुए बच्चों को कुछ अधिकार तथा कर्त्तव्य प्राप्त होते हैं।' सार रूप में, विवाह का तात्पर्य नियमों तथा रीतियों के समुच्चय से है जो यह निर्धारित करता है कि किस व्यक्ति का किससे विवाह होगा, किस विधि से विवाह होगा तथा किस परिस्थिति में विवाह होगा। विवाह के पश्चात् विवाह संबंध में बंधने वाले व्यक्तियों के अधिकार और कर्त्तव्य क्या होंगे, तथा आवश्यकता पड़ने पर संबंध विच्छेद कैसे होगा।

विवाह के द्वारा पति-पत्नी के शारीरिक, मनोवैज्ञानिक, सामाजिक तथा आध्यात्मिक लक्ष्यों और जरूरतों की पूर्ति होती है। विवाह सामाजिक रूप से स्वीकृत तथा मूल्यों की दृष्टि से वांछनीय संबंध है जिसमें एक पक्ष स्त्री एवं दूसरा पक्ष पुरुष होता है। यह वैवाहिक संबंध में बंधे दोनों पक्षों के यौन, आर्थिक एवं अन्य अधिकारों तथा कर्त्तव्यों को परिभाषित तथा स्थापित करता है। विवाह पुरुष तथा स्त्री के, पति-पत्नी के रूप में, यौन अधिकारों को सामाजिक तथा कानूनी मान्यता देता है तथा उनके यौन संबंधों का नियमन भी करता है। वैवाहिक संबंधों से उत्पन्न सन्तान को समाज में वैध संतान की मान्यता प्राप्त होती है।

भारत में विभिन्न सामाजिक, आर्थिक एवं सांस्कृतिक समूहों में विवाह से संबंधित अलग-अलग पारंपरिक अवधारणाएँ, मूल्य, रीति-रिवाज तथा प्रथाएँ प्रचलित हैं। इसमें से कुछ महत्त्वपूर्ण वैवाहिक रूप निम्नलिखित हैं।

भारत में हिन्दू विवाह

हिन्दू विवाह की सही व्याख्या समाजशास्त्रीय दृष्टिकोण से की जा सकती है। हिन्दू समुदाय में विवाह की विशिष्ट पहचान है। हिन्दू विवाह स्त्री और पुरुष के बीच सामाजिक मान्यता प्राप्त संबंध मात्र नहीं है बल्कि इसका धार्मिक एवं आध्यात्मिक पक्ष भी है। यह मूलतः एक पवित्र बंधन है एवं एक धार्मिक संस्कार है। इसका उद्देश्य व्यक्तियों के लिए शारीरिक सुख मात्र न होकर उनका आध्यात्मिक विकास भी है। के. एम. कपाड़िया का कहना है कि 'हिन्दू विवाह एक स्त्री और पुरुष के बीच सामाजिक मान्यता प्राप्त बंधन है जिसका उद्देश्य धर्म, प्रजा, रति तथा कुछ दायित्वों का निर्वहन है।' पी. एच. प्रभु के अनुसार विवाह का प्राथमिक उद्देश्य पारिवारिक जीवन की निरंतरता है। विवाह पति-पत्नी को एक अटूट बंधन में बाँधता है, जो जन्म-जन्मान्तर तक बना रहता है। समाजशास्त्रियों ने भारत में वैवाहिक जीवन की तुलनात्मक स्थिरता को रेखांकित किया है।

हिन्दू विवाह के उद्देश्य

समाजशास्त्रियों एवं भारतविदों ने हिन्दू विवाह के निम्नलिखित उद्देश्यों की विवेचना की है :

(क) एक संस्कार के रूप में हिंदू विवाह का पहला उद्देश्य कुछ धार्मिक कर्त्तव्यों को पूर्ण करना है। विवाह के अंतर्गत पति-पत्नी साथ रहने और धार्मिक दायित्वों को पूरा करने के लिए संकल्पबद्ध होते हैं। एक पारंपरिक हिन्दू का जीवन चार अवस्थाओं या आश्रमों में विभाजित होता है। इन्हें क्रमशः ब्रह्मचर्य (विद्यार्थी जीवन), गृहस्थ (पारिवारिक

जीवन), वानप्रस्थ (अवकाश प्राप्त जीवन) एवं संन्यास (वीतरागी जीवन) कहते हैं। प्रत्येक आश्रम का प्रारंभ एक संस्कार से होता है जिसके दौरान वह एक विशेष संकल्प लेता है। संस्कारों का उद्देश्य मनुष्य के शरीर तथा मानस की शुद्धि है। विवाह संस्कार को गृहस्थ आश्रम का द्वार माना जाता है।

(ख) धर्म, प्रजा (प्रजनन) एवं रति (यौन सुख) जैसे धार्मिक कर्त्तव्यों को पूरा करने के लिए एक हिन्दू का विवाहित होना आवश्यक है। हिन्दू विवाह का सर्वप्रमुख उद्देश्य वर्ण, जाति एवं कुल के अनुरूप धर्म का पालन करना है।

(ग) विभिन्न संस्कारों में विवाह एक संस्कार है, जिसका उद्देश्य शरीर का शुद्धिकरण है। स्त्री के लिए इसका विशिष्ट महत्त्व है, क्योंकि स्त्री के लिए यही सबसे प्रमुख संस्कार है।

(घ) हिंदू गृहस्थ से यह अपेक्षा की जाती है कि वह देवयज्ञ, भूतयज्ञ, नृयज्ञ एवं पितृयज्ञ जैसे पंचयज्ञों को संपन्न करे। इसके लिए वैदिक मंत्रों का जाप करना, अग्नि में घी का हवन करना, विभिन्न जीवों को भोजन कराना, अतिथि सत्कार करना एवं पूर्वजों को पिण्डदान या श्राद्ध करना आवश्यक है। यह सभी धार्मिक कृत्य पत्नी के साथ संपन्न किए जाने चाहिए।

(ङ.) हिन्दुओं में तीन धार्मिक कर्त्तव्यों या ऋणों की मान्यता है। इन्हें पितृ ऋण, देव ऋण तथा गुरु ऋण कहा जाता है। विवाह पितृ ऋण से मुक्त होने के लिए आवश्यक माना गया है। पुत्र का जन्म पिता को पितृ ऋण से मुक्त कराता है। गृहस्थ धर्म की पूर्णता और धार्मिक अनुष्ठानों के निर्वहन के लिए पत्नी की भूमिका अनिवार्य है। इसलिए हिन्दुओं में पत्नी को अर्धांगिनी एवं पति को अर्धांग कहा जाता है।

हिन्दू विवाह के प्रकार

हिन्दू धर्म ग्रंथों में विवाह के आठ प्रकार का वर्णन है जो निम्नलिखित हैं :

1. **ब्राह्म विवाह** : हिन्दुओं में यह आदर्श, सबसे लोकप्रिय और प्रतिष्ठित विवाह का रूप माना जाता है। इस विवाह के अंतर्गत कन्या का पिता अपनी कन्या के लिए विद्वता, सामर्थ्य एवं चरित्र की दृष्टि से सबसे सुयोग्य वर को विवाह के लिए आमंत्रित करके उसको अपनी पुत्री का कन्यादान करता है। इसे आजकल सामाजिक विवाह या कन्यादान विवाह भी कहा जाता है।
2. **दैव विवाह** : इस विवाह के अंतर्गत कन्या का पिता अपनी सुपुत्री को यज्ञ कराने वाले पुरोहित को दान या दक्षिणा के रूप में देता था। यह प्राचीन काल में एक आदर्श विवाह माना जाता था। आजकल यह अप्रासंगिक हो गया है। परन्तु जनजातियों में लोकप्रिय सेवा-विवाह से इसका साम्य बहुत महत्त्वपूर्ण है।
3. **आर्ष विवाह** : यह प्राचीन काल में संन्यासियों तथा ऋषियों में गृहस्थ बनने की इच्छा जागने पर विवाह की स्वीकृत पद्धति थी। ऋषि अपनी पसन्द की कन्या के पिता को गाय और बैल का एक जोड़ा भेंट करता था। यदि कन्या के पिता को यह रिश्ता मंजूर होता था तो वह यह भेंट स्वीकार कर लेता था और विवाह हो जाता था। परन्तु रिश्ता मंजूर नहीं होने पर यह भेंट सादर लौटा दी जाती थी। यह एक अद्भुत प्रथा रही है जिसमें संन्यास आश्रम से लौटने की सुविधा है। श्रमण परंपरा के लिए इसका महत्त्व ज्यादा रहा है। श्रमण परंपरा में ब्रह्मचर्य आश्रम के बाद सीधे संन्यास आश्रम में प्रवेश की छूट है। इस प्रथा में कन्या पक्ष की असुविधा का भी ख्याल रखा गया है।
4. **प्रजापत्य विवाह** : यह ब्राह्म विवाह का एक कम विस्तृत,

संशोधित रूप था। दोनों में मूल अंतर सपिण्ड बहिर्विवाह के नियम तक सीमित था। ब्राह्म विवाह के अंतर्गत पिता की तरफ से सात एवं माता की तरफ से पाँच पीढ़ियों तक जुड़े लोगों के बीच विवाह निषेध का नियम माना जाता है। जबकि प्रजापत्य विवाह पिता की तरफ से पाँच एवं माता की तरफ से तीन पीढ़ियों के सपिण्डों में ही विवाह निषेध की बात करता है। इस तरह प्रजापत्य विवाह में विवाह का विकल्प कुछ ज्यादा होता है एवं सपिण्ड संबंधियों का वलय कुछ छोटा होता है।

5. **आसुर विवाह** : यह विवाह का वह रूप है जिसमें ब्राह्म विवाह या कन्यादान के आदर्श के विपरीत कन्या-मूल्य एवं अदला-बदली की इजाजत दी गई है। ब्राह्म विवाह में कन्या-मूल्य लेना कन्या के पिता के लिए निषिद्ध है। ब्राह्म विवाह में कन्या के भाई और वर की बहन का विवाह (अदला-बदली) भी निषिद्ध होता है। यह जनजातियों एवं कुछ अन्य जातियों में विवाह का सबसे लोकप्रिय रूप है।

6. **गंधर्व विवाह** : इसे आधुनिक प्रेम विवाह का पारंपरिक रूप माना जाता है। इस विवाह की कुछ विशेष परिस्थितियों एवं विशेष वर्गों में स्वीकृति थी परन्तु परंपरा में इसे आदर्श विवाह नहीं माना जाता था। इसका सबसे प्रमुख कारण यह है कि भारत में विवाह दो व्यक्तियों के साथ-साथ दो परिवारों का भी संबंध माना जाता है। गंधर्व विवाह के अंतर्गत विवाह मूलतः दो व्यक्तियों का संबंध बन जाता है। ऐसे विवाह को समाज की मुख्यधारा में आदर्श नहीं माना जाता। दूसरी ओर, कलाकारों एवं रचनाकारों के विशिष्ट वर्ग में इसको आदर्श माना जाता है। कुछ विद्वानों ने इसे उद्वाह भी कहा है। आर्ष विवाह एवं गंधर्व विवाह एवं गंधर्व विवाह के उद्वाह और तन्त्रागम से संबंध के बारे में सार्वजनिक चर्चा नहीं की जाती। कुछ लोग इसे आधुनिक

प्रेम विवाह से गुणात्मक रूप से भिन्न भी मानते हैं।

7. **राक्षस विवाह** : यह विवाह आदिवासियों में लोकप्रिय हरण विवाह को हिन्दू विवाह में दी गई स्वीकृति है। प्राचीन काल में राजाओं और कबीलों ने युद्ध में हारे राजा तथा सरदारों से मैत्री संबंध बनाने के उद्देश्य से उनकी पुत्रियों से विवाह करने की प्रथा चलायी थी। इस विवाह में स्त्री को जीत के प्रतीक के रूप में पत्नी बनाया जाता था। यह स्वीकृत था परन्तु आदर्श नहीं माना जाता था।
8. **पैशाच विवाह** : यह विवाह का निकृष्टतम रूप माना गया है। यह धोखे या जबरदस्ती से शीलहरण की गई लड़की के अधिकारों की रक्षा के लिए अंतिम विकल्प के रूप में स्वीकारा गया विवाह रूप माना गया है। इस विवाह से उत्पन्न संतान को वैध संतान के सारे अधिकार प्राप्त होते हैं।

जीवन साथी चुनने के नियम

समाज के एक खास समूह की पहचान व पवित्रता कायम रखने के लिए हिन्दू स्मृतिकारों ने योग्य साथी चुनने या विवाह करने के लिए विस्तृत नियम तथा रीतियों की व्यवस्था दी है। ये नियम दो सिद्धांतों पर आधारित हैं, यथा अन्तर्विवाह के नियम तथा बहिर्विवाह के नियम।

अन्तर्विवाह – जीवन साथी चुनने के लिए अपनी जाति या उपजाति के अंतर्गत ही चुनाव करने की स्वतंत्रता है। हिन्दू समाज में अंतर्विवाह के दो रूप पाये जाते हैं:

1. **जातीय अंतर्विवाह** : इस नियम के अंतर्गत एक व्यक्ति को अपनी जाति के अंतर्गत ही विवाह करने की छूट है। कोई व्यक्ति अपनी जाति के बाहर विवाह नहीं कर सकता। इस नियम को नहीं मानने वाले व्यक्ति को जाति पंचायत के द्वारा

सामाजिक एवं आर्थिक रूप से कठोर दंड दिया जाता है। दंड के फलस्वरूप व्यक्ति के साथ जातिगत सहयोग और सुरक्षा के हर दरवाजे बंद कर दिए जाते हैं और उसे जाति से बहिष्कृत कर दिया जाता है।

2. **उपजातीय अंतर्विवाह** : प्रत्येक जाति अनेक उपजातियों में विभक्त होती है जिनमें तुलनात्मक श्रेष्ठता को लेकर अंतर्विरोध होता है। ऐसे प्रत्येक समूह धीरे-धीरे अंतर्विवाही बन जाते है। जैसे ब्राह्मण जाति के अंतर्गत ही सारस्वत, गौड़, कान्यकुब्ज जैसी उपजातियाँ हैं जो अंतर्विवाही हैं।

बहिर्विवाह : बहिर्विवाह के नियम के अनुसार हर व्यक्ति को अपने समूह के बाहर विवाह करना होता है। यद्यपि अंतर्विवाह एवं बहिर्विवाह के नियम प्रत्यक्ष रूप में विरोधी दिखाई पड़ते हैं परन्तु दोनों नियम एक-दूसरे के पूरक हैं तथा दो स्तरों पर व्यवहृत होते हैं। हिन्दू समाज में बहिर्विवाह के भी दो रूप पाये जाते हैं:

1. **सगोत्र बहिर्विवाह** : एक गोत्र से जुड़े व्यक्ति सगोत्रीय कहलाते हैं। गोत्र एक वंश समूह (क्लान) या परिवार समूह है, जिसके सदस्य आपस में विवाह करने से प्रतिबंधित होते हैं। यह मान्यता है कि सभी सगोत्रीय एक ही पूर्वज की संतान हैं और उन सभी में रक्त संबंध होता है। सगोत्र बहिर्विवाह के नियम को हिंदू विवाह अधिनियम, 1955 ने अप्रभावी बना दिया है।

2. **सपिण्ड बहिर्विवाह** : सपिण्ड लोग एक दूसरे के रक्त संबंधी होते हैं। पिता की ओर से सात एवं माता की ओर से पाँच पीढ़ियों तक जुड़े रक्त संबंधी सपिण्ड कहलाते हैं। एक व्यक्ति अपने जीवन साथी का चुनाव सपिण्ड समूह के अंतर्गत नहीं कर सकता। हिंदू विवाह अधिनियम, 1955 सामान्यतः सपिण्ड अन्तर्विवाह की इजाजत नहीं देता, परन्तु दक्षिण भारत में ममेरे-फुफेरे भाई बहनों के बीच के विवाह

को भी प्रथागत रूप में अपवाद स्वरूप स्वीकार किया जाता है। सपिण्ड बहिर्विवाह का नियम सपिण्ड रिश्तेदारों में विवाह का निषेध करता है। जीवित व्यक्ति और उसके मरे हुए पुरखों के बीच संबंध को सपिण्ड संबंध कहते हैं। सपिण्ड का अर्थ है (1) वे लोग जिनके शरीर का पिण्ड एक समान हैं, तथा (2) वे लोग जो मृत पूर्वज को एक साथ पिण्ड दान करते हैं। हिन्दू स्मृतिकार सगोत्र की अलग-अलग परिभाषा देते हैं। हिंदू विवाह अधिनियम, 1955 पिता की तरफ से पाँच पीढ़ियों एवं माता की तरफ से तीन पीढ़ियों तक सपिण्ड संबंध से जुड़े व्यक्तियों के बीच वैवाहिक संबंध की स्वीकृति नहीं देता।

अंतर्जातीय विवाह

दो भिन्न जातियों के स्त्री-पुरुष के बीच के वैवाहिक संबंध को अंतर्जातीय विवाह कहते हैं। उदाहरण के लिए, जब ब्राह्मण जाति की एक स्त्री बुनकर जाति के एक पुरुष से विवाह करती है तो इसे अंतर्जातीय विवाह कहते हैं। प्रथा के अनुसार अंतर्जातीय विवाह को स्वीकृति नहीं है, परन्तु अब शहरी इलाकों में इस प्रथा का पूरी तरह से पालन नहीं किया जाता।

विवाह के अन्य नियम

1. **अनुलोम** – अनुलोम उस विवाह को कहते है, जिसमें उच्च्च कुल का पुरुष निम्न कुल की स्त्री से विवाह करता है।
2. **प्रतिलोम** – प्रतिलोम उस विवाह को कहते हैं, जिसमें उच्च्च कुल की स्त्री निम्न कुल के पुरुष से विवाह करती है। विशेष विवाह अधिनियम 1954, हिन्दू विवाह अधिनियम 1955, हिन्दू विवाह कानून (संशोधन) अधिनियम 1976 इत्यादि के कारण अब अंतर्जातीय विवाह को कानूनी मान्यता प्राप्त हो गई है। फलस्वरूप प्रतिलोम नियम कमजोर हो गया है।

भारत में मुस्लिम विवाह

मुस्लिम विवाह को 'निकाह' कहा जाता है। अवधारणा के स्तर पर मुस्लिम विवाह एक सामाजिक समझौता या नागरिक समझौता है। परन्तु व्यावहारिक स्तर पर भारत में मुस्लिम विवाह भी धार्मिक है। भारतीय मुसलमानों में अन्य समुदायों की तुलना में तलाक की दर अधिक है। इसके बावजूद, पति-पत्नी के बीच वैवाहिक संबंध की तुलनात्मक स्थिरता भारतीय संस्कृति की साझी विरासत है। भारत में मुस्लिम विवाह अरब दुनिया तथा अन्य स्थानों की तुलना में ज्यादा स्थायी पाया गया है।

भारत में मुस्लिम समुदाय दो प्रमुख सम्प्रदायों - शिया एवं सुन्नी में विभाजित है। मोटे तौर पर ये लोग तीन समूहों में विभाजित हैं: (क) अशरफ (सैयद, शेख, पठान, इत्यादि), (ख) अजलब (मोमिन, मंसूर, इब्राहिम, इत्यादि), तथा (ग) अरजल (हलालखोर, इत्यादि)। ये सभी समूह अंतर्विवाही माने जाते हैं तथा इनके बीच बहिर्विवाह को प्रोत्साहन नहीं दिया जाता। कर्मकाण्ड की दृष्टि से विभिन्न सम्प्रदायों तथा समूहों में अंतर पाया जाता है। परन्तु हर मुस्लिम विवाह (निकाह) की पारिभाषिक विशेषताएँ एक समान होती हैं। मुस्लिम पर्सनल लॉ के अनुसार मुस्लिम विवाह में चार भागीदारों का होना आवश्यक है : (1) दूल्हा, (2) दुल्हन, (3) काजी, तथा (4) गवाह (दो पुरुष या चार स्त्री गवाह) जो सामाजिक धार्मिक कानूनी समझौता (निकाह) के साक्षी होते हैं।

दूल्हा तथा दुल्हन को काजी औपचारिक रूप से (एकत्रित स्थानीय समुदाय तथा चुने हुए गवाहों के सामने) पूछता है कि वे इस विवाह के लिए स्वेच्छा से राजी हैं या नहीं। यदि वे इस विवाह के लिए 'स्वेच्छा' से राजी होने की औपचारिक घोषणा करते हैं तो निकाहनामा पर समझौते की प्रक्रिया पूरी की जाती है। इस निकाहनामे में महर (या मेहर) की रकम शामिल होती है जिसे विवाह के समय या बाद में दूल्हा दुल्हन को देता है। महर एक प्रकार का स्त्री-धन है।

भारत के हिन्दुओं तथा मुसलमानों दोनों समुदायों में विवाह की रस्म दुल्हन के घर पर ही करने की प्रथा है। एक क्षेत्र के हिन्दुओं तथा मुसलमानों में कई प्रथायें समान रूप से मानी जाती हैं। उदाहरण के लिए, केरल के मोपला मुसलमानों में 'कल्याणम' नामक हिन्दू कर्मकाण्ड पारंपरिक निकाह का आवश्यक अंग माना जाता है। चचेरे भाई बहनों का विवाह मुसलमानों में पसंदीदा विवाह माना जाता है। विधवा पुनर्विवाह मुस्लिम समुदाय में निषिद्ध नहीं है।

मुसलमानों में दो प्रकार के विवाह की अवधारणा है। 'सही' या नियमित तथा 'फसीद' या अनियमित। अनियमित विवाह निम्नलिखित स्थितियों में हो सकता है :

(क) यदि प्रस्ताव करते समय या स्वीकृति के समय गवाह अनुपस्थित हो।

(ख) एक पुरूष का पाँचवाँ विवाह।

(ग) एक स्त्री का 'इद्दत' की अवधि में किया गया विवाह। (इद्दत की अवधि तलाकशुदा के लिए तीन माह और विधवा के लिए चार माह दस दिन है, जिसमें यह सुनिश्चित किया जाता है कि स्त्री गर्भवती नहीं है)।

(घ) पति और पत्नी के धर्म में अंतर होने पर।

भारत में ईसाई विवाह

भारतीय ईसाइयों में विवाह की बहुत-सी रीतियाँ हिन्दुओं की वैवाहिक रीतियों के समान हैं। हिन्दुओं के समान ही ईसाइयों में भी यह मान्यता है कि विवाह दैवीय इच्छा द्वारा निर्धारित होता है। परन्तु हिन्दुओं की तरह ईसाइयों में विवाह एक धार्मिक कर्त्तव्य नहीं माना जाता। इसका एक धार्मिक आयाम अवश्य है परन्तु प्राथमिक रूप से भारतीय ईसाइयों मे विवाह एक सामाजिक संस्था है।

जीवन साथी का चुनाव या तो माता-पिता करते हैं या बच्चे स्वयं करते हैं। जीवन साथी का चुनाव करते समय निकट संबंधियों का निषेध करते हुए युवक एवं युवती की पारिवारिक स्थिति, उनके

चरित्र, शिक्षा, स्वास्थ्य इत्यादि पर ध्यान दिया जाता है। हिन्दुओं और ईसाइयों में विवाह के अधिकांश नियम मिलते जुलते हैं। सगाई की रस्म के बाद वैवाहिक रस्मों में निम्नलिखित चरण हैं :

(क) चरित्र प्रमाण-पत्र पेश किया जाता है।

(ख) विवाह की नियत-तिथि से तीन सप्ताह पहले चर्च में आवेदन पत्र प्रस्तावित किया जाता है।

(ग) चर्च के पादरी प्रस्तावित विवाह के बारे में लोगों की राय आमंत्रित करते हैं, अगर किसी को आपत्ति नहीं है तो विवाह की एक तिथि नियत की जाती है, और

(घ) विवाह की अंगूठी का (दूसरी अंगूठी, सगाई की अंगूठी से भिन्न) चर्च में अदला-बदली होती है तथा दंपती दो गवाहों की उपस्थिति में ईसा मसीह को साक्षी मानते हुए एक-दूसरे को पति-पत्नी के रूप में स्वीकार करने की घोषणा करते हैं।

विवाह की रस्म चर्च (गिरिजाघर) में पूरी की जाती है। विवाह के बाद अन्य समुदायों की तरह ईसाइयों में भी सामुदायिक भोज देने का रिवाज है। ईसाई लोग बहुविवाह की इजाजत नहीं देते। चर्च भी हिन्दू परंपरा की तरह तलाक की स्वीकृति नहीं देता। परन्तु ईसाइयों में तलाक होते हैं। भारत के ईसाई चर्च की प्रथाओं के साथ-साथ भारतीय संविधान के नियमों को भी मानते हैं।

चर्च की परंपराओं के अनुसार ईसाई विवाह में न 'महर' की स्वीकृति है न 'दहेज' की, परन्तु वर-मूल्य (डाउरी) प्रथा हिन्दू प्रभाव से बढ़ रहा है। विधवा तथा तलाकशुदा स्त्री का पुनर्विवाह न सिर्फ स्वीकृत है बल्कि इसको प्रोत्साहन दिया जाता है।

भारत में जनजातीय विवाह

भारत की अधिकांश जनजातियाँ एक विवाही हैं और केवल अपवाद स्वरूप ही कुछ त्योहारों के अवसर पर यौन नैतिकता में छूट दी जाती है। टोडा, अंडमानी, कादर, चेंचू जैसी सबसे कम विकसित जनजातियों में भी विवाह के सुस्पष्ट नियम देखने को मिलते हैं।

अधिकांश जनजातियों में वैवाहिक निष्ठा का आदर्श सख्ती से लागू किया जाता है। जीवन साथी के चुनाव में निषेध, आदर्शात्मक आदेश एवं पहली पसंद आदि के बारे में जनजातीय समाज में व्यवस्थित एवं विस्तृत रीति-रिवाज होते हैं।

जीवन साथी का चुनाव

जीवन साथी चुनने की रीति के आधार पर भारत की जनजातियाँ एक दूसरे से भिन्न हैं। भारत की अधिकांश जनजातियाँ अपने नातेदारों में ही जीवन-साथी का चुनाव करना पसंद करती हैं। गोंड तथा खासी ममेरी बहन तथा फुफेरे भाई के बीच विवाह को प्राथमिकता देते हैं। ऐसे विवाहों को कन्या-मूल्य देने से बचने या घर की संपत्ति को घर में ही रखने के रूप में देखा जा सकता है। उदाहरण के लिए, गोंड लोग इसे दूध लौटाना कहते हैं जिसका अर्थ है कि एक आदमी अपनी पत्नी के लिए जो कन्या-मूल्य देता है वह लौटा देता है। ममेरी बहन और फुफेरे भाई के विवाह के अलावा भारतीय जनजातियों में दो अन्य पसंदीदा विवाह रूप निम्नलिखित हैं:

(क) **देवर विवाह** - विवाह के रूप में एक स्त्री अपने मृत पति के छोटे भाई से विवाह कर सकती है।

(ख) **साली विवाह** - इसके भी दो रूप हैं: पहला, पत्नी की मृत्यु के बाद पति उसकी छोटी बहन के साथ विवाह कर सकता है। दूसरा, पत्नी की छोटी बहन अपने आप उसकी पत्नी बन जाती है।

विवाह के प्रकार

1. **एक विपाह** - यह विवाह का आदर्श रूप है। एक स्त्री के साथ एक पुरुष के विवाह को एक विवाह या मोनोगैमी कहते हैं। पति-पत्नी के जीवित रहते हुए कोई भी दूसरा विवाह

नहीं कर सकता। भारत की कई जनजातियों में इस विवाह का प्रचलन है। खासकर पूर्वोत्तर भारत की मातृवंशीय जनजातियाँ जैसे खासी, सिनटैंग तथा गारो में यह विवाह का पसंदीदा रूप है।

2. **बहु विवाह** – यह विवाह का वह रूप है जिसमें एक पुरुष दो या दो से अधिक स्त्रियों से विवाह या एक स्त्री दो या दो से अधिक पुरुषों से विवाह करती है। बहुविवाह के इस तरह दो रूप पाये जाते है :

(अ) **बहुपत्नी विवाह** – इसके अंतर्गत एक पुरुष एक से अधिक स्त्री के साथ विवाह कर सकता है। यह नागा, बैगा, गोंड तथा टोडा जनजाति में पाया जाता है।

(ब) **बहुपति विवाह** – एक स्त्री एक से अधिक पुरुषों से विवाह कर सकती है। इसके भी दो रूप पाये जाते हैं :

(क) **सगे भाइयों से बहुपति विवाह** – यह विवाह का वह रूप है जिसमें एक स्त्री एक ही परिवार के सभी भाइयों से एक साथ विवाह करती है। यह दक्षिण भारत की टोडा एवं उत्तर भारत की जौनसार बाबर की खासा जनजाति में विशेष रूप से पाया जाता है। इस विवाह से उत्पन्न बच्चों के पिता के बारे में निर्णय एक सामाजिक उत्सव के द्वारा किया जाता है।

(ख) **असंबद्ध पुरुषों से बहुपति विवाह** – इस विवाह के अंतर्गत एक स्त्री भिन्न-भिन्न परिवार के पुरुषों से (जो असंबद्ध होते हैं) एक ही साथ विवाह करती है। विवाह का यह रूप मूलतः टोडा जनजाति में ही पाया जाता है। विवाह के अंतर्गत जब कोई बच्चा पैदा होता है तो उसके पिता का निर्णय एक विशेष कर्मकाण्ड के अनुसार होता है।

जनजातीय समुदाय में जीवन साथी चुनने के तरीके

जनजातीय विवाह यौन सुख, संतान उत्पत्ति तथा आपसी सहयोग के लिए एक सामाजिक समझौता माना जाता है। हिन्दू विवाह

की तरह यह एक धार्मिक संस्कार नहीं माना जाता। इसमें जीवन-साथी चुनने के मुख्यतः आठ तरीके हैं :

1. **परिवीक्षा विवाह** - इस प्रकार के विवाह के अंतर्गत एक युवक एक निश्चित समय तक एक युवती के साथ उसके पिता के घर रहता है। यदि इस परिवीक्षा काल में वे दोनों एक दूसरे के साथ रहना पसंद करने लगते हैं तो उनका विवाह कर दिया जाता है। अन्यथा, वे लोग अलग हो जाते हैं और क्षतिपूर्ति के रूप में युवक कन्या को कुछ धन देता है। यदि युवती इस परिवीक्षा काल में गर्भवती हो जाती है तो युवक को उस युवती से विवाह करना ही पड़ता है। इस प्रकार का विवाह मणिपुर की कूकी जनजाति में पाया जाता है।

2. **हरण विवाह** - यह विवाह का वह तरीका है जिसमें युवती की इच्छा के बगैर ही युवक उससे जबरदस्ती विवाह करता है। कन्या-मूल्य में वृद्धि इस का मुख्य कारण माना जाता है। हरण विवाह के दो रूप पाये जाते हैं :

   (क) **शारीरिक हरण विवाह** - युवक एक ऐसी युक्ति अपनाता है जिसके तहत वह युवती का जबरदस्ती हरण करके उससे विवाह करता है। यह नागा, हो, भील, मुरिया गोंड, बदगा, साओरा आदि जनजातियों में पाया जाता है।

   (ख) **आनुष्ठानिक हरण विवाह** - युवक एक ऐसी प्रक्रिया अपनाता है जिसमें वह अचानक लड़की के ललाट में सिंदूर भर कर उसे चकित कर देता है। यह संथाल जनजाति में पाया जाता है।

3. **परीक्षा विवाह** - भारत की कुछ जनजातियों में पत्नी प्राप्त करने से पहले सामने उपस्थित की गई बाधाओं का सामना करके अपना सामर्थ्य तथा साहस साबित करना पड़ता है। यह भील तथा अन्य जनजातियों में पाया जाता है। भीलों में होली उत्सव के दौरान विवाह के इच्छुक युवक एवं युवतियाँ

एक पेड़ या खंभे के चारों ओर लोकनृत्य करते हैं। उस पेड़ या खंभे की चोटी पर नारियल और गुड़ बाँधा जाता है। युवतियाँ पेड़ के चारो ओर वृत बनाकर नाचती हैं और युवक युवतियों के वृत के चारो ओर वृत बनाकर नाचते हैं। हर युवक पेड़ या खंभे के नजदीक पहुंचने की कोशिश करता है। युवतियाँ इन युवकों को रोकने की हर संभव कोशिश करती हैं। उदाहरण के लिए, उन्हें डंडे से पीटा जाता है और उनके कपड़े फाड़ दिए जाते हैं। इन अवरोधों के बावजूद अगर कोई युवक पेड़ पर चढ़ कर नारियल तोड़ कर गुड़ खा लेता है तो उसे नाचती हुई युवतियों में से किसी भी एक के साथ विवाह करने का अधिकार होता है।

4. **क्रय विवाह** - जनजातीय विवाह के इस रूप में दूल्हे के माता पिता कन्या के माता-पिता को नगद या सामान के रूप में कुछ धन देते हैं। इसे कन्या-मूल्य कहा जाता है। एक गारो पुरुष बिना कन्या-मूल्य चुकाए कन्या प्राप्त नहीं कर सकता। कन्या-मूल्य को एक प्रकार का मुआवजा माना जाता है, जो जनजातीय प्रथा एवं परंपरा के अनुसार कन्या के पिता को वर-पक्ष द्वारा दिया जाता है। इसके अलावा कन्या-मूल्य एक प्रकार से वर-पक्ष द्वारा विवाह भोज के लिए दिया गया योगदान भी माना जाता है। सामान्यतः कन्या-मूल्य का अधिकांश भाग विवाह भोज पर ही खर्च किया जाता है। यह व्यवस्था मध्य भारत की जनजातियों जैसे नागा और जुआंग में पाई जाती है।

5. **सेवा विवाह** - कुछ जनजातीय परिवारों द्वारा यह प्रथा अपनाई जाती है। इस प्रथा के अनुसार, वर अपने होने वाले ससुर के घर विवाह के पहले एक निश्चित समय तक सेवा करता है। इस अवधि की समाप्ति के बाद यदि लड़की का पिता उस युवक के काम से संतुष्ट होता है तो उसे अपनी बेटी का हाथ दे देता है। परन्तु यदि वह उसके कार्य से

असंतुष्ट होता है तो उसे अपने घर से निष्कासित कर देता है। इस अवधि के दौरान वह युवक अपनी होने वाली पत्नी के साथ यौन संबंध स्थापित नहीं कर सकता। सेवा की अवधि तथा सेवा की रूपरेखा के बारे में विभिन्न जनजातियों में अलग-अलग प्रथा है। गोंड, बैगा आदि भारतीय जनजातियों में यह पाया जाता है।

6. **विनिमय विवाह** – इस विवाह के अंतर्गत दो परिवारों के बीच उनके पुत्र और पुत्री के बीच विनिमय होता है। फलस्वरूप दोनों परिवारों को कन्या-मूल्य नहीं चुकाना पड़ता। भारतीय जनजातियों में विवाह का यह रूप प्रचलित रहा है। मुरिया गोंड, बैगा (बस्तर), कोया एवं सओरा (आंध्रप्रदेश) एवं उराली (केरल) जनजातियों में यह लोकप्रिय है।

7. **पलायन विवाह** – इस विवाह में एक युवक एवं एक युवती परस्पर प्रेम करते हैं और विवाह करना चाहते हैं परन्तु उनके माता-पिता इसके लिए सहमत नहीं होते। ऐसी स्थिति में दोनों निवास छोड़ कर आपसी सहमति से पलायन कर जाते हैं। कुछ समय बाद वे वापस लौट आते हैं और उन्हें पति-पत्नी के रूप में स्वीकार कर लिया जाता है। झारखंड राज्य की हो जनजाति में इसे 'राजी-खुशी' विवाह कहा जाता है।

8. **हठ विवाह** – जब कोई युवक किसी स्त्री से शादी का वादा करके, उसके साथ आत्मीय संबंध बनाता है परन्तु किसी-न-किसी बहाने विवाह करने में आना-कानी करता है। ऐसी स्थिति में, वह स्त्री खुद पहल करके उसके घर में घुस जाती है। उस स्त्री को युवक के माता-पिता द्वारा बहुत प्रताड़ित किया जाता है, मारा पीटा जाता है। यदि कन्या यह सब सह लेती है तो पड़ोसी उस युवक को उस स्त्री से विवाह करने के लिए बाध्य करते हैं। ओरांव जनजाति में इसे निबोलोक एवं हो जनजाति में इसे अनादर विवाह कहा जाता है।

समकालीन भारत में विवाह

आजकल भारत में प्रायः एकविवाह प्रथा ही अपनाई जाती है। प्रत्येक सामाजिक-धार्मिक समुदाय में विवाह की आयु बढ़ रही है। अधिकांश विवाह माता-पिता द्वारा तय किए जाते हैं, परन्तु संबंधित लड़के-लड़की की राय भी ली जाने लगी है। शहरी इलाकों में अंतर्जातीय एवं अंतर्सामुदायिक विवाह भी होने लगे हैं। वर-मूल्य (डाउरी) की प्रथा उन समुदायों में भी बढ़ रही है जिनमें इसका प्रचलन नहीं था। उदाहरण के लिए मुसलमानों, ईसाइयों तथा कुछ जनजातीय समूहों में।

दहेज एवं वर-मूल्य

पारंपरिक 'दहेज' एक स्वैच्छिक दान का रूप था जबकि आधुनिक 'डाउरी' एक प्रकार का वर-मूल्य माना जा सकता है जिसे मोल-भाव के बाद कन्या-पक्ष वर-पक्ष को देता है। वर-मूल्य की प्रथा समुदाय एवं सामुदायिक आदर्शों के लगातार कमजोर पड़ने तथा व्यक्ति एवं परिवार के निहित स्वार्थों के महत्त्वपूर्ण बनने का प्रतीक हैं। यह प्रचलन बहू तथा उसके सास-ससुर से प्रेम और आत्मीयता के बंधन को गंभीरता से प्रभावित करता है। खासकर तब जब उसके जन्म वाले परिवार से बहुत अधिक मांग की जाती है। यह प्रचलन उस कन्या के लिए अंतहीन दुखों का कारण बनता है जिसके माता-पिता वर के घर वालों के लालच को पूरा करने में असमर्थ होते हैं। भारत सरकार द्वारा दहेज निरोधक कानून बनाया गया है। स्त्रियों की आर्थिक आत्म-निर्भरता तथा उनमें स्वाभिमान की भावना एवं भावी वर के संवेदनशील ज्ञानोदय से इस प्रथा को हतोत्साहित किया जा सकता है। डाउरी के साथ-साथ तलाक तथा अलगाव की दर में भी वृद्धि हुई है। पत्नियाँ अपने अधिकारों के प्रति अधिक जागरूक एवं आग्रही हो रही हैं। फलस्वरूप प्रजातांत्रिक माहौल में पति-पत्नी की भूमिकाएँ पुनर्परिभाषित हो रही हैं। आजकल पति के लिए घर के कामों में हाथ बटाना असामान्य घटना नहीं है। खासकर

जब पत्नी भी नौकरी या व्यवसाय करती हो। इस सब के बावजूद अन्य समाजों की तुलना में भारतीय समाज में विवाह संस्था का स्थायित्व अभी भी कायम है।

परिवार

मानव समाज में परिवार एक बुनियादी तथा सार्वभौमिक इकाई है। यह सामाजिक जीवन की निरंतरता, एकता एवं विकास के लिए आवश्यक प्रकार्य करता है। अधिकांश पारंपरिक समाजों में परिवार सामाजिक, सांस्कृतिक, धार्मिक, आर्थिक एवं राजनैतिक गतिविधियों एवं संगठनों की इकाई रही है। आधुनिक औद्योगिक समाज में परिवार प्राथमिक रूप से संतान-प्राप्ति, सामाजीकरण एवं भावनात्मक संतोष की व्यवस्था से संबंधित प्रकार्य करता है।

समाजशास्त्री दो अर्थों में परिवार की चर्चा करते हैं: (क) एक खास प्रकार के वस्तुगत तथ्य (सामाजिक यथार्थ) के रूप में, तथा (ख) एक विश्लेषणात्मक अवधारणा के रूप में। वस्तुगत तथ्य के रूप में अलग-अलग समुदायों तथा अलग-अलग क्षेत्रों में परिवार की संरचना बदलती रहती है। विश्लेषणात्मक अवधारणा के रूप में परिवार एक सार्वभौमिक संस्था है। यह माता-पिता एवं उनके बच्चों के समूह का प्रतीक है। यदि माता-पिता अपने अवयस्क (आर्थिक एवं भावनात्मक रूप से परतंत्र, सामान्यतः अविवाहित) बच्चों के साथ रहते हैं तो इसे नाभिकीय या प्राथमिक परिवार कहते हैं। यदि माता-पिता अपने वयस्क बच्चों और उनके जीवन-साथियों के साथ रहते हैं तो उसे संयुक्त परिवार कहते हैं। एक विश्लेषणात्मक अवधारणा के रूप में परिवार प्राथमिक रूप से सभी मानव समुदायों में वैध यौन संबंध तथा स्वीकृत तरीके से संतानोत्पत्ति करने की प्रक्रिया से संबंधित होता है। आधुनिक औद्योगिक तथा नगरीय समाजों में परिवार नातेदारी-समूह के निर्माण का प्रमुख सिद्धांत तय करता है, परन्तु पारंपरिक समाजों में परिवार नातेदारी संगठन के सिद्धांतों एवं रक्त तथा पुत्रत्व (फिलिएशन) के सिद्धांतों द्वारा

अनुशासित होता है।

वैवाहिक संबंध को केन्द्र में रखकर नातेदारी विकसित समूह में दंपती और उनके ऊपर निर्भर बच्चों की सदस्यता होती है। इसे नाभिकीय या दंपती परिवार कहा जाता है। इस प्राथमिक परिवार के संगठन का आधार दाम्पत्य संबंध होता है। जबकि संयुक्त परिवार के संगठन का आधार प्राथमिक रूप से परिवार में संबंधों के आपसी विश्वास पर निर्भर करता है।

समाजशास्त्री लोग पितृवंशीय एवं मातृवंशीय परिवारों की भी चर्चा करते हैं। एक पितृवंशीय परिवार पिता और उसके बच्चों से मिलकर बनता है तथा बच्चे पिता के नाम से जाने जाते हैं। विवाह के बाद बेटी अपने पति के साथ रहने जाती है तथा बेटे की पत्नी सास-ससुर और पति के साथ रहने आती है। पारिवारिक संपत्ति का हस्तांतरण पिता से पुत्रों के हाथ में होता है। दूसरी ओर, मातृवंशीय परिवार की संरचना 'माँ' और उसके बच्चों के मिलने से होती है और बच्चे अपनी माँ के नाम से जाने जाते हैं। विवाह के बाद पति या तो अपनी पत्नी और उसके परिवार के साथ रहने जाता है या कुछ समाजों में अपनी बहन के साथ रहता है। पारिवारिक संपत्ति का हस्तांतरण माँ से बेटी के हाथ में होता है, पर सामान्यतः इसका प्रबंध मामा की देख-रेख में होता है। प्रबंधन का अधिकार मामा से भांजे को हस्तांतरित होता है। पितृवंशीय परिवार नाभिकीय या संयुक्त दोनों में से कोई भी हो सकता है, परन्तु मातृवंशीय परिवार अधिकांशतः संयुक्त होता है।

भारत में परिवार

आई. पी. देसाई के अनुसार नाभिकीय परिवार के रूप में परिवार की अवधारणा अब भी भारतीय अवधारणा नहीं है। एक आम भारतीय के लिए परिवार का मतलब वही है जो अंग्रेजी भाषा में संयुक्त परिवार का होता है। इसी तरह, ए. एम. शाह जैसे समाजशास्त्रियों ने एक सांस्कृतिक मूल्य के रूप में संयुक्त परिवार

एवं एक निवास स्थान या घराना के रूप में संयुक्त परिवार की अवधारणा में अंतर स्पष्ट किया है। पारंपरिक भारत में नाभिकीय घरों का अस्तित्व तो रहा है परन्तु नाभिकीय परिवार कभी भी एक सांस्कृतिक मूल्य नहीं रहा। अधिकांश भारतीयों के लिए संयुक्त परिवार ही पारिवारिक जीवन का आदर्श प्रतिमान रहा है।

भारत के विभिन्न क्षेत्रों में समकालीन समाजशास्त्रियों ने यह पाया है कि नाभिकीय परिवार या घर संयुक्त परिवार के चक्रीय विकास की एक अवस्था भर है। यह सब पुरानी पीढ़ी की मृत्यु एवं नई पीढ़ी के जन्म की स्वाभाविक (प्राकृतिक) प्रक्रिया से जुड़ा हुआ है। यह चक्र करीब-करीब 30 वर्षों में पूरा हो जाता है एवं उसके बाद एक नया चक्र शुरू होता है।

इरावती कर्वे ने भारत में संयुक्त परिवार की परिभाषा देते हुए कहा है कि संयुक्त परिवार लोगों का ऐसा समूह है जो एक छत के नीचे रहते है, एक रसोई का बना हुआ खाना खाते हैं, एक तिजोरी में संपत्ति रखते हैं, पारिवारिक पूजा में सामूहिक रूप से भाग लेते हैं तथा एक-दूसरे से एक विशेष प्रकार के नातेदारी संबंध से ज़ुड़े होते हैं।

दूसरी ओर, आई. पी. देसाई का कहना है कि संयुक्त परिवार के लिए संयुक्त निवास स्थान या संयुक्त रसोई का होना उतना महत्त्वपूर्ण नहीं है जितना कि उनके अन्तःपारिवारिक संबंध। देसाई ने भारत में पारिवारिक जीवन के पाँच प्रकारों की चर्चा की हैः

(क) **नाभिकीय परिवार** – सबसे छोटा परिवार जिसमें पति, पत्नी एवं उनके अविवाहित बच्चे रहते हैं।

(ख) **प्रकार्यात्मक संयुक्त परिवार** – जब रक्त संबंधों वाले दो परिवार अलग-अलग रहते हैं परन्तु एक संयुक्त अधिकारी (कर्ता) के तहत प्रकार्य करते हैं तो इसे प्रकार्यात्मक संयुक्त परिवार कहा जाता है।

(ग) **प्रकार्यात्मक एवं वास्तविक संयुक्त परिवार** – जब एक प्रकार्यात्मक संयुक्त परिवार संपत्ति की दृष्टि से भी संयुक्त

होता है, तो इसे प्रकार्यात्मक एवं वास्तविक संयुक्त परिवार कहा जाता है।

(घ) **सीमांत संयुक्त परिवार** – जब दो पीढ़ियों के पारिवारिक सदस्य प्रकार्यात्मक एवं वास्तविक रूप से साथ रहते हैं तो इसे सीमांत संयुक्त परिवार कहा जाता है।

(ङ) **पारंपरिक संयुक्त परिवार** – जब तीन या अधिक पीढ़ियों के लोग एक निवास स्थान में रहते हैं, सम्मिलित रूप से संपत्ति के स्वामी होते हैं एवं पारिवारिक अनुष्ठानों में सामूहिक रूप से भाग लेते हैं तो इसे पारंपरिक संयुक्त परिवार कहते हैं।

भारतवर्ष में संयुक्त और नाभिकीय घराना (हाउस होल्ड) तथा संयुक्त परिवार के सांस्कृतिक प्रतिमान साथ-साथ स्थित रहे हैं। अब परिवार की संरचना तथा संयुक्तता की भावना की मात्रा में परिवर्तन आ रहा है।

संयुक्त घराना की संरचनात्मक विशेषताएँ

1. **सामान्य निवास स्थान एवं रसोई** – सभी सदस्य एक छत के नीचे रहते हैं। विभिन्न भाइयों एवं उनके परिवार वालों के उपयोग के लिए सम्पूर्ण निवास स्थान कई छोटे कमरों में बँटा हुआ होता है। साथ रहने से परिवार के विभिन्न सदस्यों के बीच सामूहिक भावना विकसित होती है। पूरे घर के लिए एक ही रसोई घर होता है। प्रायः कर्ता की पत्नी रसोई घर की व्यवस्थापिका होती है।
2. **बड़ा आकार** : इसमें कई लोग साथ रहते हैं। इसमें तीन या अधिक पीढ़ियों के लोग एक साथ रह सकते हैं जिसमें दादा-दादी, पोता-पोती, चाचा, ताऊ, चचेरे भाई, बहन इत्यादि एक साथ रहते हैं।
3. **सामान्य सम्पत्ति** : परिवार की चल व अचल संपत्ति में सभी सदस्यों का अधिकार होता है। सभी लोग अपनी क्षमता के

अनुसार काम करते हैं तथा पारिवारिक आमदनी को एक सामूहिक कोष में जमा किया जाता है। संयुक्त परिवार का धन तथा वस्तुएँ सामूहिक रूप से अर्जित तथा खर्च की जाती हैं। परिवार का मुखिया जिसे कर्ता कहा जाता है इसका व्यवस्थापक बना रहता है। परिवार का प्रत्येक पुरुष सदस्य परिवार की पारिवारिक संपत्ति का कानूनी सह-स्वामी होता है।

भारत में संयुक्त घराना की प्रकार्यात्मक विशेषताएँ

1. **सामूहिक कर्मकाण्ड तथा उत्सव** – हर संयुक्त घराना के अपने रीति-रिवाज तथा कर्मकाण्ड होते हैं, जिसका निर्धारण जाति मूल्यों तथा धार्मिक कर्त्तव्यों के आधार पर किया जाता है। सामूहिक पूजा पद्धति का पीढ़ी-दर-पीढ़ी हस्तांतरण होता है। इससे परिवार के अंदर एकता एवं आत्मीयता बढ़ती रहती है। जिस सामान्य देवता का पूजन किया जाता है उसे 'कुल देवता' कहा जाता है।
2. **कर्ता की भूमिका** – घर में निर्णय लेने तथा शांति एवं अनुशासन कायम रखने की जिम्मेदारी या अधिकार मूलतः 'कर्ता' का होता है। आर्थिक उपार्जन करने वाले सभी सदस्य अपनी आमदनी कर्ता के पास जमा करते हैं एवं घर की संपूर्ण संपत्ति पर भी उसी का नियंत्रण होता है। पारिवारिक उत्सव एवं धर्मानुष्ठान भी उसी के मार्गदर्शन एवं अभिभावकत्व में संपन्न होता है। घरेलू झगड़ों का भी वही निवारण करता है। संक्षेप में, कर्ता संयुक्त घराने का न्यासी होता है और उसे निर्विवाद अधिकार प्राप्त होते हैं।
3. **आपसी कर्त्तव्य** – संयुक्त घराना के सदस्य एक-दूसरे के प्रति आपसी कर्त्तव्य से बंधे होते हैं। कोई एक-दूसरे के हितों के खिलाफ काम नहीं करता। सभी सदस्य एक दूसरे के प्रति उत्तरदायी होते हैं तथा आपसी समझ, प्रेम, उभयनिष्ठ संबंध

एवं सहयोगात्मक भाव से जुड़े होते हैं। ये बंधन तथा संबंध परिवार को कायम रखने वाली शक्तियाँ हैं। संपूर्ण परिवार के हित के संदर्भ में व्यक्ति के हितों को गौण माना जाता है।

4. **समुदायवादी व्यवस्था** – यह समुदाय मूल्यों पर आधारित प्रकार्यात्मक इकाई है। हर सदस्य घराने की भलाई के लिए काम करता है। घराना के सभी सदस्यों के बीच अधिकारों एवं सुविधाओं का समान बँटवारा होता है। हर सदस्य अपनी क्षमता के अनुसार अपना योगदान करता है एवं अपनी आवश्यकता के अनुसार घराना से प्राप्त करता है।

संयुक्त घराना के प्रकार्य

भारतीय संयुक्त परिवार व्यवस्था या घराना भारतीय सामाजिक संगठन की रीढ़ समझी जाती है। सामाजिक संगठन की एक व्यवस्था के रूप में यह कई शताब्दियों से आज तक कायम रही है। फलस्वरूप हम कह सकते हैं कि यह प्राचीन संस्था समाज की दृष्टि से लाभदायक प्रकार्य करती रही है। संयुक्त घराना के लाभदायक प्रकार्यों में से कुछ की चर्चा की जा सकती है।

पुनरुत्पादन – परिवार या घराना सामान्यतः जैविक पुनरुत्पादन का विधि सम्मत स्थान है। मानवीय उत्पादकता एवं पुनरुत्पादकता काफी हद तक परिवार के द्वारा निर्धारित होती है। बच्चों के लालन-पालन की जिम्मेदारी विस्तृत नातेदारी समूह द्वारा मिल-बाँट कर निभायी जाती है। परिणामस्वरूप, ज्यादा बच्चे समूह के लिए लाभदायक माने जाते हैं, जो अपने माता-पिता के बुढ़ापे का सहारा बनते हैं।

सामाजीकरण – पुनरुत्पादन में अपनी भूमिका निभाने की तरह ही, परिवार समाजीकरण का प्रथम एवं प्राथमिक माध्यम है। छोटे बच्चों को सतत अनुशासन एवं मार्गदर्शन में रखा जाता है। परिवार अपने सदस्यों को सहिष्णुता के गुण, सहयोग, बलिदान, सहानुभूति जैसे मूल्यों को सिखाता है। यह बच्चों को अपने बड़ों की

सेवा करना सिखाता है। यह अपने सदस्यों को वयस्क, उत्तरदायी तथा सम्पूर्ण सामाजिक मनुष्य के रूप में विकसित होने में मदद करता है। वयस्क बनने की प्रक्रिया में यह अपने सदस्यों को पारंपरिक मूल्यों के आधार पर स्त्री और पुरुष के रूप में अपने अधिकार और कर्त्तव्य सीखने पर जोर देता है। परिवार अपने बच्चों की शिक्षा, नौकरी एवं विवाह के बारे में काफी दिलचस्पी लेता है जो युवा पीढ़ी के सामाजिक नियोजन में महत्त्वपूर्ण भूमिका निभाता है।

सामाजिक नियंत्रण का साधन – संयुक्त घराना एक स्वयं शासित प्रशासनिक इकाई है जो कर्ता के मार्गदर्शन में कार्य करता है। कर्ता को असंदिग्ध अधिकार प्राप्त होता है जिसे केवल अधिकार के दुरुपयोग की स्थिति में चुनौती दी जा सकती है। यह सामाजिक नियंत्रण के अनौपचारिक साधन के रूप में काम करता है। परिवार के वरिष्ठ सदस्य छोटे बच्चों की अनुशासनहीनता एवं असामाजिक गतिविधियों पर नियंत्रण रखते हैं। परिवार यह व्यवस्था करता है कि इसके सदस्य सदाचारी एवं अनुशासित व्यक्ति बनें।

कल्याण – संयुक्त घराना का एक प्रमुख कर्त्तव्य छोटे बच्चों, अपाहिजों, बीमार लोगों एवं बुजुर्गों की सेवा एवं उपचार करना है। यह अबोध बच्चों, गर्भवती महिलाओं एवं दूध पिलाने वाली माताओं की विशेष देख-भाल करता है। संयुक्त परिवार व्यवस्था अपने सदस्यों को खासकर संकट के समय में अधिकतम सुरक्षा देने में ज्यादा समर्थ होता है। इस तरह, संयुक्त परिवार अपने सदस्यों के लिए एक सहायक, मित्रतापूर्ण सामाजिक वातावरण का निर्माण करता है। यह मनोरंजन तथा सांस्कृतिक गतिविधियों में भाग ले सकने का अवसर भी प्रदान करता है।

उत्पादन, वितरण तथा उपभोग – उत्पादन की पारिवारिक व्यवस्था का आधार स्त्री-पुरुष के बीच लैंगिक श्रम विभाजन होता है। यह श्रम विभाजन घर के अंदर और बाहर दोनों जगह महत्त्वपूर्ण है। स्त्रियाँ सामान्यतः घरेलू एवं उत्पादन से संबंधित क्रिया-कलापों में योगदान करती हैं। पुरुष लोग सार्वजनिक क्षेत्र (घर के बाहर) में

कार्य करते हैं और घर की आमदनी में योगदान करते हैं। परन्तु हाल के वर्षों में इस लैंगिक श्रम-विभाजन में परिवर्तन हुआ है।

संयुक्त परिवार उपभोग की एक संपूर्ण इकाई है। इसका अर्थ है कि परिवार को काफी बड़ी मात्रा में उपभोक्ता वस्तुओं की समुचित व्यवस्था करनी पड़ती है। परिवार के सभी सदस्य गैर-उपभोक्ता वस्तुओं का सदुपयोग आपस में मिल-बाँट कर करते हैं। परिवार के सभी सदस्य अपनी आमदनी एक साथ मिलाकर संपूर्ण परिवार की आवश्यकता के अनुसार खर्च करते हैं।

संयुक्त घराना के अकार्य

अनेक प्रकार्यों के साथ-साथ, संयुक्त परिवार अथवा घराना की संरचना में कई अकार्य भी देखने में आते हैं। समाजशास्त्रियों द्वारा निम्नलिखित अकार्यों की चर्चा की गई हैः

संयुक्त घर या घराना छोटी-छोटी बातों पर संघर्ष का केन्द्र होता है। सदस्यों के बीच में आपसी तालमेल, समायोजन तथा सात्मीकरण का सामान्यतः अभाव होता है। मतभेद एवं कटुता से आंतरिक अंतर्विरोध पैदा होता है जो संयुक्त घराने के विघटन के लिए रास्ता तैयार करता है।

संयुक्त घराने को सदस्यों के स्वतंत्र व्यक्तित्व के विकास में बाधक माना जाता है। सामान्यतः घर का मुखिया सारे महत्त्वपूर्ण निर्णय खुद लिया करता है। फलस्वरूप हर व्यक्ति की पसंद या नापसंद का ख्याल रखना संयुक्त घर में संभव नहीं हो पाता। इस तरह स्वतंत्र रचनात्मक संभावना का पूरी तरह विकास एवं दोहन नहीं हो पाता।

कभी-कभी नये विवाहित जोड़े के बीच आत्मीयता का विकास भी नहीं हो पाता। फलस्वरूप मनोवैज्ञानिक असंतोष एवं नासमझी का माहौल रहता है। संयुक्त परिवार व्यवस्था के अंतर्गत विवाहित युवा स्त्रियों का अधिकांश समय घर के सभी सदस्यों की आवश्यकता पूर्ति में खर्च होता है। इसके कारण उन्हें उचित तरीके

से अपने स्वास्थ्य पर ध्यान देने या आनंद उठाने के लिए समय या अवसर नहीं मिल पाता।

संयुक्त घराने में बुजुर्ग तथा युवा दोनों प्रकार के सदस्य पाये जाते हैं, फलस्वरूप कई प्रकार के पीढ़ियों के संघर्ष उभरते रहते हैं। विभिन्न पीढ़ियों की सामाजिक अभिरुचियों में अंतर होता है। बुजुर्ग लोग कठोरता से मूल्यों एवं विश्वासों का पालन करते हैं। वे नए सांस्कृतिक चलन एवं सीमा को स्वीकार नहीं पाते। आजकल युवा लोग व्यक्तिवाद के पक्षधर होने लगे हैं एवं पारंपरिक मूल्यों को अधिनायकवादी, पक्षपातपूर्ण एवं अन्यायी मानकर इनका विरोध करने लगे हैं। इसके कारण कई बार परिवार में समस्याएँ पैदा हो जाती हैं और घर की शांति भंग हो जाती है।

संयुक्त परिवार में परिवर्तन

संयुक्त परिवार में निम्नलिखित परिवर्तनों की चर्चा समाजशास्त्रियों द्वारा अक्सर की जाती है।

संरचनात्मक परिवर्तन

जिन तथ्यों एवं मूल्यों ने संयुक्त परिवार या घराने की व्यवस्था का पोषण किया, स्थायित्व दिया एवं कायम रखा वे निम्नलिखित हैं:

1. पुत्रों में माता-पिता के प्रति समर्पण की भावना।
2. आर्थिक रूप से समर्थ सदस्यों का संयुक्त परिवार के अन्य सदस्यों की मदद के लिए तत्पर रहना (जो खुद अपनी आवश्यकताओं की पूर्ति करने में असमर्थ हैं)।
3. बुजुर्ग स्त्री-पुरूष के लिए राज्य द्वारा नियोजित सामाजिक सुरक्षा की व्यवस्था का अभाव होना।
4. जमीन, पूँजी एवं श्रम के चतुर्दिक लाभ की दृष्टि से संगठन एवं दोहन के लिए संयुक्त परिवार के आकार द्वारा दिया गया भौतिक प्रोत्साहन।

अब संयुक्त परिवारों में निम्नलिखित कारणों से विघटन हो रहा है :

1. भाइयों की आमदनी में अंतर जो घर में कलह को जन्म देता है।
2. बेटों और उनकी पत्नियों में पारिवारिक जिम्मेदारी निभाने की भावना में कमी।
3. पाश्चात्य शैली के प्रभावस्वरूप युवकों में व्यक्तिवाद का विकास।
4. अर्थव्यवस्था में सेवाक्षेत्र का बढ़ता महत्त्व तथा बाहरी आमदनी के बढ़ते अवसर के कारण नाभिकीय परिवारों को वरीयता।

प्रकार्यात्मक परिवर्तन

इसकी तीन स्तरों पर पड़ताल की जा सकती है :

1. **पति-पत्नी संबंध** - पारंपरिक घरों में निर्णय लेने के काम में पत्नी अपने पति के सहायक की भूमिका निभाती थी। समकालीन घरों में पत्नी अपने पति के बराबर या ज्यादा सक्रिय भूमिका निभाती है। फलस्वरूप घर के कार्य एवं बाहर के कार्य की दृष्टि से पति-पत्नी एक-दूसरे के साथ सहयोग एवं समायोजन करने लगे हैं।
2. **माता-पिता एवं बच्चों का संबंध** - पारंपरिक परिवारों में ज्यादातर शक्ति एवं अधिकार कर्ता के हाथ में केन्द्रित होता था। उसे शिक्षा, व्यवसाय एवं बच्चों के विवाह के बारे में निर्णय लेने के लिए सैद्धान्तिक रूप से परिवार में असीमित अधिकार प्राप्त होते थे। समकालीन परिवारों में अब अधिकांशतः माता-पिता एवं उनके बच्चे सामूहिक रूप से मिल-जुल कर निर्णय करने लगे हैं।
3. **सास-श्वसुर (ससुर) के साथ बहू का संबंध** - इस संबंध में एक महत्त्वपूर्ण परिवर्तन आया है। शिक्षित बहू अपने ससुर

के सामने पर्दा नहीं रखती। सास-बहू के संबंध में भी पहले की तुलना में अब कम कटुता है। सास अब शक्तिशाली पद नहीं रहा, परन्तु वह ससुर की तरह एक सम्मानीय संबंधी अब भी है।

समकालीन भारत में परिवार

भारत के अधिकांश सामाजिक-धार्मिक एवं सांस्कृतिक समूहों में संयुक्त परिवार एक सांस्कृतिक मूल्य रहा है तथा व्यावहारिक स्तर पर नाभिकीय घरों का प्राचीन काल से ही अस्तित्व रहा है। आज नगरीकरण, स्थानांतरण, प्रव्रजन (माइग्रेसन), औद्योगीकरण, पश्चिमी शिक्षा के प्रसार एवं पश्चिमीकरण की प्रक्रिया जैसे कारकों ने एक नए प्रकार के घर एवं परिवार का भारत में विकास किया है। इन कारकों ने संरचनात्मक दृष्टि से भारत में संयुक्त परिवार को समाप्त तो नहीं किया है, परन्तु इनके कारण पहले से ही कायम नाभिकीय घरों एवं परिवारों के व्यावहारिक चलन को निःसंदेह बल मिला है। इसके साथ-साथ, एक हद तक नाभिकीय परिवार के रूप में एक वैकल्पिक सांस्कृतिक मूल्य का भी प्रसार हुआ है। आधुनिक संचार के साधनों ने भी नाभिकीय परिवार के नए सांस्कृतिक मूल्य के प्रसार में एक महत्त्वपूर्ण भूमिका निभायी है।

जनांकिकीय कारकों ने, दूसरी ओर, संयुक्त परिवार एवं संयुक्त घर की संस्था को मजबूत किया है। जनगणना के आँकड़े एवं नृजातीय अध्ययनों से यह ज्ञात हुआ है कि भारतीय घरों के औसत आकार में आई बढ़ोतरी बुजुर्ग सदस्यों की बढ़ी संख्या के कारण है न कि बच्चों की बढ़ी संख्या के कारण। कई कारणों से पहले भारत में एक व्यक्ति की औसत आयु इतनी कम हुआ करती थी कि संयुक्त घरों का बनना या लंबे समय तक उनका संयुक्त बने रहना जनांकिकीय (जनसांख्यिकीय) रूप से संभव नहीं था। चिकित्सा की सुविधाओं के बढ़ने एवं अन्य कारकों के कारण अब एक व्यक्ति की औसत आयु में काफी बढ़ोतरी हुई है। फलस्वरूप लंबे समय तक

संयुक्त परिवार का बने रहना अब संभव हो गया है।

ए. एम. शाह का कहना है कि सामान्यतः घर का औसत आकार ग्रामीण इलाकों की तुलना में शहरों में छोटा रहा है। अब यह आकार शहरी तथा ग्रामीण दोनों इलाकों में 1951 के आसपास से लगातार बढ़ रहा है। परन्तु शहरी समाज के एक वर्ग में, खासकर महानगरों में, छोटे आकार के नाभिकीय परिवार एवं घर, एक संस्था के रूप में, स्वीकृत हो रहे हैं। पश्चिमीकरण से गुजरता हुआ मध्यम वर्ग, पेशेवर वर्ग तथा महानगरों में रहने वाली ऊँची जातियों में नाभिकीय परिवार बढ़ रहा है। महानगरों में रहने वाला मध्यम वर्ग भारतीय समाज का आधुनिक एवं तेजी से विकसित होने वाला वर्ग है। यह पश्चिमी शैली के व्यक्तिवादी विचारधारा से सबसे अधिक प्रभावित है। इस वर्ग में बेटियों के प्रति उदार दृष्टिकोण विकसित हुआ है जिसके परिणामस्वरूप पुत्र का अभाव विशेष चिंता का विषय नहीं होता।

मध्यमवर्ग के पेशेवर लोगों ने आधुनिकता के प्रभाव में छोटे परिवार के मूल्य को स्वीकार कर लिया है। फलस्वरूप, इस वर्ग ने एक या दो संतान के आदर्श को व्यवहार में लाना शुरू कर दिया है। इस वर्ग में बच्चे विवाह के बाद आवश्यक रूप से अपने माता-पिता के साथ संयुक्त निवास स्थान (घर) में नहीं रहते। इस वर्ग के लोगों में ज्यादा उम्र में विवाह करने का चलन व्याप्त है। विवाह के बाद पुत्र तथा पुत्रवधु का कार्यस्थल माता-पिता के निवास स्थान से कई बार काफी दूर होता है। ऐसी स्थिति में ये लोग संयुक्त परिवार के आदर्श को मानते हुए भी संयुक्त घरों में लंबे समय तक नहीं रह पाते हैं।

छोटे नाभिकीय घरों में निम्नलिखित विशेषताएँ पायी गई हैं:

1. छोटे आकार के घर सदस्यों को ज्यादा स्वतंत्रता एवं स्वावलंबन प्रदान करते हैं।
2. ऐसे घरों में संयुक्त घरों की तुलना में व्यक्ति ज्यादा उत्तरदायित्व महसूस करता है।
3. पेशेवर मध्यमवर्ग के लिए शहरी परिवेश में ऐसे घर आर्थिक

रूप से ज्यादा सुविधाजनक बन गए हैं।

4. समकालीन परिवेश में नाभिकीय घर संकट की स्थिति से निबटने में ज्यादा अनुकूल पाए गए हैं। बीमा, बैंकिंग तथा चिकित्सालयों जैसी आधुनिक सुविधाओं ने संपन्न पेशेवर वर्गों के लिए संयुक्त परिवारों द्वारा दी जाने वाली पारंपरिक सुरक्षा एवं सुविधाओं को कम आकर्षक बना दिया है।

5. बच्चों के दृष्टिकोण से नाभिकीय घरों के लाभदायक और हानिदायक दोनों आयाम हैं। मनोवैज्ञानिकों एवं समाज वैज्ञानिकों ने बच्चों के विकास में दादा-दादी एवं अन्य वरिष्ठ संबंधियों की महत्त्वपूर्ण भूमिका को स्वीकार किया है। कभी-कभी नाभिकीय घरों में माता-पिता दोनों बाहर काम करते हैं। फलस्वरूप बच्चे काफी अकेलापन एवं चिंता महसूस करते हैं। उन्हें नौकरों, घर की देखभाल करने वालों, क्रीड़ा-विद्यालय एवं अन्य औपचारिक माध्यमों पर निर्भर रहना पड़ता है। कई बार इसके चलते उन्हें भावनात्मक दबाव झेलना पड़ता है और उनका व्यक्तित्व भावनात्मक रूप से निरीह हो जाता है। परन्तु अधिकांशतः बच्चे इन परिस्थितियों को झेलना सीख जाते हैं और उनमें स्वतंत्रता एवं व्यक्तिवाद की भावना विकसित हो जाती है।

ज्यादातर भारतीय लोग आज भी संयुक्त घरों में रहते हैं तथा संयुक्त परिवार का आदर्श आज भी कायम है। समकालीन दबाव में संयुक्तता का सांस्कृतिक भाव एवं सदस्यों के बीच भावनात्मक जुड़ाव कमजोर पड़ने लगा है। परिवार के मुखिया या कर्ता का नैतिक अधिकार भी कमजोर हो गया है। आजकल पारिवारिक निर्णय विचार-विनियम या समझौते की एक प्रक्रिया के तहत होता है। भारतीय संसद ने परिवार के महिला सदस्यों के हितों की रक्षा के लिए कई विधेयक पास किये हैं। शिक्षा के प्रसार ने भी बच्चों तथा महिलाओं का सबलीकरण किया है। फलस्वरूप, संयुक्त परिवार के मूल्य, आदर्श एवं प्रथाएँ तेजी से बदल रही हैं। संयुक्त

घरों को बदलते हुए मूल्यों एवं प्रथाओं के साथ अनुकूलन स्थापित करना पड़ रहा है। इन परिवर्तनों की छाया पिछले दो दशकों के सिनेमा एवं टेलीविजन माध्यमों में देखने को मिल सकती है। सिनेमा तथा टेलीविजन के कार्यक्रमों ने समकालीन संदर्भ में संयुक्त परिवार तथा घर के बदलते आयामों को अक्सर अपना विषय-वस्तु बनाया है। कुल मिलाकर, संयुक्त परिवार तथा घर की संस्था में अनुकूलन स्थापित करने की दृष्टि से प्रकार्यात्मक परिवर्तन ज्यादा हो रहे हैं। भारतीय समाज तथा संस्कृति का लचीलापन परिवार रूपी संस्था में आज भी देखने को मिलता है। संरचनात्मक दृष्टि से संयुक्त परिवार का आदर्श और संयुक्त घराने की उपयोगिता में अब भी ज्यादा परिवर्तन नहीं हुआ है।

नातेदारी

प्रत्येक समाज नातेदारी संबंधों का ढाँचा प्रस्तुत करता है। अपने नाभिकीय परिवार के बाहर व्यक्ति के द्वितीयक एवं तृतीयक संबंध होते हैं। हर व्यक्ति के प्राथमिक संबंधी तो उसी नाभिकीय परिवार में पाए जाते हैं। नातेदारी संबंध संस्कृति का वह हिस्सा है जो जन्म और विवाह के आधार पर बने संबंधों एवं संबंध की अवधारणाओं एवं विचारों से संबंधित होता है। नातेदारी संगठन व्यक्तियों के उस समूह को इंगित करता है जो या तो एक-दूसरे के रक्त संबंधी होते हैं या वैवाहिक संबंधी।

जी. डंकन मिचेल के अनुसार जब हम नातेदारी शब्द का इस्तेमाल करते हैं तो हम लोग रक्त-संबंधियों एवं विवाह संबंधियों को संदर्भित करते रहे हैं। रक्त संबंधियों में सामान्यतः उन्हें शामिल किया जाता है जिनके बीच सामूहिक रूप से तथाकथित रक्त संबंध पाया जाता है। रक्त संबंधी वह है जिसका या तो उस परिवार में जन्म हुआ है या उसे परिवार द्वारा गोद लिया गया हो। जबकि विवाह संबंधी उसे कहते है जिसके साथ संबंध का माध्यम विवाह हो। उदाहरण के लिए, पिता-पुत्र संबंध एक रक्त संबंध है जबकि

पति-पत्नी संबंध एक विवाह संबंध है।

नातेदारी दो महत्त्वपूर्ण एवं संबंधित उद्देश्यों की पूर्ति करता है:

1. यह एक पीढ़ी से दूसरी पीढ़ी तक प्रस्थिति, प्रतिष्ठा एवं संपत्ति के हस्तांतरण को संभव बनाता है, तथा
2. कुछ समाजों में यह प्रभावी सामाजिक समूह के निर्माण को कायम रखने में प्रभावी होता है। नातेदारी व्यवस्था परिवार एवं विवाह जैसी दो जुड़ी संस्थाओं का प्रतिफल है और यह जन्म, मृत्यु एवं पुरुष-स्त्री के शारीरिक संबंध से जुड़े सामाजिक व्यवहार का नियमन करता है। नातेदारी एक-दूसरे के प्रति अधिकारों तथा कर्त्तव्यों के बारे में तथा एक-दूसरे की अभिरुचियों एवं अपेक्षाओं के बारे में बतलाता है।

   जिन समाजों में नातेदारी संबंध महत्त्वपूर्ण होते हैं उनमें वंशावली तय करने के स्पष्ट नियम होते है। वंश कई पीढ़ियों के लोगों को जोड़ता है। वंशावली के आधार पर यह बतलाया जा सकता है कि किस व्यक्ति की उत्पत्ति किस व्यक्ति से हुई है।

वंशावली तय करने के तरीके

(क) **एक पक्षीय वंश** - माता-पिता में से जब केवल एक पक्ष को ही वंशावली में गिनने की प्रथा हो तो उसे एक पक्षीय वंश कहते हैं। इसके भी दो रूप हैं :

1. **पितृवंशीय** - इसमें वंश का निर्धारण या गणना केवल पिता या दादा जैसे पुरुष संबंधियों से संबंध स्थापित करके किया जाता है। पितृवंश में पुत्रों के साथ-साथ पुत्रियों की गिनती भी की जाती है। वंश पिता या दादा के नाम से जाना जाता है।
2. **मातृवंशीय** - इसमें वंश का निर्धारण माँ या नानी जैसे स्त्री

संबंधियो के साथ संबंध स्थापित करके किया जाता है। मातृवंश में पुत्रियों के साथ पुत्र की गिनती भी की जाती है। वंश माता या नानी के नाम से जाना जाता है।

3. **द्विवंशीय** – यह भी एक पक्षीय वंश का ही एक रूप है जिसमें मातृवंशीय एवं पितृवंशीय के गुण मिले रहते है। वंशावली का निर्धारण पिता या माता के एक ही पक्ष के आधार पर किया जाता है। परन्तु अलग-अलग उद्देश्यों के लिए अलग-अलग वंशावली तैयार की जाती है। उदाहरण के लिए, अचल संपत्ति के हस्तांतरण के लिए एक पक्ष (पिता) एवं चल संपत्ति के हस्तांतरण के लिए दूसरे पक्ष (माता) के साथ संबंध स्थापित कर वंशावली तैयार की जाती है।

(ख) **द्विपक्षीय वंश** – यह एक पक्षीय वंश नहीं होकर द्विपक्षीय वंश होता है। इसमें एक ही साथ माता और पिता, पुरुष पूर्वज एवं स्त्री पूर्वज दोनो के तरफ से (एक साथ, एक ही उद्देश्य के लिए) वंशावली तैयार की जाती है।

भारत में सामान्यतः पितृवंशीय एवं मातृवंशीय दोनों प्रकार की व्यवस्थाएँ पायी जाती हैं। उत्तर भारत में पितृवंशीय व्यवस्था ज्यादा पाई जाती है। जनजातियों में संथाल एवं मुंडा जैसी जनजातियाँ पितृवंशीय हैं। यह मनोरंजक है कि बहुपति विवाह के रिवाज को मानने वाले टोडा लोग भी पितृवंशीय है। जनजातियों में उत्तर-पूर्व के खासी तथा गारो लोग मातृवंशीय व्यवस्था मानते हैं। केरल की नायर जाति मातृवंशीय व्यवस्था का सर्वोत्तम उदाहरण है।

एकपक्षीय वंश समूह को गोत्र या कुल कहा जाता है। गोत्र या वंश नातेदारों का ऐसा समूह है जिसमें सभी पूर्वजों के साथ ज्ञात कड़ियों के आधार पर वंशानुगत संबंध स्थापित किया जाता है। एक कुल कई वंशों के मिलने से बनता है। कुल नातेदारों का ऐसा समूह है जिसके सदस्य सामूहिक रूप से एक साझे पूर्वज से अपने को जोड़ते हैं परन्तु वे ज्ञात वंशावली के आधार पर उस पूर्वज से संबंध नहीं जोड़ पाते।

एकपक्षीय वंश समूह के सदस्य सामान्यतः कर्मकाण्ड तथा आनुष्ठानिक उत्सवों के अवसर पर साथ-साथ उपस्थित होते हैं। उत्तराधिकार के नियम अधिकांशतः वंशावली के द्वारा नियमित होते हैं। भारत के अधिकांश भाग में अभी हाल तक जमीन एवं घर जैसी अचल संपत्ति नजदीकी पुरुष संबंधियों को हस्तांतरित होती थी। हाल के कानूनी विधेयकों ने पिता की संपत्ति में पुत्री को भी अधिकार प्रदान किया है।

नातेदारी : पारिभाषिक शब्दावली

प्रसिद्ध मानवशास्त्री ए. आर. रैडक्लिफ-ब्राउन का कहना है कि नातेदारी में प्रयुक्त पारिभाषिक शब्दावली अन्य विशेषताओं के अतिरिक्त एक निश्चित नातेदार के अधिकारों एवं कर्त्तव्यों के वर्गीकरण की ओर संकेत करता है। उनके पहले एल. एच. मौर्गन ने कहा था कि नातेदारी शब्दावली हमारे सामाजिक संबंधों के संदर्भ तथा मुहावरे प्रदान करता है। मौर्गन ने नातेदारी में प्रयुक्त पारिभाषिक शब्दावलियों की दो व्यवस्थाओं की चर्चा की है : (क) वर्गात्मक, तथा (ख) वर्णनात्मक।

वर्गात्मक व्यवस्था में नातेदारी में प्रयुक्त शब्दावली के अंतर्गत एक ही शब्द के द्वारा भिन्न प्रकार के नातेदारों को वर्गीकृत या संबोधित किया जाता है।

वर्णनात्मक व्यवस्था में हर नातेदारी शब्द केवल एक खास नातेदार एवं एक खास संबंधी के लिए इस्तेमाल किया जाता है। उदाहरण के लिए, माँ के भाई को मामा, पिता के भाई को चाचा तथा पिता की बहन के पति को फूफा कहा जाता है। ज्यादातर समकालीन समाजों में दोनों प्रकार के (वर्गात्मक एवं वर्णनात्मक) शब्दों का उपयोग किया जाता है। नाभिकीय परिवार के अंदर माँ, पिताजी जैसे वर्णनात्मक शब्दों का उपयोग किया जाता है।

उत्तर भारतीय नातेदारी शब्दावली तुलनात्मक रूप से वर्णनात्मक है। यह व्यक्ति के प्राथमिक संबधों का वर्णन करता है।

पितृपक्षीय वंशावली को स्पष्ट करने लिए चचेरे और फुफेरे तथा मातृवंशीय वंशावली को परिभाषित करने के लिए ममेरे एवं मौसेरे शब्दों का प्रयोग किया जाता है। जैसे भाई के पुत्र को भतीजा एवं बहन के पुत्र को भांजा कहा जाता है। इसके विपरीत, दक्षिण भारतीय नातेदारी शब्दावली में तुलनात्मक रूप से वर्गात्मक शब्दावली पर जोर दिया जाता है। यहाँ एक ही शब्द मामा के द्वारा माता का भाई, पत्नी का पिता एवं पिता की बहन का पति तीनों का बोध होता है।

विशिष्ट नातेदारी शब्दावली, प्रथाएँ एवं नातेदारी व्यवहार

समाज में व्यवस्था एवं मर्यादा बनाये रखने के लिए कुछ व्यवहारों को आवश्यक व्यवहार के रूप में सामाजिक मान्यता एवं स्वीकृति प्राप्त होती है। हँसी-मजाक का संबंध भी इसी प्रकार का एक मान्यता प्राप्त व्यवहार है। हँसी-मजाक के संबंध में दो संबंधियों के बीच एक प्रकार की समानता एवं पारस्परिकता का संबंध होता है। उदाहरण के लिए, एक पुरुष का अपनी पत्नी की छोटी बहन (जीजा-साली) एवं एक स्त्री का अपने पति के छोटे भाई के साथ के संबंध (भाभी-देवर) को हँसी-मजाक का संबंध कहा जाता है। उत्तर भारत की कुछ कृषक जातियों में पति की असामयिक मृत्यु के बाद भाभी का देवर से विवाह देखा गया है। पत्नी की असामयिक मृत्यु के बाद जीजा-साली का विवाह तो उससे भी ज्यादा लोकप्रिय प्रथा है।

अन्य प्रकार के हँसी-मजाक के संबंध भी महत्त्वपूर्ण हैं। उदाहरण के लिए, कुछ समुदायों में दादा-दादी के साथ या नाना-नानी के साथ भी बच्चों का हँसी-मजाक का संबंध होता है। यहां हँसी-मजाक के संबंध अनौपचारिकता, आत्मीयता एवं असीमित स्वतंत्रता के माहौल में बच्चों के विकास में मदद करते हैं।

हँसी-मजाक के संबंध के विपरीत, एक प्रकार के निषेध का संबंध भी नातेदारों के बीच पाया जाता है। उदाहरण के लिए, एक स्त्री का अपने पति के बड़े भाई या पिता से निषेध का संबंध होता है। पति के पिता को श्वसुर (ससुर) एवं पति के बड़े भाई को जेठ या भैंसुर कहा जाता है।

टेकनोनामी

टेकनोनामी की प्रथा भारत के कई ग्रामीण समुदायों में काफी लोकप्रिय है। यह बच्चों के नाम के आधार पर माता-पिता के नामकरण की प्रथा है जैसे, रामू की माँ या सीता के पिताजी। इस प्रथा का एक निहितार्थ यह है कि कई समुदायों में एक स्त्री अपने ससुराल में अपनी पहली संतान के बाद ही पूर्ण सदस्य बन पाती है। फलस्वरूप उसकी पहचान में (प्रथम) संतान का नाम जुड़ना स्वाभाविक बन जाता है।

भारत में नातेदारी व्यवस्था

भारत में नातेदारी व्यवस्था विवाह से संबंधित प्रथाओं एवं रीतियों की विविधता को अभिव्यक्त करती है। अखिल भारतीय स्तर पर भारत में नातेदारी के बारे में सामान्यीकरण करना संभव नहीं है। भारत में एक संगठन के रूप में नातेदारी व्यवस्था काफी हद तक क्षेत्रीय संस्कृति का एक आयाम है। इरावती कर्वे ने भारत में नातेदारी व्यवस्था के चार क्षेत्रों (उत्तर, दक्षिण, पूर्व, पश्चिम) की चर्चा की है। कई अन्य लोग भारत में दो नातेदारी व्यवस्थाओं की चर्चा करते हैं : उत्तर भारतीय नातेदारी व्यवस्था एवं दक्षिण भारतीय नातेदारी व्यवस्था। उत्तर भारतीय एवं दक्षिण भारतीय नातेदारी व्यवस्थाएँ आर्य एवं द्रविड़ नातेदारी व्यवस्था के रूप में भी जानी जाती हैं।

उत्तर भारतीय एवं दक्षिण भारतीय नातेदारी व्यवस्थाएँ

दक्षिण भारतीय क्षेत्र में एक खास प्रकार के करीबी रिश्तेदारों, खासकर ममेरे-फुफेरे भाई-बहनों में विवाह विशेष रूप से पसन्द किया जाता है। परन्तु चचेरे या मौसेरे भाई-बहनों का विवाह कभी नहीं होता। कुल मिलाकर पति-पत्नी के माता-पिता (या आपस में विवाह करने वाले समूहों) की प्रस्थिति बराबर होती है। अक्सर दोनों समूह भौगोलिक रूप से एक-दूसरे के काफी नजदीक होते हैं, कई बार तो एक ही गाँव में रहते हैं। दुल्हन अपने विवाह संबंधियों

से पूर्व परिचित होती है। दक्षिण भारत में नये वैवाहिक संबंध के द्वारा पूर्व स्थापित नातेदारी संबंध मजबूत बनते हैं परन्तु नातेदारी का दायरा विस्तृत नहीं होता।

इसके विपरीत, उत्तर भारत में ममेरे-फुफेरे भाई-बहनों के बीच विवाह को स्वीकृति नहीं है। सच तो यह है कि उत्तर भारत में पहले से नजदीकी नातेदारी संबंधों में बंधे लोगों के बीच वैवाहिक संबंध का निषेध है। सामान्यतः एक गाँव या शहर के लोग भौगोलिक रूप से काफी दूर-दूर विवाह करना पसन्द करते हैं। ज्यादातर लोग ग्राम बहिर्विवाह के नियम को भी मानते हैं। इस क्षेत्र में नातेदारी संबंध के दायरे को विस्तृत करने पर जोर दिया जाता है न कि पूर्व स्थापित संबंधों के दायरे को ज्यादा गहरा करने पर। उत्तर भारतीय नातेदारी व्यवस्था में दुल्हन पति के परिवार में एकदम अपरिचित की तरह आती है। अपने वैवाहिक संबंधियों के द्वारा किए गये असहिष्णुतापूर्ण व्यवहार के कारण वह कभी-कभी काफी निरीह महसूस करती है। उत्तर भारत में ऐसे विवाह सामान्यतः सामाजिक रूप से असमान सामाजिक प्रस्थिति वाले समूहों को जोड़ते हैं। वर-मूल्य की प्रथा (डाउरी) के कारण कन्या पक्ष और दुल्हन को प्रत्यक्ष एवं अप्रत्यक्ष रूप से कई समस्यायें झेलनी पड़ती है।

समकालीन भारत में नातेदारी

ज्यादातर भारतीयों के लिए नातेदारी संबंध आज भी महत्त्वपूर्ण माने जाते हैं। संकट काल में ज्यादातर भारतीय प्राथमिक रूप से अपने नातेदारी संबंधों पर ही भरोसा करते हैं। जब किसी संबंधी की मृत्यु होती है तो नातेदारी से जुड़े सभी स्त्री-पुरुष शोक संतप्त परिवार को सहयोग देने के लिए तत्पर रहते हैं। जब कोई व्यक्ति किसी नये स्थान में प्रव्रजन करता है तो वह सबसे पहले अपने रक्त या विवाह संबंधियों से ही संपर्क करता है। जब किसी व्यक्ति को नौकरी की आवश्यकता होती है तो उसके संबंधियों द्वारा हर संभव मदद की जाती है। जब वह किसी नई जगह में जाता है तो

शुरू में वह अपने संबंधियों के यहाँ ही ठहरता है। उसके विवाह के लिए प्रस्ताव भी उसके नातेदारी संबंधियों की मध्यस्थता से ही आता है। इसी प्रकार जब विवाह संपन्न होता है तो नातेदार ही दूल्हे तथा दुल्हन को उपहार देने का आवश्यक कर्त्तव्य निभाते हैं। अधिकांश भारतीय के जीवन में नातेदारी सामाजिक एवं सांस्कृतिक जीवन की रूपरेखा प्रस्तुत करता है। जाति, वर्ग एवं पड़ोस भी महत्त्वपूर्ण होता है परन्तु नातेदारी की भूमिका इनमें सबसे ज्यादा प्रभावकारी होती है।

अध्याय **6**

भारतीय संस्कृति में जाति, वर्ग एवं जनजाति

प्रत्येक समाज में किसी-न-किसी रूप में असमानता और विभेदीकरण अपरिहार्य होता है। सामाजिक विभेदीकरण व्यक्तियों को आयु, नाते-रिश्तेदारी, लिंग, आर्थिक स्थिति, सामाजिक स्थिति एवं क्षेत्रीय सामीप्य आदि के आधार पर विभिन्न वर्गों में विभाजित करने की प्रक्रिया है। समाजशास्त्र में सामाजिक स्तरीकरण प्रत्येक व्यक्ति एवं वर्ग को विभिन्न स्तरों में जन्म, शिक्षा, व्यवसाय और आय के आधार पर विभाजित करता है।

भारत में सामाजिक, आर्थिक और सांस्कृतिक विभेदीकरण जाति, वर्ग और जनजातीय संस्थाओं के रूप में देखने को मिलता है। जाति मुख्यतः एक सामाजिक संस्था है जबकि वर्ग मुख्यतः एक आर्थिक संस्था है। इसका तात्पर्य यह नहीं है कि जाति में आर्थिक आयाम नहीं है एवं वर्ग में सामाजिक पक्षों की उपस्थिति नहीं है। यह केवल तुलनात्मक अंतर का प्रश्न है। जाति मुख्यतः सामाजिक विभेदीकरण का प्रतिनिधित्व करती है जबकि वर्ग सामान्यतः आर्थिक विभेदीकरण का प्रतिनिधित्व करता है। ये दोनों सामाजिक एवं आर्थिक असमानता के प्रतिफल हैं।

जाति एवं वर्ग की भाँति जनजाति सामाजिक स्तरीकरण का प्रकार नहीं होकर सामाजिक संगठन या सामाजिक रचना का प्रकार है। एक ही समाज के विभिन्न स्तरों को प्रदर्शित करने की अपेक्षा जनजाति पूर्ण समाज को प्रदर्शित करती है। भारतीय संदर्भ में जनजाति मुख्यतः एक भाषाई तथा सांस्कृतिक वर्ग है। जनजाति एवं गैर-जनजाति संदर्भ मूलतः सांस्कृतिक विभेदीकरण को प्रदर्शित करते हैं। वास्तव में जनजातियों का विकास के विभिन्न अवसरों से

वंचित होना ही इन लोगों को सामाजिक स्तरीकरण के दायरे में लाता है। यहाँ जाति, वर्ग एवं जनजाति का विस्तृत विवेचन प्रासंगिक होगा।

जाति व्यवस्था

भारत के पारंपरिक साहित्य में जाति शब्द का इस्तेमाल व्याकरण में हुआ है। व्याकरण ग्रंथों में जातिवाचक संज्ञा की चर्चा है। भारत के पारंपरिक साहित्य में जाति शब्द का तात्पर्य एक सामाजिक वर्ग या संस्तरित समूह से नहीं है। फलस्वरूप भारत में जाति की उत्पत्ति एवं इसके स्वरूप के बारे में विवाद है। समकालीन समय में जाति शब्द अंग्रेजी के शब्द 'कास्ट' का हिन्दी अनुवाद है। 'कास्ट' शब्द की उत्पत्ति पुर्तगाली शब्द 'कास्टा' (Casta) से हुई है जिसका अर्थ है – समूह। इस अर्थ में जाति एक प्रदत्त समूह माना जाता है जिसकी सदस्यता जन्म से निर्धारित होती है। एक व्यक्ति एक जाति में जन्म लेता है और यह प्रस्थिति साधारणतः स्थाई होती है। आरंभ में यूरोपीय विद्वानों ने जाति, उपजाति एवं वर्ण की अवधारणा को 'कास्ट' के समानार्थक माना लेकिन वर्तमान समय में अधिकांश समाजशास्त्री 'कास्ट' (Caste) को जाति के रूप में परिभाषित करते हैं, न कि वर्ण या उपजाति के रूप में।

समाजशास्त्र में जाति एवं वर्ण दो भिन्न अवधारणाएँ हैं। वर्ण व्यवस्था में व्यक्तियों के वर्गीकरण का आधार अंतर्निहित गुण को माना जाता है। ऋग्वेद के पुरुष-सूक्त में वर्ण व्यवस्था की उत्पत्ति के बारे में एक प्रतीकात्मक सिद्धांत प्रस्तुत किया गया है। नासमझीवश या एक रणनीति के तहत इस प्रतीकात्मक सूत्र की यांत्रिक व्याख्या करके अनर्थ का प्रचार किया गया। एम. एन. श्रीनिवास ने इस त्रुटि को दूर करके वर्ण व्यवस्था के वास्तविक स्वरूप को स्थापित किया। उन्होंने कहा कि वर्ण व्यवस्था केवल आदर्श प्रारूप है जबकि जाति एक वास्तविक आनुभविक समूह है जो सामाजिक, धार्मिक एवं व्यावसायिक आधारों पर विभाजित होती है। जाति एक बंद एवं सामान्यतः अन्तःविवाही समूह है जिसकी अपनी ही विशेषताएँ हैं,

जैसे इसका वंशानुगत व्यवसाय। विवाह के नियम, खान–पान के प्रतिबंध, व्यावसायिक कठोरता और यहाँ तक कि गाँव की राजनीति भी जाति से प्रभावित होती रही है। एम. एन. श्रीनिवास के अनुसार भारत में जातिगत विभिन्नताओं को सामान्यतः वर्ण व्यवस्था के प्रारूप में देखा जाता है। अन्य विद्वानों की राय में वर्ण व्यवस्था एक आदर्श व्यवस्था है जिसमें अधिकार से ज्यादा कर्त्तव्य पर जोर है। यह समाज के चार प्रमुख वर्णों के पेशेवर स्वभाव, कर्त्तव्य एवं नैतिकता का आदर्श प्रारूप है। अलग–अलग क्षेत्रों में यही जातियाँ वर्ण व्यवस्था के प्रारूप में स्थानीय व्यवस्था को पारंपरिक रूप से चलाती रही हैं। आधुनिकता के दबाव में वर्ण व्यवस्था का प्रारूप तो अप्रासंगिक हो गया परन्तु जातियाँ प्रासंगिक बनी रहीं।

पौराणिक साहित्य के अनुसार वर्ण व्यवस्था में सामाजिक गतिशीलता होती है। विश्वामित्र जो जन्म से क्षत्रिय थे अपनी साधना एवं पुरुषार्थ के बल पर ब्राह्मण बन गए। इस प्रकार की गतिशीलता जातियों में मुश्किल से ही देखने को मिलती है। इसके अतिरिक्त, वर्ण व्यवस्था में छुआछूत की भावना भी नहीं होती थी जबकि जाति व्यवस्था के अंतर्गत एक हानिकारक पक्ष के रूप में छुआछूत की चर्चा अक्सर की जाती है।

जाति व्यवस्था की विशेषताएँ (लक्षण)

भारत में परंपरागत जाति व्यवस्था की निम्नलिखित मुख्य विशेषताएँ हैं :

1. **समाज का खण्डात्मक विभाजन** : भारतीय समाज सामान्य सामाजिक समूहों में विभाजित है जिसको जाति (या जनजाति) कहते हैं। इसमें से प्रत्येक जाति अपने आप में विकसित एक सामाजिक समूह है। इसकी सदस्यता जन्म पर आधारित होती है। समाज का खण्डात्मक विभाजन अनेक समूहों में इसके वर्गीकरण को दर्शाता है, जिसमें से प्रत्येक का अपना जीवन होता है और वह दूसरी जाति से उच्च या

निम्न प्रस्थितियों द्वारा संबद्ध होती है। एक जाति से दूसरी जाति में परिवर्तन असंभव होता है। विभिन्न जातियों में व्यावहारिक प्रतिमान, खान-पान की आदतें, बातचीत का ढंग एवं अंतःक्रिया अलग होती हैं। जाति का प्रत्येक सदस्य उस जाति के साथ अपनी पहचान बनाता है। प्रत्येक जाति का स्वयं का संगठन होता है जिसको जाति-पंचायत या जाति-परिषद् के नाम से जाना जाता है। जाति के सदस्यों के प्रतिदिन के क्रियाकलापों में एक दूसरे के प्रति सहयोग, मदद एवं कर्त्तव्य का भाव देखने को मिलता है।

2. **संस्तरण** : जी. एस. घुर्ये के अनुसार प्रत्येक भाषा-संबंधी क्षेत्र में लगभग तीन सौ से अधिक जातियाँ पाई जाती हैं। इन जातियों को सामाजिक श्रेणी के आधार पर एक संस्तरण में व्यवस्थित किया जा सकता है। इस संस्तरण के शीर्ष पर ब्राह्मण जाति तथा सबसे नीचे अछूत जातियाँ होती हैं। इनके बीच में बहुत-सी मध्यवर्ती जातियाँ होती हैं। इस प्रकार एक स्थान में पायी जाने वाली विभिन्न जातियाँ उच्चता और निम्नता के आधार पर विभाजित होती हैं।

3. **सामाजिक अंतःक्रिया एवं खान-पान पर प्रतिबंध** : जाति में खान-पान, सामाजिक अंतःक्रिया इत्यादि के कुछ विशेष नियम हैं जिसे जाति के प्रत्येक सदस्य को मानना पड़ता है। इन नियमों का उद्देश्य समाज में पवित्रता बनाये रखना होता है। जाति-पंचायतों के द्वारा इन नियमों को कठोरता से लागू किया जाता है। इन नियमों का आधार धर्म, कर्म, अनुष्ठानीय पवित्रता एवं अपवित्रता की अवधारणा, धार्मिक एवं कानूनी प्रथाएँ एवं लोकाचार रहा है। कच्चे एवं पक्के खानों के संबंध में भी कई प्रकार के प्रतिबंध एवं निषेध होते हैं। सामाजिक भोज के अवसर पर पाँत (पंक्ति) के उपयोग के पीछे भी श्रेष्ठता एवं निम्नता का भाव पाया जाता है।

4. **व्यवसाय के चुनाव में प्रतिबंध** : किसी भी गाँव में दो प्रकार

की जातियाँ होती हैंः (क) जिनका व्यवसाय कृषि है, और (ख) जिनका व्यवसाय कृषि के अलावे कोई अन्य पेशा या शिल्प है। कृषि के व्यवसाय में सामान्यतः कई जातियाँ होती हैं जबकि अन्य व्यवसाय, पेशे या शिल्प का संबंध एक विशिष्ट स्थानीय जाति से होता है। सामान्यतः एक जाति की सदस्यता वंशानुगत होती है एवं पारंपरिक व्यवसाय के चुनाव में स्वतंत्रता नहीं होती है। परंपरागत रूप से कृषि के अलावे अन्य व्यवसाय प्रायः एक ही जाति से संबंधित होती है जिससे जजमानी व्यवस्था बनती है। जजमानी व्यवस्था के दायरे में जाति व्यवस्था का स्वरूप बंद वर्ग जैसा दिखता है। विभिन्न जातियाँ अपनी सामाजिक एवं आर्थिक आवश्यकताओं की पूर्ति के लिए एक दूसरे पर निर्भर होती हैं। इस प्रकार यह एक सावयवी व्यवस्था बन जाती है।

5. **विवाह पर नियंत्रण** : अंतःविवाह जाति व्यवस्था की एक महत्त्वपूर्ण विशेषता है। एक जाति के सदस्यों को अपनी स्वयं की जाति में ही विवाह करना होता है।

6. **अन्तःनिर्भरता** : गाँव के स्तर पर जजमानी व्यवस्था के कारण प्रत्येक जाति एक दूसरे पर निर्भर होती है। इनकी निर्भरता केवल आर्थिक रूप से ही नहीं बल्कि सामाजिक, सांस्कृतिक एवं धार्मिक रूप से भी होती है।

जाति व्यवस्था के प्रकार्य

जाति व्यवस्था को ग्रामीण समुदाय के साथ भारत के परंपरागत सामाजिक संगठन को बनाए रखने का श्रेय दिया जाता है। इस व्यवस्था ने अधिकांश समुदायों को जीविकोपार्जन के साधन उपलब्ध करवाकर भारतीय समाज व्यवस्था में समायोजित किया और उन साधनों पर उनका एकाधिकार सुरक्षित किया। जाति व्यवस्था ने वंशानुगत व्यवसायों के तकनीकी ज्ञान एवं कलाओं को एक पीढ़ी से दूसरी पीढ़ी में हस्तान्तरित किया है। इस प्रकार इस

व्यवस्था ने संस्कृति को बचाने एवं उत्पादकता को बढ़ाने में सहायता की है। साथ ही इसने एक गाँव की विभिन्न जातियों में जजमानी संबंधों के द्वारा सुरक्षा प्रदान करके पारंपरिक कार्य-संस्कृति (वर्क-कल्चर) एवं उपासना पद्धति को सुदृढ़ किया है। इस प्रकार जाति व्यवस्था के द्वारा कर्म एवं धर्म की पारंपरिक अवधारणा को बनाए रखा जाता है और सामाजिक विचलन पर नियंत्रण स्थापित किया जाता है। धार्मिक संस्कारों एवं कर्मकाण्डों के प्रयोग ने विभिन्न जातियों के बीच में सहयोग को प्रोत्साहित किया है। दूसरी तरफ इसने उच्च जातियों के प्रभुत्व को भी कायम रखने में भूमिका निभायी जिससे सामाजिक गतिशीलता प्रभावित हुई है। समकालीन समय में जातियाँ राजनीतिक समूह के रूप में रूपांतरित हो गई हैं। यह प्रक्रिया मध्यकालीन भक्ति आंदोलन में ही शुरू हो गई थी। आधुनिक काल में इसमें तेजी आई है। जाति-आधारित संगठन एवं आंदोलन समकालीन राजनीतिक संगठन के लिए बहुत महत्त्वपूर्ण हो गई हैं। यह एक बहुत बड़ी ग्रामीण जनसंख्या को चुनावी प्रक्रिया में भाग लेने का अवसर देता है जो भारतीय प्रजातंत्र को बनाए रखने के लिए एक शुभ संकेत है। जातीय चेतना के विकास को नये सम्प्रदायों के जन्म एवं पुरानी प्रथाओं के महिमामंडन से भी जोड़ा जाता है।

जाति व्यवस्था के अकार्य

जाति व्यवस्था देश की एकता में बाधा उत्पन्न करती है। यह सामाजिक निषेधों एवं पवित्रता और अपवित्रता की अवधारणा से राष्ट्रीय जागृति को कुंठित करती है। जाति व्यवस्था का अस्पृश्यता (छुआछूत की भावना) से भी चाहे-अनचाहे संबंध जुड़ गया है। इससे समाज का निम्न वर्ग लांछित हुआ है। मध्यकाल से ही संतों एवं भक्तों ने जाति व्यवस्था के इस पक्ष का जमकर विरोध किया है। आधुनिक सुधारवादियों ने भी छुआछूत एवं जाति व्यवस्था को जुड़ा माना। अस्पृश्य समझी जाने वाली जातियों को अन्य धर्मों में धर्मांतरित करने के भी कई सफल-असफल प्रयास हुए हैं। इनसे

समाज में दलित आंदोलन एवं पिछड़ा वर्ग आंदोलन को भी प्रोत्साहन मिला है जिससे समाज में जाति आधारित प्रतिद्वंद्विता एवं संघर्ष बढ़ा है। दलित एवं पिछड़े वर्ग के बीच की खाई बढ़ी है। आरक्षण की सुविधा तो प्रभु वर्ग ले लेता है जबकि आम जन की गरीबी बढ़ती जाती है।

जाति व्यवस्था क्षैतिजीय एवं उर्ध्वगामी गतिशीलता को बाधित करता है। इस प्रकार यह व्यवस्था एक व्यक्ति को उसकी क्षमता एवं इच्छा के विरूद्ध परंपरागत व्यवसाय करने के लिए बाध्य करती है। यह औद्योगिक विकास के लिए एक बड़ी बाधा है। जाति व्यवस्था मानव के व्यक्तित्व के विकास में भी बाधा डालती है। इसने सार्वजनिक क्षेत्रों में प्रायः महिलाओं की प्रस्थिति में भी कोई वृद्धि नहीं की है।

समकालीन भारत में जाति

समकालीन भारत के सार्वजनिक जीवन में सामान्यतः एक जाति अथवा उपजाति के सदस्य होने का कोई खास अर्थ नहीं है। जाति व्यवस्था अब कमजोर हो गई है। फिर भी विवाह के क्षेत्र में इसका तुलनात्मक महत्त्व बना हुआ है। समकालीन भारत में अन्तःविवाह अभी भी विवाह का एक प्रधान रूप है परन्तु अंतर्जातीय विवाह भी स्वीकृत हो रहे हैं। यह लक्षण नगरीय क्षेत्रों में विशेष रूप से देखने को मिलता है। भारत के प्रत्येक क्षेत्र में जाति का राजनीतिक प्रयोग बढ़ता जा रहा है।

जाति व्यवस्था की संरचनात्मक एवं प्रकार्यात्मक व्यवस्था कमजोर हो गई है। धार्मिक कर्मकांड, खान-पान एवं शारीरिक मेलजोल संबंधी निषेध प्रायः समाप्त होते जा रहे हैं। जाति एवं व्यवसाय का संबंध अब बीते दिनों की बात हो गई है। नगरीय क्षेत्रों में जजमानी संबंधों को बाजार व्यवस्था ने पूर्ण रूप से प्रतिस्थापित कर दिया है। यहाँ तक की गाँवों में भी जजमानी संबंध केवल रीति-रिवाजों के स्तर पर ही कायम है।

जाति का प्रभुत्व अब कर्मकाण्डीय प्रस्थिति पर आधारित नहीं है। आज गाँवों में सांख्यिक शक्ति, आर्थिक शक्ति, शिक्षा, राजनीतिक तानाबाना एवं जातियों की आंतरिक संबद्धता आदि तत्त्व अब एक जाति को संप्रभु बनाता है। जाति व्यवस्था ने परिवर्तित समय के साथ अपना सामंजस्य ठीक से स्थापित कर लिया है। इसने अपनी प्रासंगिकता को और अधिक मजबूत एवं लचीला बना लिया है। विभिन्न प्रकार की सामाजिक प्रक्रियाएँ भी अपना कार्य कर रही हैं। संस्कृतिकरण, पश्चिमीकरण, औद्योगीकरण एवं नगरीकरण इस दृष्टिकोण से सबसे महत्त्वपूर्ण प्रक्रियाएँ हैं। संस्कृतिकरण से परंपरा का संवर्धन होता है जबकि पश्चिमीकरण, औद्योगीकरण एवं नगरीकरण की प्रक्रियाओं से आधुनिकता को शक्ति मिलती है।

जातियों की उत्पत्ति के प्रमुख सिद्धांत

जातियों की उत्पत्ति के बारे में भारतीय समाजशास्त्र एवं भारतीय समाज में विभिन्न प्रकार के सिद्धांत प्रचलित रहे हैं। किसी भी एक सिद्धांत के बारे में सर्वानुमति का अभाव रहा है। विभिन्न विद्वानों ने जाति को कभी प्रजाति (रेस) से जोड़ा तो कभी वर्ण व्यवस्था से; कभी नातेदारी समूह से जोड़ा तो कभी व्यावसायिक समूह से। कुछ विद्वानों ने जाति की उत्पत्ति को धार्मिक क्रिया-कलाप से जोड़ा तो कुछ ने जनजातियों में पाये जाने वाले 'माना' के सिद्धांत से। जी. एस. घुर्ये ने माना कि जाति की उत्पत्ति वर्ण व्यवस्था के टूटने से हुई है। वर्ण व्यवस्था के टूटने के प्रमुख कारण के रूप में उन्होंने प्रतिलोम के सिद्धांत एवं वर्ण संकर संतानों की उत्पत्ति को माना है। इसके विपरीत इरावती कर्वे की मान्यता है कि जाति व्यवस्था वर्ण व्यवस्था से पुरानी संस्था है। वर्ण व्यवस्था का जन्म समान व्यवसाय वाली विभिन्न जातियों के गठजोड़ के परिणामस्वरूप कालांतर में हुआ। ज्यादातर समकालीन विद्वान उपरोक्त सिद्धांतों को अनुमान मात्र मानते हैं। समकालीन जातियों की स्थिति, संरचना एवं प्रकार्य को देखते हुए यही लगता है कि जातियाँ भारत में प्राचीन

काल से रही हैं। परन्तु इनके स्वरूप, आपसी संबंध, इनके प्रकार्य तथा स्थानीय, प्रादेशिक एवं राष्ट्रीय व्यवस्था से इनका संबंध क्रमशः बदलता रहा है। जातियाँ मूलतः अंतर्विवाही समूह रही हैं एवं अधिकांश जातियों का पारंपरिक रूप से किसी खास व्यवसाय, शिल्प, कला या तकनीक से संबंध रहा है। जातियों का अस्तित्व, जातिवाद का विकास एवं जातियों का राजनीतिक दुरुपयोग अलग-अलग चीजें हैं। जातियों के वर्तमान स्वरूप एवं उनके बीच पाये जाने वाला प्रतिस्पर्धात्मक संबंध अंग्रेजी राज के दौरान विकसित आर्थिक, राजनैतिक, तकनीकी, सामाजिक एवं कानूनी परिस्थितियों के परिणामस्वरूप विकसित हुआ। स्वतंत्रता प्राप्ति के बाद भी उपरोक्त परिस्थितियों के जारी रहने तथा स्वतंत्रता आंदोलन की भावना के कमजोर पड़ने के कारण स्थिति में और गिरावट आई है।

'अछूत' जातियों या 'अपराधी' जनजातियों की उत्पत्ति के बारे में विदेशी विद्वानों एवं देशी विद्वानों के बीच में अलग-अलग सिद्धांत या मत प्रचलित हैं। ईसाई मिशनरियों एवं यूरोपीय विद्वानों ने भारत में ईसाई धर्म के प्रचार-प्रसार के मार्ग में जाति व्यवस्था को सबसे बड़ी बाधा माना एवं हिन्दू धर्म के सभ्यतामूलक स्वरूप को अंग्रेजी राज के लिए सबसे बड़ा खतरा माना। फलस्वरूप दोनों के बारे में व्यवस्थित कुप्रचार किया गया। अंग्रेजी राज के सारे दुष्परिणामों एवं पापों को जाति व्यवस्था एवं हिन्दू धर्म से जोड़ दिया गया। इस कुप्रचार को तार्किक ठहराने के लिए पारंपरिक ग्रंथों के मनमाने संस्करण निकाले गये एवं कुतर्क के सहारे विभिन्न श्लोकों के प्रतीकात्मक स्वरूप को नजरअंदाज करके मनमाने अर्थ आरोपित कर दिये गये। उदाहरणस्वरूप, वर्ण व्यवस्था एवं जाति व्यवस्था के बीच के महत्त्वपूर्ण अंतर को नजरअंदाज करके दोनों को एक साबित किया गया एवं छुआछूत को हिन्दू धर्म का विशिष्ट आयाम साबित किया गया।

भारतीय साहित्य, भारतीय संस्कृति, भारतीय वास्तुशैली एवं सामाजिक मान्यताओं के आधार पर महात्मा गाँधी, डा. अंबेडकर,

ए. के. सरण, धरमपाल एवं के. एस. लाल जैसे भारतीय विद्वानों एवं सूसन बेयली तथा निकोलस डर्कस जैसे समकालीन समाज वैज्ञानिकों ने अछूत जातियों एवं अपराधी ठहराई गई जनजातियों के बारे में उपनिवेशवादी विमर्श को अतार्किक, अप्रासंगिक एवं साजिशपूर्ण ठहराया है। के. एस. लाल ने अपने अध्ययनों के आधार पर यह निष्कर्ष निकाला है कि ग्यारहवीं शताब्दी से पहले भारतीय घरों के अंदर शौचालय का निर्माण किया ही नहीं जाता था। पुराने नगरों के किसी भी उपलब्ध खण्डहर में या भारतीय वास्तुशास्त्र के किसी भी ग्रंथ में शौचालय का निर्माण घरों या महलों के अंदर नहीं पाया गया है। फलस्वरूप मैला ढोने की प्रथा या भंगी जाति का अस्तित्व पारंपरिक भारतीय संस्कृति से जोड़ना शरारतपूर्ण है। के. एस. लाल जैसे अनेक विद्वानों ने मध्यकालीन इतिहास के गंभीर अध्ययन के उपरांत यह निष्कर्ष निकाला है कि अछूत जातियों एवं अपराधी जनजातियों का जन्म पिछले एक हजार साल की गुलामी के दौर में हुए सांस्कृतिक संघर्षों के दौरान हुआ। जिन जातियों, उपजातियों या जनजातियों ने विदेशी आक्रांताओं के सामने आत्मसमर्पण नहीं किया उनकी या तो हत्या कर दी गई या उनको धर्म परिर्वतन करने के लिए विवश किया गया। जिन जातियों, उपजातियों या जनजातियों ने विदेशी आक्रांताओं की शर्तों को नहीं माना उनका मान भंग किया गया या अछूत ठहरा दिया गया या अपराधी मान लिया गया। मान भंग करने के लिए या तो उन्हें मैला ढोने के लिए मजबूर किया गया अथवा हिन्दू धर्म में निषिद्ध कर्म करने के लिए बाध्य किया गया, जैसे गोमांस खाना। कुछ जातियों एवं जनजातियों ने उपरोक्त स्थिति से बचने के लिए जंगलों, पहाड़ों एवं घाटियों में शरण लिया या खानाबदोश की जिंदगी बसर करना श्रेयष्कर समझा। उदाहरण के लिए, उत्तर भारत में पाई जाने वाली बाखो-बखोईन या गुलगुलिया नामक जाति अपने को अकबर एवं मान सिंह के समकालीन महाराणा प्रताप का वंशज एवं अनुयायी मानती है। महाराणा प्रताप एवं उनके अनुयायियों ने यह शपथ लिया

था कि वे जब तक अकबर के शासन से मेवाड़ को स्वतंत्र नहीं करा लेंगे तब तक जमीन पर सोयेंगे, घास की रोटी खायेंगे एवं एक स्थान पर नहीं टिकेंगे। बाखो-बखोईन नामक जाति आज भी इस शपथ के अनुरूप जीवन जीती है और गर्व से याद करती है कि उनके पुरखों ने मान सिंह की तरह अपनी बहन का दान करके अकबर के साथ मानहीन समझौता नहीं किया था। अधिकांश अछूत जातियों एवं अपराधी माने जाने वाली जनजातियों का जन्म संभवतः इसी प्रक्रिया से हुआ था। विदेशी साम्राज्य की स्वामिभक्त प्रजा ने अपने शासक द्वारा जारी किये गये फरमान को मानते हुए उपरोक्त जातियों एवं जनजातियों से दूरी बना कर उनका साथ नहीं दिया। फलस्वरूप शासकीय बहिष्कार सामाजिक बहिष्कार के रूप में रूपांतरित होकर धीरे-धीरे भारतीय समाज की सामाजिक कुरीति एवं सामाजिक रूढ़ि कहलाने लगा और इन्हीं रूढ़ियों को आधार बनाकर हिन्दू समाज को लांक्षित करने वाले सांस्कृतिक विमर्शों का निर्माण किया जाने लगा। भक्ति आंदोलन के समय से ही हमारे संतों एवं महापुरूषों ने छुआछूत की भावना का जमकर विरोध किया और अछूत समझी जाने वाली जातियों के उद्धार के लिए विभिन्न प्रकार के कार्यक्रम चलाये। यह प्रक्रिया महात्मा गाँधी के समय तक चली। स्वतंत्र भारत के संविधान में छुआछूत को एक अपराध घोषित किया गया तथा अनुसूचित जातियों एवं जनजातियों को आरक्षण की सुविधा दी गई।

वर्ग व्यवस्था

सामाजिक वर्ग सामाजिक स्तरीकरण का वह प्रकार है जो सबसे अधिक औद्योगिक समाजों में देखने को मिलता है। औपनिवेशीकरण के कारण आज ऐसे समाजों में भी वर्ग का अस्तित्व देखने को मिलता है जहाँ औद्योगिक विकास नहीं हुआ है। वर्ग की न तो कोई कानूनी परिभाषा है और न ही धर्म द्वारा इसे स्वीकृति प्राप्त है। सामाजिक वर्ग सामान्यतः ऐसे लोगों का समूह है जो धन, आय, व्यवसाय एवं शिक्षा जैसे कारकों के आधार पर एक श्रेणी के अंतर्गत

आते हैं। एक वर्ग दूसरे वर्ग से आर्थिक-राजनैतिक दृष्टि से असमान होता है। वर्ग स्तरीकरण की वह व्यवस्था है जिसमें एक व्यक्ति की सामाजिक प्रस्थिति उसके द्वारा अर्जित की जाती है। यह व्यक्तियों को अपनी सामाजिक स्थिति में विकास करने की सैद्धांतिक स्वतंत्रता देता है। वर्ग व्यवस्था के अंतर्गत कोई व्यक्ति अपने पुरुषार्थ द्वारा अपनी प्रस्थिति को परिवर्तित कर सकता है।

वर्ग व्यवस्था व्यक्तियों को अपना व्यवसाय चुनने के लिए प्रोत्साहित करती है। वर्ग की सदस्यता जाति की सदस्यता की भाँति वंशानुगत नहीं होती है। जाति व्यवस्था में सामाजिक प्रस्थिति जन्म से प्राप्त हो जाती है जबकि वर्गों के मध्य की सीमाएँ कभी कठोर नहीं रही हैं। विभिन्न वर्गों के मध्य अंतर्वर्गीय विवाह पर कोई औपचारिक प्रतिबंध नहीं होता है। वर्ग व्यवस्था में सामाजिक गतिशीलता साधारण बात है लेकिन स्तरीकरण के अन्य प्रकारों में ऐसा नहीं होता। फिर भी वर्ग व्यवस्था में कोई व्यक्ति बहुत आसानी से उर्ध्वगामी प्रस्थिति अर्जित नहीं कर सकता है। इसके अतिरिक्त, एक सामाजिक वर्ग एक विशिष्ट जीवन शैली वाला सांस्कृतिक समूह भी है। वर्गगत गतिशीलता जीवन में मिलने वाले अवसरों पर भी निर्भर करता है।

कार्ल मार्क्स ने पूँजीवादी समाज को उत्पादन के साधनों के स्वामित्व के आधर पर दो वर्गों में विभाजित किया है - पूँजीवादी एवं सर्वहारा। मैक्स वेबर ने सामाजिक प्रस्थिति एवं राजनीतिक सत्ता के आधार पर यह सुझाव दिया है कि समाज में दो या दो से अधिक वर्ग भी हो सकते हैं। संचयी असमानता जाति व्यवस्था की विशेषता है जबकि भिन्न-भिन्न प्रकार की असमानता वर्ग व्यवस्था की विशेषता है।

आधुनिक भारत में सामाजिक वर्ग सामाजिक संरचना का महत्त्वपूर्ण अंग है। इन सामाजिक वर्गों की जड़ें अंग्रेजी शासन काल में पड़ी थीं। अंग्रेजी शासन पूर्व के भारत में लोगों का वर्गीकरण दो कारणों से संभव नहीं हो सका। प्रथम, ग्रामीण समुदाय एक

आत्मनिर्भर इकाई थी। वे उतनी ही मात्रा में उत्पादन करते थे जिससे उनकी आवश्यकताएँ पूरी हो सकें। इससे ग्रामीण जनसंख्या में बहुत कम विभिन्नता थी। दूसरा, यदि कभी वर्ग के आयाम पर विभिन्नता होती भी थी तो इसका प्रभाव जाति एवं जजमानी व्यवस्था के अंतर्गत स्पष्ट प्रदर्शित नहीं होता था। यदि वृहत्तर रूप से देखा जाए तो भारत में वर्ग विभाजन केवल शासकों एवं शासितों के मध्य था। व्यापारियों, कारीगरों एवं विभिन्न विशिष्ट वर्गों में भी विभिन्न श्रेणी के प्रशासनिक अधिकारी होते थे। अन्य लोगों के बीच आर्थिक असमानता बहुत कम थी।

ग्रामीण भारत में वर्ग

ब्रिटिश औपनिवेशिक शासन ने परंपरागत ग्रामीण अर्थव्यवस्था को छिन्न-भिन्न कर दिया। कृषि एवं ग्रामीण उद्योग के मध्य जो परस्पर संबंध था वह नष्ट हो गया। भारतीय अर्थव्यवस्था अंग्रेजों के व्यापारिक हितों के अधीन हो गई। इन सभी स्थितियों ने एक नए प्रकार की वर्ग संरचना को जन्म दिया। ब्रिटिश शासकों ने भारत में एक नए प्रकार के भू-राजस्व को लागू किया, जैसे जमींदारी बंदोबस्त, रैयतवाड़ी एवं महालवारी। जमींदारी व्यवस्था ने एक नए जमींदार वर्ग को जन्म दिया जो बाद में वंशानुगत आधार पर बड़े-बड़े भूखण्डों के वंशानुगत स्वामी बन गए। रैयतवाड़ी व्यवस्था में कृषक को भूमि का स्वामी बनाया गया जो सीधे अंग्रेजी सरकार को भू-राजस्व देता था। इसने रैयत-जमींदार एवं रैयत-कृषक वर्ग को जन्म दिया। भू-राजस्व की महालवारी व्यवस्था के निर्माण में अंग्रेजी सरकार, बड़े जमींदार एवं गाँवों या महालों के बड़े भू-स्वामियों की संयुक्त भूमिका थी।

इन सभी व्यवस्थाओं के अंतर्गत जमींदार या स्वामी कृषक अंग्रेजी सरकार को एक निश्चित मात्रा में भू-राजस्व देता था। इसके लिए वे हर हालत में (चाहे फसल अच्छी हो या न हो) साधारण कृषक से पैसा वसूल करते थे। इसके फलस्वरूप महाजनों का एक

नया वर्ग उभर कर सामने आया। इस प्रकार कृषक वर्ग सरकार, जमींदार एवं महाजन के दबावों के नीचे दब कर रह गया। फलस्वरूप इस देश में भूस्वामियों का एक नया वर्ग भी सामने आया जो भूमि के वास्तविक कृषक तो थे परन्तु उनकी भूमि की कोई सुरक्षा नहीं थी। इसके अलावा एक वर्ग कृषक श्रमिकों का था जो इस व्यवस्था के अंतर्गत सर्वाधिक प्रताड़ित हुआ। इसके अतिरिक्त, जमींदार लाभदायक शर्तों पर अपने भू-राजस्व अधिकारों को अन्य व्यक्तियों को सौंप दिया करते थे। इसके उपरान्त इन लोगों ने भी अपने अधिकार दूसरे व्यक्तियों को सौंपने शुरू कर दिए। इस प्रकार एक कड़ी की उत्पत्ति हुई। यह कड़ी वास्तविक कृषक एवं राज्य के बीच मध्यस्थों की थी।

ग्रामीण उद्योग एवं पारंपरिक शिल्पकार इस अंग्रेजी व्यवस्था से सबसे अधिक प्रभावित हुए। अंग्रेजों ने स्वदेशी ग्रामीण उद्योगों एवं कलाओं को नष्ट कर दिया ताकि ब्रिटेन से आयातित वस्तुओं के लिए वे भारत में बाजार बना सकें। इस परिस्थिति में गृह तकनीकों द्वारा एवं छोटे स्तर पर भारतीय शिल्पकारों द्वारा बनाई घरेलू वस्तुएँ अंग्रेजी वस्तुओं से प्रतियोगिता नहीं कर सकीं। उदाहरणस्वरूप, ग्रामीण बुनकरों का उद्‌योग इग्लैंड के मिल में उत्पादित कपड़ों के आयात के कारण पूर्ण रूप से नष्ट हो गया। गाँव के अन्य शिल्पकार भी इग्लैंड की वस्तुओं के आयात के कारण बुरी तरह से प्रभावित हुए। इस प्रकार बड़ी संख्या में पारंपरिक शिल्पी आधुनिक श्रमिक बन गए जिन्होंने या तो अपने गाँवों में कृषि कार्य करना प्रारम्भ किया अथवा गाँव के बाहर काम ढूँढ़ा।

स्वतंत्रता के बाद कृषि संगठन को बदलने एवं कृषि उत्पादन को बढ़ाने के लिए बहुत से भूमि सुधार उपायों को अपनाया गया ताकि समानता को स्थापित किया जा सके। इस दिशा में पहला कदम जमींदारी व्यवस्था को समाप्त करना था। इसका मुख्य उद्देश्य कृषक को सीधे राज्य से संबद्ध करना था। इसके तहत मध्यस्थों को समाप्त कर दिया गया एवं उन्हें उतनी ही भूमि रखने की अनुमति मिली

जितनी वे अपनी व्यक्तिगत कृषि के लिए रख सकें। दूसरा, राज्य के द्वारा भूमि सुधार के कार्यक्रम अपनाए गए ताकि कृषकों को भूमि संबंधी सुरक्षा प्रदान किया जा सके। भू-राजस्व को भी घटाया गया। तीसरे, वर्तमान एवं भविष्य में प्राप्त भूमियों के विषय में अधिकतम सीमा निर्धारित की गई। राज्य ने शेष भूमि का अधिग्रहण कर लिया जिसका वितरण छोटे कृषकों एवं कृषि श्रमिकों में किया गया।

समाजशास्त्रियों के अनुसार कुल मिलाकर इन भूमि सुधारों का संतोषजनक प्रभाव नहीं पड़ा। छोटे कृषक बहुत कम सुरक्षा प्राप्त कर सके। बड़े कृषकों का प्रभाव गुप्त रूप से जारी रहा। इसका सबसे प्रमुख प्रभाव मध्यवर्ग की कृषक जातियों पर पड़ा। इन्हें आजकल ओ. बी. सी. कहा जाता है। इन जातियों ने राजनीतिक-आर्थिक क्षेत्रों में पुराने जमींदारों को हटा कर अपनी स्थिति सुदृढ़ की। समकालीन भारत के नये प्रभुवर्ग के रूप में इन जातियों का उदय एक महत्त्वपूर्ण घटना है।

कृषि में हरित क्रांति की प्रक्रिया एवं यांत्रिक नवीनता ने प्रगतिशील कृषकों के नये वर्ग को जन्म दिया जो अपने व्यक्तिगत नियंत्रण में कृषि कार्य करवाते हैं। वे अपनी जमीन को पट्टे पर नहीं देते हैं। इसके अतिरिक्त, वे ऐसे गरीब कृषकों की भूमि को पट्टे पर लेते हैं जो कृषि के लिए महँगी वस्तुओं का निवेश नहीं कर सकते हैं। प्रगतिशील कृषक (जो बड़ी भूमि जोतों के स्वामी हैं) तथा छोटे कृषकों के मध्य (जो उत्पादन प्राप्त करने में असमर्थ हैं) एक खाई उत्पन्न हो गई है। छोटे कृषक कम भूमि के मालिक हैं और आधुनिक कृषि का खर्च नहीं उठा पाते हैं। छोटे कृषकों एवं कृषि श्रमिकों का अधिकांश भाग अब भी गरीबी-बेरोजगारी में फँसा हुआ है। इसलिए ग्रामीण क्षेत्रों के बहुत से भागों में तनाव व्याप्त है।

नगरीय भारत में वर्ग

अंग्रेजी शासन काल में भारत के विश्व प्रसिद्ध नगरीय हस्तकला का पतन हुआ। नगरीय शिल्पकारों का शोषण इतना बढ़

गया कि उन्हें मजबूरन अपने वंशानुगत व्यवसायों को छोड़ना पड़ा। भारतीय हस्तकला की वस्तुएँ इग्लैंड की मशीनों द्वारा उत्पादित सस्ती वस्तुओं से प्रतियोगिता नहीं कर सकीं।

आधुनिक उद्योगों का आरंभ भारत में अंग्रेजी शासन काल में हुआ। इन उद्योगों पर विदेशी पूँजी का नियंत्रण था। इस प्रकार भारत में पूँजीपतियों के एक नये वर्ग का प्रादुर्भाव हुआ। इसमें औद्योगिक, वाणिज्यिक एवं वित्तीय पूँजीपति थे जिन्होंने अपने लाभांश को बढ़ाने के लिए श्रमिक वर्ग का शोषण किया।

अंग्रेजी शासन काल के प्रमुख पूँजीपति अंग्रेजी मूल के थे। धीरे-धीरे भारतीय पूँजीपतियों ने भी अपनी संचित पूँजी को इन उन्नत होते देसी उद्योगों में निवेशित करना शुरू किया। स्वतंत्र भारत में यह औद्योगिक वर्ग समृद्ध हो रहा है।

नगरीय क्षेत्रों में दो वर्ग और भी थे। इसमें से एक वर्ग छोटे व्यापारियों एवं दुकानदारों का था जो आधुनिक पूँजीवादी अर्थव्यवस्था से बँधा हुआ था। नई शिक्षा एवं प्रशासनिक व्यवस्था के फलस्वरूप शिक्षित मध्यम वर्ग का उदय हुआ। इसमें पेशेवर लोग भी सम्मिलित थे। वकील, डॉक्टर, इंजीनियर, तकनीकविद, प्रोफेसर, शिक्षक, क्लर्क एवं अन्य सफेदपोश श्रमिक भारत में पले-बढ़े एवं समृद्ध हुए।

नगरीय श्रमिक वर्ग दो भागों में विभाजित है: (अ) वे श्रमिक जो संगठित क्षेत्र में है, और (ब) वे जो असंगठित क्षेत्र में हैं। इन संगठित क्षेत्रों की विशेषताएँ हैं बड़ी मात्रा में पूँजी, महँगी मजदूरी, आधुनिक तकनीक, सार्वजनिक एवं निजी स्वामित्व और उत्पादन एवं श्रमिकों के लिए नियंत्रित एवं सुरक्षित बाजार, निपुण श्रम इत्यादि। असंगठित क्षेत्र की विशेषताएँ हैं छोटे स्तर की क्रियाएँ, निजी या छोटे स्वामित्व, श्रम पर आधारित और पिछड़ी तकनीक, अकुशल या अर्धकुशल श्रमिक, अनियमित बाजार और असुरक्षित श्रम इत्यादि। संगठित क्षेत्र के श्रमिकों की स्थिति की तुलना में असंगठित क्षेत्रों के श्रमिकों की स्थिति कहीं अधिक खराब है।

आधुनिक भारत में वर्ग संरचना की सबसे महत्त्वपूर्ण विशेषता यह है कि सभी वर्ग अब एक राष्ट्रीय अर्थव्यवस्था एवं एक राज्य शासन के अंतर्गत अभिन्न अंग के रूप में कार्य करते हैं। ग्रामीण शिल्पकारों का पृथक्करण (अलगाव) अपेक्षाकृत कम हो गया है। यही बात नगरों के हस्तशिल्पियों के साथ भी है। इसके अतिरिक्त नगरीय भारत का मध्यम वर्ग दिनोंदिन गाँवों के समृद्ध लोगों को अपने वर्ग में सम्मिलित करता जा रहा है। वे अब भारत के अभिजात वर्ग में सम्मिलित होते जा रहे हैं। श्रमिकों के मध्य जाति विभाजन भी अब तुलनात्मक रूप से दुर्बल हो गया है। भारतीय श्रमिकों में वर्ग चेतना कठिनता से ही देखने को मिलती है। प्रत्येक व्यक्ति मध्यम वर्ग में स्थान प्राप्त करने के लिए प्रयत्नशील रहता है।

जाति एवं वर्ग

जाति एवं वर्ग सामाजिक स्तरीकरण के दो मुख्य रूपों का प्रतिनिधित्व करते हैं। इन दोनों में एक संस्तरण होता है। जाति एक व्यक्ति के जन्म से निर्धारित होती है परन्तु वर्ग जन्म पर निर्भर नहीं करता। वर्ग व्यवस्था के अन्तर्गत एक व्यक्ति अपने धन, आय और समाज में स्थान के अनुसार स्तरीकरण में उच्च या निम्न स्थान प्राप्त करता है। यह जाति व्यवस्था के अंतर्गत संभव नहीं है।

गतिशीलता के संदर्भ में वर्ग अधिक खुला हुआ है। एक व्यक्ति अपनी वर्ग स्थिति को अपने व्यवसाय, सत्ता या धन के सहारे परिवर्तित कर सकता है। जाति व्यवस्था को सामान्यतः बंद माना जाता है परन्तु एम. एन. श्रीनिवास का मानना है कि संस्कृतिकरण एवं पश्चिमीकरण की प्रक्रिया के द्वारा गतिशीलता हमेशा ही संभव है। आंद्रे बेते ने भी जाति व्यवस्था में गतिशीलता की बात की है। वर्ग संरचना में एक व्यक्ति अपनी इच्छा एवं क्षमता के अनुसार अपने व्यवसाय को चुन सकता है। जाति व्यवस्था में व्यवसाय को इतनी आसानी से परिवर्तित नहीं किया जा सकता।

जनजाति

भारत में जनजातियाँ पारंपरिक भारतीय सभ्यता एवं संस्कृति का प्रतिनिधित्व करती हैं। भारतीय संदर्भ में जनजातीय एवं गैर-जनजातीय लोगों में जिस प्रकार का संपर्क एवं अंतःक्रिया स्थापित होती रही है वैसा संपर्क आस्ट्रेलिया एवं उत्तरी अमेरिका की जनजातियों में नहीं रहा है। यह रोचक तथ्य है कि इस संपर्क एवं अंतःक्रिया के बावजूद भारत में जनजातीय पहचान बनी हुई है। भारत में ऐसी जनसंख्या को जनजाति, वनजाति, वनवासी, आदिम जाति एवं आदिवासी इत्यादि नामों से जाना जाता है।

डी. एन. मजुमदार के अनुसार एक जनजाति परिवार या परिवारों के समूह का संकुल होती है, जिसका एक नाम होता है, जिसके सदस्य एक ही क्षेत्र में रहते हैं, विवाह और व्यवसाय से संबंधित कुछ निश्चित निषेधों का पालन करते हैं, एक ही भाषा बोलते हैं तथा लेन-देन एवं कर्त्तव्यों के बंधन में बँधे हुए होते हैं।

भारत में जनजातियों की मुख्य विशेषताएँ

1. **सामान्य नाम** : प्रत्येक जनजाति का अपना एक अलग नाम होता है।
2. **सामान्य क्षेत्र** : सामान्यतः जनजातियाँ एक निश्चित भौगोलिक क्षेत्र में निवास करती हैं।
3. **सामान्य भाषा** : एक जनजाति के सभी सदस्यों की एक ही भाषा या बोली होती है।
4. **अन्तःविवाह** : एक जनजाति के सदस्य अपनी ही जनजाति में विवाह करते हैं।
5. **राजनीतिक संगठन** : सभी जनजातियों के अंतर्गत इसके सदस्यों का अपना राजनीतिक संगठन होता है जैसे कि बुजुर्गों की परिषद् आदि।
6. **अर्थव्यवस्था** : कुछ जनजातियाँ आदिकालीन व्यवसायों जैसे शिकार एवं जंगली उत्पादों को एकत्रित करने जैसे कार्य

करते हैं। अधिकतर जनजातियाँ विभिन्न प्रकार के कृषि कार्य से जुड़ी होती हैं।

7. **धर्म** : भारत की अधिकांश जनजातियाँ परंपरागत रूप से प्रकृति, प्राकृतिक शक्तियों अथवा टोटम की पूजा करती हैं।

8. एक जनजाति के सदस्यों के मध्य सशक्त एकता की भावना पाई जाती है। वे एक दूसरे से रक्त संबंध, विवाह संबंध, वंश या समान गोत्र के संबंध से जुड़े होते हैं।

यद्यपि उपरोक्त सभी विशेषताएँ भारत की सभी जनजातियों में समान रूप से नहीं पायी जातीं लेकिन न्यूनाधिक मात्रा में इनका अस्तित्व सभी जनजातियों में पाया जाता है। जनजातियों के सामाजिक जीवन में सामान्यतः नातेदारी एक प्रमुख इकाई होती है। जनजातियों में नातेदारी व्यवस्था भूमि-स्वामित्व के प्रारूप, आर्थिक उत्पादन एवं उपभोग इत्यादि को निर्धारित करता है।

भारत में बहुत कम जनजातीय समूह ऐसे हैं जो अब भी आखेट एवं जंगली उत्पादों को एकत्रित करने पर निर्भर हैं। भारत की कई जनजातियाँ झूम कृषि करती हैं। कुछ जनजातीय लोग घुमक्कड़ चरवाहे हैं तो कुछ शिल्पकार भी हैं। उन्नीसवीं शताब्दी के बाद से आदिवासी इलाकों का एक बड़ा भाग पेड़ लगाने में, खनन कार्य में और औद्योगिक कार्यों में लगा हुआ है। इससे कई जनजातियाँ श्रमिक बन गईं हैं। परंपरागत रूप से जनजातियाँ बाजार व्यवस्था एवं वित्तीय विनिमय प्रणाली में शामिल नहीं होकर वस्तु विनिमय प्रणाली में शामिल रही हैं।

एक आदिवासी समाज मुख्यतः सजातीय होता है जिसमें संस्तरण एवं अधीनता की भावना गौण होती है। आदिवासियों के बीच उत्पादन एवं उपभोग का आधार घरेलू आवश्यकता होती है। जनजाति लोग आधुनिक कृषकों की भाँति प्रायः बाजार की आवश्यकता को ध्यान में रखकर अपने आर्थिक एवं सामाजिक गतिविधियों का संचालन नहीं करते।

जनजाति एवं जाति

अवधारणा के रूप में जनजाति एक क्षेत्रीय समूह है जबकि जाति एक सामाजिक समूह है। जब एक जनजाति अपनी क्षेत्रीय पहचान खो देती है तब यह एक जाति का रूप ले लेती है। पृथक्करण एवं संपर्क न्यूनता के कारण जनजातियों का राष्ट्रीय मुख्यधारा में एकीकरण जाति की अपेक्षा कम हुआ है जिसके फलस्वरूप वे कम विकसित हैं।

सामान्यतः हर जनजाति की अपनी एक अलग भाषा है परन्तु जातियों के साथ ऐसा नहीं है। एक जनजाति सामान्यतः अपने सदस्यों के व्यवसाय के चुनने के विषय पर कोई प्रतिबंध नहीं लगाती है लेकिन एक जाति प्रायः अपने सदस्यों को वंशानुगत व्यवसाय चुनने के लिए प्रेरित करती है।

जाति एवं जनजाति सामूहिक रूप से अपनी पहचान को बनाये रखने पर बल देती है। एक जाति या जनजाति अपना नाम बदल सकती है परन्तु अपने जीविकोपार्जन की विधियों द्वारा वे अपनी सामूहिक पहचान बनाए रखती हैं।

उदाहरण के लिए 'भूमिज' जनजाति ने अपने आप को जाति में परिवर्तित कर लिया है लेकिन अपने मूल नाम और बहुत-सी रीतियों को बचाए रखा है। कुछ अन्य रीतियों को संशोधित भी किया है। मैक्स वेबर के अनुसार एक जनजाति अपने क्षेत्रीय संबंधों को तोड़कर एक जाति बन जाती है।

जनजाति खण्डात्मक एवं समतावादी व्यवस्था है। पारंपरिक रूप से विभिन्न जनजातियाँ जाति की तरह एक दूसरे पर निर्भर नहीं होती हैं। जाति में संस्तरण एवं सावयवी एकता पाई जाती है। जनजाति के सदस्य भूमि एवं अन्य स्रोतों पर प्रायः समान अधिकार रखते हैं। विभिन्न जनजातियों में समानता या असमानता का सिद्धांत भिन्न होता है।

राजनीतिक रूप से जनजातियाँ सरल एवं समतावादी होती हैं। वंश, परिवार और नातेदारी इत्यादि एक राजनीतिक संगठन में

घुले-मिले होते है। जनजातियों की विचारधारा में मानव, ब्रह्मांड और अलौकिक वस्तुएँ अलग इकाइयाँ नहीं होती हैं।

समकालीन भारत में जनजातियाँ

जबतक अंग्रेजों ने कुछ कारणों से जनजातीय क्षेत्रों में प्रवेश करना शुरू नहीं किया था तब तक जनजातियों ने अपने स्वायत्त अस्तित्व को बनाये रखा। जनजातीय क्षेत्रों में अंग्रेजों के प्रवेश के कई कारणों में जंगलों और खनिजों का दोहन तथा सस्ते श्रमिकों की उपलब्धता की चर्चा की जा सकती है। बाहरी संसार से संपर्क होने पर जनजातियों ने बहुत कुछ झेला है। उन्होंने अपनी भूमि खो दी। उन्हें जबरन उस व्यवस्था में शामिल किया गया जिसके बारे में वे अनभिज्ञ थे। जनजातियाँ बहुत प्रकार के सामाजिक, आर्थिक एवं सांस्कृतिक शोषण का पात्र बन गईं।

ब्रिटिश शासन काल के दौरान जनजातियों ने अपनी भूमि और जंगली उत्पादनों पर अपने पारंपरिक अधिकार प्राप्ति एवं अपनी संस्कृति तथा आर्थिक हितों को सुरक्षित रखने के लिए आंदोलन का रास्ता अपनाया। स्वतंत्र भारत में भी नौकरियों को सुरक्षित रखने, बेहतर प्रशिक्षण की सुविधा के लिए तथा भूमि और दूसरे स्रोतों के अधिकार को बचाए रखने के लिए जनजातियों ने आंदोलन का रास्ता अपनाया हुआ है। जनजातियों की ज्यादातर समस्यायें इन क्षेत्रों में अन्य लोगों के आने से उत्पन्न हुई है। इनमें से कई आंदोलनों ने इनकी पारंपरिक संस्कृति को पुनः जीवित करने पर बल दिया है। जनजातियों ने अपनी स्वतंत्रता बनाये रखने के लिए पहले अंग्रेजों से लगातार संघर्ष किया था। अब भी उनकी समस्यायें पूरी तरह समाप्त नहीं हुई हैं।

वर्तमान भारत में असंतुलित विकास के बुरे प्रभावों से जनजातियाँ बुरी तरह प्रभावित हुई हैं। वे अपनी सजातीय पहचान तथा सांस्कृतिक और आर्थिक हितों को बचाने के लिए राजनीतिक ताकत प्राप्त करने के लिए प्रयत्नशील हैं। जनजातियों की शिकायतों

का निराकरण करने के लिए भारत सरकार कई प्रकार के कदम उठाती रही है। फिर भी अनुसूचित जनजातियों की संवैधानिक सुविधाएँ असंख्य जनजातियों तक नहीं पहुँच पाती हैं। जनजातियों के अभिजात वर्ग ने इन पर एकाधिकार कर लिया है। व्यक्तिवाद तथा असमानता जैसी आधुनिक विशेषतायें धीरे-धीरे जनजातीय जीवन में प्रवेश कर गई हैं। इसका सामना सकारात्मक प्रयासों तथा सार्थक उपायों के द्वारा किया जा सकता है जिससे सामाजिक, तकनीकी एवं आर्थिक विकास के लाभ गरीब जनजातीय लोगों तक भी पहुँच सके।

अध्याय 7

भारतीय संस्कृति में शिक्षा

शिक्षा एक बच्चे की आंतरिक क्षमता तथा उसके व्यक्तित्त्व को विकसित करने वाली प्रक्रिया है। यह उसे समाज में वयस्क भूमिका निभाने के लिए समाजीकृत करती है तथा एक उत्तरदायी नागरिक एवं समाज के सक्रिय सदस्य बनने के लिए व्यक्ति को आवश्यक ज्ञान तथा कौशल उपलब्ध कराती है। समाजीकरण की प्रक्रिया के एक अंग के रूप में यह नये सदस्यों के मन में समाज की सांस्कृतिक विरासत, मानकों एवं मूल्यों का आत्मसातीकरण करती है। समाजीकरण एक प्राथमिक तथा अनौपचारिक प्रक्रिया है जिसके अंतर्गत एक व्यक्ति दूसरों की सामाजिक अपेक्षाओं के अनुरूप अपने व्यवहारों को ढालता है।

भारतीय समाज में प्राचीन काल से ही काफी विकसित शिक्षण संस्थाएँ रही हैं। भारतीय संस्कृति गुरु-शिष्य परंपरा वाली शिक्षा के लिए विख्यात रही है। नालंदा एवं तक्षशिला जैसे महान विश्वविद्यालय प्राचीन भारत में स्थित थे। 18वीं शताब्दी के दौरान बंगाल में नवद्वीप, उत्तर प्रदेश में वाराणसी, उड़ीसा में पुरी तथा तमिलनाडु में मदुरै एवं कांची जैसे अध्ययन केन्द्र थे। पारंपरिक भारत में शिक्षा के तकनीकी, भौतिक एवं आध्यात्मिक पक्षों पर बल दिया जाता था। शिक्षा का उद्देश्य समाज में परम ऐश्वर्य लाना तथा सांसारिक वास्तविकता के बीच रहते हुए व्यक्ति को परम सत्य का साक्षात्कार कराना था। इसमें निम्नलिखित क्षेत्र एवं विषय सम्मिलित थे :

1. **आलोचनात्मक अन्वेषण** – दर्शनशास्त्र, नीतिशास्त्र, तर्कशास्त्र, गणित, साहित्य, व्याकरण इत्यादि।

2. **तकनीकी तथा व्यावसायिक कुशलता एवं ज्ञान** – आयुर्वेद, धनुर्वेद, कृषि, वास्तुशास्त्र, काष्ठकला, कुम्भकारी इत्यादि।
3. **आध्यात्मिक विषय** – आंतरिक अनुशासन, अध्यात्म, नैतिक मूल्य, धर्म, योग, साधना इत्यादि।

भारत में पारंपरिक शिक्षा का प्रतिमान कई शताब्दियों तक कायम रहा। ग्यारहवीं शताब्दी से जिन क्षेत्रों में मुस्लिम शासन स्थापित हुआ, वहाँ शासकों ने मकतबों (प्राथमिक विद्यालयों) एवं मदरसों (उच्च विद्यालयों) के रूप में मूलतः धार्मिक शिक्षा को प्रायोजित करना शुरू किया। मुस्लिम शासकों ने मुस्लिम संस्थाओं को खुले हाथ से अनुदान दिया परन्तु उन लोगों ने अधिकांशतः हिन्दू शिक्षा व्यवस्था में हस्तक्षेप नहीं किया।

ब्रिटिश-पूर्व भारत में प्राथमिक शिक्षा

अंग्रेजों के भारत आने के पहले, कम-से-कम भारत पर उनके प्रभुत्व कायम होने के पहले, भारत के कोने-कोने में, गाँव-गाँव में न सिर्फ शिक्षा के पर्याप्त केन्द्र थे बल्कि उनमें जाने वाले छात्र-छात्राओं की अच्छी खासी संख्या थी। अठारहवीं एवं उन्नीसवीं शताब्दी के दौरान उपस्थित देशज शिक्षा व्यवस्था के बारे में हमारे पास कई विश्वसनीय विवरण हैं। उदाहरण के लिए, विलियम ऐडम रिपोर्ट (1835) के अनुसार इस काल खण्ड में, खासकर बंगाल एवं बिहार में काफी संख्या में ग्रामीण विद्यालय पाये जाते थे। उसी तरह, थॉमस मुनरो के अनुसार 1812–1813 के दौरान मद्रास प्रेसिडेंसी में और 1820 के आसपास मुंबई प्रेसिडेंसी में भी हर गाँव में कम-से-कम एक विद्यालय था। धर्मपाल के अनुसार सन् 1822–1825 में अंग्रेजों ने स्थानीय शैक्षिक व्यवस्था का जायजा लेने के लिए मद्रास प्रेसीडेंसी में एक व्यापक सर्वेक्षण कराया था। इस सर्वेक्षण में पाया गया कि मद्रास प्रेसीडेंसी (जिसमें आज का पूरा तमिलनाडु और आन्ध्रप्रदेश तथा कर्नाटक और उड़ीसा के कुछ जिले आते थे) में ग्यारह हजार से अधिक स्कूल (जिन्हें पाठशाला, गुरुकुल

और मदरसा नाम से जाना जाता था) थे। इसके अलावा एक हजार से अधिक कॉलेज थे। इन स्कूलों में करीब डेढ़ लाख और कॉलेजों में करीब साढ़े पाँच हजार छात्र-छात्राएँ पढ़ते थे। यही नहीं, इन स्कूलों-कॉलेजों में लगभग सभी जातियों के बच्चे पढ़ते थे। तमिल भाषी इलाकों में सत्तर से अस्सी प्रतिशत शूद्र या तथाकथित नीची जाति के छात्र-छात्राएँ पढ़ते थे जबकि उड़िया इलाकों में चौबीस प्रतिशत, मलयालम भाषी इलाकों के स्कूल-कॉलेजों में चौवन प्रतिशत और तेलुगू भाषी इलाकों में पैंतीस से पचास प्रतिशत तक शूद्र या तथाकथित नीची जाति के छात्र-छात्राएँ पढ़ते थे। तब के मद्रास के गवर्नर का मानना था कि इन स्कूलों में स्कूल जाने योग्य लड़कों का पच्चीस प्रतिशत विद्यार्थी पढ़ता है और खासी बड़ी संख्या में छात्र-छात्राएँ, विशेषकर छात्राएँ, घर में शिक्षा पाती हैं। इसी तरह, सन् 1836 से 1838 के बीच बिहार और बंगाल के शिक्षा की स्थिति पर तैयार विख्यात ऐडम्स रिपोर्ट के अनुसार इस दौरान लगभग हर गाँव में स्कूल था। इस क्षेत्र के डेढ़ लाख गाँवों में लगभग एक लाख स्कूल थे। यह उन दिनों कोई नयी बात नहीं थी। विलियम ऐडम से पहले टॉमस मुनरो ने भी कहा था कि भारत के हर गाँव में पढ़ने-लिखने और अंकगणित सीखने के स्कूल हैं और इसे वे भारतीय सभ्यता के उच्च स्तरीय होने के लक्षण के रूप में देखते थे।

धर्मपाल के अनुसार, भारत में चेचक के टीके शताब्दियों से लगाये जा रहे थे (जब एडवर्ड जेनर और लुई पास्चर का जन्म भी नहीं हुआ था) और उसके विषय में ब्रिटेन के वैज्ञानिक जर्नलों में सामग्री प्रकाशित हुआ करती थी। यहाँ के खेती के औजार यूरोप के उस समय के ऐसे ही औजारों से कहीं अधिक परिष्कृत थे। विदेशी कुप्रचार के बावजूद अठारहवीं शताब्दी से पहले के भारत में केवल द्विजों को नहीं, सभी को शिक्षा का अवसर उपलब्ध था। यहाँ के लाखों शिक्षा-केन्द्रों में न सिर्फ ब्राह्मण, क्षत्रिय, वैश्य बल्कि तथाकथित निचली जातियों के लड़के-लड़कियाँ भी बड़ी संख्या में पढ़ते थे। पढ़ाने का काम भी करीब-करीब सभी जातियों के शिक्षकों द्वारा

किया जाता था। यहाँ की राजस्व व्यवस्था एक ऐसे अद्‌भुत ढंग से विकेन्द्रीकृत थी जिसके कारण शिक्षा, पुलिस और अन्य सार्वजनिक योजनाएँ सुचारू रूप में चल सकती थीं। इससे किसानों या अन्यों पर कोई अतिरिक्त बोझ भी नहीं पड़ता था। इस कारण उस समय भारतीय किसानों की हालत इंग्लैंड के तत्कालीन किसानों की हालत से कहीं बेहतर थी। भारत के अनेक गाँव या समुदाय पारंपरिक सिद्धांतो के आधार पर संगठित थे जहाँ किसानों का कुल भूमि पर हिस्सा तो रहता था लेकिन उनकी जोत समय-समय पर बदली जाती थी। कुल जमीन में हिस्सेदार किसान अलग-अलग सालों में अलग-अलग स्थानों पर खेती करते थे ताकि जमीन के उर्वर-वैषम्य की लाभ-हानि में सभी किसान साझा करें।

धर्मपालजी के लेखन में भारत का अतीत न किसी अमूर्त अजूबे की तरह सामने आता है, न ही यूरोपीय सभ्यता के इतिहास कीं फीकी अनुकृति की तरह। उनके लेखन में भारतीय परंपरा का चित्र अत्यंत परिष्कृत, क्रियाशील और विवेकवान सभ्यता के रूप में उभरता है जो तमाम औपनिवेशिक विध्वंस के बावजूद भारतीय जीवन की अनेकशः बुनावटों में आज भी जीवित बनी हुई है। भारतीय सभ्यता के टूटे-फूटे धागों के इन्हीं स्पन्दनों को बीसवीं शताब्दी के प्रारम्भ में गाँधी जी ने सुना और इसे दोबारा सक्रिय करने में उन्होंने अपना संपूर्ण जीवन समर्पित किया।

भारत में शिक्षा व्यवस्था का ऐसा सुन्दर और परिपक्व विस्तार रहा है (जिसे गाँधी जी ने 'खूबसूरत वृक्ष' कहा था) जहाँ तथाकथित शूद्र न केवल बड़ी संख्या में बल्कि अनेक बार तथाकथित द्विजों से कहीं अधिक संख्या में न सिर्फ पढ़ते थे बल्कि देश में फैले हजारों शिक्षा केन्द्रों में पढ़ाते भी थे। 18वीं और 19वीं सदी तक भारत की शिक्षा व्यवस्था अपेक्षाकृत कमजोर हो चुकी थी, तब भी तुलनात्मक रूप से वह यूरोप की तब की शिक्षा-व्यवस्था से कहीं अधिक उन्नत और समतामूलक थी।

भारत की राजस्व व्यवस्था आधुनिक राजस्व व्यवस्था से

बिल्कुल भिन्न थी और साथ ही वह अधिक सहकारपूर्ण थी जिसके कारण उसमें तथाकथित राजसत्ता और तथाकथित समाज दोनों ही सहज साझा कर सकने की स्थिति में थे। विकेन्द्रीकृत होने के कारण राजसत्ता कभी भी अधिक ताकतवर नहीं हो पाती थी। हर्षवर्द्धन समेत भारत के कई राजाओं को हर कुछ सालों में कुम्भ मेले में अपना सारा खजाना खाली कर देना होता था ताकि उनकी प्रभुताई एक सीमा से अधिक न बढ़ सके। भारत के अधिकांश भागों में ग्रामीण विद्यालयों का एक ताना-बाना था। इन विद्यालयों को पाठशाला एवं मदरसा कहा जाता था जिनमें व्यावहारिक तथा सर्वांगीण विकास की शिक्षा दी जाती थी। इन विद्यालयों में पढ़ने, लिखने तथा अंकगणित की शिक्षा का माध्यम स्थानीय भाषाएँ थीं। इन विद्यालयों में बालकों के नैतिक चरित्र निर्माण के पक्ष पर जोर दिया जाता था। यहाँ तकनीकी एवं व्यावसायिक शिक्षा का भी प्रावधान था। ये संस्थाएँ वस्तुतः संस्कृति की संरक्षक थीं। बालिकाओं की शिक्षा के लिए अलग से कोई विद्यालय नहीं था परन्तु धनी वर्ग अपनी युवा बेटियों को घर पर शिक्षा दिया करते थे। उन दिनों छपी पुस्तकें नहीं होती थी और विद्यार्थी मात्र स्थानीय स्तर पर बनाए गए स्लेट और खड़िया का प्रयोग करते थे। प्रशिक्षण की अवधि तथा कार्य-दिवस स्थानीय जरूरत के अनुसार बदले जा सकते थे। कोई नियमित नामांकन नहीं होता था। एक विद्यार्थी किसी भी समय विद्यालय में प्रवेश ले सकता था और वह अपनी इच्छानुसार विद्यालय छोड़ सकता था। ये विद्यालय शिक्षक या संरक्षक के घर पर या मंदिर या मस्जिद में संचालित होते थे। इन विद्यालयों के विद्यार्थी वंचित वर्गों सहित सभी वर्गों से आते थे। शिक्षकों का भुगतान वस्तु या नगद दोनों रूपों में हो सकता था। लचीलापन ऐसे विद्यालयों की प्रमुख विशेषता थी और ये विद्यालय विभिन्न आर्थिक परिस्थितियों में सदियों तक चलते रहे थे। अंग्रेजी शासन काल में शिक्षा की इस पारंपरिक व्यवस्था का आर्थिक एवं संरचनात्मक आधार छिन्न-भिन्न कर दिया गया। फलस्वरूप इन संस्थाओं की स्वायत्तता तथा गुणवत्ता

बनाये रखना कठिन हो गया एवं धीरे-धीरे इनका विघटन हो गया।

भारत की पारंपरिक शिक्षा के दोनों स्तरों - प्राथमिक तथा उच्च शिक्षा में शास्त्रीय तथा आध्यात्मिक आयामों पर हमेशा जोर दिया जाता था। शिक्षा व्यवस्था साहित्यिक, दार्शनिक और धार्मिक आयामों से भी संबंधित थी। उच्च शिक्षा के लिए संस्कृत, पालि, तमिल, अरबी और फारसी जैसी शास्त्रीय भाषाओं का प्रयोग होता था। धर्मशास्त्र, व्याकरण, तर्कशास्त्र, कानून या विधि व्यवस्था, गणित, दर्शनशास्त्र, पारंपरिक विज्ञानों एवं साहित्य जैसे विषयों की शिक्षा दी जाती थी। सामान्यतः विद्यार्थी अपने गुरु या शिक्षक के साथ ही रह कर अध्ययन करते थे। अध्ययन-अवधि कई वर्षों की होती थी तथा प्रतिदिन विद्यार्थी कई घंटों तक कठिन अभ्यास करते थे। नवद्वीप, तिरहुत, विक्रमशिला, मिथिला, काशी, पुरी, तंजौर, मदुरै, कांची एवं त्रिवेंद्रम जैसे धार्मिक स्थलों में उच्च शिक्षा के बड़े केन्द्र थे। प्राथमिक शिक्षा तो सभी जातियों के लिए सुलभ थी लेकिन उच्च शिक्षा अधिकांशतः ऊँची जातियों तक सीमित थी। यह विद्वान पंडितों द्वारा संचालित की जाती थी जिन्हें शासकों तथा अभिजात वर्ग द्वारा उदारता से संरक्षण दिया जाता था।

मुस्लिम उच्च शिक्षा के केन्द्र, जिन्हें मदरसा कहा जाता था, जयपुर, लखनऊ, पटना तथा जौनपुर में स्थित थे। इनका मूल कार्य धर्म एवं कानून के बारे में प्रशिक्षण देना था। धर्मशास्त्र एवं कानून के साथ ही साहित्य, व्याकरण, तर्कशास्त्र, छंदशास्त्र, दर्शनशास्त्र एवं अंकगणित में प्रशिक्षण दिया जाता था। हालाँकि ये प्रशिक्षण केन्द्र मूलतः मुसलमानों के लिए बनाए गए थे परन्तु हिन्दुओं के लिए भी इनमें प्रवेश संभव था। इन उच्च शिक्षा संस्थाओं का उद्‌देश्य विशेषज्ञों द्वारा शास्त्रीय प्रशिक्षण देना था।

ब्रिटिश भारत में शिक्षा

सत्रहवीं शताब्दी के प्रारंभ में ईस्ट इंडिया कंपनी के आगमन से भारतीय समाज में दूरगामी परिवर्तन शुरू हुए। भारत में अंग्रेजी

शासन ने आधुनिक शिक्षा की आधारशिला रखी। आधुनिक काल के दौरान (जिसमें अंग्रेजी राज एवं स्वतंत्रता प्राप्ति के बाद का काल दोनों शामिल हैं) शिक्षा प्राथमिक रूप से धर्मनिरपेक्ष, वैज्ञानिक, तकनीकी एवं प्रबंध कौशल से संबंधित रही है।

हैस्टिंग्स, जोंस, विल्किंस तथा विल्सन जैसे कुछ अंग्रेज भारत की शास्त्रीय परंपराओं के बहुत बड़े प्रशंसक थे और उनके प्रभाव में ईस्ट इंडिया कंपनी प्राच्य-अध्ययन का संरक्षण करने लगी थी। इससे भारत में पारंपरिक शास्त्रीय अध्ययन को नया जीवन मिला। अंग्रेज लोग प्रारंभ में भारतीय संस्कृति और शिक्षा के शास्त्रीय आयाम के प्रति आकर्षित थे। 1781 में अंग्रेजों ने कलकत्ता मदरसे की स्थापना की। वारेन हैस्टिंग्स ने, जो उन दिनों बंगाल के गवर्नर जनरल थे, भारतीय संस्कृति एवं संस्थाओं में शास्त्रीय अध्ययन को प्रोत्साहित किया। ख्याति प्राप्त मुस्लिम विद्वानों को इन मदरसों में मुस्लिम धर्मशास्त्र, कानून, गणित तथा व्याकरण पढ़ाने के लिए आकर्षित करने में उनकी महत्त्वपूर्ण भूमिका थी। उन्होंने चार्ल्स विल्किंस जैसे विद्वानों को संस्कृत तथा फारसी में लिखे गए भारत के शास्त्रीय ग्रंथों के प्रकाशन के लिए भी प्रोत्साहित किया। विलियम जोंस ने 1784 में एशियाटिक सोसायटी ऑफ बंगाल की स्थापना की। इस संस्था का उद्देश्य संस्कृत की दुर्लभ पांडुलिपियों की खोज, संपादन तथा प्रकाशन था। ब्रिटिश शासन ने प्राच्य तथा आधुनिक यूरोपीय अध्ययन दोनों प्रकार की संस्थाओं को स्थापित किया।

अंग्रेज बुद्धिजीवियों का एक दूसरा समूह भी उस समय मौजूद था जो प्राच्य-अध्ययन तथा भारतीय संस्कृति का समर्थन नहीं करता था। चार्ल्स ग्रांट, जेम्स मिल एवं मैकॉले के नेतृत्व में इन्होंने अंग्रेजी माध्यम से यूरोपीय शिक्षा को भारतीय संस्कृति एवं शिक्षा की तुलना में श्रेष्ठ साबित करना शुरू किया। सन् 1790 से 1835 के बीच भारतीयों और अंग्रेजों के बीच ईस्ट इंडिया कंपनी की शिक्षा नीति के बारे में गहन विवाद बना रहा। भारतीय मध्यमवर्ग का एक समूह भी अंग्रेजी माध्यम का समर्थक था। राजा राममोहन राय के नेतृत्व में

इस समूह ने बेंटिक तथा मैकॉले को समर्थन दिया और 1835 में नई शिक्षा नीति की घोषणा कर दी गई। इसके पहले ही 1824 से 1830 के मध्य कलकत्ता, दिल्ली तथा बनारस के प्राच्य विद्या संस्थानों में अंग्रेजी की शिक्षा शुरू की जा चुकी थी। 1835 के एक निर्णय के अनुसार प्राच्य विद्या के प्रोत्साहन के स्थान पर अंग्रेजी शिक्षा के लिए एक बड़ी मात्रा में सरकारी धन का उपयोग करना तय किया गया।

सन् 1835 के बाद अंग्रेजों ने नयी शैक्षणिक संस्थाओं की स्थापना की। कलकत्ता, बंबई, मद्रास और दिल्ली के नये विश्वविद्यालय आधुनिक अध्ययन के केन्द्र बने। 1893 में रबीन्द्रनाथ टैगोर ने अंग्रेजी राज की शिक्षा व्यवस्था की आलोचना की और बंगाली माध्यम से शिक्षा देने की वकालत की। दि बंगाल नेशनल कॉलेज की स्थापना सन् 1906 में की गई। इसी दौरान कुछ प्रमुख भारतीयों ने दो प्रकार की शिक्षण संस्थानों की स्थापना की - (क) पारंपरिक संस्थाएँ जैसे देवबंद एवं लखनऊ शिक्षणालय, गुरुकुल कांगड़ी, काशी विद्यापीठ, गुजरात विद्यापीठ तथा जामिया मिल्लिया इस्लामिया। इनकी स्थापना अंग्रेजी राज के दौरान उनकी शैक्षणिक आकांक्षा को ध्यान में रख कर की गई; (ख) आधुनिक संस्थाएँ जैसे अलीगढ़ मुस्लिम विश्वविद्यालय, बनारस हिन्दू विश्वविद्यालय, विश्व भारती, शांतिनिकेतन इत्यादि।

अंग्रेजी राज के दौरान भारतीय शिक्षा की मुख्यधारा धीरे-धीरे अंग्रेजों और उभरते हुए मध्यमवर्ग के हितों को ध्यान में रखते हुए बदली गई। आरंभ में इस शिक्षा के कारण भारतीय समाज में पश्चिमीकरण को प्रोत्साहन मिला, परन्तु बाद में आधुनिक राष्ट्रीय विचारों एवं गतिविधियों के प्रसार में भी इससे मदद मिली। आधुनिक शिक्षा के प्रभाव में ही विभिन्न सामाजिक-धार्मिक सुधारवादी प्रयास हुए। ब्रह्म समाज, आर्य समाज, रामकृष्ण मिशन, अलीगढ़ एवं अहमदिया आंदोलन इत्यादि को भी आधुनिक शिक्षा ने प्रभावित किया।

इस प्रकार अंग्रेजी राज के दौरान शिक्षा की एक जटिल

व्यवस्था अस्तित्व में आई। इसके अंतर्गत कई बार भिन्न-भिन्न प्रकार के अंतर्विरोधी वैचारिक धाराओं तथा संस्कृतियों को प्रतिनिधित्व मिला। एक ओर इसने पारंपरिक भारत की आर्थिक संस्थाओं और सामाजिक समरसता के संतुलन को कमजोर किया एवं दूसरी ओर आधुनिक भारत के निर्माण में महत्त्वपूर्ण भूमिका निभाई। स्वतंत्रता-पूर्व भारत में शिक्षा के बारे में वैचारिक रूप से तीन सम्प्रदाय दृष्टिगोचर होते हैं :

1. राष्ट्रवादी तथा पुनरुत्थानवादी सम्प्रदाय जो प्राचीन भारतीय विरासत का कट्टर समर्थक था एवं इस विरासत से अलग या विदेशी मूल की शिक्षा-संस्कृति का तिरस्कार करता था।
2. दूसरा वैचारिक सम्प्रदाय विदेशी मूल के आधुनिक अध्ययन का विरोधी तो नहीं था, परन्तु वह आधुनिक शिक्षा के स्वदेशीकरण का पक्षधर था। उनका मूल उद्देश्य शिक्षा को राष्ट्रीयता का वाहक एवं भारतीय परिस्थितियों की दृष्टि से प्रासंगिक बनाना था। बनारस हिन्दू विश्वविद्यालय तथा अलीगढ़ मुस्लिम विश्वविद्यालय जैसी संस्थाएँ इसी विचारधारा का प्रतिनिधित्व करती थीं।
3. अंग्रेजों द्वारा समर्थित एक तीसरा वैचारिक सम्प्रदाय भी था जो ब्रिटिश प्रारूप के आधार पर शिक्षा संस्थानों के विस्तार के लिए कृत-संकल्प था। इस विचारधारा की प्रतिनिधि संस्थाएँ कलकत्ता, बंबई, मद्रास एवं दिल्ली विश्वविद्यालय थे। अंग्रेजी शिक्षा मूलतः सरकारी नौकरी पाने में सहायक थी। इसने जन शिक्षा को तो प्रोत्साहित नहीं किया परन्तु भारतीय मध्यमवर्ग को अंग्रेजी ढंग के विशिष्ट क्लबों में शामिल होने में मदद की।

स्वतंत्र भारत में शिक्षा

महात्मा गाँधी अंग्रेजी शिक्षा की आलोचना इसमें अन्तर्निहित अभिजात्यवाद एवं भारतीय संदर्भ में इसकी अप्रासंगिकता के आधार पर करते थे।

उनका मानना था कि अंग्रेजी शिक्षा बच्चों के सर्वांगीण विकास में बाधक है तथा यह भारत में अंग्रेजी पढ़े-लिखे कुछ लोग और इस शिक्षा से वंचित बहुसंख्यक लोगों के बीच दूरी पैदा करती है। यह शिक्षा अपने ही देश में शिक्षित लोगों को अपने लोगों के बीच अजनबी बनाती है। अतः गाँधीजी इस शिक्षा को 'बौद्धिक शगल' कह कर इसकी आलोचना करते थे।

गाँधीजी ने स्वतंत्र भारत के लिए 'बुनियादी शिक्षा' या 'नई तालीम' के नाम से शिक्षा का एक नया प्रारूप तैयार किया। इसमें ज्ञान प्राप्ति के व्यावहारिक पक्ष पर ज्यादा जोर था। नई तालीम के द्वारा गाँधीजी हर गाँव, समुदाय तथा संपूर्ण देश को आत्म-निर्भर बनाना चाहते थे। नई तालीम के द्वारा वे विद्यार्थियों को सामाजिक एवं आर्थिक रूप से सृजनकारी कौशल (जैसे सूत कातना, कपड़ा बुनना, बढ़ईगिरी, कुम्भकारी तथा पशुपालन आदि) का प्रशिक्षण देने के पक्ष में थे।

गाँधीजी हस्तशिल्प जैसे माध्यम को विद्यार्थियों के विचारों को व्यवहार से जोड़ने का एक साधन मानते थे। ऐसे माध्यमों से शिक्षा देने पर उनमें अध्ययन के प्रति जिज्ञासा और उत्साह जागृत किया जा सकता था। सात वर्षों तक निःशुल्क एव अनिवार्य शिक्षा का प्रावधान, प्रशिक्षण का माध्यम मातृ-भाषा, शारीरिक प्रशिक्षण, शिल्प, व्यवसाय एवं उत्पाद कार्य से जुड़ी पेशेवर शिक्षा तथा शिक्षा व्यवस्था का स्वावलंबी चरित्र का विकास बुनियादी शिक्षा के मुख्य उद्देश्य थे। यह दुर्भाग्यपूर्ण है कि अब तक गाँधीजी की योजना क्रियान्वित नहीं हो सकी।

रबीन्द्रनाथ टैगोर भी उपनिवेशवादी शिक्षा के आलोचक थे। इसके विदेशी चरित्र, दैनिक जीवन की लय से दूरी एवं प्रशिक्षण के माध्यम के रूप में अंग्रेजी भाषा का उपयोग उन्हें स्वीकार्य नहीं था। इसके विपरीत वे विद्यार्थी-केन्द्रित सर्वांगीण शिक्षा का प्राचीन गुरुकुलों वाले प्रतिमान का ही समर्थन करते थे।

गाँधी एवं टैगोर की अपेक्षा भारत के प्रथम प्रधानमंत्री नेहरू

आधुनिक शिक्षा के पक्षधर थे। वे आधुनिक भारत में शिक्षा को औद्योगिक, तकनीकी, वैज्ञानिक तथा प्रजातांत्रिक विकास का शक्तिशाली वाहक बनाना चाहते थे। उन्होंने इस दृष्टि से शिक्षा को नियोजित करने के लिए 'राधाकृष्णन कमीशन' की स्थापना की। इस कमीशन (1948–49) का केन्द्रीय लक्ष्य भारतीय संविधान के मूल उद्देश्यों की प्राप्ति के लिए शिक्षा के द्वारा उपाय एवं साधन प्रस्तावित करना था। इस कमीशन ने विकास के दार्शनिक, वैधानिक एवं तकनीकी आयामों की प्रस्तावना की। संविधान में अंतर्निहित मूल्यों की प्राप्ति के लिए इस कमीशन ने विज्ञान और तकनीक के अध्ययन पर विशेष बल दिया। ग्रामीण पुनर्निर्माण में मदद देने के लिए इसने ग्रामीण विश्वविद्यालयों की स्थापना की प्रस्तावना की। इस कमीशन ने उच्च शिक्षा पर अधिक बल दिया।

सरकार ने डी. एस. कोठारी की अध्यक्षता में एक दूसरे कमीशन की स्थापना की। इसे कोठारी कमीशन (1964–66) के नाम से जाना जाता है। यह शिक्षा के सभी-स्तरों से संबंधित था। राष्ट्रीय विकास की दृष्टि से इसने विभिन्न स्तरों पर शिक्षा की भूमिका का परीक्षण किया। आधुनिक भारत में उत्पादकता, आत्म-निर्भरता, आर्थिक विकास तथा रोजगार के अवसर बढ़ाने के लिए इसने वैज्ञानिक शिक्षा की आवश्यकता पर बल दिया। कोठारी कमीशन की प्रस्तावना है कि :

1. विज्ञान इस रूप में पढ़ाया जाना चाहिए कि विद्यार्थी इसके बुनियादी सिद्धान्तों को समझ सके।
2. समस्या समाधान के लिए विश्लेषण क्षमता का विकास हो तथा भौतिक वातावरण एवं सामाजिक जीवन की समस्याओं के समाधान के लिए वैज्ञानिक सिद्धान्तों का उपयोग हो सके।
3. यह अन्वेषण और प्रयोगात्मकता की प्रवृत्ति को प्रोत्साहित करे।

राष्ट्रीय शिक्षा नीति (1986) ने तकनीकी शिक्षा को बढ़ावा

देना एक आवश्यकता बताया ताकि उद्योग एवं अर्थव्यवस्था को विकसित किया जा सके। इसने कंप्यूटर शिक्षा के महत्त्व की चर्चा की। इस प्रकार स्वतंत्र भारत में शिक्षा प्राथमिक रूप से विज्ञान एवं प्रौद्योगिकी की ओर उन्मुख है। समकालीन भारत में शिक्षा का दूसरा महत्त्वपूर्ण पक्ष भारतीय संस्कृति का संरक्षण, संवर्धन तथा प्रचार-प्रसार रहा है। भारतीय शिक्षा ने ऐसी मनोवृत्ति के विकास की कोशिश की है जो पश्चिमी आधुनिकता एवं भारतीय सांस्कृतिक परंपरा दोनों के प्रति ग्रहणशील हो। राष्ट्रीय शिक्षा नीति (1986) ने घोषणा की कि देश की सांस्कृतिक परंपरा की निरंतरता एवं आधुनिक तकनीकों द्वारा प्रतिनिधित्व तथा परिवर्तनोमुखी प्रवृत्तियों के बीच समन्वय शिक्षा के द्वारा संभव है।

प्राथमिक शिक्षा

प्राथमिक शिक्षा भारत के सभी नागरिकों का मौलिक अधिकार है। भारतीय संविधान के 83वें संशोधन (1997) के अनुसार 6 वर्ष से 14 वर्ष तक के सभी बच्चों के लिए शिक्षा एक मौलिक अधिकार है। वर्तमान में भारत अपने सकल राष्ट्रीय उत्पाद का 3.6 प्रतिशत ही शिक्षा पर खर्च करता है जो कई देशों के औसत से काफी कम है। स्वतंत्रता प्राप्ति के बाद शिक्षा संस्थानों, प्राथमिक विद्यालय के शिक्षकों एवं विद्यार्थियों की संख्या में काफी बढ़ोतरी हुई है। देश में 1950–51 की तुलना में विद्यालयों की संख्या में 2,31,000 से सन् 1998–99 तक 9,30,000 यानि करीब चार गुणा वृद्धि हो चुकी है। प्राथमिक स्तर पर देश की ग्रामीण जनसंख्या के 94 प्रतिशत लोगों को एक किलोमीटर की दूरी के अन्दर विद्यालय उपलब्ध है। परन्तु इन विद्यालयों में अनुसूचित जाति एवं जनजाति के काफी बच्चों द्वारा समय से पहले ही विद्यालय छोड़ देने की बढ़ी हुई दर अभी भी चिंताजनक विषय है।

अनुसूचित जातियों, जनजातियों तथा महिलाओं की शिक्षा में भागीदारी काफी बढ़ी है। परन्तु देश के करीब 40 प्रतिशत जिलों में

स्त्रियों की साक्षरता 30 प्रतिशत से भी कम है। करीब-करीब हर चार जिलों में से एक जिले में अनुसूचित जातियों एवं जनजातियों की स्त्रियों की साक्षरता 10 प्रतिशत से भी कम है। विद्यालय जाने वाले बच्चों में से एक तिहाई से ज्यादा 8 वर्ष की प्राथमिक शिक्षा पूरी करने से पहले ही विद्यालय को छोड़ देते हैं। जो लोग विद्यालय की शिक्षा पूरी करते हैं उसमें से करीब आधे लोग उम्मीद के मुताबिक शैक्षणिक मानक हासिल नहीं कर पाते। कई विद्यार्थी नियमित रूप से विद्यालय नहीं जाते। इस प्रकार सरकार के संकल्पों एवं पिछले कुछ दशकों के प्रयासों के बावजूद हम लोग सार्वभौमिक साक्षरता के लक्ष्य से अभी काफी दूर हैं।

भारतीय संविधान के 45वें अनुच्छेद के अनुसार 14 वर्ष तक की उम्र के सभी बच्चों को राज्य मुफ्त एवं अनिवार्य शिक्षा प्रदान करेगा। अनुच्छेद 30 घोषणा करता है कि सभी अल्पसंख्यकों को चाहे वे धर्म के आधार पर हों या भाषा के, अपनी पसंद के शिक्षा संस्थानों की स्थापना या प्रबंधन करने का अधिकार है। अनुच्छेद 46 के अनुसार राज्य वंचित समूहों, अनुसूचित जातियों एवं जनजातियों के विशेष शैक्षणिक एवं आर्थिक हितों का संवर्धन करेगा और सामाजिक अन्याय एवं हर प्रकार के शोषण से उनकी रक्षा करेगा। हमारी साक्षरता दर सन् 1951 के 18.33 प्रतिशत से 2001 में बढ़कर 65.38 प्रतिशत हो गई है।

भारतीय संविधान के नीति-निर्देशक सिद्धान्तों का आग्रह है कि 'अपनी आर्थिक क्षमता की सीमा के अंतर्गत' राज्य शिक्षा के अधिकार की प्राप्ति के लिए प्रभावी कदम उठाएगा। परिणामस्वरूप देश के हर भाग में सरकारी विद्यालयों एवं स्थानीय निकायों द्वारा संचालित विद्यालयों में मुफ्त प्राथमिक शिक्षा दी जाती है।

1976 के पहले शिक्षा का दायित्व पूर्णरूप से प्रादेशिक राज्यों का था। सन् 1976 के बाद से शिक्षा केन्द्र सरकार तथा राज्य सरकारों का संयुक्त कर्त्तव्य बन गई है। राष्ट्रीय शिक्षा नीति, 1986 तथा प्रोग्राम ऑफ एक्शन (पो. ओ. ए.) 1992 के तहत 14 वर्ष की

आयु तक के सभी बच्चों को उच्च गुणवत्ता वाली शिक्षा मुफ्त दिए जाने का प्रावधान है।

स्वतंत्र भारत में शिक्षा तथा सामाजिक असमानता

भारत में शिक्षण संस्थाएँ काफी स्तरीकृत हैं। राज्यों के अनुदान से चलने वाले विद्यालय आम आदमी की आवश्यकताओं की पूर्ति करते हैं जबकि अभिजात गैर-सरकारी विद्यालय उच्च तथा उच्च-मध्यमवर्गों की जरूरत पूरी करते हैं। सरकार विद्यालय शिक्षा पर कम पैसा खर्च करती है जबकि उच्च शिक्षा पर ज्यादा। अभिजात श्रेणी के गैर-सरकारी विद्यालयों के छात्र उच्च शिक्षा संस्थानों के अधिकांश स्थानों को प्राप्त कर लेते हैं। दूसरे शब्दों में, भारतीय अभिजात वर्ग ने उच्च शिक्षा की सरकारी नीतियों को प्रभावित कर अपना निहित स्वार्थ विकसित किया है।

सरकार उच्च शिक्षा का पर्याप्त रूप से व्यवसायीकरण करने में असफल रही है। तकनीकी शिक्षा के उदारीकरण में असफलता एवं प्रशासनिक अधिकारियों की उदासीनता तथा ज्यादा व्यावसायिक संस्थानों को खोलने की प्रवृत्ति आपस में जुड़ी हुई हैं। सरकारी स्तर पर पारितोषिकों की व्यवस्था एवं रोजगार के अवसरों से भी इनका संबंध है। आज भी पारितोषिकों की व्यवस्था एवं रोजगार के अवसर मौलिक रूप से औपचारिक किताबी ज्ञान पर आधारित हैं न कि व्यावहारिक कौशल, स्थानीय ज्ञान और हस्तशिल्प पर। इससे केवल मध्यवर्ग के विद्यार्थियों को फायदा होता है।

भारत में विद्यालयों को तीन स्रोतों से अनुदान मिलता है :

1. सरकारी विभागों से
2. नगरपालिका एवं अन्य स्थानीय संस्थाओं से
3. निजी उपक्रमों से।

सरकार देश के विद्यालयों के करीब पाँचवें हिस्से को संरक्षण देती है, स्थानीय संस्थाएँ आधे से कुछ कम विद्यालयों को संरक्षण देती हैं जबकि गैर-सरकारी संस्थाओं से हर स्तर के करीब एक

तिहाई विद्यालयों को संरक्षण मिलता है। इनमें से करीब 90 प्रतिशत गैर-सरकारी विद्यालयों को सरकारी अनुदान मिलता है और उन्हें शिक्षकों की नियुक्ति, शुल्क की संरचना, शिक्षा के घंटे तथा अतिरिक्त सह-पाठ्यक्रम आदि के बारे में सरकारी नियंत्रण मानना पड़ता है।

गैर-सरकारी संस्थाओं का शिक्षा के क्षेत्र में भागीदारी से भाँति-भाँति के अंग्रेजी-माध्यम के स्कूल, अभिजात श्रेणी के सार्वजनिक विद्यालयों, ऐंग्लो-इंडियन विद्यालयों (मिशन तथा कॉन्वेंट विद्यालयों) एवं बड़े न्यासों तथा स्थानीय धनाढ्यों द्वारा चलाए जाने वाले विद्यालय सामने आए हैं। इनके विद्यार्थियों की संस्कृति के बारे में बहुत कम जानकारी होती है। तकनीक सीखने के मामले में ये कुशल होते हैं परन्तु इनकी सांस्कृतिक आस्था अपेक्षाकृत कमजोर होती है।

अध्याय 8

भारतीय संस्कृति में धार्मिक सम्प्रदाय

यद्यपि भारतीय शब्द धर्म और अंग्रेजी शब्द रिलीजन का एक-दूसरे के स्थान पर प्रयोग प्रचलित है लेकिन इन दोनों के अर्थ ठीक एक जैसे नहीं हैं। धर्म ब्रह्मांड के व्यवस्थागत नियमों की व्याख्या करता है जबकि रिलीजन विश्वासों एवं अनुष्ठानों को निरूपित करता है। धर्म मनुष्य के कर्मों से भी जुड़ा है और यह सामाजिक जीवन को नियमित एवं नियंत्रित करता है। इस प्रकार धर्म का अर्थ रिलीजन के अर्थ से ज्यादा व्यापक है।

ईमाइल दुर्खीम के अनुसार धर्म पवित्रता से जुड़े एकत्रित मत व आचरण का समुच्चय है, जिसके अनुरूप निषेधित व्यवहारों की व्याख्या होती है एवं उससे जुड़े सभी लोगों का एक नैतिक समुदाय गठित होता है, जिसे चर्च कहा जाता है। धर्म की प्रस्तावना में पवित्र व अपवित्र तत्त्वों के बीच विभेद होता है।

अनेक समाजशास्त्रियों ने धर्म के अन्य पक्षों पर बल दिया है। उनके अनुसार यह ऐसी व्यवस्था है जिससे इसे मानने वाले जीवन, मृत्यु, बीमारी, सफलता, असफलता, सुख, दुख आदि के अर्थों से संबंधित समस्या का निदान ढूँढ़ते हैं। इस प्रकार धर्म कुल मिलाकर मानव जीवन को दिशा व अर्थ देता है।

सामान्यतः धर्म के तीन पक्ष होते हैं : धार्मिक अनुष्ठान या कर्मकांड, धार्मिक विश्वास एवं संगठन। अनुष्ठान धार्मिक व्यवहारों से संबद्ध है जबकि विश्वास का संबंध आस्था के स्रोतों और प्रतिमानों से है। वह क्रियाविधि जिसके द्वारा धर्म सदस्यों के व्यवहार, अपेक्षाओं, प्रस्थिति एवं भूमिका का प्रबंधन करता है, वह धर्म का संगठनात्मक पक्ष है।

भारत का समाज अभी भी, काफी हद तक, धर्म एवं परंपरा केन्द्रित वाचिक समाज बना हुआ है। परन्तु भारत का राष्ट्र-राज्य अपने उपनिवेशवादी विरासत के कारण भारत एवं इसके नागरिकों को धर्म निरपेक्ष बनाने पर जोर देता है। सरकारी स्तर पर धर्म निरपेक्षता का एक अर्थ सभी धार्मिक परंपराओं से समान दूरी का भाव रहा है तो दूसरी ओर इसका अर्थ राज्य के कार्य व्यापार में अधार्मिक बुद्धिवाद या यूरोपीय ज्ञानोदय द्वारा प्रचारित आधुनिक नास्तिकता का प्रसार रहा है। दोनों ही अवधारणाओं के प्रवक्ता राज्य द्वारा दी जाने वाली शिक्षा को धर्म-निरपेक्ष बनाने पर जोर देते हैं। फलस्वरूप भारतीय समाज एवं भारतीय राज्य में धर्म के संबंध में अंग्रेजी राज के समय से ही अंतर्विरोध रहा है।

चन्द्रधर शर्मा गुलेरी ने अपने लेख 'धर्म और समाज' में लिखा है कि पूर्वी सभ्यता सदा से धर्म केन्द्रित रही है और उसने धर्म को समाज में सबसे ऊँचा स्थान दिया है। पश्चिमी सभ्यता इस समय चाहे उसकी विरोधी न हो पर उससे उदासीन अवश्य है। कम-से-कम समाज की उन्नति के लिए वह धर्म को आवश्यक नहीं समझती। उसकी सम्मति में बिना धर्म का आश्रय लिए भी नैतिक बल के सहारे मनुष्य अपनी वैयक्तिक और सामाजिक उन्नति कर सकता है। यद्यपि पहले पश्चिम भी भारतवर्ष की तरह धर्म का ऐसा ही अनन्य भक्त था पर मध्यकाल में कई शताब्दियों तक वहाँ धर्म के कारण बड़ी अशांति मची रही। धर्म के मद में उन्मत्त होकर समाज ने बड़े-बड़े विद्वानों और संशोधकों के साथ वह सलूक किया जो लुटेरे मालदार लोग के साथ करते हैं। इसलिए अब आधुनिक उन्नति के इस युग में पश्चिम निवासियों को अपने पूर्वजों की तरह अगर धर्म पर वह श्रद्धा नहीं है तो वह सकारण है। यद्यपि मध्यकाल की तुलना में अब उनके धर्म का भी बहुत कुछ संस्कार हो गया है और शिक्षा की उन्नति के साथ-साथ उनके धर्म में भी सहिष्णुता, स्वतंत्रता और उदारता की मात्रा बढ़ गई है, तथापि धर्मवाद के परिणामस्वरूप जो कड़वे फल उनको चखने पड़े हैं, उसने उनको धर्म की सीमा नियत

कर देने के लिए बाध्य किया। तदनुसार उन्होंने धर्म की अबाध सत्ता से अपने समाज को मुक्त कर दिया। अब वहाँ समाज की शासन सत्ता में धर्म कुछ विक्षेप नहीं डाल सकता। व्यक्ति-स्वातंत्र्य और सामाजिक प्रबंध में भी कुछ हस्तक्षेप नहीं कर सकता। अन्य बहुत-सी बातों के समान धर्म भी अब एक व्यक्तिगत चीज माना जाता है। धार्मिक मान्यता से कोई विशेष स्वत्व पैदा नहीं होते, न मानने से कोई हानि नहीं होती।

इसके विपरीत भारत में आज भी लोग जन्म से लेकर मृत्युपर्यन्त धार्मिक बंधन से मुक्त नहीं हैं। भारतीय लोगों को केवल अपने पूजा-पाठ या संस्कारों में ही धर्म की आवश्यकता नहीं पड़ती बल्कि उनका हर काम, चाहे वह सामाजिक हो या व्यक्तिगत, धर्म के बंधन से जकड़ा हुआ है। यहाँ तक कि खाना-पीना, जाना-आना, सोना-जागना और देना-लेना इत्यादि सभी बातों में धर्म की छाप लगी हुई है। भारत के प्राचीन ग्रंथों में कहीं पर भी 'धर्म' शब्द मत, विश्वास या सम्प्रदाय के अर्थ में प्रयुक्त नहीं हुआ, वरन् सर्वत्र स्वभाव और कर्त्तव्य के ही अर्थों में इसका प्रयोग पाया जाता है। प्रत्येक पदार्थ में उसकी जो सत्ता या 'स्वभाव' है वही उसका धर्म है। धर्म का संबंध मनुष्य की उत्कृष्ट आकांक्षाओं से है। इसे नैतिकता का प्रसाद माना जाता है। इसमें व्यक्तिगत आंतरिक शांति एवं समाजिक व्यवस्था के स्रोत निहित होते हैं। मानव जाति प्रायः अनिश्चितता की स्थिति में रहती है। जीवन की परिस्थितियों पर नियंत्रण करने की मानवीय क्षमता सीमित है। अतएव ऐंद्रिक अनुभवों से इतर मानवीय वास्तविकता से संबंध बनाने की आवश्यकता होती है। इस आवश्यकता की पूर्ति धर्म के द्वारा होती है।

भारत एक बहुधर्मी देश है। 2001 की जनगणना के अनुसार भारत में 80.5 प्रतिशत हिन्दू, 13.4 प्रतिशत मुसलमान, 2.3 प्रतिशत ईसाई, 1.9 प्रतिशत सिक्ख, 0.8 प्रतिशत बौद्ध, 0.4 प्रतिशत जैन व 0.6 प्रतिशत अन्य धर्मों को मानने वाले लोग रहते हैं। अन्य धर्मों की

श्रेणी में पारसी, यहूदी और जनजातीय समूहों के सदस्य आते हैं। स्पष्टतः भारत में सभी प्रमुख धार्मिक समूह पाए जाते हैं। परंपरागत रूप से सभी समूह एक दूसरे के विश्वासों एवं व्यवहारों का सम्मान करते हुए साथ-साथ रहते आए हैं।

भारत में विभिन्न धर्मों को निम्नांकित दो समूहों में रखा जा सकता है :

1. **भारतीय मूल के धर्म** : हिन्दू, जैन, बौद्ध व सिक्ख। इनके मूल भारत की प्राचीन धार्मिक परंपरा में देखे जा सकते हैं।
2. **सामी (यहूदी) धर्म** : यहूदी, ईसाई एवं इस्लाम। इनके मूल आदम व अब्राहम द्वारा स्थापित पैगम्बरी परंपरा में निहित हैं।

भारत के प्रत्येक गाँव या शहर में धर्म के प्रतीक मंदिर, मस्जिद, गिरिजा अथवा गुरुद्वारे के रूप में मिलते हैं। भारत में धर्म के दो पहलू हैं - व्यक्तिगत व सामूहिक। भारत में धर्म के सामूहिक पहलू पर सर्वाधिक बल दिया जाता है।

भारत में धर्म, कानून व राज्य

भारत में धार्मिक विश्वासों की सहिष्णुता एवं विविधता की स्वीकृति उदाहरणीय है। बहुधर्मी देश भारत में सभी मतों के लोग अपनी धार्मिक आस्था को मानने एवं सुरक्षित रखने के लिए स्वतंत्र हैं। 'व्यक्तिगत कानून' के निर्देशों के तहत भारतीय संविधान सभी समुदायों के धार्मिक नियमों का सम्मान करता है। यह 'व्यक्तिगत कानून' परिवार, विवाह व उत्तराधिकार से जुड़े धार्मिक नियमों, रीति-रिवाजों एवं व्यवहारों से संबंधित है। विशेष रूप से यह अल्पसंख्यकों के संदर्भ में है।

भारतीय संविधान में धार्मिक बहुलतावाद से संबंधित कोई प्रावधान नहीं है लेकिन इसका कुल प्रभाव पंथनिरपेक्षता की ओर इंगित करता है। यह सभी धर्मों को समान महत्त्व देता है और इस प्रकार यह भारत की बहुलतावाद की परंपरा के अनुरूप है। भारतीय

संविधान का अनुच्छेद 25(1) प्रत्येक व्यक्ति को अपने धर्म को स्वतंत्रतापूर्वक स्वीकार करने, व्यवहार में लाने एवं उसका प्रचार-प्रसार करने का अधिकार देता है। यह सुविधा सार्वजनिक व्यवस्था, नैतिकता एवं स्वास्थ्य को ध्यान में रखते हुए सभी व्यक्तियों को दी गई है।

भारत में सामुदायिक जीवन पद्धति के रूप में धर्म

भारतीय समाज में धर्म का संबंध वस्तुतः समुदाय से है, न कि व्यक्ति से। भारतीय संविधान और भारतीय परंपराएँ वैयक्तिक विश्वासों की स्वायत्तता तथा व्यक्ति द्वारा ईश्वर तत्त्व की खोज की महत्ता को रेखांकित करती है। इस तरह के व्यक्तिगत प्रयत्नों को आध्यात्मिक कहा जाता है जबकि समाजशास्त्र में सामान्यतः धर्म की परिकल्पना नैतिक जीवन को सुनिश्चित करने वाले सामूहिक प्रयास के रूप में की जाती है।

इस संदर्भ में भारत में प्रमुख धार्मिक समूहों की संक्षिप्त चर्चा प्रासंगिक है।

भारत में हिन्दू समुदाय

आनंद कुमारस्वामी, ए. के. सरण एवं विद्यानिवास मिश्र जैसे विद्वानों का कहना है कि हिन्दू धर्म वर्तमानजीवी धर्म है, वह सत्य और ऋत् का गठबंधन है। यह मनुष्य के स्वभाव में है कि वह अतीत, वर्तमान और भविष्य में एक साथ जिये बिना नहीं रह सकता। अतीत से जुड़ने के पीछे पलायन का भाव यूरोपीय समाजों में मिलता हो, पर भारत में अतीत से जुड़ने का अर्थ वर्तमान की संभावना का विस्तार है, वर्तमान से पलायन नहीं। इसी प्रकार भावी सुख की कल्पना अन्य विचार-दर्शनों तथा मजहबों में वर्तमान की प्रेरणा शक्ति भले ही हो, किन्तु हिन्दू जीवन-दृष्टि अनागत सुख की कल्पना में वर्तमान को विस्मृत नहीं करती, वह अनागत को वर्तमान की सन्तति या फैलाव की दिशा के रूप में ही स्वीकार करती है।

वर्तमान केवल अतीत से सनातन शाश्वत मूल्य को भविष्य की यात्रा के पाथेय के रूप में सौंपने वाला एकमात्र माध्यम है। एकमात्र माध्यम होने के कारण, 'वर्तमान' अतीत और भविष्य दोनों से अधिक महत्त्वपूर्ण है।

प्राचीन भूमध्य-सागरीय लोगों की विश्वदृष्टि भारतीय विश्वदृष्टि से अलग है। पश्चिमी दृष्टि में प्रकृति या प्रकृति की शक्तियाँ मनुष्य से अलग हैं और इसलिए इन दोनों में स्पर्धा है। पश्चिमी मनुष्य के मन में प्रकृति को जीतने की बात आती है और प्रकृति की शक्तियों के प्रतिरूप देवता इस विजय-यात्रा में बाधा पहुँचाते हैं। इसके ठीक विपरीत हिन्दू विश्वदृष्टि में मनुष्य और प्रकृति दोनों अविलग हैं। इसलिए मनुष्य और देवता में स्पर्धा न होकर सहकार-भाव है। मनुष्य देवता को प्रभावित करता है, देवता मनुष्य को। भारतीय ज्ञान-विज्ञान का सबसे महत्त्वपूर्ण केन्द्र यज्ञ-संस्था है और यह संस्था मनुष्य और देवता, आभ्यन्तर और बाह्य, व्यक्त और अव्यक्त, चर और अचर-रूपि युग्मों का एक-दूसरे के लिए आपेक्षी बनाने वाली विधि है। इसलिए जहाँ पश्चिमी चिन्तन मनुष्य को केन्द्र में रखता है, मनुष्य की विवेक बुद्धि को केन्द्र में रखता है, प्रकृति पर मनुष्य की विजय को मनुष्य का पुरुषार्थ मानता है तथा पूरी सृष्टि को मनुष्य का उपभोग्य मानता है, वहाँ हिन्दू चिन्तन बहुकेन्द्रिक है। मनुष्य के लिए देवता केन्द्र है, देवता के लिए मनुष्य। यहाँ प्रकृति पर विजय नहीं, प्रकृति से सामंजस्य और समग्र अस्तित्व से परम सामंजस्य स्थापित करना ही मानव-जीवन का परम लक्ष्य है। समस्त भूतों के ऋण की परिशुद्धि ही परम पुरुषार्थ है। यहाँ न कोई निरपेक्ष रूप में भोग्य है, न निरपेक्ष रूप में भोक्ता। या तो मनुष्य सहभोक्ता है या सभी सहभोक्ता हों इसके लिए अपने को अर्पित करने वाला भोज्य है। हिन्दू समाज में मनुष्य अन्न भी है और अन्नाद भी है (अन्न खाने वाला भी है)।

हिन्दू विश्वदृष्टि में धर्म और विज्ञान में प्रतिद्वंद्विता नहीं, पूरकता है। भारतीय ज्ञान-विज्ञान का उद्देश्य वस्तुओं की पहचान

मात्र नहीं है। उसका उद्देश्य समस्त वस्तुओं की अलग-अलग पहचान कर उनमें एक अव्यय भाव तलाशना है। जो ज्ञान-विज्ञान इस तलाश को, अपने ध्येय को, इस रूप में स्वीकार नहीं करता, वह अधूरा माना जाता है। इसका अर्थ यह नहीं है कि यह खण्डित या अधूरा ज्ञान उपेक्षणीय है। भारतीय परंपरा में हर प्रकार का ज्ञान पवित्र माना जाता है। हिन्दू-दृष्टि केवल अधूरे ज्ञान को अपने बड़े चौखट में जोड़ने पर बल देती है, वह उसको तिरस्कृत नहीं करती। इस दृष्टि के कारण भारत में शिल्प, कला, अथवा ज्ञान-विज्ञान किसी भी क्षेत्र में बाहर से अतिरिक्त मदद लेने में संकोच नहीं किया गया पर देते समय यह ध्यान अवश्य रखा गया कि जिसको दिया जाये उसको अपने से बड़ा मानकर दिया जाये, छोटा मानकर नहीं। जावा, कम्बोज, मध्य एशिया, कोरिया और जापान को भारत ने दिया, पर इन देशों की निजी प्रतिभा को सम्मान देते हुए दिया। कई प्रकार का ज्ञान एवं कई प्रकार की कला उनके बड़प्पन को आत्मसात करते हुए अपनी इयत्ता उन्हें सौंपी।

हिन्दू समाज में धर्म का व्यापक अर्थ है। वह न कोई विश्वास है, न एक निश्चित आचरण-संहिता, बल्कि जीवन का स्वभाव-सिद्ध व्यवहार है। इसीलिए हिन्दू के लिए धर्म, साहित्य, कला या दर्शन कोई विलग वस्तु नहीं है। अधर्म भी धर्म का निषेध या विरोध नहीं, धर्म की जड़ता है। धर्म का ठहराव ही अधर्म है। इसलिए धर्म की गतिशीलता समस्त दर्शनों, साहित्यों और कलाओं पर छायी हुई है। न तो भारतीय दर्शन दुखवादी है और न भारतीय साहित्य सुखवादी। भारतीय दर्शन दुख की बात वास्तविक सुख की तलाश के लिए प्रेरक बिन्दु के रूप में करता है। भारतीय साहित्य भी सुखमय परिणति को दुख के विनाश के रूप में नहीं बल्कि दुख के अभिघातक गुण के विनाश के रूप में स्वीकार करता है। ग्रीक त्रासदी (ट्रेजडी) में जिस प्रकार का करुण-बोध है, वह करुण-बोध मनुष्य की विवशता को द्योतित करने वाला है। इसके विपरीत महाभारत जैसा भारतीय ग्रन्थ में जो करुण-बोध है, वह मनुष्य के भीतर छोटे और बड़े धर्म के

बीच छिड़ने वाले संघर्ष पर आधारित है। ग्रीक त्रासदी में पतन की गरिमा है। इसके विपरीत भारतीय काव्य की परिणति पतन की उपेक्षा करने वाली निस्संगता की गरिमा में या निस्संग व्यक्ति की परदुख-कातरता में है। इडिपस के चरित्र में और युधिष्ठिर के चरित्र में यही अन्तर है। इडिपस देवताओं के विरूद्ध आक्रोश करता है, युधिष्ठिर स्वर्ग-प्रवेश करने के लिए देवताओं के सामने अपनी शर्त रखते हैं।

भारतीय कला में हिन्दू धर्म की गहरी छाप मिलती है। कलाकृतियों की रचना का उद्देश्य कृत्रिम सौन्दर्य की अभिव्यक्ति न होकर सांसारिक या जागतिक यथार्थ की आंतरिक अभिव्यक्ति है। काव्य और कला दोनों में अभिप्रायों की पुनरावृत्ति, सौन्दर्य-रूढ़ियों की पुनरावृत्ति, विशेषणों की पुनरावृत्ति, ऋतु-चक्र की पुनरावृत्ति का उद्देश्य आवृत्ति के माध्यम से अनेक भंगिमाओं में दृश्यमान भाव की एकता की अनुस्मृति संरक्षित करना है ताकि खंड रूप में प्रतिभा समान सत्ताओं की अखंडता दृष्टि से ओझल न होने पाये। भारतीय कला-दृष्टि में नूतनता का अनुसंधान व्यक्ति-वैशिष्ट्य में नहीं, व्यक्ति-व्यापार-वैशिष्ट्य में है। महाभारत और रामायण के पात्रों को आधार बना कर अनेक नाटक लिखे गये एवं अनेक शिल्प-रचनाएँ हुई हैं परन्तु पात्रों की पुनरावृत्ति होने पर भी प्रस्तुति में नवीनता है। उन पात्रों की प्रस्तुति अलग-अलग उद्देश्य से उनकी अनुवर्तमानता के द्वारा की जाती है। इसलिए राम-रावण, कृष्ण-कंस तो नहीं बदलते पर उनका होना नया होते रहता है। भारतीय साहित्य और कला-दृष्टि ऐतिहासिक भूमिका का बहुत सीमित उपयोग करती है। वह न उसकी आपत्ति करती है, न उसके विरोध में कोई अनैतिहासिक या स्वप्निल भूमिका प्रस्तुत करती है। वह केवल इन दोनों प्रकार की खंडित भूमिकाओं से निरपेक्ष रहनेवाली, देश और काल का अतिक्रमण करने की संभावना रखनेवाली, लीला-व्यापारमय भूमिका की सृष्टि करती है। राम और कृष्ण की ऐतिहासिक भूमिका छोटी, नित्यलीला के रूप में उनकी भूमिका बड़ी

है। बुद्ध की शाक्य मुनि के रूप में भूमिका छोटी, बोधिसत्त्व की शृंखला के रूप में बड़ी है। इसलिए पारंपरिक भारतीय साहित्य-कला, हिन्दू मूल्य-बोध एवं पारंपरिक विज्ञान का उद्देश्य मनुष्य और प्रकृति को एक परस्पराकांक्षी युग्म के रूप में स्थापित करके सृष्टि चक्र को पदच्युत होने से रोकना है।

पारंपरिक प्राचीन भारतीय जीवन में आखेट या पशुवध वर्जित नहीं था परन्तु प्रजनन की ऋतुओं में आखेट वर्जित था, ताकि सृष्टि का संतुलन बिगड़ने न पाये। पेड़ से लकड़ी तोड़ी जाती थी, लेकिन नयी शाखा तोड़ना पाप समझा जाता था। कृषि-विकास के साथ-साथ वृक्षारोपण और पशु-संवर्धन को महत्त्व देने के पीछे भी यही प्रयोजन था ताकि संतुलित विकास हो सके। प्राचीन भारतीयों ने बहुत सूक्ष्म पर्यवेक्षण के बाद आयुर्वेद और ज्योतिष का ज्ञान विकसित किया और इन दोनों प्रायोगिक विज्ञान के क्षेत्रों में उन्होंने धर्म-दृष्टि खोने नहीं दी। यही नहीं, उन्होंने आयुर्वेद को ज्योतिष से जोड़ा और बाह्य दृश्य या प्रत्यक्ष विद्याओं को अप्रत्यक्ष अध्यात्म विद्या से जोड़ा। भारत में औषधीय पौधों को ऋतु विशेष एवं नक्षत्र विशेष में उखाड़ने की प्रथा विकसित हुई। इस प्रथा के पीछे एक अखंड दृष्टि है। हिन्दू चिकित्सा-पद्धति मन और शरीर के भेद को स्वीकार नहीं करती और केवल शरीर के स्वास्थ्य-लाभ तक सीमित भी नहीं रहती है। आयुर्वेद शरीर के माध्यम से वस्तुतः जीवन के आनन्द की पूर्णता प्राप्त करने की विधि प्रस्तुत करता है। इसलिए आयुर्वेद में शरीर, रति, हेतु, व्याधि, कर्म, कार्य, काल, कर्ता (वैद्य), करण और विधिविनिश्चय - इन दसों का महत्त्व है। इस चिकित्सा पद्धति को इसलिए आयुर्वेद कहा जाता है क्योंकि यह जीवन-तत्त्व को परिपूर्णता दिलाता है। वह मनुष्य के बाहरी शरीर ही नहीं बल्कि अन्तर्वर्ती प्राण की भी चिकित्सा है। आयुर्वेद का आधार सांख्य की त्रिगुणात्मक सृष्टि योजना है। इसका आधार शरीर की स्थूल रचना नहीं, शरीर की सूक्ष्म रचना है। आयुर्वेद को पूरी तरह समझने के लिए योग-साधना में वर्णित शारीरिक शक्ति-प्रवाह के केन्द्र

चक्र-शृंखला को समझना आवश्यक है। इस शृंखला की अवधारणा विराट विश्व के व्यष्टि शरीर में सूक्ष्म पिण्ड की उपस्थिति पर आधारित है।

इसी तरह, ज्योतिष विद्या भी केवल काल-गणना या दिग्गणना नहीं है, वह सृष्टि विद्या भी है। वह खंडकाल के परिणामों के माध्यम से अखंडकाल की साधना करने वाली परम विद्या भी है। यह आकस्मिक नहीं है कि हिन्दू ज्योतिष में निरयण गणना को सायण गणना की अपेक्षा अधिक महत्त्व दिया गया है। निरयण गणना सृष्टि के आरंभ को बिन्दु मानकर चलती है और इसलिए यह स्थापना करती है कि मनुष्य का जन्म निरवधि-काल और सावधि-काल के मिलन बिन्दु पर होता है। एक ओर वह जीवन की अनंत यात्रा के पड़ावों की शृंखला के रूप में आता है तो दूसरी ओर उसकी एक खंडकालिक इयत्ता भी रहती है, जो उसी के प्रारब्ध, संचित और क्रियमाण कर्मों के द्वारा नियंत्रित रहती है। हिन्दू ज्योतिर्विद्या का प्रारंभ सौर-मंडल की कल्पना से नहीं, नक्षत्र-मंडल की कल्पना से हुआ। इसी से इस विद्या में प्रारंभ से ही पृथ्वी-केन्द्रिक विचारधारा परिपोषित न होकर ब्रह्मांड की एकता देखने वाली विचारधारा परिपोषित हुई। यदि सूक्ष्मता से विचार किया जाये तो प्राचीन हिन्दू ज्योतिष की व्यापक दृष्टि आज के गणितज्ञों के लिए भी स्पृहा की वस्तु है। पश्चिम का गणितज्ञ खगोलवेत्ता आज भी मनुष्य-केन्द्रिक विश्वदृष्टि से इतना बंधा हुआ है कि ब्रह्मांड की लयंबद्धता के बारे में शंकालु बन गया है। हाइजेनबर्ग और आइंस्टाइन जैसे वैज्ञानिक अपवाद हैं। पश्चिमी मानस आज भी मानववादी है।

हिन्दू धर्म एक जीवनविद्या है। इसमें कृषि, उद्यान और गोपालन तीनों अन्तःसम्बद्ध रहे हैं। हिन्दू शासन-तंत्र ने इनके स्वतंत्र विकास के लिए पर्याप्त अवसर दिया है। हजारों वर्षों तक ग्राम-स्तर पर भारत में स्वराज अक्षुण्ण बना रहा। भवन-निर्माण, नगर-निर्माण और धातु विद्या का विकास अवश्य अवरूद्ध हुआ,

लेकिन उसके भी कई कारण थे। पहला कारण तो यह था कि इन विद्याओं के पीछे हिन्दू मानस में देश-काल की जो आध्यात्मिक अवधारणा थी, वह लुप्त हो गई और इस रचना की प्रेरक शक्ति सनातन धर्म का व्यापक बोध भी लुप्त हो गया। दूसरा कारण यह था कि भौतिक समृद्धि के अवसरों का वितरण विषम हो गया, शासन का केन्द्रीयकरण बढ़ गया और सत्ता की लोलुपता के कारण पारंपरिक जीवन-दृष्टि में समग्र सौन्दर्य-बोध क्षीण होने लगा। धार्मिक समग्रता की जगह एकांगी आध्यात्मिकता का प्रसार हुआ, फलस्वरूप भौतिक सुख-सुविधाओं के लिए सामाजिक दायित्व में ह्रास आया। धीरे-धीरे शिल्पी, धातुकार, कारीगर बेरोजगार होते गये। धर्म से शिल्प एवं कला का संबंध व्यावहारिक स्तर पर क्षीण होने लगा।

समकालीन हिन्दू धर्म में यह विश्वास कायम है कि ईश्वर किसी-न-किसी रूप में सर्वव्याप्त है तथा हम किसी भी स्वरूप में ईश्वर तक पहुँच सकते हैं। हिन्दू जीवन पद्धति विश्वासों एवं अनुष्ठानों के संदर्भ में लचीली है। कोई भी विश्वास या अनुष्ठान हिन्दुओं में एक जैसा नहीं है। मतों एवं अनुष्ठानों की विविधता हिन्दुओं की एक विशिष्ट पहचान है। जाति व्यवस्था व संयुक्त परिवार हिन्दुओं की मूलभूत संस्थाएँ हैं, परन्तु ये भारत के अन्य मतावलम्बियों में भी पायी जाती हैं। हिन्दू धर्म की सदस्यता जन्म से मिलती है। लेकिन आर्यसमाज व कुछ अन्य आधुनिक पंथ इसके अपवाद हैं। ये हिन्दू धर्म में नए सदस्यों का धर्मांतरण भी करवाते हैं। सदियों से भारत में आने वाले अनेक विदेशी समूह कालांतर में जाति के लक्षणों को अपनाकर हिन्दू धर्म से जुड़ गए।

अत्यधिक अनेकता के बावजूद हिन्दू परंपरा में दार्शनिक स्तर पर तीन केन्द्रीय सिद्धांत स्पष्ट रूप से परिलक्षित होते हैं - धर्म, कर्म एवं मोक्ष। धर्म एक नैतिक शक्ति है जो समस्त विश्व को एकीकृत करता है। कर्म एक ऐसा सिद्धांत है जिसके अनुरार प्रत्येक व्यक्ति को अच्छे या बुरे कर्म का फल भोगना पड़ता है। कर्म से कभी छुटकारा नहीं होता है। व्यक्ति प्रायः अपने जीवन में ही कर्म का फल

भोगता है। यदि आकस्मिक मृत्यु हो जाए तो पुनर्जन्म के द्वारा पूर्व कर्मों का फल भोगना पड़ता है। इसे भाग्य या प्रारब्ध कहा गया है। वर्तमान कर्मों के द्वारा भाग्य में कुछ सीमा तक सुधार किया जा सकता है। इस प्रकार कुछ हद तक वर्तमान के द्वारा भविष्य निश्चित होता है। मोक्ष वस्तुतः कर्मों एवं जन्म-मृत्यु के बंधनों से मुक्ति का पर्याय है। वर्तमान जीवन में भी सांसारिक मोह एवं संलिप्तता से मुक्ति पाकर मानसिक शांति प्राप्त की जा सकती है।

वर्णाश्रम धर्म या व्यवस्था हिन्दू सामाजिक संगठन का लोकप्रिय उदाहरण है। यह नैतिक समुदाय की आदर्श रूपरेखा है जिसका संदर्भ ऋग्वैदिक काल से मिलता है। यह हिन्दू समाज का चार श्रेणियों में प्रकार्यात्मक विभाजन प्रस्तुत करता है। हिन्दू समाज के चार वर्णों को - ब्राह्मण, क्षत्रिय, वैश्य और शूद्र कहते हैं। एम. एन. श्रीनिवास के अनुसार यह एक आदर्श एवं सांकेतिक प्रारूप है, वास्तविक श्रम विभाजन नहीं। ब्राह्मण वर्ण बौद्धिक कार्य से जुड़े थे। क्षत्रिय देश की सुरक्षा से जुड़े थे। वैश्य व्यापार एवं वाणिज्य से जुड़े थे एवं शूद्र का काम विभिन्न प्रकार के शिल्प एवं पेशों से समाज की सेवा करना था। इस प्रकार के श्रम विभाजन का आधार प्रतीकात्मक था। इस प्रतीकात्मक व्यवस्था के अंतर्गत स्थानीय जातियाँ एवं जनजातियाँ अपना कार्य व्यपार चलाती हैं।

इस प्रकार का वर्गीकरण अनेक परंपराओं एवं समाजों में पाया जाता है। इस प्रकार के उपर्युक्त वर्गीकरण के अनुसार प्रत्येक वर्ण के साथ विशिष्ट व्यवसाय जुड़ा होता है और इन दोनों को मानना व्यक्ति का धर्म होता है। आधुनिक कुप्रचार के चलते वर्ण की जगह वर्ग व्यवस्था का महत्त्व बढ़ रहा है।

आश्रम वर्ण की पूरक संस्था है। यदि वर्ण सामाजिक संगठन का सिद्धांत देता है तो आश्रम व्यक्ति के जीवन को संगठित करने का सिद्धांत है। वर्णाश्रम की अवधारणा जीवन को चार भागों में बाँटती हैः ब्रह्मचर्य, गृहस्थ, वानप्रस्थ एवं संन्यास। ब्रह्मचर्य का संबंध विद्यार्थी जीवन से है, गृहस्थ का पारिवारिक जीवन से, वानप्रस्थ

आश्रम में वह सांसारिक जीवन से विमुख होने का प्रयास करता है, और संन्यास में सांसारिक जीवन से मुक्त होकर तपस्वी का जीवन बिताता है।

आश्रम का महत्त्व पुरुषार्थ पर निर्भर करता है। यह माना जाता है कि एक आदर्श हिन्दू को धर्म, अर्थ, काम एवं मोक्ष को समान महत्त्व देना चाहिए। दूसरे शब्दों में, हिन्दू मान्यता के अनुसार संतुलित जीवन के लिए भौतिक व आध्यात्मिक दोनों पहलुओं को समान महत्त्व देना चाहिए।

यद्यपि शास्त्रीय ग्रंथों में सोलह संस्कारों की विवेचना है लेकिन अधिकांश हिन्दुओं के लिए तीन धार्मिक संस्कार प्रचलित हैंः (1) दीक्षा एवं पवित्र यज्ञोपवीत (धागा) धारण करना, (2) विवाह संस्कार एवं (3) मृत्यु संस्कार। जीवन-चक्र के इन तीनों अनुष्ठानों में पारंपरिक रूप से यज्ञोपवीत केवल द्विज जातियों के पुरुषों को दिया जाता है। प्रायः हिन्दुओं द्वारा वयस्क मृतक के शरीर को दफन नहीं किया जाता है। दक्षिण की कुछ जातियों को छोड़कर हिन्दू लोग प्रायः वयस्क मृतक का अग्नि संस्कार करते हैं।

उपरोक्त संस्कारों से जुड़े तीनों अनुष्ठानों के अलावा कुछ घरेलू अनुष्ठान भी होते हैं। जैसे रक्षा बंधन या भाई दूज (बहनों द्वारा भाई के लिए किया जाने वाला व्रत), तीज व करवा चौथ (पतियों के लिए पत्नियों द्वारा किया जाने वाला व्रत), जितिया (बेटों के लिए माँ द्वारा) और अन्य अनुष्ठान। इसके अलावा हिन्दू समाज में दीपावली, दशहरा, होली, ओणम, मकर संक्रांति, बैसाखी जैसे वार्षिक त्योहार भी मनाये जाते हैं। भारत में तीर्थयात्रा भी सामुदायिक जीवन की एक विशेषता है। हिन्दू लोग भारत के विभिन्न क्षेत्रों में स्थित मंदिरों में दर्शन करने जाते हैं। पवित्र नदियों में स्नान व पूर्वजों को जलार्पण भी किया जाता है। हिन्दू समाज में प्रयाग, वाराणसी, हरिद्वार, मदुरै, पुरी, द्वारका, बद्रीनाथ, केदारनाथ, शृंगेरी, तिरूपति, वैष्णोदेवी, कामरूप-कामाख्या आदि कुछ प्रमुख धार्मिक स्थल हैं।

हिन्दू लोग अभावग्रस्त एवं धार्मिक रूप से पूज्य लोगों को

दान-दक्षिणा भी देते हैं। यह माना जाता है कि मानव कल्याण एवं दान तभी पुण्यात्मक होता है जब गुप्त रखा जाता है। प्रचारित दान को हीन माना जाता है।

भारतीय मूल के पंथ एवं धार्मिक समूह

हिन्दू धर्म में अनेक सम्प्रदाय उल्लेखनीय हैं, जैसे वैष्णव, शैव, शाक्त, लिंगायत, कबीरपंथ, रैदासपंथ इत्यादि। इन धार्मिक समूहों और विस्तृत हिन्दू समाज के बीच परस्पर संबंध होता है। पंजाब में हिन्दुओं एवं सिक्खों के बीच विवाह के उदाहरण मिलते रहे हैं। बौद्ध व हिन्दुओं में भी वैवाहिक संबंध होते हैं। हिन्दू बनिया व जैनों के बीच गहरे सामाजिक व सांस्कृतिक संबंध रहे हैं।

बौद्ध व जैन जैसे प्रारंभिक सम्प्रदायों के प्रभाव में पुरोहितों के प्रभुत्व और जातीय प्रस्थिति के महत्त्व पर अंकुश लगा। बौद्ध धर्म ने सभी जीवों के प्रति करुणा की भावना को धार्मिक महत्त्व प्रदान किया। जैन धर्म ने अहिंसा के सिद्धांत को स्थापित किया। भगवान बुद्ध ने शास्त्रों एवं पुरोहितों की सीमा स्पष्ट करके अपना दीपक खुद बनने की शिक्षा दी जिससे समाज में विवेक एवं प्रज्ञा का महत्त्व स्थापित हुआ।

छठी और ग्यारहवीं शताब्दी के बीच दक्षिण भारत में भक्ति सम्प्रदाय का उदय हुआ। उत्तर भारत में चौदहवीं से सत्रहवीं शताब्दी के बीच इस भक्ति सम्प्रदाय का प्रचार-प्रसार एवं संवर्धन हुआ। इसके प्रभाव से हिन्दू रीति-रिवाजों तथा सांस्कृतिक प्रतिमानों को पुनर्जीवन मिला एवं रूपात्मक युगानुकूलन हुआ। समकालीन भारतीय संस्कृति के स्वरूप का असली स्रोत यह भक्ति आंदोलन ही है। भक्ति आंदोलन के प्रभाव को अंग्रेजी राज में कुंठित करके ब्रह्म समाज, प्रार्थना समाज एवं आर्य समाज प्रेरित सुधारवादी आंदोलन चलाने की कोशिश की गई। भारतीय मूल के प्रमुख पंथों में रामानुज, वल्लभ, चैतन्य, रामानंद, कबीर, रैदास, नानक, मीरा, दादू, वासव भक्ति सम्प्रदाय से जुड़े हैं।

रामकृष्ण मिशन, इस्कॉन आदि संतों से जुड़े पंथ तथा अणुव्रत आंदोलन, भूदान आंदोलन व स्वाध्याय आंदोलन के रूप में भक्ति आंदोलन की धारा एक बार फिर सशक्त हुई है।

वैदिक धारा और श्रमण धारा

वैदिक धारा और श्रमण धारा की अपनी-अपनी कुछ अलग विशेषताएँ हैं पर साथ ही दोनों में कुछ परस्पर समावेशक तत्त्व भी हैं। इस सम्बन्ध में दो बातें विचारणीय हैं: (1) यदि वर्णों का संघर्ष होता तो क्या इतनी अधिक संख्या में बौद्ध दर्शन के आचार्य ब्राह्मण होते?, और (2) यदि भाषा का संघर्ष होता तो संस्कृत में बौद्ध धर्म दर्शन का इतना विपुल साहित्य क्यों होता?

वैदिक विचारधारा में चतुर्थ आश्रम (संन्यास) संगठित नहीं था। बाद में बौद्ध और जैन जैसे श्रमण संगठन संगठित हुए। इन संगठनों का प्रभाव अन्य संन्यासी संगठनों पर भी पड़ा। संन्यासियों के भी संगठन, मठ और पीठ बने। श्रमण व्यवस्थाएँ जाति के विषय में रूढ़ नहीं थीं किन्तु इनके भीतर भी वर्णभेद बने रहे और सामाजिक व्यवस्था भी बनी रही। कालान्तर में जैन धर्म में अवश्य संस्कार पद्धति विकसित हुई पर प्राचीनकाल में जैनों या बौद्धों ने गृह्यसूत्र जैसे ग्रन्थों की रचना में उत्साह नहीं दिखलाया। भारतीय समाज के हर सम्प्रदाय में परिवार केन्द्रित व्यवस्था बड़ी सुदृढ़ थी और सारा जगत् इस परिवार-धारणा का ही विस्तार माना जाता था। यह धारणा परस्पर सहिष्णुता, आदर, प्रेम और सहयोग के लिए भूमि तैयार करती रही। इसको अस्वीकार कर या इससे अलग रहकर भारतवर्ष में कोई व्यवस्था चल नहीं सकती थी। इस व्यवस्था का स्थायी विकल्प अब तक विकसित नहीं हो पाया है।

हिन्दू समाज धर्म और नीति द्वारा परिचालित व्यवस्था है। धर्म के व्यापक अर्थ में चारों पुरुषार्थ एक-दूसरे की विरोधी नहीं होकर एक ही विराट धर्म के विभिन्न सोपान हैं। मोक्ष को पहले के तीनों सोपानों से अलग करके एक अलग मार्ग बनाने से कर्म का

अनुशासन शिथिल हुआ। इस शिथिलता को दूर करने के लिए भगवद्गीता ने समन्वय का एक मार्ग दिया। मध्ययुग के भक्तों ने उसके आगे एक दूसरा मार्ग दिया। रामकृष्ण परमहंस, विवेकानन्द, तिलक, गाँधी और श्रीअरविन्दो आदि ने अपनी-अपनी दृष्टि से फिर नया मार्ग दिया। इससे वैदिक धर्म और श्रमण परंपरा के बीच एकता एवं तादात्म्यता के तत्त्व विकसित हुए। गृहस्थ धर्म और संन्यास धर्म के बीच की दूरी कम हुई। कर्म का अनुशासन जागृत हुआ।

भारतीय समाज की सबसे छोटी इकाई परिवार है और व्यक्ति परिवार के सम्बन्धों का वितान लेकर ही अस्तित्ववान होता है। अंत में उसके अस्तित्व का भी सर्वभूत में विलयन हो जाता है। काल की अनुभूति अर्थात् अपने द्वारा कर्मों की क्रियमाणता की अनुभूति व्यक्ति को होती हैं। साथ ही ध्यान-योग के बल पर इस स्थिति के अतिक्रमण की भी अनुभूति होती है। यह अनुभूति ही व्यक्ति का संस्कार है। हिन्दू, बौद्ध एवं जैनों में ध्यान-योग की परंपरा एक जैसी है पर काल की अनुभूति की पहचान के विषय में भेद है। बौद्ध-साधना में 'क्षणिकता' सत्ता का स्वभाव है। एक सत्ता से दूसरी सत्ता में निमीलन एक सत्ता के नया रूप धारण करने की क्रमिकता की पहचान कराता है जबकि वैदिक दर्शनों में शाश्वत एकसूत्रता सत्ता की एकता की पहचान कराता है।

हिन्दू धर्म की विशेषता

हिन्दू धर्म एक स्तर पर सर्व समावेशक है तो दूसरे स्तर पर इसकी विशिष्ट पहचान भी है। हिन्दू धर्म में सबको अपने रास्ते, अपने विवेक से चलने की छूट है। कोई भी रास्ता एकमात्र रास्ता नहीं है। आपका अपना पथदर्शक या मसीहा एकमात्र पथदर्शक या मसीहा नहीं है। इसके बावजूद स्वविवेक से निर्णय की छूट का अर्थ यह नहीं है कि स्वपहचान की विधि का अतिक्रमण हो। स्व की पहचान तब तक असमान है जब तक मनुष्य चारों ऋणों से मुक्त होने की बात नहीं सोचता। इन ऋणों से मुक्ति के लिए अपने

ऋषियों का ज्ञान प्राप्त करना आवश्यक है। यह पहचान वाचिक परंपरा से या शास्त्रों के पठन-पाठन से हो सकता है। ऋषि परंपरा के अंतर्गत मनुष्य का चरम प्रयोजन आत्मविस्तार है। अपने को इतना हल्का कर लेना या सबमें समा सकना अथवा सबमें भर सकना संभव हो सके। इन ऋणों की यथासंभव अदायगी होने पर ही जीवन की सर्वसमता और निरंतरता की पहचान स्पष्ट होती है। यही पहचान हिन्दू धर्म की आधारशिला है।

इस पहचान का अनुभव कई प्रकार से होता है। एक शास्त्र के मनन से, दूसरा ऐसा जीवन जीने या ऐसी उपासना करने से जिसमें सृष्टि की सफलता का अनुसंधान हो और निःश्चल होकर, अकिंचन, रिक्त अथवा शून्य होकर सकल ब्रह्मांड की प्रतीति हो सके। इस प्रतीति का पहला मार्ग ज्ञान मार्ग, दूसरा कर्म मार्ग और तीसरा भक्ति मार्ग कहलाता है। तीसरा उपाय मन के लिए सुलभ नहीं है। तीसरा उपाय बड़े अभ्यास से और साधकों की परंपरा के साथ जुड़ने से आता है। इसी स्तर पर गुरु का महत्त्व है, नहीं तो हिन्दू होने के लिए दीक्षा की आवश्यकता नहीं। बस स्वेच्छा से धर्म को वरण करने की बात है। हिन्दू धर्म में अनेक संस्थाएँ हैं, पर हिन्दू धर्म स्वयं कोई संस्था नहीं है। विवाह पर किसी संस्था या संस्थाचार्य के मुहर की आवश्यकता नहीं है। आवश्यकता है मंत्र के उच्चारण की और मंत्र के उच्चारण में अपने भीतर के देवता के साक्ष्य की। ऊपरी तौर पर यह संस्थाहीनता संगठनहीनता या दुर्बलता लगती है, पर भारतीय समाज की यही वास्तविक शक्ति है। संकल्प में समाहित उदारता हिन्दू धर्म की वास्तविक शक्ति है। भारतीय संस्कृति में हर एक कार्य के पीछे एक संकल्प होता है, जिसमें पूरे ब्रह्मांड में स्थित अपने देश-काल के युग्म पर सृष्टि के प्रथम स्पंद से लेकर आज तक के काल-खण्ड का स्मरण किया जाता है।

हिन्दू धर्म के अस्पष्ट एवं अपरिभाषेय दिखने का प्रमुख कारण अभ्यास से विमुखता या तटस्थता है। इस विमुखता का आधार साधना से अधिक सिद्धि की खोज की प्रवृत्ति है। बिना प्रयत्न

कुछ अलौकिक लाभ पाने की भूख के कारण हिन्दू समाज का प्रभु वर्ग असंतुलित जीवन जीने लगा है। जबकि सामान्य हिन्दू के लिए अब भी अंतःकरण के दीपों की माला जीवन की गंगा की धार में छोड़ी हुई मालिका है, जिसमें एक दीप दूसरे को देख देखकर दीपता रहता है। कोई बुझता है तो आत्मदीप के आह्वान के लिए उसका स्थान दूसरा दीपक ले लेता है। सनातन धर्म का पालन करने के लिए भक्त के हृदय में एक साथ आधार (सत्य का), वर्तिका (जो जातीय स्मृति के सूत्रों से बाँटी जाती है), स्नेह (अपनी लगन का, अपनेपन का) और शिखा (समग्र के ध्यान का) का समन्वय चाहिए। न जातीय स्मृति के बिना काम चलेगा, न सत्य की खोज के बिना काम चलेगा, न तप के बिना काम चलेगा, न समग्र के ध्यान के बिना काम चलेगा। सनातन हिन्दू धर्म अधूरे मन वाले व्यक्तियों का धर्म नहीं है, यह समग्रता एवं अखंडता का धर्म है।

धर्म, सम्प्रदाय एवं सत्संग

हमारी पूरी परंपरा में धर्म का जिस व्यापक अर्थ में प्रयोग हुआ है, उसको ध्यान में न रखते हुए प्रायः लोग इसे अत्यंत सीमित अर्थ में संकुचित कर देते हैं। भारतीय संस्कृति में धर्म शब्द के साथ मुख्य रूप से तीन अर्थ जुड़े हुए हैं। इसका सबसे लोकप्रिय अर्थ यह है कि जो तत्त्व संसार एवं जगत् के सम्पूर्ण जीवन को धारण करे वह धर्म है। महाभारत में इस अर्थ का कई बार उल्लेख हुआ है कि जीवन को मन से पूरी तरह स्वीकारते हुए, उसकी सार्थकता पहचानते हुए ही धर्म को पाया जाता है।

धर्म की अवधारणा का दूसरा अर्थ उसका सहज होना है। धर्म आरोपित नहीं होता, वह वस्तुओं एवं व्यक्तियों के भीतर रहता है, अपने में डूबकर वह देखा जाता है। इसीलिए विवेक की मनुष्य जीवन में इतनी भूमिका रहती है। मनुष्य के भीतर की आत्मा और ब्रह्मांड में सर्वव्यापि परमात्मा धर्म का सहज एवं स्वाभाविक आधार है। हिन्दू धर्म में आत्मा, ब्रह्म, परम ब्रह्म एवं प्रिय ब्रह्म की एक साथ

सहज रूप से बात की जाती है। भारतीय संस्कृति की मान्यता है कि आत्मा में कुछ ऐसा भी है जो निज नहीं है। वह निज जितना ही सब दायरों, सीमाओं से मुक्त होता है, उतना ही विस्तृत होता है, व्यापक होता है, उसमें सब आते हैं, वह किसी एक में नहीं समाता। इसलिए सनातन धर्म की पहचान समरसता से होती है।

धर्म की अवधारणा का तीसरा अर्थ इसकी गतिशीलता से जुड़ी हुई है। धर्म ऋत् और सत्य का एकीकरण है। वेदों में ऋत् और सत्य की अवधारणाएँ एक दूसरे की पूरक हैं। ऋत् का अर्थ है गति, सत्य का अर्थ है परम तत्त्व की सत्ता का सदैव बने रहना। हिन्दू धर्म ऋत् एवं सत्य को समन्वित रूप में एक साथ सम्यक् गति से साधने का धर्म है। इसीलिए कहा जाता है कि जीवन में गति ऐसी न हो जो स्वरूप की पहचान नष्ट कर दे, बने रहने का अर्थ यह न हो कि टिक जायें, ठहर जायें, केवल अपने लिए ही रह जायें। सत्य एवं ऋत् को सहज एवं स्वाभाविक रूप से साधना भारत में धर्म, मध्ययुगीन पश्चिमी चिंतन में 'प्रथम सिद्धांत', तसव्वुफ में बेखुदी की खुदी तथा भक्त कवियों की भाषा में महाभाव के लिए चिरन्तन उद्वेलन कहलाता है। सत्य एवं ऋत् का यही समन्वय राधा एवं कृष्ण के बीच तन्मयता की बेचैनी के रूप में अवतरित होती है। इसी संदर्भ में संत लोग कहते हैं कि हर बेचैनी तन्मयता लाती है, हर तन्मयता बेचैनी। यही तन्मयता जीवन का न चुकने वाला अव्यय रस है।

आम आदमी के लिए भारतीय संस्कृति में इन तीनों पक्षों का समन्वित रूप ही धर्म है। यह धर्म मानव मात्र का है, ऐसे धर्म से निरपेक्ष होने की बात सोची भी नहीं जा सकती। इस धर्म की प्रतीति अलग-अलग रूपों में, अलग-अलग परिस्थितियों में होती है। दुनिया के सभी धर्म सत्य और ऋत् के बीच सामंजस्य स्थापित करने के अलग-अलग संदर्भ में प्रयत्न हैं। जननी और जन्मभूमि, पिता और आकाश, पुत्र और वृक्ष, पुत्री और आंगन की चिड़िया इन सबके प्रति जो कर्त्तव्य भाव जागते हैं वे एक दूसरे के पोषक होते हैं। धर्म की माँग है कि लोग इनकी अलग पहचान में खो न जायें बल्कि सबमें

स्थित उस एक ब्रह्म को पहचानें।

सम्प्रदाय धर्माचरण का चौखटा है। भारतीय संदर्भ में सम्प्रदाय का सबसे लोकप्रिय अर्थ उस पद्धति से है जिसके द्वारा मनुष्य समष्टि, प्रकृति एवं संस्कृति के बीच सामंजस्य स्थापित करता है। इसका विशेष अर्थ समष्टि एवं व्यष्टि के बीच सामंजस्य स्थापित करने के लिए दिये गए अनुशासन से है। यह अनुशासन किसी ऋषि, मुनि, संत, आचार्य या पुरखों से प्राप्त हो सकती है। मनु ने कहा है कि जिस प्रकार, जिस पद्धति से पिता-पितामह कुशलतापूर्वक जिये हैं उसी में मंगल निहित है। साम्प्रदायिक अनुशासन में पद्धति से भी अधिक प्रकार का महत्त्व है। हमें पुरखों से जो दिया हुआ मिलता है इसका अर्थ यह नहीं उसे यांत्रिक रूप से स्वीकार करना आवश्यक है। जैसे कृषि के लिए खेत मिलता है, खेत में बोने के बीज मिलते हैं, हल-बैल मिलते हैं, किस ऋतु में कैसे बोना है, कब क्या करना है, यह पद्धति मिलती है और साथ-ही-साथ यह भाव मिलता है कि फसल में सबका हिस्सा है, उसके बढ़ने में, पकने में, उसके उपभोग में सबका हिस्सा है, चिरई-चुरूंग, पेड़-पालो सबका हिस्सा है, बढ़ई-लुहार सबका हिस्सा है, वैसे ही सनातन हिन्दू धर्म में साम्प्रदायिक अनुशासन मिलते हैं। हम सम्प्रदाय के उत्तराधिकारी एवं सम्प्रदाय का उत्तराधिकार सौंपने वाले दोनों हैं। जैसे शैव, वैष्णव और शाक्त सम्प्रदाय हैं, वैसे ही बौद्ध, जैन, एवं सिक्ख सम्प्रदाय हैं। वैसे ही ईसाई, यहूदी, मुस्लिम (वहाँ भी शिया, सुन्नी) जैसे सम्प्रदाय हैं। हम जैसे दूसरों की खेती में दखल देना उचित नहीं समझते, वैसे ही दूसरे सम्प्रदाय में हस्तक्षेप करना भी उचित नहीं समझते। हम यह भी नहीं सोचते कि अपने सम्प्रदाय में इनको मिला लें, क्योंकि धर्म या अध्यात्म में मिलाना नहीं होता, एक-दूसरे के साथ मिलना होता है। एक-दूसरे से आदान-प्रदान करना होता है। अलग रहते हुए भी एक-दूसरे को समझना होता है। जिस किसी को जो दिया गया है, वह उसे कैसे ले रहा है और कैसे निबाह रहा है, यह देखना या सोचना-समझना इसका काम है। साधना की पद्धति एक हो, यह

जरूरी नहीं है। इस प्रकार की समझदारी साथ रहने से या रहते हुए संवाद स्थापित करने से आती है। इस सत्संग का हिन्दुस्तान में प्रयत्न निरन्तर चलता रहा है। इसी को उत्सव और मेला भी कहा जाता है। यही छोटे दायरों से बाहर निकलने का सर्वोत्तम उपाय रहा है। फकीर या महात्मा एक-दूसरे के पास बड़ा या छोटा बनकर नहीं जाता, बल्कि निःशेष होकर जाता है। लोग तीर्थ या जियारत के लिए जाते हैं तो निःस्वार्थ होकर जाते हैं। तीर्थ या जियारत में लोग केवल स्थावर या जंगम तीर्थ स्थान से नहीं मिलते, ऐसे असंख्य हृदयों से भी मिलते हैं जो उन्हीं की तरह निःशेष होकर विपुल के प्रवाह में नहा रहे हैं। यही मेला कहलाता है। जाने कबके बिछुड़े एक दूसरे से मिलते हैं और एक-दूसरे की अपेक्षा से भींग कर, हृदय स्तर पर संवाद करके अविलग होकर जुदा होते हैं। ऐसे संवादों की स्मृति मनुष्य को राह से भटकने नहीं देती। ऐसी स्मृति को संजो कर रखना सम्प्रदायों एवं साम्प्रादायिक सत्संगों की महत्त्वपूर्ण भूमिका रही है।

सम्प्रदाय दीवार या बंद मकान नहीं है, सम्प्रदाय दीपस्तम्भ है। वह किसी दूसरे दीपस्तम्भ का प्रकाश रोकता नहीं, न उस प्रकाश का विरोध करता है। वह आकांक्षा करता है कि अपने आस-पड़ोस को ठीक तरह से प्रकाशित करे, इस तरह प्रकाशित करे कि स्थानीय आदमी अपने आप उस दीपस्तम्भ का स्वाभाविक महत्त्व स्वीकार करे।

सम्प्रदाय धर्म का आवश्यक अभिलक्षण है और यह अभिलक्षण माँग करता है कि धर्म कभी दृष्टि से ओझल न हो। यदि हमें अपना सम्प्रदाय प्रिय लगता है, अपना घर अच्छा लगता है, बार-बार यहाँ लौटने की इच्छा होती है, तो दूसरे को भी उसका घर अच्छा लगता है। हम एक-दूसरे से इसलिए जुड़े हैं क्योंकि हम दोनों को घरों से लगाव है। घर से दोनों का सरोकार है। बेघर जड़हीन लोग जैसा भी सोचें पर घर वाला किसी घर की बर्बादी की बात नहीं सोचेगा। इसीलिए भारत में विभिन्न सम्प्रदाय धर्म की व्यापकता के लिए, धर्म के परिचालन के लिए, धर्म की प्रतीति के लिए प्रयत्नशील

रहे हैं। सम्प्रदाय मनुष्य के देवत्व भाव में भाव की आस्तिकता को प्रमाणित करने के लिए कायम रहे हैं।

मंदिर

समाज की धारणा (धर्म धारण) के लिए केन्द्र था। समाज की सभी गतिविधियों का केन्द्र मंदिर था। धर्म से जुड़े होने के कारण यह पवित्र केन्द्र था। भजन, कीर्तन के अलावा स्थायी पाठशाला, वैद्यशाला, गोशाला, पाकशाला, विविध कला-केन्द्र (संगीत, नृत्य आदि), वेदशाला, कृषि आदि उस मंदिर के साथ जुड़ी रहती थीं। अनाज एवं दान-चढ़ावा इसके आर्थिक स्रोत थे। मंदिरों में भूखों को भोजन मिलता था। मंदिर समाज को बांधने वाला केन्द्र था। हर इलाके में एक ही प्रमुख मंदिर होता था। मंदिर में सैनिकों या सिपाही का प्रवेश वर्जित था। इस पर समाज का नियंत्रण था, राज का हस्तक्षेप नहीं होता था।

कुंभ

कुंभ वैचारिक अधिवेशन की संस्था थी। 3–3 वर्ष में 4 स्थानों – हरिद्वार, प्रयाग, नासिक एवं उज्जैन में स्थानीय कुंभ एवं 12 वर्ष में प्रयाग में महाकुंभ का आयोजन होता था। कुंभ का सामान्य अर्थ समाज को धारण करने वाले विधि-निषेधों, रीति-रिवाजों के बारे में विभिन्न सम्प्रदायों के महंथों, आचार्यों एवं विशेषज्ञों का क्षेत्रीय अधिवेशन एवं महाकुंभ का अर्थ अखिल भारतीय महाअधिवेशन होता है। महाकुंभ के उपरांत यानि 12 वर्षों में समाज के नीति-निर्धारकों की पीढ़ी बदल जाती है। रीति-रिवाज एवं सामाजिक, आर्थिक, राजनैतिक, सामरिक एवं भौगोलिक परिस्थिति में हुए बदलावों के बारे में समीक्षा एवं समाज एवं संस्कृति में आवश्यक परिवर्तन करने के बारे में तात्त्विक एवं रणनीतिक परिचर्चा एवं निर्णय लेने का काम कुंभ अधिवेशनों के दौरान ही होता था। कुंभ में ही समाज, जाति एवं सम्प्रदाय से संबंधित विधि-निषेध

तय होते थे। काल, बाह्य रूढ़ियों एवं परंपराओं को बदलने के बारे में कुंभ में ही निर्णय होता था। नई परंपराओं के बारे में भी कुंभ में ही निर्णय होता था। इसमें साधु, संन्यासी, विद्वान, वैज्ञानिक आदि भाग लेते थे। इसकी अवधि कम-से-कम 3 या 5 दिन और अधिक-से-अधिक 1 माह का होता है। इस्लाम के आक्रमण के बाद इसका उत्सव पक्ष तो जारी रहा धार्मिक अधिकार के रूप में, लेकिन इसके सामूहिक, सांगठनिक या चिंतनपरक अधिवेशन पर प्रतिबंध लगा दिया गया। अलग-अलग सम्प्रदाय के धार्मिक प्रवचन आदि यथावत होते रहे लेकिन विभिन्न सम्प्रदायों के सम्मिलित अधिवेशन में होने वाले सभ्यतामूलक विमर्श एवं राष्ट्रीय चिंतन पर बंदिश लगा दी गई। फलस्वरूप धर्म संस्था की जगह राज्य संस्था का हस्तक्षेप राष्ट्रजीवन के अन्य पक्षों पर बढ़ गया। राज्य संस्था ने अपने अधिकारों का अतिक्रमण शुरू किया और धर्म संस्था या समाज को धारण करने वाली व्यवस्था को कमजोर कर दिया।

बौद्ध धर्म

भारत में बौद्ध धर्म छठी सदी ईसा पूर्व हुए नव-धार्मिक आंदोलन की प्रतिष्ठित परिणति है। इसके मूल में भारत का पारंपरिक धर्म है। इसका अस्तित्व गौतम बुद्ध के उपदेशों पर आधारित है। भगवान बुद्ध ने खुद घोषणा की थी कि वे कोई नया धर्म नहीं दे रहे हैं। उन्होंने केवल एक नया मार्ग दिया। पहले से उपलब्ध वैदिक और श्रमण परंपराओं के बीच एक पुल बनाया। एक नई व्यवस्था दी। सनातन धर्म को एक नया स्वरूप, एक नई पद्धति एवं कुछ नई तकनीक दी। कलिकाल में सनातन धर्म के तीन श्लाघा पुरुष हैं - भगवान श्रीकृष्ण, भगवान महावीर एवं भगवान बुद्ध। यूरोपीय विद्वान हीगेल की भाषा में बात करें तो भगवान श्रीकृष्ण का श्रीमद्भगवद्गीता में वर्णित उपदेश भारतीय परंपरा की 'स्थापना' (थीसिस) है, भगवान महावीर का जिन-सूत्र में वर्णित उपदेश 'प्रति-स्थापना' (एण्टी-थीसिस) है और भगवान बुद्ध का धम्मपद

एवं जातक–कथाओं में वर्णित उपदेश 'पुनर्स्थापना' (सिनथेसिस) है। कुमारस्वामी 'पुनर्स्थापना' को पुनर्रचना (रिमेनिफेस्टेसन) कहते थे। इसी चीज को अभिव्यक्त करने के लिए हजारी प्रसाद द्विवेदी का प्रिय शब्द 'पुनर्नवता' थी।

बौद्ध मत की पुनर्स्थापना को त्री–आश्रय या तीन रत्न के रूप में जाना जाता है। इसमें बुद्ध, धम्म एवं संघ आते हैं। बुद्ध इसमें बोधिसत्व प्राप्त एक शिक्षक (उपदेशक) हैं। कोई भी व्यक्ति इन तीन आश्रयों को तीन बार उच्चारित करके बौद्ध बन सकता है। उदाहरणस्वरूप, मैं बुद्ध की शरण में जाता हूँ (बुद्धं शरणम् गच्छामि), मैं धम्म की शरण में जाता हूँ (धम्मं शरणम् गच्छामि), मैं संघ की शरण में जाता हूँ (संघम् शरणम् गच्छामि)। इन तीन आश्रयों को स्वीकारने के बाद बुद्ध के मार्ग का पथिक बना जा सकता है।

बौद्ध अवधारणा धम्म के चार अर्थ हैं: (1) परम सत्य, (2) सम्यक् आचरण, (3) धर्म सिद्धांत, (4) अनुभव का अनंत स्वरूप। प्रथम तीन अर्थों को हिन्दू धर्म में स्वीकारा जाता है लेकिन चौथा बौद्ध धर्म की विशिष्टता है। यह सनातन धर्म की नई अभिव्यक्ति है।

बौद्ध धर्म के अनुयायी गौतम बुद्ध के बताए चार महान सत्यों में विश्वास करते हैं। पहले के अनुसार संसार में 'पीड़ा' व्याप्त है। दूसरा पीड़ा का कारण (इच्छा) बताता है। तीसरे महान सत्य के अनुसार पीड़ा के कारण को दूर किया जा सकता है। इन कारणों को दूर करने के लिए विस्तृत उपायों की व्याख्या चतुर्थ महान सत्य में मिलती है।

बौद्ध धर्म में अष्टांगिक मार्ग की विवेचना की गई है जिसमें सम्यक् दृष्टि, सम्यक् आकांक्षा, सम्यक् वाक्, सम्यक् कर्म, सम्यक् जीविका, सम्यक् प्रयत्न, सम्यक् मनः स्थिति और सम्यक् चिंतन आते हैं। ये अष्ट मार्ग निर्वाण की तरफ ले जाते हैं जिससे सभी पीड़ाओं से मुक्ति मिलती है। चार महान सत्य एवं अष्ट मार्ग निर्देशक तत्त्व हैं।

बौद्ध धर्म के मुख्य ग्रंथों में 'विनय पिटक' (अनुशासन की

व्याख्या), 'सुत्त पिटक' (उपदेशों की व्याख्या) और 'अभिधम्म पिटक' (धर्मनीतियों की व्याख्या) हैं। बौद्ध धर्म के चार प्रमुख स्वरूप हैं: (क) स्थविरयान, (ख) महायान, (ग) वज्रयान या तंत्र, तथा (घ) जेन। भारत के विभिन्न भौगोलिक क्षेत्रों में इसके विभिन्न स्वरूप प्रचलित हैं। भारत के बाहर बौद्ध धर्म का प्रभाव तिब्बत, श्रीलंका, जापान, कोरिया, थाईलैंड, कंबोडिया, यूरोपीय संघ एवं संयुक्त राज्य अमेरिका जैसे देशों में है।

भारत में सबसे प्रमुख बौद्ध त्योहार बुद्ध पूर्णिमा है। अनेक बौद्ध कुछ अन्य त्योहार भी मनाते हैं। अनेक बौद्ध परिवारों द्वारा हिन्दू त्योहार जैसे होली, दीपावली और मकर संक्रांति भी मनाए जाते हैं। बाबा साहब अंबेडकर बौद्ध धर्म को हिन्दू संस्कृति का विकास मानते थे।

बौद्ध धर्म तथा हिन्दू धर्म का परस्पर संबंध

रामस्वरूप के अनुसार भगवान बुद्ध हिन्दू धर्म की अध्यात्म-चेतना के अभिन्न अंग हैं। भगवान बुद्ध का जन्म हिन्दू कुल में हुआ था। चाहे हम बौद्ध धर्म के उदय, उत्थान तथा पराकाष्ठा पर दृष्टिपात करें, चाहे बौद्ध धर्म के शिल्प, स्थापत्य, अथवा उसकी मूर्तिकला, भाषा, श्रद्धा, मनीषा, शब्दावली, नामानुक्रमणिका, विनय-प्रणाली तथा अध्यात्म-साधना को लक्ष्य करें, हिन्दू धर्म की भावना उसके उदय तथा उत्कर्ष में सर्वत्र व्याप्त है। बौद्ध धर्म भले ही दीर्घकाल से सुदूर विदेशों में वास करता रहा हो, किन्तु उसकी अध्यात्म-साधना की अभिव्यक्ति तथा उसका उर्ध्वस्थ अध्यात्म-साक्षात्कार अभी भी हिन्दू आधार का परिचय देता है। हिन्दू धर्म का सर्वस्व बौद्ध धर्म में परिभुक्त नहीं है। किन्तु बौद्ध धर्म का सर्वस्व अवश्य ही उस तंत्र के अन्तर्गत है जिसका तात्त्विक बोध हिन्दू धर्म के नाम से होता है।

भगवान बुद्ध ने सत्य का साक्षात्कार करने के लिए वर्गीकरण, समतुलन, निर्णयन, निष्कर्षण तथा प्रयोगीकरण इत्यादि

प्रणालियों का आश्रय नहीं लिया। ये प्रणालियाँ ही बुद्धिवाद का सर्वस्व हैं। भगवान बुद्ध तो शील, शुद्धि, ध्यान, समाधि, समर्पण, अक्षुण्ण द्रष्टाभाव और अविरत अभीप्सा की बात कहते थे। इन्हीं साधनाओं के पथ पर आगे बढ़ने से साधक अपने साधारण चित्त का अतिक्रमण करता है और परम सत्य के प्रकाश का हठात् अथवा उत्तरोत्तर उदय होता है।

कुछ यूरोपीय विद्वान बौद्ध धर्म को केवल शील की एक संहिता बनाकर प्रस्तुत करते हैं। भगवान बुद्ध ने स्वयं इस सिद्धान्त का स्पष्ट शब्दों में प्रत्याख्यान किया है। उन्होंने आग्रह किया है कि शील के विषय में उनके शिक्षापद 'मुख्य' नहीं वरन 'गौण' हैं। उन्होंने स्वयं प्रज्ञापित किया है कि 'समाधि' तथा 'प्रज्ञा' के विषय में दिए गए उनके उपदेश ही सारभूत हैं। उनके मत में जो लोग शील-सम्बन्धी शिक्षापदों को लेकर उनकी सराहना करते थे, वे 'अज्ञ' और साधारण बुद्धि वाले अथवा 'पृथग्जन' थे। भगवान बुद्ध के तर्क तथा शील का एक उर्ध्वस्थ आधार था। भगवान बुद्ध की करुणा केवल लौकिक अथवा मानवता प्रवण नहीं थी। वस्तुतः वह सम्यक् सम्बुद्ध की अगाध और अम्लान करुणा थी। जिस शांति की वे शिक्षा देते थे उसे व्यक्तियों अथवा राष्ट्रों के बीच की गई सन्धि नहीं समझना चाहिए।

कुछ लोगों ने भगवान बुद्ध के उस मौन का, जो उन्होंने ब्रह्म, आत्मा, परमात्मा इत्यादि प्रश्नों के प्रसंग में धारण किया था, मनमाना अर्थ किया है। संदर्भ रहित व्याख्या से अर्थ का अनर्थ हुआ है। भगवान बुद्ध का मौन सकारण था। उसका एक सभ्यतामूलक संदर्भ था। उन्होंने उन समस्त प्रश्नों का उत्तर देना अस्वीकार कर दिया था जिनका सम्बन्ध व्यक्ति के आध्यात्मिक कल्याण के साथ क्रियात्मक रूप में सिद्ध नहीं होता था। अध्यात्म स्वभावतः ही क्रियापरक होता है। भगवान बुद्ध के युग में तो यह मौन अत्यंत आवश्यक भी था। उस समय तत्त्वशास्त्र के बासठ सिद्धान्त (अठारह सिद्धान्त सृष्टि के विषय में, और चालीस सिद्धान्त प्रलय के विषय में) परस्पर विवाद

कर रहे थे। आहार को लेकर तपस्या करने की बाईस प्रणालियाँ थी तो वस्त्र को लेकर तेरह प्रणालियाँ। मरण के उपरान्त आत्मा की स्थिति को लेकर अनवरत वाद-विवाद होता रहता था। इन विवाद करने वालों में अक्रियावादी थे, दैववादी थे, जडवादी थे, अकृतवादी थे, अनिश्चिततत्त्ववादी थे और अन्य प्रकार के वादी-प्रतिवादी तथा वितण्डावादी थे।

इस प्रकार का वातावरण किसी भी अध्यात्म-साधक के मन में स्वाभाविक रूप से विरक्ति उत्पन्न करता है। वह बुद्धि के बुलबुले उठाने की अपेक्षा सम्यक् साधना को ही अधिक उपादेय मानता है। इसलिए यह आश्चर्य की बात नहीं कि भगवान बुद्ध ने इन प्रश्नों का उत्तर देना अस्वीकार कर दिया। अनेक प्रकार के प्रवीण पंडित उनके पास आकर इन्हीं प्रश्नों को अनेक प्रकार से पूछते थे। भगवान बुद्ध ने मौन रहकर ही इन समस्त प्रश्नों का प्रत्युत्तर दिया क्योंकि उनकी साधना सर्वथा क्रियापरक थी। महाभारत के धनुर्धर अर्जुन की तरह उनकी नजर चिड़िया की आँख पर थी, बाग की सुन्दरता या चिड़िया की सुन्दरता पर नहीं।

एक और कारण से भगवान बुद्ध ने तात्त्विक प्रश्नों की विवेचना करना अस्वीकार किया था। ये प्रश्न केवल अप्रासंगिक एवं निरर्थक ही नहीं थे, अपितु इनके उत्तर किसी बुद्धिगम्य भाषा में देना भी असम्भव था। केनोपनिषद में कहा गया है: ''वहाँ न तो चक्षु-इन्द्रिय पहुँच सकती है, न वाक्-इन्द्रिय पहुँच सकती है, न मनस ही। जिस प्रकार से इसको बतलाया जाए कि यह ऐसा है, वह प्रकार न तो हम स्वयं अपनी बुद्धि से जानते हैं, न दूसरों से सुनकर ही जानते हैं।'' भगवान बुद्ध ने भी अपने-आप को ऐसी ही असमर्थता की स्थिति में पाया। अध्यात्म-सम्बन्धी समस्त साहित्य के अनुसार जो बातें बुद्धि के परे हैं उनको बुद्धिगम्य सिद्धान्तों के रूप में व्यक्त नहीं किया जा सकता। अतएव इन प्रश्नों का जो भी उत्तर दिया जाए, वह 'अव्याकृत' है। भगवान बुद्ध बार-बार इस बात को दोहराते थे।

किसी भी समस्या के समाधान की दो प्रणालियाँ होती हैं - क्रियात्मक तथा सिद्धान्तात्मक, एवं मनोवैज्ञानिक तथा तात्त्विक। उदाहरणार्थ, सांख्यदर्शन सिद्धान्तों तथा तत्त्वों की विवेचना करता है। इसी प्रकार वेदान्त दर्शन सिद्धान्तों की तथा परमतत्त्व के स्वरूप की विवेचना करता है। ठीक उसी प्रकार बौद्ध धर्म उस साधना, शील तथा समाधि मार्ग की विवेचना करता है जिसके द्वारा इन्द्रियातीत साक्षात्कार सम्भव होता है।

इसके लिए भगवान बुद्ध प्रज्ञा तथा चार आर्य सत्यों की व्याख्या करते हैं। किन्तु यह व्याख्या भी प्रमुखतः साधना की दृष्टि से ही प्रस्तुत की गई है। उद्देश्य यह है कि साधक का चित्त व्याख्या पर निविष्ट होकर वैराग्य को प्राप्त हो और वह नाम-रूप के इस संसार से विमुख हो जाय। उस व्याख्या का पारमार्थिक और तात्त्विक अर्थ तो साधना के समापन पर ही विदित हो पाता है। जिस स्थिति में वह अर्थ विदित हो जाता है, उसी को बौद्ध धर्म में बुद्धत्व, सम्बोधि, निर्वाण इत्यादि की संज्ञा दी जाती है। इस परमोपलब्धि की विवेचना करना भगवान बुद्ध ने अस्वीकार कर दिया।

भगवान बुद्ध की अध्यात्म-अनुभूति अकारण या अकस्मात् नहीं थी। वह अनुभूति अप्रत्याशित एवं व्यक्तिगत भी नहीं थी। इसके विपरीत, वह अनुभूति सर्वथा प्रत्याशित एवं सर्वजनीन थी। भगवान बुद्ध ने स्वयं भी इससे अधिक आग्रह नहीं किया था कि उन्होंने वह 'पुरातन मार्ग पा लिया है, जिस पर पूर्व काल के सम्यक् सम्बुद्ध चले थे।'

सनातन धर्म के अनुरूप ही बौद्धधर्म में भी परम अनुभूति होने के पूर्व अहंकार का अतिक्रमण विधेय है। साधक को शून्य के समान प्रतीत होने वाले तत्त्व की सम्पूर्णता का बोध हो उसके पूर्व सम्पूर्ण के समान प्रतीत होने वाले संसार की शून्यता का बोध हो जाना चाहिए। तृष्णा का क्षय हो जाना चाहिए। साधक की बुद्धि समस्त तर्क-वितर्क, संकल्प-विकल्प तथा चंचलता से मुक्त हो जानी चाहिए।

व्यावहारिक सत्ता के प्रत्याख्यान द्वारा ही नहीं, अपितु पारमार्थिक तत्त्व के प्रतिपादन द्वारा भी भगवान बुद्ध सनातन परंपरा का ही अनुसरण करते हैं। जिस शून्यवादी व्याख्या के लिए बौद्ध धर्म आज विख्यात है, वह भगवान बुद्ध के परवर्ती अनुयायियों की ही कृति है। भगवान बुद्ध के अपने शिक्षापदों में तो शून्यवाद का समर्थन करने वाला कोई सिद्धांत नहीं मिलता। सम्बोधि प्राप्त करने के उपरान्त भगवान बुद्ध ने स्वयं कहा थाः ''मैंने अमृत, अनुत्तर योगक्षेम निर्वाण को पा लिया।'' उन्होंने निर्वाण की स्थिति का वर्णन करते हुए कहा थाः ''जिसमें न जन्म रहता है, न जरा, न व्याधि, न मरण, न शोक, न संक्लेश।'' उदान (सुत्तपिटक) में इस स्थिति को ''अजात, अभूत, अकृत, असंकृत'' कहा गया है। उस स्थिति में जिसको भगवान बुद्ध निर्वाण कहते हैं और जिसको सनातन धर्म ब्रह्मस्थिति बतलाता है, क्षय तथा वृद्धि का पूर्ण अवसान हो जाता है। यहाँ पर निर्वाण की अनुभूति का वर्णन 'शून्यता' अथवा 'अभाव' की भाषा में व्यक्त नहीं किया गया, प्रत्युत उस अनुभूति को ''समाधि, आनंद, विमुक्ति तथा सम्बोधि'' की संज्ञा दी गई है। यह वही भाषा है जिसका व्यवहार उपनिषदों में भी हुआ है। अध्यात्म की परंपरा में इस स्थिति को 'शून्य' भी कहा गया है, तथा 'पूर्ण' भी। भगवान बुद्ध के शिक्षापदों में जिस दुख का इतना उल्लेख है उस दुख की स्थिति मानसिक नहीं, पारमार्थिक है।

दुख तथा आनंद के विषय में हिन्दू धर्म तथा बौद्ध धर्म की धारणाएँ पूरक ही हैं, परस्पर विरोधी नहीं। नीचे की ओर से देखने पर (द्वंद्व तथा अनेकत्व के दृष्टिकोण से) भगवान से विलग होकर, यह संसार बौद्ध धर्म की धारणा के अनुरूप ही दुख, दौर्मनस्य, अनित्यत्व तथा वेदना का आगार है। किन्तु ऊपर की ओर से देखने पर (सर्वतोमुखी दृष्टिकोण से) यह सारा संसार एवं जगत् आनंद में सराबोर है। भगवान बुद्ध, उनकी अध्यात्म-अनुभूति तथा उनके शिक्षापद सनातन-परंपरा के ही अन्तर्गत हैं। उनको किसी अन्य अर्थ में समझा ही नहीं जा सकता। भगवान बुद्ध ने स्वयं किसी अभिनव

आविष्कार का दावा नहीं किया। उन्होंने तो यही दावा किया था कि उन्होंने एक ''पुरातन पथ को देख लिया'' और वे एक 'पुरातन पथ' पर चल रहे हैं। हिन्दू धर्म और बौद्ध धर्म परस्पर सहोदर हैं।

जैन धर्म

भारत के प्राचीनतम धर्मों में 'जैन धर्म' भी एक है। यह भी एक प्रकार का सनातन धर्म है जिसमें कुल 24 तीर्थंकर हुए हैं। पहले तीर्थंकर ऋषभदेव एवं सबसे अंतिम महावीर थे। तीर्थंकर को उत्कृष्ट शिक्षक माना जाता है। कुछ लोग इन्हें अवतारी पुरुष भी मानते हैं। सामान्यतः तीर्थंकर का अर्थ कैवल्य (जैनों में मोक्ष को कैवल्य कहा जाता है) प्राप्त सिद्ध पुरुष माना जाता है। जैन तीर्थंकर उत्कट पुरुषार्थ करने वाले महान हठयोगी रहे हैं। संभवतः नाथ एवं सिद्धपंथों का विकास इसी परंपरा की प्रेरणा से हुआ था। जैनों के सिद्धांत, अनुष्ठान व सामान्य धार्मिक मान्यताएँ हिन्दुओं व बौद्धों से मिलती जुलती हैं, लेकिन उनकी अपनी साम्प्रदायिक पद्धति है। भगवान महावीर का अवतरण भगवान बुद्ध से कुछ पहले हुआ था। ऋषभदेव से लेकर पहले 23 तीर्थंकरों ने साधना पद्धति विकसित किया। इस साधना पद्धति को श्रमण परंपरा कहा जाता है। इस साधना पद्धति को सम्प्रदाय के अनुशासन में महावीर स्वामी ने ही बाँधा। इसीलिए उन्हें जैन धर्म का संस्थापक भी कहा जाता है। भगवान महावीर से आचार्य तुलसी तक जैन आचार्य जैन धर्म को हिन्दू संस्कृति का अंग मानते रहे हैं। जैन समुदाय दो मतों में विभाजित हैः श्वेताम्बर (सफेद वस्त्र वाले) और दिगम्बर (निर्वस्त्र)। एक अन्य मत स्थानकवासी है। स्थानकवासियों के अनुसार तीर्थंकरों को प्रतिमा में निरूपित करने की आवश्यकता नहीं है। इसके विपरीत श्वेताम्बरों की दृष्टि में तीर्थंकरों की प्रतिमा को श्वेत वस्त्रों में निरूपित किया जाना चाहिए, जबकि दिगम्बर उन प्रतिमाओं को निर्वस्त्र देखना चाहते हैं।

जैन शब्द की उत्पत्ति 'जिन' धातु से हुई है जिसका मतलब

'विजेता' होता है। भगवान महावीर (599–527 ईसा पूर्व) के मत में प्रत्येक सजीव या निर्जीव तत्त्व में 'जीव' होता है। मनुष्य जीवन का लक्ष्य जैन धर्म में स्थापित तीन व्यावहारिक नियमों के अनुरूप कर्म करना है। ये तीन नियम हैं – सम्यक् विश्वास, सम्यक् ज्ञान व सम्यक् आचरण। सम्यक् आचरण तभी सटीक होता है जब इसमें अहिंसा, सत्यपरायणता, ब्रह्मचर्य, एवं लौकिक संपत्ति का परित्याग सम्मिलित हो।

जैन धर्मावलम्बी हिन्दुओं की तरह ही आत्मा, कर्म के सिद्धांत, जीवन-मृत्यु इत्यादि चक्र में विश्वास करते हैं। जैन धर्म एवं बौद्ध धर्म में भी बहुत-सी समानताएँ हैं। दोनों ही सनातन धर्म के श्रमण रूप हैं। श्रमण परंपरा लौकिक अवलम्बों एवं लौकिक आनंद के त्याग का परामर्श देती है। इसका लक्ष्य जीवन-मृत्यु के चक्रों से मुक्ति प्राप्त करना है।

उपवास एवं तपस्या द्वारा सभी जैन स्व-शुद्धि करते हैं। स्व-नियंत्रण, वैचारिक शक्ति में वृद्धि एवं विचारों की शुद्धि के लिए मानसिक अनुशासन पर बल दिया जाता है। इन प्रक्रियाओं द्वारा उपलब्ध व्यक्तिगत आध्यात्मिक विकास को सामुदायिक लाभ के लिए सुलभ करने की धार्मिक प्रतिबद्धता होती है। पंचतहीं अनुशासन जिसमें अहिंसा, सत्य, ईमानदारी, लैंगिक शुद्धि एवं भौतिक प्राप्ति व्यक्तिगत पुण्य के लिए नहीं बल्कि सामुदायिक कल्याण के लिए होता है।

इस धर्म में प्रचलित त्योहारों का उद्देश्य त्याग पर आधारित तपस्या के द्वारा स्व का आध्यात्मिक विकास है। जैन समुदाय में महावीर जयंती सबसे प्रचलित त्योहार है। जैन समुदाय भारत के सर्वाधिक समृद्ध समुदायो में है। वे अन्य चीजों के अलावा वाणिज्य-व्यापार की गतिविधियों में ज्यादा सक्रिय रहे हैं।

सिक्ख धर्म

भारतीय मूल के धार्मिक सम्प्रदायों की शृंखला में सिक्ख धर्म

का उदय गुरु नानक के उपदेशों (1469–1539) के फलस्वरूप धीरे-धीरे हुआ। सिक्ख शब्द का मूल संस्कृत शब्द शिष्य है, जिसका अर्थ गुरु के मार्गों पर चलने वाला होता है। गुरु नानक ने समस्त भारत, श्रीलंका, मक्का और मदीना का भ्रमण किया। उन्होंने भक्ति-पद गान करते हुए स्नेह, पवित्रता व वैश्विक भ्रातृत्व के संवादों को सर्वत्र फैलाया।

सिक्खों के दस गुरु हैं, जिनमें नानक प्रथम एवं गोविंद सिंह दसवें थे। अर्जुन देव पाँचवे गुरु थे जिन्होंने गुरु ग्रंथ साहिब का संकलन किया। इस ग्रंथ में गुरु अर्जुन के पद के साथ-साथ अनेक भक्त-संतों के पद व सिक्ख गुरुओं के उपदेश संकलित हैं। गुरु अर्जुन ने सिक्ख धर्म में अपरिमित ऊर्जा का संचार किया। उन्होंने अमृतसर को अपना मुख्य केन्द्र बनाया एवं वहाँ प्रसिद्ध गुरुद्वारे का निर्माण कराया। उन्हीं के समय से सिक्ख धर्म क्रमशः योद्धा संगठन के रूप में प्रकट होने लगा।

दसवें गुरु गोविंद सिंह (1675–1708) ने सिक्खों को योद्धा समुदाय में परिणत किया एवं इसे खालसा (विशुद्ध) नाम दिया। 1699 में अपने पाँच अनुयायियों (पंज प्यारे) का चयन कर उन्होंने सिक्खों को एक विशिष्ट पहचान दी। उन्होंने उन सब को पाँच प्रबोधन दिए जिसके अनुसार वे कभी बाल नहीं काटेंगे, सदैव कंघी रखेंगे, कच्छा पहनेंगे, कड़ा पहनेंगे एवं किरपान (छुरा) रखेंगे। इस प्रकार इन पाँचों 'क' का सभी सिक्ख स्मरण रखते हैं – केश, कंधा, कच्छा, कड़ा व किरपान। सिक्ख समुदाय के जीवन में गुरुद्वारा एक प्रमुख केन्द्र होता है। यह गुरु ग्रंथ साहिब की पूजा एवं श्रद्धा का प्रमुख केन्द्र होता है।

सिक्खों को दो समूहों में बाँटा जाता है – (क) सनातनी समूह, तथा (ख) खालसा समूह। सनातनी सिक्ख गुरुनानक और उनके पुत्र श्रीचंद के अनुयायी हैं। ये सिक्खों की पृथक पहचान पर बल नहीं देते। इनकी दृष्टि में सिक्ख सम्प्रदाय सनातन परंपरा का एक रूप है और विस्तृत हिन्दू धर्म का अंग है। खालसा सिक्ख समूह

गुरु गोविंद सिंह के उपदेशों पर आधारित माना जाता है। ये अपनी पहचान हिन्दू धर्म से सर्वथा पृथक सच्चे सिक्खों के रूप में करते हैं। खालसा सिक्ख अपने धर्म को स्वतंत्र घोषित करते हुए तीन आधारों पर इसकी व्याख्या करते हैं – गुरु, ग्रंथ व गुरुद्वारा।

सन् 1925 में गुरुद्वारा अधिनियम प्रभाव में आया, जिससे सिक्खों की सर्वश्रेष्ठ संस्था के रूप में शिरोमणि गुरुद्वारा प्रबंधक कमेटी का उदय हुआ। यह सिक्खों की केवल धार्मिक गतिविधियों का ही प्रबंधन नहीं करता है बल्कि परोक्ष रूप से सिक्ख राजनीति को भी प्रभावित करता है।

अधिकांश सिक्ख हिन्दुओं के कुछ त्योहार जैसे वसंत पंचमी, होली, दीपावली इत्यादि मनाते हैं। सिक्खों के अपने त्योहारों में बैसाखी एवं गुरुओं के जन्म दिवस (जैसे गुरु नानक जयंती, गुरु गोविंद जयंती) प्रमुख हैं।

तुलनात्मक रूप से सिक्ख समुदाय भी जैन समुदाय की तरह समृद्ध होते हैं। वे शहरों एवं गाँवों में विभिन्न व्यवसायों में संलग्न रहे हैं। यद्यपि सिक्ख धर्म में जाति व्यवस्था को मान्यता प्राप्त नहीं है, फिर भी जाति जैसे समूह सिक्खों में भी पाए जाते हैं।

भारत गें मुस्लिम समुदाय

भारत में इस्लाम का आगमन सातवीं सदी ईसा पश्चात् हुआ जब अरब व्यापारी मालाबार तट पर प्रवासी के रूप में आए थे। आठवीं सदी ईसा पश्चात् सिंध पर मुसलमानों की विजय के साथ ही हिन्दू जातियों व जनजातियों का इस्लाम में धर्मांतरण प्रारंभ हुआ। ग्यारहवीं से अठारहवीं सदी के बीच भारत में तुर्कों, अफगानों, मुगलों एवं ईरानियों का आक्रमण हुआ। कुल मिलाकर भारत में इस्लाम तेरह सदी पुराना है। पश्चिम एशिया से आए मुस्लिम विजेताओं ने भारत की जीवन पद्धति को अपनाकर यहाँ सात शताब्दी तक शासन किया। भारत की मुस्लिम आबादी का अधिकांश इसी देश की संतान हैं। आज भी इनमें इस देश की संस्कृति,

रीति-रिवाज एवं प्रथाओं से स्वाभाविक लगाव है। इनकी उपासना पद्धति एवं नातेदारी कानून पर अरबी एवं फारसी इस्लाम का अवश्य प्रभाव है परन्तु इनके संस्कार एवं संस्कृति अब भी भारतीय हैं। वर्तमान समय में भारत मुसलमानों की सर्वाधिक आबादी वाला दूसरा देश है।

इस्लाम धर्म के अनुसार केवल एक ही ईश्वर है एवं उसके प्रति समर्पण से शांति प्राप्त होती है। इस्लाम धर्म उस ईश्वर की इच्छा के प्रति आत्मसमर्पण है, जिसे अरबी में अल्लाह कहते हैं। मुसलमान होने के लिए दो मुसलमान व्यक्तियों की साक्षी में एक ईश्वर यानी अल्लाह की सर्वोच्चता एवं मुहम्मद को अल्लाह के संदेशवाहक के रूप में स्वीकार करना पर्याप्त है। इस्लाम का प्रथम साक्ष्य दैवीय सिद्धांत की एकता व दूसरा साक्ष्य मुहम्मद को अल्लाह के अंतिम एवं सर्वश्रेष्ठ पैगम्बर के रूप में स्वीकार करता है।

इस्लाम धर्म में अनेकों विचारधाराएँ एवं विवेचनाएँ हैं जो पैगम्बर मुहम्मद को प्राप्त ईश्वरीय संदेश पर आधारित हैं। मुसलमानों में मान्यता है कि कुरान ईश्वरीय संदेश का शाब्दिक रहस्योद्घाटन है। फलस्वरूप मुसलमानों को कुरान में वर्णित तथ्यों में पूरा विश्वास है। वे मृत्यु के उपरांत जीवन या पुनर्जन्म के सिद्धांत में विश्वास नही करते हैं। वे सभी धार्मिक अनुष्ठानों में सामूहिकता का बोध कराते हैं, जैसे दैनिक नमाज, रोजा और हज इत्यादि में।

भारत में भी मुसलमान, अन्य देशों की तरह सुन्नी एवं शिया नामक दो सम्प्रदायों में विभाजित हैं। पैगम्बर मुहम्मद की मृत्यु के बाद उत्तराधिकार के प्रश्न पर इन दोनों सम्प्रदायों में विभाजन हुआ। सुन्नी खलीफा एवं शिया इमामों ने एक-दूसरे के अधिकार को कभी भी स्वीकार नहीं किया। बाद में शिया मत का एक सम्प्रदाय के रूप में पूर्ण विकास हुआ और इसके तहत भिन्न धर्मशास्त्र, दर्शन एवं अन्य धार्मिक विज्ञान प्रकट हुए। सुन्नी सम्प्रदाय को मानने वाले मुसलमानों की जनसंख्या पूरी दुनिया की तरह भारत में भी ज्यादा है।

अहमदिया, दाउदी बोहरा, इस्लामी खोजा आदि कुछ अन्य

सम्प्रदाय भी हैं जो शिया एवं सुन्नी से स्वतंत्र अस्तित्व बनाये हुए हैं। भारत में रहने वाले मुसलमानों में जाति जैसे समूह पाए जाते हैं, जैसे सैयद, शेख, खान, मलिक एवं अंसारी इत्यादि। ये समूह वैवाहिक संबंधों के समय काफी महत्त्वपूर्ण हो जाते हैं।

इस्लाम के अंतर्गत उम्मा(ह) एक प्रमुख अवधारणा है जिसके अनुसार इस ब्रह्माण्ड में रहने वाले सभी मुसलमान आपस में भाई-भाई हैं। उम्मा(ह) के द्वारा अंतर्राष्ट्रीय स्तर पर इस्लामी भाईचारा विकसित करने की कोशिश की गई है। इस्लामी मान्यता है कि उम्मा(ह) की सदस्यता किसी भी अन्य समूह, राज्य या राष्ट्र की सदस्यता से महत्त्वपूर्ण होती है। वैसे इसके बारे में अलग-अलग देशों के इस्लामी विद्वानों के मत में थोड़ा अंतर भी देखने को मिलता है। इस्लामी दृष्टिकोण के अनुसार धर्म जीवन का कोई पृथक विशिष्ट हिस्सा नहीं है बल्कि जीवन का एक ढंग है जिसमें कला, विश्वास, वाणिज्य, सामाजिक आदान-प्रदान, राजनीति जैसी सभी प्रक्रियाएँ सम्मिलित हैं। इस्लाम में पवित्र और अपवित्र या आध्यात्मिक और पंथनिरपेक्ष के बीच विभेद नहीं किया जाता है। धर्म के प्रभाव क्षेत्र से बाहर कुछ भी नहीं माना जाता है। इस दृष्टि से इस्लाम की सनातन धर्म से समानता और पश्चिमी आधुनिकता से दूरी स्पष्ट नजर आती है। महात्मा गाँधी, ए. के. सरण एवं जे. पी. एस. उबेराय जैसे मनीषियों ने इस्लाम के इस पक्ष पर विस्तार से विचार किया है।

इस्लाम के संस्थागत तत्त्वों में कुरान, पैगम्बर, शरीयत, हदीस और तरीका माना जाता है। इस्लाम की केन्द्रीय नींव पवित्र ग्रंथ कुरान है। यह अल्लाह द्वारा कहे गए शब्दों का संग्रह है। अल्लाह ने अपने शब्दों को अपने दूत जिब्राइल के द्वारा पैगम्बर मुहम्मद को रहस्योद्घाटित किया था। कुरान के शब्द केवल अर्थ की दृष्टि से ही नहीं बल्कि अपने शाब्दिक स्वरूप में भी पवित्र माने जाते हैं।

पैगम्बर मुहम्मद इस्लाम की दूसरी नींव हैं। वे न तो ईश्वर के अवतार हैं, न ही ईसा मसीह की तरह ईश-पुरुष हैं। वे ईश्वर की

उत्कृष्ट रचना हैं जो ईश्वर के संवादों की व्याख्या एवं प्रसार के लिए चुने गए थे। इस्लाम परम शक्ति अल्लाह पर निर्भर करता है न कि पैगम्बर पर। इस्लामी श्रद्धा के केन्द्र में पैगम्बर के प्रति प्रेम स्पष्ट होता है। पैगम्बर से प्रेम इस्लाम के सभी आयामों में सम्मिलित है। यह शरीयत और तरीका दोनों को प्रभावित करता है जिसकी उन्होंने ही स्थापना की और निर्देशन किया।

हदीस इस्लाम का तीसरा महत्त्वपूर्ण आधार है। यह पैगम्बर के परामर्शों एवं निर्देशों का उनके सहयोगियों व धर्मावलम्बियों द्वारा किया गया संकलन है। इसमें विधि-विधान, नैतिक व आध्यात्मिक शिक्षा का विवरण है। कुरान में निहित अल्लाह के शब्दों एवं संवादों को समझने के लिए हदीस एक अनिवार्य निर्देशक ग्रंथ है।

शरीयत (इस्लाम के दैवीय विधि-विधान) को इस्लाम की चौथी आधारशिला माना जाता है। मुस्लिम लोग इसे ईश्वर की आकांक्षा का ठोस स्वरूप मानते हैं। मुसलमानों की जिन्दगी में जन्म से लेकर मृत्यु तक की सभी प्रक्रियाओं में शरीयत का अनुसरण किया जाता है। शरीयत पर इस्लाम धर्म के सभी पुरुषों व स्त्रियों का चलना आवश्यक है। शरीयत के मूल तत्त्व कुरान में पाए जाते हैं और इसके रचयिता अल्लाह को माना जाता है।

इस्लाम की पाँचवीं नींव के रूप में तरीका या आध्यात्मिक पंथ है। यह इस्लाम का आंतरिक आयाम है। तरीका को सुन्नी सम्प्रदाय की सूफी धारा और शियाओं द्वारा मान्यता प्राप्त है। हज को इस्लाम का सर्वश्रेष्ठ तीर्थाटन माना जाता है जो मक्का में स्थित पवित्र काबा के दर्शन से संपन्न होता है। मुस्लिम मान्यता के अनुसार अगर कोई व्यक्ति भक्ति और सद्भाव से हज करता है तो उसे पापों से माफी मिल जाती है।

इस्लामी व्यवहार एवं संस्थाएँ

इस्लाम की प्रमुख धार्मिक प्रक्रियाओं में तौहीद, नमाज, रोजा, जकात और हज आते हैं। सभी मुसलमानों से पाँच वक्त का

नमाज का पढ़ना अपेक्षित होता है। नमाज मक्का (सउदी अरब) में स्थित काबा की दिशा की ओर खड़े होकर अदा की जाती है।

त्योहार और पंचांग (कैलेंडर)

मुस्लिम त्योहार पैगम्बर मुहम्मद के जीवन व इस्लाम के इतिहास से संबंधित है। सभी धार्मिक मामलों, निकाह (विवाह) अथवा कोई अन्य उत्सव मनाने के लिए मुस्लिम लोग हिजरी पंचांग का अनुसरण करते हैं। मुस्लिम नव वर्ष मुहर्रम से प्रारंभ होता है।

मुसलमानों के लिए रमजान सबसे पवित्र नवाँ महीना होता है। इसके दौरान अधिकांश इस्लाम धर्मावलंबी आत्मशुद्धि के लिए सुबह से शाम तक उपवास रखते हैं। रमजान के महीने के उनतीसवें दिन शाम को चन्द्र दर्शन के साथ ईद-उल-फितर त्योहार मनाया जाता है। सभी पुरुष सामुदायिक प्रार्थना के लिए ईदगाह जाते हैं, तत्पश्चात् आपस में गले मिलते हैं। मुसलमानों के अन्य प्रमुख त्योहारों में ईद-उल-जुहा (बकरीद), मुहर्रम, शब-ए-बरात आदि हैं।

भारत में ईसाई समुदाय

ईसाइयत की प्रमुख आधारशिलाओं में पैगम्बर के रूप में ईसा मसीह, उद्घाटित पुस्तक नव विधान (न्यू टेस्टामेंट) और धार्मिक संगठन के रूप में चर्च है। ईसा एवं उनके अनुयायी जन्म से यहूदी थे। लगभग पाँचवीं सदी ईसा पश्चात् सभी चर्चों द्वारा नये विधान को स्वीकृति मिली। उसके पूर्व केवल पुराना टेस्टामेंट या हिब्रू बाइबल या तोराह (तौरा) ही एक मात्र धर्म ग्रंथ था। ईसाइयत एवं इस्लाम का मूल स्वरूप यहूदी परंपरा में निहित है और ये दोनों धर्म पुराने टेस्टामेंट में वर्णित हजरत मूसा (मोसेस) के रहस्योद्घाटनों को मान्यता देते हैं।

ईसाई धार्मिक जीवन के तीन निर्णायक पक्ष हैं : (1) ईश्वर के संदेशवाहक के रूप में ईसा मसीह में श्रद्धा व विश्वास, (2) सेवा, तथा (3) पड़ोसी के लिए स्नेह व सहिष्णुता।

भारत में ईसाइयत का आगमन विभिन्न चरणों में हुआ। सीरीयन ईसाई परंपरा के अनुसार, ईसा के बारह शिष्यों में से एक संत थॉमस बावनवीं सदी ईसा पश्चात् कोचीन के समीप आए थे। लगभग दूसरी सदी के अंत में भारत में एक ईसाई चर्च स्थापित हुआ था। थॉमस एवं सीरीयन ईसाइयों ने अपने धार्मिक समुदाय की प्राकृतिक सीमाओं को बढ़ाने का प्रयास नहीं किया।

भारत के ईसाई इतिहास में दूसरा चरण रोमन कैथोलिक ईसाइयों के आगमन से प्रारंभ होता है जो 1250 के दशक में फ्रांसीसकन व डॉमिनीकन श्रृंखला के मिशनरियों के आगमन के साथ शुरू हुआ। सन् 1500 ई. के बाद भारत के पश्चिमी भाग पर पुर्तगाली अधिकार के साथ मिशनरियों का आगमन तेज हो गया। तीसरे चरण में प्रोटेस्टेंट मिशन के अनुयायियों के भारत आगमन की शुरूआत जुलाई 1706 ई. में जर्मनी से प्रोटेस्टेंट मिशनरियों के आगमन के साथ शुरू हुई।

ईसाइयत के प्रसार के चौथे चरण की शुरूआत भारत में अंग्रेजी शासन के दौरान हुई। सन् 1793 में अंग्रेजी मूल के बैपटिस्ट मिशनरी विलियम कैरी का आगमन हुआ जिन्होंने सघन प्रोटेस्टेंट गतिविधियों की शुरूआत की। सन् 1757 और 1813 के बीच ईस्ट इंडिया कंपनी ईसाई मिशनरियों के धर्मांतरण अभियान के विरुद्ध रही, लेकिन बाद में कंपनी की नीतियाँ उनके अनुकूल हो गईं। अंग्रेजी शासन काल में, 1833 के बाद, ईसाई गतिविधियाँ कलकत्ता, मद्रास व बंबई विश्वविद्यालयों में एवं ग्रामीण जनजातीय क्षेत्रों, विशेषतः गरीबों के बीच क्रियाशील थीं।

सन् 1920 के दशक को भारत में ईसाइयत के विस्तार की दृष्टि से पाँचवां चरण माना गया है, जिसमें अमेरिका की संस्था वाई. एम. सी. ए. (यंग मेन्स क्रिश्चियन एसोशिएशन) और कैथरीन मायो जैसे विद्वानों की भूमिका महत्त्वपूर्ण मानी जाती है।

छठा चरण 1947 के बाद आता है। 1947 में दक्षिण भारतीय चर्च की स्थापना हुई थी, जिसमें चौदह बिशप-क्षेत्र (डायोस) एवं चार

आयामी क्षेत्रों में लगभग दस लाख सदस्य थे। ये रोमन कैथोलिक या लूथर के अनुयायी नहीं थे। सन् 1970 में सांगठनिक स्तर पर ईसाइयत के भारतीयकरण के लिए उत्तर भारत में चर्च स्थापित हुए। इसे सातवाँ चरण माना जाता है। इसकी एक पृष्ठभूमि है।

सन् 1960 के मध्य में संपन्न हुई द्वितीय वेटिकन सभा के बाद भारत में रोमन कैथोलिक चर्च को पहले से लगाए गए प्रतिबंधों एवं सीमाओं से मुक्त किया गया। भक्ति परंपरा एवं मंदिर-व्यवस्था के बहुतेरे अवयवों को अपनाकर चर्च की पूजन-पद्धति का हिन्दूकरण किया गया।

भारतीय जनगणना में ईसाइयों को एक समूह के रूप में माना गया है, लेकिन इसमें अनेक वैचारिक विभिन्नता वाले पंथ हैं। भारत के ईसाइयों में कैथौलिक सबसे बड़ा समूह है जो कुल ईसाई जनसंख्या का 50 प्रतिशत है। शेष 40 प्रतिशत प्रोटेस्टेंट, 7 प्रतिशत रूढ़िवादी एवं 3 प्रतिशत स्थानीय पंथ हैं।

कैथौलिक ईसाइयों का चर्च सुपरिभाषित संस्तरण के आधार पर संगठित है, जिसमें सबसे ऊपर पोप का स्थान है। पोप सभी धार्मिक मामलों में शीर्ष भूमिका निभाते हैं। प्रोटेस्टेंट समूह में अनेक विशिष्ट धारणाएँ एवं चर्च आते हैं। सीरियन ईसाई जैसे रूढ़िवादी समूह अपना संबंध पूर्वी यूरोप या पश्चिमी एशियाई या इन पर निर्भर चर्चों से जोड़ते हैं।

आज भी कुछ मामलों में केरल के सीरीयन ईसाई एवं स्थानीय हिन्दुओं के बीच भिन्नता अस्पष्ट है, जैसे मकान बनाने में किए गए अनुष्ठान या ज्योतिष विद्या में विश्वास। सीरियन ईसाइयों के वैवाहिक एवं जन्म से संबंधित अनुष्ठान भी हिन्दुओं से मिलते-जुलते हैं, विशेषकर आनुष्ठानिक अवयवों के उपयोग, जैसे चंदन लकड़ी का पाउडर, दूध, फूल, सुपारी एवं चावल आदि का उपयोग।

तमिलनाडु एवं गोआ में ईसाइयत स्पष्ट रूप से स्थानीय (देसी) सामाजिक आनुष्ठानिक व्यवस्था से प्रभावित है। हिन्दू मंदिरों

में प्रयुक्त पद्धतियों से मिलती जुलती गतिविधियाँ ग्रामीण चर्चों के अंतर्गत अधिकार एवं प्रतिष्ठा की व्यवस्था एवं त्योहार मनाने के मामलों में देखी जा सकती है। परिणामस्वरूप ग्रामीण चर्चों ने स्थानीय संस्तरण पर आधारित जाति व्यवस्था को बनाए रखने में विशेष योगदान दिया है। उनके अनुष्ठान एवं उत्सव वस्तुतः सामाजिक एवं धार्मिक पदों के प्रदर्शन का माध्यम भी होते हैं।

केरल के ईसाइयों में सीरियन एवं धर्मांतरित अछूतों के बीच भोजन व विवाह के संबंध नहीं रहे हैं। अनेक उदाहरणों में देखा गया है कि धर्मांतरित अछूत अपने खास चर्चों में जाते हैं। यदि वह सीरियन ईसाइयों के साथ प्रार्थना में शामिल होते हैं तो उनके बैठने के लिए अलग स्थान होता है। सामान्यतः उन्हें पुजारियों का संसर्ग कम ही प्राप्त होता है एवं चर्च के सत्ता संस्तरण अनुक्रम में निम्न स्थान पर माना जाता है। तमिलनाडु के ग्रामीण क्षेत्रों में पवित्रता एवं अपवित्रता के विचार प्रभावशाली हैं। फलस्वरूप धर्मांतरित अछूतों को पृथक निवास स्थानों में रहना पड़ता है।

तीर्थाटन

प्रोटेस्टेंट ईसाई सामान्यतः तीर्थाटन के लिए नहीं जाते। ऐंगलिकन विचारधारा को मानने वाले तीर्थयात्री भी अपवाद होते हैं। इसके विपरीत बहुसंख्यक कैथोलिक एवं रूढ़िवादी चर्च के अनुयायी प्रायः त्योहारों के अवसर पर तीर्थाटन करते हैं। अधिकांश तीर्थस्थल उस स्थान पर हैं जहाँ ईसाई जनसंख्या का घनत्व ज्यादा है, जैसे गोआ, केरल, तमिलनाडु, चेन्नई, मुंबई एवं कोलकाता इत्यादि में। इन स्थानों के महत्त्वपूर्ण चर्चों को तीर्थस्थल का दर्जा हासिल है।

भारत में रोमन कैथोलिक लोग पोप (रोम के बिशप) को सर्वोच्च धार्मिक नेता मानते हैं। भारतीय कैथौलिकों को धार्मिक निर्देश देने वाले दो केन्द्र हैं – एक मुंबई में और दूसरा एरनाकुलम में। भारत में करीब 120 बिशप हैं। ईसाई पादरियों के भारत में पैंतीस धार्मिक संघ हैं।

धर्मानुष्ठान

रोमन कैथोलिक चर्च में किसी पादरी या बिशप द्वारा सात पवित्र-पर्व कराए जाते हैं। बपतिस्मा (ईसाई बनने के लिए अनुष्ठान) तब होता है जब कोई बच्चा सात वर्ष का होता है, लेकिन प्रोटेस्टेंटों में यह तब होता है जब बच्चा पन्द्रह साल का हो। बच्चे को पुजारी (पादरी) द्वारा कई महीनों तक ईसाइयत के प्रमुख सिद्धांतों एवं मान्यताओं का ज्ञान दिया जाता है। इसके बाद ही पुजारी द्वारा बच्चे को एक ईसाई के रूप में मान्यता मिलती है। विवाह के अनुष्ठान चर्च में पुजारियों द्वारा विधिवत संपन्न किए जाते हैं।

ईसाई समूहों में जातीय समूह जैसे लक्षण पाए जाते हैं। संयुक्त परिवार प्रमुख संस्था होती है। ऐंग्लोइंडियन को छोड़कर अन्य ईसाइयों की जीवन पद्धति में स्थानीय या क्षेत्रीय संस्कृति से बहुत भिन्नता नहीं होती है। सामान्य ईसाई प्रायः स्थानीय आंचलिक भाषाएँ ही बोलते हैं।

अन्य धार्मिक समूह

पारसी (जोरास्ट्रियन)

पारसी शब्द का संबंध पारसी (फारसी) भाषा व संस्कृति से है। पारसी शब्द सामान्यतः उन लोगों के लिए प्रयुक्त होता है जो दसवीं सदी ईसा पश्चात् ईरान से भारत आए थे। ये लोग वस्तुतः ईरान में व्याप्त तत्कालीन इस्लामी प्रताड़ना से बच कर भारत आए थे। पारसी समुदाय जरथ्रुस्ट को पैगम्बर मानता है। जरथ्रुस्ट को जोरोस्टर भी कहा जाता है, अतः उनसे संबंधित धर्म को जोरास्ट्रियन भी कहा जाता है।

विश्व के प्राचीनतम पैगम्बरों से संबद्ध धर्मों में जोरास्ट्रियन धर्म भी एक है। लगभग 6000 ईसा पूर्व ईरान के उत्तरपूर्व के एशियाई मैदानों के निकट जोरास्टर (जरथ्रूस्ट) रहा करते थे। उन्होंने भारतीय-ईरानी परंपरा को विरासत में प्राप्त किया था। हिन्दू धर्म व

पारसी धर्म में बहुत अधिक समानता है। इन दोनों धर्मों के प्राचीन ग्रंथों (वेद व अवेस्ता) में अग्नि का समान महत्त्व प्रकट होता है। इसके अतिरिक्त पवित्रता के नियम और पुजारियों के प्रति श्रद्धाजनक दृष्टिकोण भी इस समानता का संकेत है।

पैगम्बर जोरास्टर के उपदेशों को गैथिक अवेस्तन भाषा में संग्रहित किया गया है। इस भाषा का संबंध वैदिक संस्कृत से है। सातवीं सदी ईसा पश्चात् के मुस्लिम अरब आक्रमण से पूर्व तक पारसी धर्म को ईरान में राजकीय धर्म की प्रतिष्ठा प्राप्त थी। इस्लामी आक्रमण के बाद पारसी धर्मावलम्बियों को अतिशय कष्ट का सामना करना पड़ा। तत्पश्चात् वे लोग भारत व अन्य देशों की ओर पलायन करने लगे।

भारतीय पारसी लोग अधिकांशतः (लगभग 96 प्रतिशत) शहरों में रहते हैं। ये लोग मुख्यतः मुंबई व गुजरात के विभिन्न भागों में बसे हुए हैं। पारसी समुदाय भारत के समृद्ध समुदायों में से एक है। अन्य भारतीय अल्पसंख्यकों की तुलना में भारत का पारसी समुदाय भारत की मुख्यधारा में पूर्णतः सम्मिलित है। दादाभाई नौरोजी, फीरोजशाह मेहता एवं जमशेदजी टाटा के परिवारों ने आधुनिक भारत के निर्माण में महत्त्वपूर्ण भूमिका निभाई है। आधुनिक व्यापार एवं औद्योगिक उपक्रमों में वे अग्रणी रहे हैं। मुंबई के अनेक संस्थानों के गठन में उनके योगदान की अनदेखी असंभव है। भारत में रंगमंच को पारसी थियेटर ने नया आयाम दिया है। पारसी लोगों ने मुंबई फिल्म उद्योग के विकास में भी महत्त्वपूर्ण भूमिका निभायी है।

पारसी लोग धार्मिक अध्ययन में बहुत कम समय व्यतीत करते हैं। इनका धर्म मुख्यतः इनकी सांस्कृतिक पहचान एवं रोजमर्रे के कार्यकलाप में समाहित है। ये अपनी पहचान की महत्ता जीवन चक्र अनुष्ठानों के माध्यम से एवं नैतिक व्यवहारों द्वारा बनाए रखने की चेष्टा करते हैं। पवित्रता एवं अपवित्रता के विचार पारसी लोगों के बीच काफी सशक्त होते हैं। उनकी दैनिक प्रार्थना को नवजोत

कहा जाता है। उनके धार्मिक कर्त्तव्यों में दैनिक प्रार्थना करना और मौसमों के साथ आने वाले त्योहार (गहमबरस) मनाना होता है।

पारसी धर्म वस्तुतः प्रकृति पूजक रहा है। प्राकृतिक तत्त्व, जैसे अग्नि, वायु, जल व सूर्य को पवित्र माना जाता है। वर्तमान में ये लोग मुख्यतः अग्नि पूजक हैं। पारसियों के तीर्थस्थल 'उड़वाड़ा' में स्थापित एक अग्नि-वेदी है। पारसी समुदाय में दो प्रकार के अग्नि-मंदिर हैं जिनके बीच अंतर वहाँ स्थित अग्नि की प्रतिष्ठा पर निर्भर करता है। एक प्रकार की अग्नि को 'राजसी बहरम' या पराक्रमी अग्नि कहते हैं, जबकि दूसरे प्रकार को 'दर-ए-मिहर' या साधारण अग्नि कहते हैं।

पारसी समुदाय अपनी परोपकारी प्रवृत्तियों के लिए जाना जाता है। परोपकार के विभिन्न आयाम उनकी सामाजिक सुरक्षा हेतु स्थापित पंचायत द्वारा सुनिश्चित होते हैं। पंचायत के सदस्य स्थानीय अंजुमन में आर्थिक दान कर सहयोग करते हैं। इससे पारसियों के अलावा गैर-पारसी समुदाय भी लाभान्वित होते हैं। मानव कल्याण को नैतिक एवं नागरिक उत्तरदायित्व मानने वाला यह समुदाय किसी क्षेत्र विशेष एवं अधिकारों की घोषणा नहीं करता है।

यहूदी धर्म

यहूदी धर्म भारत में सबसे छोटा धार्मिक समुदाय है। सन् 1991 की जनगणना के अनुसार भारत में केवल 5000 यहूदी थे। सन् 2001 की जनगणना में इनकी जनसंख्या बढ़ने के बजाय घटी है। इनका वर्गीकरण जनगणना में जोरास्ट्रियन व जीववादी जनजातियों व अन्य धार्मिक समूहों के साथ रखा गया है। फलस्वरूप इनकी सही जनसंख्या के बारे में भ्रम की स्थिति बनी रहती है।

भारत में यहूदी समुदाय तीन प्रकार के हैं - 'बनी-इजराइल', 'केरल यहूदी' और 'बगदादी यहूदी'। कुछ यहूदी भारत में ईसाई युग के पहले आ चुके थे। इनमें सबसे प्राचीन 'बनी-इजराइल' के लोग हैं जो महाराष्ट्र के तटीय क्षेत्रों में आकर

बसे थे। दूसरा समूह केरल में कोचीन के निकट बसा हुआ है। तीसरा समूह मध्य-पूर्व (बगदाद) से आया और मुंबई, कोलकाता, पुणे, सूरत और चेन्नई में आकर बसा। उनमें से अधिकांश 1948 में प्रवसन कर भारत से इज़राइल चले गए।

यहूदी धर्म को वास्तविक हिब्रू या सामी धर्म माना जाता है। यह मूसा द्वारा रहस्योद्घाटित धार्मिक विचारों पर आधारित है। उनका धर्मग्रंथ तोरा (हिब्रू बाइबल) कहलाता है। उनके मंदिर को सिनेगॉग कहा जाता है। अब्राहम के नेतृत्व में यहूदी इजराइल में बसे जिसे कैनन व बाद में फिलस्तीन कहा गया। 63 सदी ईसा पूर्व से सन् 1948 तक यहूदी विभिन्न स्थानों एवं विभिन्न समूहों में बिखरे रहे हैं। सन् 1948 में यहूदी समुदाय ने अपने देश इजराइल की पुनर्स्थापना की। यहूदी समुदाय भारत की स्थानीय सामाजिक सांस्कृतिक संरचना में स्वीकृत हो गया। उन्होंने यहाँ के रिवाजों, वेशभूषा, दैनिक व्यवहार आदि को स्वीकार कर लिया। यह एक सजातीय समूह है जिसमें धार्मिक मान्यताओं का अनुशासनपूर्वक पालन किया जाता है। इसमें गैर-यहूदी लोगों के लिए कोई प्रवेश नहीं। उनमें धर्मांतरण का प्रचलन नहीं है।

जीववादी

भारत की अधिकांश जनजातियाँ जो हिन्दू, इस्लाम या ईसाई धर्म में परिवर्तित नहीं हुए हैं, समाजशास्त्रियों द्वारा जीववादी कहे जाते हैं। जीववादी प्रकृतिपूजक होते हैं। जीववादी जनजातियों एवं लोकसंस्कृति में रचे-बसे हिन्दू समुदायों में काफी समानताएँ देखी गई हैं। इसीलिए भारतीय जनगणना के दौरान जीववादियों के विषय में स्पष्ट निर्णय लेने में कठिनाई होती है। 1991 की जनगणना में जीववादी जनजातियों को अन्य धार्मिक समूहों की श्रेणी में रखा गया जबकि कुछ अन्य जनजातियों को हिन्दू कहा गया। सन् 2001 की जनगणना में भी यही भ्रम बना रहा। अतः हिन्दू जनजाति एवं जीववादी जनजाति के बीच सदैव अस्पष्टता देखी गई है। दोनों ही

समूहों में विभिन्न प्रकार के प्रकृतिपूजक पाए जाते हैं। लेकिन सभी जीववादियों के बीच एक मान्य तथ्य यह है कि उनका कोई लिखित ग्रंथ नहीं है, ये लोग इस दुनिया के सभी अनुप्राणित वस्तुओं में आत्मा का सत्त्व देखते हैं और उसे पूज्य मानते हैं।

भारतीय संस्कृति में धर्म साधना

भारतीय परंपरा में आध्यात्मिक अनुभूतियों के चर्चा की पूर्णतः मनाही है। अनुभूतियाँ जीने के लिए नहीं होती, करने के लिए होती हैं। आध्यातिमक अनुभूतियों की केवल कलात्मक अभिव्यक्ति होती है या हो सकती है। इन कलात्मक अभिव्यक्तियों की चर्चा हो सकती है, होती है और होनी चाहिए। कला और अनुष्ठान एक ही सिक्के के दो पहलू हैं। कला अनुष्ठान है और अनुष्ठान कला है। इस तरह हमारे यहाँ सत्य के बारे में केवल परोक्ष चर्चा होती है, सांकेतिक चर्चा होती है जबकि सत्य अपरोक्ष अनुभूति की चीज होती है और मानी जाती है। फलतः हमारे यहाँ संकेत चिन्ह का चुनाव स्वच्छन्द नहीं होता बल्कि संकेत चिन्ह एवं सांकेतिक वस्तु के बीच अविच्छिन संबंध होता है।

इसके विपरित आधुनिक पश्चिमी परंपरा मानती है कि हम सत्य, जगत् या न्यूमेना को नहीं जान सकते हैं। हम केवल आभाषिक सत्य, संसार या फेनोमेना को जान सकते हैं; और फेनोमेना को जानने का दो तरीका है : सहज ज्ञान एवं इन्द्रिय अनुभव। दोनों ही हमें फेनोमेना तक ले जा सकते हैं लेकिन दोनों ही न्यूमेना तक नहीं ले जा सकते। इसका एक कारण यह है कि वे गुरु-शिष्य परंपरा में विश्वास नहीं करते। वे जन शिक्षा में विश्वास करते हैं। कुछ विद्वानों का कहना है कि सनातन धर्म साधना में केवल तीन सम्प्रदाय ही असहज हैं - सामाजिक स्वीकृति के बावजूद निर्गुण भक्त, सूफी साधक और पश्चिमी अध्यात्मवादी भारतीय परिवेश में असहज महसूस करते रहे हैं। ये तीनों संसार रहित आत्मा की साधना करते हैं। सनातन संस्कृति में अच्छी आत्मायें शरीर छोड़ कर मुक्त हो

जाती हैं। ईश्वर रूपी सागर में विलिन हो जाती हैं। अतः दैवीय आत्मा संसार में शरीर में ही मिल सकती है। दूसरी ओर इस्लाम में और ईसाइयत में (पूरी सेमेटिक परंपरा में) शरीर छोड़ने के बाद भी आत्मायें अंतिम फैसला का इंतजार करती हैं। इसीलिए उनके शरीर को कब्र में गाड़ा जाता है, चिता पर जलाकर राख नहीं किया जाता है। रूढ़िवादी इस्लाम अथवा सुन्नी मुसलमान तो आत्मा के पीछे कम और नैतिक आदर्श एवं सामूहिक भावना पर ज्यादा ध्यान देता है। लेकिन सूफियों का ध्यान शरीर रहित आत्माओं पर ज्यादा रहता है। यही हाल ईसाई परंपरा में अध्यात्मवादियों का है।

भारतीय परंपरा में ईश्वर (परम आत्मा) को भी शरीर (सगुण रूप) में ही पूजा जाता है। निर्गुण ईश्वर की पूजा नहीं की जाती। निर्गुण भक्ति मूलतः ज्ञानमार्ग (ज्ञान साधना) का दूसरा नाम है। इसका उद्गम बौद्ध और जैन परंपरा है। यह निवृत्ति मार्ग कहलाता है। यह मुक्ति का मार्ग है। प्रवृत्ति मार्ग के लिए सगुण भक्ति और मूर्ति पूजा है। पूजा केवल मूर्ति की होती है। भगवान (निर्गुण) की साधना होती है। मूर्तिपूजा कला है, तकनीक है स्मरण या स्मृति का। साधना ईश्वरत्व प्राप्त करने का, भगवान बनने का एक विज्ञान या प्रयोग है। इसके विपरीत सेमेटिक परंपरा शरीर रहित आत्मा की प्रवृत्तिमार्गी पूजा है। फलतः सेमिटिक परंपरा में सनातन कला और विज्ञान का न तो कोई अर्थ है और न स्थान; बल्कि दोनों के प्रति एक प्रकार की असहिष्णुता है। दोनों के प्रति एक प्रकार की असहजता है। इन दो (सूफियों और अध्यात्मवादियों) को छोड़कर भारतमाता और सनातन धर्म ने सभी परंपराओं और प्रवृत्तियों को पचा लिया है, आत्मसात कर लिया है। मुसलमान, ईसाई, मार्क्सवादी, भोगवादी सबको पचा लिया है।

सनातनी दुनिया आत्मविश्वास पर नहीं 'भोले विश्वास' पर चलती है कि संसार माया होने के बावजूद ईश्वर की रचना है। अतः हमारा काम 'अपना काम' करना है। दुनिया भगवान चलाते हैं। इसमें आत्मविश्वास की आवश्यकता नहीं होती, अंतरात्मा की आवाज सुनने की आवश्यकता होती है।

भारतीय धर्म साधना में एक लोकप्रिय मान्यता यह है कि ज्ञान, भाषा और सत्ता एक ही सत्य के तीन रूप हैं। ज्ञान साधना से नहीं मिलती, ईश्वरीय कृपा से मिलती है। लेकिन कृपा पात्रता से मिलती है। पात्रता साधना से मिलती है। साधना का आरंभ आत्म साक्षात्कार से होता है। आत्म साक्षात्कार के लिए अंतरात्मा की आवज सुनना आवश्यक है। अंतरात्मा की आवाज सुनने के लिए आत्मा की भाषा समझना आवश्यक है। भाषा सीखने के लिए साधना करनी पड़ती है। ऋषि एक नई भाषा गढ़ता है यानि पुरानी भाषा को परिवर्तित करता है। भाषा के अनुशासन से सम्प्रदाय का जन्म होता है। बिना भाषा सीखे सत्ता नहीं मिलती, सत्य नहीं मिलता, ज्ञान नहीं मिलता।

भारतीय साधना परंपरा में एक दूसरी मान्यता यह है कि प्रकृति का नियम 'पुरुष' पर लागू नहीं होता। प्रकृति और पुरुष में स्थूल और सूक्ष्म का भेद है। जल, प्रकृति का उदाहरण है और वायु (वाष्प) पुरुष का। दूध प्रकृति का उदाहरण है और दही (दधि) पुरुष का। सांख्य दर्शन में प्रकृति को वरीयता दिया गया है। पुरुष (चेतना, संस्कृति, संस्कार) की भूमिका सीमित है।

समकालीन परिदृश्य

भारत की पारंपरिक सभ्यता जब तक जीवंत बनी रही तब तक भारत के विभिन्न धार्मिक समुदाय आपसी समझ का परिचय देते रहे। अठारहवीं शताब्दी तक भारत में साम्प्रदायिक दंगे नहीं होते थे। अंग्रेजी राज के दौरान पारंपरिक सभ्यता को कायम रखने वाली स्थितियों, कारकों, संस्थाओं और पद्धतियों में रूपांतरण शुरू हुआ। धीरे-धीरे सम्प्रदायों के आंतरिक एवं बाह्य स्वरूप तथा इनके आपसी संबंधों में भी अंतर आया। करीब-करीब सभी सम्प्रदाय व्यक्तिवाद एवं उपभोक्तावाद से परेशान हैं। सभी सम्प्रदायों में राजनीतिक अवसरवादिता को लेकर आक्रोश है। अब छोटी-छोटी बातों पर दंगा भड़कने लगा है। अधिकतर दंगाई अपने-अपने

सम्प्रदाय के मानकों पर आदर्श धर्मानुयायी नहीं कहे जा सकते। जे. पी. एस. उबेराय ने तो अपने अध्ययनों के आधार पर दावा भी किया है कि अधिकतर दंगाई, आतंकवादी एवं धर्मांध लोग 'शैतानी आधुनिकता' से प्रभावित पेशों में प्रशिक्षित लोग होते हैं, पारंपरिक धर्मानुयायी नहीं। स्वामी दयानंद सरस्वती जैसे साम्प्रदायिक सद्भाव के समर्थकों ने भोले-भाले किसानों, मजदूरों एवं जनजातियों के बीच धर्मांतरण के अधार्मिक हथकंडों में निहित अपराध की ओर लोगों का ध्यान आकृष्ट किया है। कई ईसाई विद्वानों ने भी सामूहिक धर्मांतरण को ईसा मसीह की पवित्र शिक्षा के खिलाफ बतलाया है। मौलाना वहिउद्दीन खां जैसे लोगों ने भी साम्प्रदायिक सद्भाव को मजबूत करने के लिए आध्यात्मिक दृष्टि के विकास पर बल दिया है। स्वामी विवेकानंद, श्रीअरविंदो, योगानंद परमहंस, महर्षि महेश योगी, स्वामी राम, ओशो रजनीश, दलाई लामा, स्वामी रामदेव जैसे व्यक्तियो के प्रभाव से धर्म, अध्यात्म, योग एवं साधना का विज्ञान एवं तकनीक के साथ रचनात्मक संबंध स्थापित हुआ है। अंतरात्मा, आत्म परिष्कार एवं योग की लोकप्रियता बढ़ी है।

अध्याय 9

भारतीय संस्कृति में रस की अवधारणा

भारतीय संस्कृति में 'रस' की अवधारणा का केन्द्रीय महत्त्व है। खाद्य पदार्थों – सब्जी एवं फल में रस मधुरतम तरल पदार्थ का द्योतक है। संगीत में कानों द्वारा प्राप्त आनंद का नाम रस है। आयुर्वेद में सर्वोत्कृष्ट प्राणदायिनी औषधियों को 'रस' कहा जाता है। आयुर्वेद में रस-शास्त्र का अर्थ पारा आदि का संस्कार कर के चिकित्सा में प्रयोग से है, यही अर्थ उन विद्याओं का भी है जो अंग्रेजी में अल्केमी कहलाती हैं। शरीर में भोजन के जल का जो विशेष सत्त्व शरीर को पोषक बनाता है, उस पोषक सत्त्व को भी रस कहा जाता है। रस का यह स्थूल अर्थ है। वैदिक सूत्रों में रस का सामान्य अर्थ जल है। भारतीय संस्कृति में जल को एक दैवीय माध्यम माना जाता है। सनातन पूजा पद्धति में इसीलिए जल का बारंबार प्रयोग होता है। जल जीवन का प्रतीक है। जीवन की तरह जल भी एक रहस्य माना जाता है। जल जितना व्यक्त है उससे कहीं ज्यादा अव्यक्त है। जल में हमारे अस्तित्व को पुनः सृजित करने की अथवा पुनः उत्पादित करने की क्षमता है। अव्यक्त के भीतर व्यक्त होने की जो छटपटाहट है उस प्रक्रिया को जल के बिंब द्वारा समझा जा सकता है। रस भी इसी तरह अव्यक्त को व्यक्त करता है। रस की अभिव्यक्ति द्वारा प्रत्येक रचना की पुनः रचना हो जाती है। इस पुनः रचना होने की क्षमता कला और साहित्य की सबसे पहली कसौटी होती है। बार-बार देखने, पढ़ने और सुनने पर यदि रचना में कुछ नूतनता आ जाए वही अपूर्व कहलाता है। इस अपूर्व को आत्मसात् करने की प्रक्रिया ही रस है।

भारतीय संस्कृति में रस का एक दूसरा अर्थ भी है। रस का

दूसरा अर्थ आसक्ति या लगाव भी है जिसे अपभ्रंश के कवियों ने अम्बण एवं अमलोनापन कहा। कहीं-न-कहीं जीव की रसना में यह आसक्ति या अम्बन लगा रहता है। यह लगाव आसानी से नहीं छूटता। इन सब प्रचलित अर्थों को भरत मुनि ने रस की अवधारणा के अंतर्गत व्यवस्थित रूप से शामिल किया। नाट्यशास्त्र में भरत मुनि ने स्थापना दी कि नाटक में रस के अतिरिक्त कोई और अन्विति है ही नहीं। इतना तक कि देश और काल की भी कोई अन्विति नहीं है। अन्विति शब्द अन्वय धातु से बना है जिसका अर्थ है एक बात की सिद्धि से दूसरी बात की सिद्धि का संबंध। इसका दूसरा अर्थ औचित्य है। भरत मुनि के कहने का तात्पर्य यही है कि नाटक में या लीला में हर चीज की सिद्धि रस की सिद्धि के माध्यम से ही होती है। लेकिन रस की सिद्धि किसी स्थूल या व्यक्त माध्यम से नहीं होती। किसी कृत्रिम कार्य-कारण संबंध से नहीं होती। रस की उत्पत्ति के संबंध में एक प्रकार की रहस्यमयता, अलौकिकता बनी रहती है। रस की उत्पत्ति करीब-करीब अचानक होती है, जैसे दधि मथते-मथते मक्खन अचानक निकलता है। उसी तरह कला और साहित्य में अन्विति किसी ऐसी चीज के लिए होती है, जो पहले नहीं दिखती है। रचना प्रक्रिया से पहले अनुमान नहीं होता कि रस की उत्पत्ति ऐसे ही होगी। रचना प्रक्रिया के दौरान अचानक रस की उत्पत्ति हो जाती है। रस काव्य के लिए तो गौणरूप है लेकिन नाट्य के लिए आवश्यक है। हमारा रंगमंच प्रतीकात्मक रहा है। नाटक की प्रस्तुति प्रतीकों के द्वारा की जाती है। ऐसे प्रतीकों के द्वारा जिसके बारे में लोगों को पहले से जानकारी होती है और इसके बारे में लोकसंस्कृति में शिक्षा मिलती रहती है। भारत में यथार्थवादी नाटक या कला की परंपरा नहीं रही है। कला प्रतीकात्मक और सांकेतिक ही रही है। इसमें अन्यथाकरण का विधान है। भ्रांतिमान अलंकार में भी भ्रांति का बीज है, भ्रांति नहीं है। अध्यात्म के क्षेत्र में स्वयं परमात्मा को ही 'रस' कहा गया है। इसी प्रकार साहित्य (काव्य) के आस्वादन से प्राप्त आनंदानुभूति को ही रस कहा गया है। संक्षेप में, रस शब्द

भारतीय संस्कृति, साहित्य एवं सिनेमा में चरम आनंद की अनुभूति एवं अभिव्यक्ति का स्वाभाविक माध्यम है।

रस अन्तःकरण की वह शक्ति है जिसके कारण इन्द्रियाँ अपना कार्य करती हैं, मन कल्पना करता है, स्वप्न की स्मृति रहती है। रस आनंद रूप है और यही आनंद विशाल का, विराट् का अनुभव भी है। यही आनंद अन्य सभी अनुभवों का अतिक्रमण भी है। आदमी इन्द्रियों पर संयम करता है तो विषयों से अपने आप हट जाता है। परन्तु उन विषयों के प्रति लगाव नहीं छूटता। रस का प्रयोग सार तत्त्व के अर्थ में चरक सुश्रुत में मिलता है। दूसरे अर्थ में यह अवयव तत्त्व के रूप में मिलता है। सब कुछ नष्ट हो जाय, व्यर्थ हो जाय पर जो भाव रूप तथा वस्तु रूप में बचा रहे, वही रस है। रस के रूप में जिसकी निष्पत्ति होती है, वह भाव ही है। जब रस बन जाता है तो भाव नहीं रहता। केवल रस रहता है। उसकी भावता अपना रूपांतर कर लेती है। रस अपूर्व की उत्पत्ति है। नाट्य की प्रस्तुति में सब कुछ पहले से दिया रहता है, ज्ञात रहता है, सुना हुआ या देखा हुआ होता है। इसके बावजूद कुछ नया अनुभव मिलता है। वह अनुभव दूसरे अनुभवों को पीछे छोड़ देता है। अकेले एक शिखर पर पहुँचा देता है। रस का यह अपूर्व रूप अप्रमेय और अनिर्वचनीय है।

भारत में रस सिद्धांत के प्रमुख आचार्यों में भरत मुनि, भट्टनायक, अभिनवगुप्त, भोजराज, विश्वनाथ, जगन्नाथ, रामचन्द्र शुक्ल, नंददुलारे वाजपेयी एवं नगेन्द्र की गणना की जा सकती है। रस सिद्धांत के समर्थक आचार्य काव्य, नाटक या अन्य कला रूपों का लक्ष्य पाठक, श्रोता या दर्शक को आनंदानुभूति प्रदान करना स्वीकार करते हैं। आनंद की कलात्मक अनुभूति ही 'रस' है। पाठक, श्रोता या दर्शक को भावनाओं के उद्वेलन में ही आनंदानुभूति या रसानुभूति होती है। रस सिद्धांत के अनुसार भावों का दो रूपों में वर्गीकरण किया जाता है – (1) स्थायी भाव, और (2) संचारी भाव। स्थायी भाव धीरे-धीरे विकसित होकर दीर्घकाल तक हृदय में स्थित

रहता है, जबकि संचारी भाव बिजली की तरह एकाएक प्रकाशित होकर कुछ ही क्षणों में लुप्त हो जाते हैं। उदाहरण के लिए प्रेम, घृणा, उत्साह आदि स्थायी भाव है, जबकि रोष, भय आदि परिस्थितियों के अनुसार संचारी या स्थायी रूप में प्रकट होते हैं। वे व्यक्ति या पदार्थ जो भावोत्तेजना के मूल कारण हैं, विभाव कहलाते हैं। विभाव के भी दो भेद माने गये हैं - आलंबन और उद्दीपन। मानव हृदय में भावनाओं का प्रस्फुटन किसी बाह्य वस्तु, दृश्य या किसी परिस्थिति-विशेष की कल्पना द्वारा ही होता है, इसी को आलंबन कहते हैं। भावोद्दीपन के लिये परिस्थितियों की अनुकूलता भी अपेक्षित है। इसी को उद्दीपन कहते हैं। जिस प्रकार वर्षा के बीच आग बुझ जाती है, ठीक वैसे ही 'उद्दीपन' की प्रतिकूलता में आलंबन का प्रभाव भी नष्ट हो सकता है। उदाहरण के लिये, रमणी की मनोरम छवि को देखकर भी श्मशान भूमि में श्रृंगार का विकास नहीं होता। जिस व्यक्ति के हृदय में आलंबन और उद्दीपन के प्रभाव से भाव की उत्पत्ति होती है, उसे आश्रय कहा जाता है। हृदयगत भावों के उद्वेलन से आश्रय की शारीरिक एवं मानसिक अवस्था में थोड़ा बहुत परिवर्तन आ जाता है, जैसे क्रोध में नेत्रों का लाल हो जाना। इस परिवर्तन के द्योतक चिन्हों को अनुभाव कहते हैं। हृदयस्थ भावों की व्यंजना अनुभावों के माध्यम से होती है।

एक ही स्थायी भाव के बीच-बीच में परिस्थितिवश अनेक भावों का भी संचार होता है। जैसे प्रेम एक स्थायी भाव है। इसके अंतर्गत हर्ष, दुख, क्षोभ, चिंता जैसी परिस्थितिजन्य संचारी भावों की अनुभूति हो सकती है। स्थायी भाव के विकास या पुष्टीकरण में उसके अनुकूल संचारियों का ही आयोजन किया जाता है। जब पाठक, श्रोता या दर्शक को स्थायी भाव की अनुभूति हो जाती है तो उसे रसानुभूति कहते हैं।

भरत मुनि के अनुसार रस का सामान्य लक्षण तो उसका रसात्मक, आह्लादक या मनोरंजक होना है फिर भी प्रत्येक रस का स्वरूप या विशेष लक्षण उसके स्थायी भाव की प्रकृति के अनुरूप

होता है। अतः जितने प्रकार के स्थायी भाव हैं, उतने ही रस हैं :

	स्थायी भाव		रस
1.	रति	1.	श्रृंगार
2.	हास	2.	हास्य
3.	शोक	3.	करुण
4.	उत्साह	4.	वीर
5.	क्रोध	5.	रौद्र
6.	भय	6.	भयानक
7.	जुगुप्सा	7.	वीभत्स
8.	विस्मय	8.	अद्भुत
9.	शांति/निर्वेद	9.	शांत
10.	वात्सल्य	10.	वात्सल्य
11.	सख्य/मैत्री	11.	सख्य
12.	श्रद्धा/भक्ति	12.	भक्ति

भरत मुनि ने मूलतः उपरोक्त प्रथम आठ रसों की ही चर्चा की थी परन्तु नवें शांत रस की चर्चा भी उनके नाट्यशास्त्र में है। भवभूति के अनुसार करुण रस ही सर्वप्रमुख रस है। दूसरी ओर, अभिनवगुप्त शांत रस को सर्वोपरि मानते हैं। इसी तरह भोजराज ने श्रृंगार रस को रस-राज घोषित किया है।

आचार्य हजारी प्रसाद द्विवेदी के अनुसार भारत में पूर्ववर्ती काल में 'रस' शब्द का अर्थ श्रृंगार ही समझा जाता था और यद्यपि परवर्ती आचार्यों के शक्तिशाली ग्रन्थों ने इस अर्थ को बहुत कुछ दबा दिया था, पर वह बिल्कुल लुप्त कभी नहीं हुआ। कवियों का एक समूह बराबर श्रृंगार रस को ही एकमात्र या प्रधान रस मानता रहा। हजारों वर्षों की सुदीर्घ परंपरा में इस समूह के कवियों की कभी भी कमी नहीं हुई।

आचार्य रामचन्द्र शुक्ल रस-निष्पत्ति की विवेचना काव्य की सौंदर्य दृष्टि के साथ-साथ लोकमंगल की दृष्टि से भी करते हैं। इसीलिए 'रस' के मूल 'भाव' क्षेत्र को वे अत्यंत पवित्र मानते हैं, क्योंकि न केवल वह सत्कर्म-प्रवर्तक है, अपितु शीलविधायक भी है। परपंरा जहाँ भाव का विचार सहृदय के वासनावासित हृदय से जोड़कर करती है, शुक्लजी वहाँ लौकिक विषय (पात्र) से जोड़कर मनोविकार के रूप में करते हैं। शुक्लजी के अनुसार काव्य-अनुभूति प्रत्यक्षानुभूति से भिन्न जाति का नहीं है, और प्रत्यक्षानुभूति में प्रभाव मनोविकार के रूप में लौकिक विषय से ही संबद्ध होता है। इसीलिए मनोविज्ञान के आलोक में भाव या मनोविकार को प्रत्ययबोध, अनुभूति और वेगयुक्त प्रवृत्ति - तीनों का गूढ़ संश्लेष कहते हैं। शुक्लजी मानते हैं कि ज्ञान, कर्म तथा उपासना में सर्वोच्च स्थिति उपासना या भक्ति नामक भाव की ही है, जो धर्म की रसात्मक अनुभूति है, और धर्म अव्यक्त के सत्त्वरूप की व्यक्त प्रवृत्ति का ही नाम है। अभिप्राय यह है कि भाव निरूपण के मूल में उनका मनोविज्ञान तथा रुचिविशेष का द्योतक लोकमंगलवाद भी है। इस भाव के व्यष्टिगत होते हुए भी उसमें परार्थता, समष्टिगामिता के साथ-साथ परमार्थता की भी संभावना है। 'इमोशन' भाव है और 'सेंटिमेंट' स्थायी भाव। उनके अनुसार एक वस्तु या व्यक्ति के प्रति एक अवसर पर व्यक्त मनोवेग 'भाव' तथा अनेक अवसरों पर व्यक्त 'स्थायी भाव' या चिरभाव है। विशेष या निर्दिष्ट के सामने से हट जाने पर भी यदि वह मनोवेग किसी के प्रति प्रकट होने लगे तब 'स्वभाव' (शीलदशा) है। इनके अतिरिक्त लोकरक्षण तथा लोकरंजन की दृष्टि से उन्होंने 'बीजभाव' (करुणा तथा प्रेम) का भी उल्लेख किया है।

शुक्लजी रस की उत्तम और मध्यम दो कोटियाँ मानते हैं - पूर्ण रसदशा और शीलदशा। जहाँ कवि, भावक और आश्रय तीनों का तादात्म्य हो, वहाँ रस की पूर्णदशा होती है और वह उत्तम कोटि का होता है। जहाँ भावक और आश्रय का तादात्म्य न हो, फलतः

उसकी भावदशा अतृप्त रह जाए, वहाँ रस मध्यम कोटि का होता है। उन्होंने एक और रस की कल्पना की और उसे प्रकृत रस कहा और बताया कि प्रकृति का उद्दीपनात्मक रूप ही नहीं होता, आलंबनात्मक रूप भी होता है, जहाँ चिर साहचर्यजन्य प्रकृतिनिष्ठ वासना तृप्त होती है। जहाँ कवि प्रकृतिचित्रण को बारीकियों के साथ संश्लिष्ट रूप में प्रस्तुत करे, वहाँ समझना चाहिए कि प्रकृति आलंबनात्मक रूप में प्रकट हुई है।

रस निष्पत्ति के संदर्भ में शुक्ल जी का अविस्मरणीय सिद्धांत साधारणीकरण है। कई विकल्प प्रस्तुत करते हुए शुक्ल जी ने अंततः कहा कि साधारणीकरण आलंबन का नहीं, अपितु आलंबनत्व धर्म का होता है। कल्पना में मूर्ति तो व्यक्ति विशेष की ही आती है पर उसमें विन्यास ऐसी साधारण विशेषताओं का होता है जो सर्वसामान्य (सहृदय भावक) में समान भाव ही व्यक्त करती है।

रस सिद्धांत में काव्य, नाटक और कला का प्रमुख तत्त्व भाव को माना जाता है। भाव की उद्दीप्ति या अभिव्यक्ति से पाठक को आनंद प्रदान करना काव्य या कला का लक्ष्य है। पश्चिम में भी बर्क, हरमन लात्ज, जॉर्ज सैंटियान, कॉलिंगवुड, ई. एफ. कैरिट्ट आदि ने कला और साहित्य का मूल लक्ष्य भावों के चित्रण या उनकी अभिव्यक्ति द्वारा समाज को आनंद प्रदान करना स्वीकार किया है।

विद्यानिवास मिश्र के अनुसार भारतीय रागबोध को समझने के लिए इसकी पृष्ठभूमि को जानना आवश्यक है। इसकी पृष्ठभूमि सर्वमयता, परस्परावलंबन और परस्पराकांक्षा की है। इसकी पृष्ठभूमि 'पर' में 'स्व' का अर्थ पाने की है। इसलिए इसमें सातत्य है, एक सामरस्य है, संगति है। संगति ही इसका मुख्य लक्ष्य है। वह संगति सबको सहज देखने से तो दिखाई पड़ती है, नहीं तो बिखराव लगता है।

आनंद कुमारस्वामी के अनुसार भारत में कला, साहित्य और धर्म अलग-अलग चीजें नहीं हैं। तीनों का संबंध मिथक रचना से है। मिथक का पारंपरिक अर्थ जीवन के प्रथम सत्य की साक्षात्कृति

है। उस प्रथम सत्य के सबसे समीप जो भाषा हो सकती है, उसके द्वारा उसे व्यक्त करने का प्रयत्न ही 'मिथ' है। सृष्टि का नवीनीकरण और अखण्डता की बार-बार प्राप्ति मिथकों का लक्ष्य है। यही कला, साहित्य और यज्ञ का भी लक्ष्य है। किसी भी संस्कृति में टूटने और जुड़ने की क्रिया बराबर चलती रहती है। हम जो बार-बार टूटते हैं, उनके बार-बार जुड़ने का संकल्प, बार-बार जुड़ने की प्रक्रिया ही सनातन संस्कृति में जीवन कहलाता है। कला, साहित्य एवं धर्म के द्वारा इसी सत्य का बार-बार स्मरण किया जाता है और इसी की पुनर्रचना की जाती है। भारतीय कला-सृष्टि, सृष्टि की पुनः स्थापना है। सृष्टि का अनुकरण है। नव सृष्टि है, जिसको ऋग्वेद में विशेष सृष्टि कहा गया है। कला के लिए नाट्यशास्त्र में अनुकीर्तन शब्द का प्रयोग हुआ है। अनुकीर्तन का अर्थ हू-ब-हू या ज्यों-का-त्यों नकल करना नहीं है, बल्कि सार तत्त्व को अभिव्यक्त करना है। सृष्टि के मूल रहस्य को सामने लाना है और लाने के लिए जो उपाय है, वह एक प्रकार की दूसरी सृष्टि है। भारतीय कला दर्शन में नयी उद्भावना का कोई संकल्प नहीं होता। नवीनता नवीन बनाने में नहीं, नवीन होने में है। कला जीवन की आध्यात्मिक अभिव्यक्ति है। सत्य की सांकेतिक अभिव्यक्ति का माध्यम है। कला जीवन के लिए है और जीवन की आवश्यकता की पूर्ति के लिए है। कला मनुष्य के जीवन के मनोमय कोष का भोजन तथा अंग है और इसीलिए वह मूलतः धार्मिक है। धार्मिक का अर्थ जीवन के ऊँचे उठने के कार्य से जुड़ा होना है। हर प्रकार के जीव एवं जीवन के साथ एकाकार होना है। जीवन के मूल स्वर, मूल भाव तथा प्रकृति के साथ एकाकार होकर उसे पुनः प्राप्त करना है। कला जीवन तथा सत्य की पुनः प्राप्ति कराने में सहायक होती है। पूरे युग की कला में एक प्रकार की विशिष्टता, एक प्रकार की छाप होती है, जो उस युग के तमाम विश्वासों, उत्सवों, उल्लासों, संघर्षों, जीवन की तमाम आपदाओं, विपदाओं से तथा अनेक प्रकार के संचारियों और मिथकों से जुड़ी होती है। शुद्ध कला दर्शन अपनी पर्याप्तता का प्रत्यय है, इसलिए

भारतीय कला दर्शन अलंकार का दर्शन है। इसे कुमारस्वामी ने 'रेटॉरिक' और 'फिगर ऑफ स्पीच' कहा है। अलंकार का अर्थ पर्याप्तीकरण है; जो अपर्याप्त है, अयथेष्ट है, नाकाफी है उसको पर्याप्त बनाना। अलंकार का मूल अर्थ यही है, और इस अर्थ में जीवन में जितनी अयथेष्टता है, जितनी रिक्तता है, जहाँ-जहाँ खालीपन है, उसको भरना और भरते रहना ही कलाकार का काम है। जो कला दर्शन इस भरने की आकांक्षा को देखता है वह पर्याप्तता और अलंकरण है। कला में अन्यथाकरण अत्यंत आवश्यक है। जहाँ से अविच्छिन्नता दिखती हो, वहाँ से देखना अन्यथाकरण है। अन्यथाकरण में वस्तु के प्राकृतिक स्वभाव का तत्त्व है। विभिन्न कला व्यापार कथ्य या विन्यास की दृष्टि से अलग-अलग होते हैं, लेकिन ये सभी कला व्यापार उत्पादन सामग्री के रूप में अलग-अलग हैं, पर कौशल की एकाग्रता, आत्म विसर्जन, कला को चित् संज्ञा के रूप में देखने और कलाकृति को जीवन के उपादान के रूप में सर्जित या प्रयोजित मानने के धरातल पर एक हैं।

इस संदर्भ में अभिनवगुप्त का कहना है कि संसार वैसे तो केवल पत्थर जैसा है लेकिन सरस्वती का तत्त्व या वाग्देवता का तत्त्व अपने रस के संसार से उसको सारवत् बनाता है। उसको सत्त्व प्रदान करता है। वह सत्त्व उसके कुछ नया होने या कुछ अन्य होने की बेचैनी है। हर वस्तु में तथा हर जीव में एक बेचैनी है। जो जिस स्थान पर, जिस काल में है, उसमें उससे कुछ भिन्न होने अथवा विस्थापित होने की बेचैनी होती है। बेचैनी इसलिए होती है कि वह अपने स्वरूप का अनुसंधान करना चाहता है, अपने को फिर से प्राप्त करना चाहता है। इसलिए कला सृष्टि का विकल्प नहीं है। सृष्टि का जिस रूप में अनुकरण कहा जाता है, अनुकरण भी नहीं है। सृष्टि के विरोध में भी नहीं है। कला सृष्टि को विस्थापित भी नहीं करती है। कला सृष्टि की प्राणवत्ता और सारवत्ता को रेखांकित करती है। प्रारंभ अंगों के न्यास से ही होता है। संगीत में टुकड़ों की योजना होती है। अन्य कलाओं की रचना-प्रक्रिया भी इसी तरह शुरू

होती है। हर कला किसी लय का अनुसारी है। लय का अनुसरण करने का अर्थ ही है एक का दूसरे में समाना। एक प्रकार का चरण-न्यास बाद वाले चरण-न्यास में समाया हुआ है। यह न्यास काफी नपा-तुला रहता है। पर यह अनायास होता है, क्योंकि तन्मयता इसमें नहीं रहती। तन्मयता रस में रहती है। रस केंद्र में है और उसमें अगर तन्मयता रहती है तो उपांग अनायास बँधते चले जाते हैं। नृत्य में अनेक प्रकार से उसी संचारी के विकल्पों की आवृत्ति होती है। अभिनय भाव की प्रस्तुति होती है। अभिनय केवल किसी चेष्टा विशेष की प्रस्तुति नहीं होता। अभिनय शरीर की प्रस्तुति नहीं है बल्कि भाव की प्रस्तुति है। लेकिन भाव विषय से अपने आपको हटा देता है। विषय का एक तरह से निर्विषयीकरण करता है। विषय, विषय नहीं रह जाता। वह आत्मरूप हो जाता है। यही भाव की विशेषता होती है। जब भाव का आवेग आता है तब विषय की ओर ध्यान नहीं रहता।

भारतीय कला, नाटकों या फिल्मों में कोई नई रचना नहीं होती। हम इसका दावा भी नहीं करते कि हम कोई नई बात ला रहे हैं। कहानी पुरानी है, पात्र परिचित हैं, सब कुछ जाना हुआ है। हम जिस रूप में उसे ला रहे हैं वह नया है, वह अपूर्व है। यह अपूर्व शब्द कई शास्त्रों में आया है और उसका एक ही अर्थ है कि प्रत्येक कला प्रक्रिया के रूप में अपूर्व है। सिद्ध वस्तु के रूप में अपूर्व नहीं है। रूपांतरण का क्षण अपूर्व है। कला विश्व का एक संक्षिप्त रूपांतर और दूसरे रूप में अपने को खोजने की तैयारी है। कला में हम जो कुछ करते हैं, सब की ओर से करते हैं और सब के लिए करते हैं। कला का उद्देश्य हमारी निजता (क्षुद्र निजता) को नष्ट करना है। जब हम कला क्षेत्र में प्रवेश करते हैं तो वहाँ पहले हमारी आनुष्ठानिक मृत्यु हो जाती है। जब कोई संन्यास लेता है तब भी इसी तरह की आनुष्ठानिक मृत्यु हो जाती है। व्यक्ति को खुद ही अपना दाह-संस्कार करना पड़ता है। बात चाहे यज्ञ की हो, कला की हो या पूजा की, सबमें एक ही प्रक्रिया होती है। यजमान, कलाकार या कर्ता

पहले अपने भीतर के संकोच शरीर को सुखाता एवं जलाता है। उसके बाद उसमें से जो ऊर्जा आएगी वह छोटी सीमा की ऊर्जा नहीं होती है। उसकी ऊर्जा देवता का साक्षात् रूप होती है। यजमान और इज्य में कोई अंतर नहीं रहता। अपने भीतर के देवत्व के साथ तादात्म्य स्थापित करने के लिए यजमान को इज्य बनना पड़ता है। यज्ञ का आराध्य होना पड़ता है। मनुष्य का आराध्य होना पड़ता है। यह साधारणीकरण किसी पदार्थ का साधारणीकरण नहीं है। यह साधारणीकरण वृत्ति का साधारणीकरण है।

कला साधना के समय कलाकार की वृत्ति बदल जाती है। उसकी वृत्ति विराट् की ओर उन्मुख हो जाती है। कला या कोई भी अनुष्ठान जीवन का अंग है। दैनन्दिन व्यवहार का सौष्ठव अंग है। यह पराया नहीं अपना ही बिंब है। अपना ही एक ऐसा स्वरूप है जो हमको पूर्णता प्रदान करता है। कलाकार के रूप में इस संसार में हम कुछ नया नहीं कर रहे हैं। हमसे कोई कुछ करा रहा है। वह जो दूसरा है, वह पर है और श्रेष्ठतर है, वही हमसे करा रहा है। हम उसके अभिकरण बन रहे हैं। हम नदी की धारा बन रहे हैं। हम नदी की धारा में चलने वाले नहीं रह जाते, धारा ही बन जाते हैं। ऐंद्रिय संसार लुप्त नहीं होता, रहता है। उससे वैराग्य नहीं होता है, उससे विराग, विशेष राग बना रहता है। विषयों के प्रति आसक्ति बनी रहती है। वह आसक्ति महा-आसक्ति होती है। कला और अध्यात्म में यही अंतर है। जब आप साधना के क्षेत्र में जाते हैं तो वहाँ अनासक्ति होती है, कला में अनासक्ति नहीं होती। आसक्ति रहती है। एक महाराग छा जाता है, एक छोटा-सा राग महाराग में परिवर्तित हो जाता है। इसका विषय हम स्वयं हैं। कलाकार रहता है। कला का वर्ण्य विषय रहता है। जो नहीं रहता वह है, वर्ण्य विषय के साथ निजता, आत्यंतिक निजता। इसलिए भारतीय कला, साहित्य, नृत्य में उद्दाम आवेग और संयम दोनों रहता है। पारंपरिक कला साधना कहीं-न-कहीं संयम से निकलती है। इसमें धारा का आवेग और तटों का संयम अपेक्षित होता है। यह साधना प्रक्रिया बड़ी

कठिन होती है। लेकिन जब क्षुद्रता नहीं रहती, एक विशाल दृष्टि रहती है, तब कला साधना साध्य हो जाती है। जब लोभ नहीं रहता तो संयम अपने आप आ जाता है। वैष्णव कवियों ने कहा है कि भक्तकवि का संबंध संसार से छूटता है और ब्रह्म से उसका संबंध और दृढ़ हो जाता है। संसार में रहते हुए भी वह नहीं रहता। संसार के प्रति उसकी दृष्टि में रूपांतरण हो जाता है।

कला के प्रति हमारी जीवन-दृष्टि तीन सूत्रों में व्याख्यायित हुई है। पहला सूत्र, सत् एक है। एक ही अस्तित्व है। उसकी विविध अभिव्यक्तियाँ हैं। दूसरा सूत्र भी इसी से निकला है, वह एक है पर वह अविभक्त रहते हुए विभक्त भी हो सकता है। तत्त्वतः वह अविभक्त है। उसको टुकड़ों में बाँटा जा सकता है। खंड हैं, पर ये खंड परस्पर सापेक्ष हैं। वे साकांक्ष खंड हैं। एक-दूसरे के बिना उनकी पूरी व्याख्या नहीं होती। एक-दूसरे के कार्य में सहयोगी हैं। दूसरा सूत्र यही है कि उनकी परस्पर आबद्धता, संबद्धता रहे। तीसरा सूत्र है कि नैरंतर्य है। नाश या विध्वंस, प्रध्वंस नहीं होता। प्रलय शब्द का अर्थ विध्वंस नहीं है। संहार शब्द का अर्थ विध्वंस नहीं है। संहार शब्द का अर्थ समेटना है। वस्तुएँ बिखर जाएँ, एक-दूसरे से संबंध भूल जाएँ तो समेटना पड़ता है। समेटने के बाद फिर से उसको फैलाते हैं, प्रसारित करते हैं। पूर्णता को प्राप्त करने के बाद आदमी अपने लिये नहीं जीता। सबके लिए जीता है और ऐसे जीने में किसी अलग प्रकार के अभिमान के वैशिष्ट्य का बोध नहीं करता। वह अनुभव करता है कि यह स्वभाव है, कोई वैशिष्ट्य नहीं है। उस स्वभाव को परखना ही अध्यात्म है।

वस्तुओं के स्वभाव तथा जीवधारियों के स्वभाव में कोई अंतर नहीं है। दोनों के स्वभाव एक ही हैं। उस स्वभाव से जुड़ना ही अध्यात्म है। भारतीय संस्कृति में ब्रह्म का परिभाषित रूप केवल आनन्द है। वह आनन्द शरीर में ही प्रकट होता है। शरीर के रोमांच में, नीम बेहोशी में, अश्रुपात में, शरीर के ऊपर एक प्रभा मंडल में, इन सबमें आनन्द की प्रतीति होती है। अलग से कोई आनन्द की

प्रतीति नहीं होती। स्थूल शरीर में आनंद की अनुभूति होती है। स्थूल शरीर अपने आप में एक अभिकरण है। रस सबको संचारित कर रहा है। जीवन में कुछ नया होने या करने की चाह हमें संचारित कर रहा है। प्रत्येक रचना पुनः रचना हो जाती है। यह पुनः रचना होने की क्षमता भारतीय संस्कृति में कला, साहित्य या सिनेमा की पहली कसौटी है। बार-बार देखने पर, बार-बार पढ़ने पर, बार-बार सुनने पर जिसमें कुछ नूतनता आ जाए वही अपूर्व है और इस अपूर्व को आत्मसात् करने की प्रक्रिया ही रस है।

भारतीय संस्कृति में हम कुछ भी समझना चाहें इसके लिए वाक् की अवधारणा को समझना जरूरी है। वाक् के तीन स्तर हैं। वह स्वयं सृष्टि है, सृष्टि की प्रक्रिया है, शब्द है और आख्यान है। वह देवता भी है। दूसरे शब्दों में, तमाम अवरोधों के बावजूद अव्यक्त का व्यक्त होना वाक् कहलाता है। अव्यक्त जब व्यक्त होता है तो पूरा व्यक्त नहीं होता है। कुछ अव्यक्त बना रहता है। अगर वह अव्यक्त न बना रहे तो उसके लिए एक तड़प, उसके लिए एक बेचैनी, उसको समझने के लिए एक आग्रह न रहे। इसलिए कुछ-न-कुछ अव्यक्त बना ही रहता है। भारतीय संस्कृति में सौंदर्य की सबसे मोहक अभिव्यक्ति साड़ी और घूँघट में होती है। घूँघट में सौंदर्य जितना व्यक्त होता है उतना ही अव्यक्त होता है। साड़ी में भी सौंदर्य जितना व्यक्त होता है उतना ही अव्यक्त होता है।

अपनी सृष्टि से मोह या सृष्टि से आसक्ति ब्रह्म द्वेष कहलाता है। ब्रह्मा ने वाक् की सृष्टि की और उसके ऊपर उन्हें आसक्ति हुई। स्रष्टा को अपनी कृति से मोह न हो इस लिए सृष्टि स्वयं संहारकर्ता से कहती है कि सृष्टि को समेटो। सृष्टि खुद स्रष्टा के हाथ बाण देती है कि अपने को समेटो। इसीलिए भारतीय संस्कृति में ब्रह्मा के शरीर की पूजा नहीं की जाती, उनकी मूर्ति नहीं बनायी जाती। इस आत्मग्लानि से स्रष्टा ब्रह्मा संध्या की लाली में परिवर्तित हो जाता है। ऐसी बेला में परिवर्तित हो जाता है जो ध्यान की बेला बनती है, जो आत्म चिंतन की बेला बनती है।

अव्यक्त से व्यक्त की उठी हुई पुकार ही वाक् है। वह अव्यक्त ही रस है। उसमें जनक होने की, उत्पन्न करने की आकांक्षा होती है। जल, जल नहीं रहना चाहता है। जल चाहता है कि इसमें से पृथ्वी निकले। सृष्टि का जल ने वहन किया है। वह उसको रूपायित देखना चाहता है और रूपायित देखने की चाह ही वाक् है। मूल स्तर पर इसका अर्थ केवल भाषा ही नहीं है। इसलिए हर रचना प्रवाह में वाक् वाक्देवी सरस्वती से जुड़ी हुई है चाहे वह रचना संगीत हो, चित्रकला हो, साहित्य हो या स्वयं नदी रूपा हो। वाक् स्वयं सिंधु है, रसरूपा है। परन्तु सरस्वती केवल रसरूप नहीं हैं वह प्रकाश का द्रुत होना, बहना भी हैं। प्रकाश को रस के रूप में परिवर्तित करना, उसको स्पंद के रूप में, बहाव के रूप में लाना भी सरस्वती का ही रूप है। सरस्वती ज्योतिरूप रस हैं और उनकी प्रकाश की ओर, स्पंद की ओर, विमर्श की ओर यह यात्रा हर साधक के लिए एक मानक है। साहित्य एवं कला के क्षेत्र में ऐसी ही यात्रा होती है। सरस्वती कला, साहित्य और रस की देवी है। बिना सरस्वती की अराधना किए शायद ही कोई साधक कला-साधना करता है। साधना की स्थिति में साधक खुद सरस्वती रूपी रस बन जाता है।

रस निष्पत्ति

भरत मुनि ने नाट्यशास्त्र में रस सिद्धांत के घटक तत्त्वों या अवयवों की चर्चा की है। उनका कहना है कि विभाव, अनुभाव एवं संचारी भाव के संयोग से रस की निष्पत्ति होती है।

रस निष्पत्ति की प्रक्रिया के बारे में भरत मुनि ने कोई सिद्धांत प्रस्तुत नहीं किया। आचार्य भट्टलोल्लट, आचार्य भट्टनायक एवं आचार्य अभिनवगुप्त ने रस-निष्पत्ति की प्रक्रिया को विस्तार से समझाया है।

आचार्य भट्टलोल्लट ने रस-निष्पत्ति की तीन प्रक्रियाओं की चर्चा की है - (क) उत्पत्ति, (ख) प्रतीति, तथा (ग) पुष्टि। उनका कहना है कि विभावों के स्थायी भाव से संयोग के उपरांत उत्पत्ति की

प्रक्रिया शुरू होती है। इसी तरह अनुभावों के स्थायी भाव से संयोग के उपरांत प्रतीति की प्रक्रिया एवं संचारी भावों के स्थायी भाव के संयोग से पुष्टि की प्रक्रिया प्रारंभ होती है।

संचारी भाव स्थायी भाव के साथ संस्कार रूप में ही रहता है। जब स्थायी भाव उद्‌बुद्ध या जाग्रत होता है तब परिस्थिति भेद के अनुसार वह नाना रूपों में व्यक्त होता है। स्थायी प्रेम की अभिव्यक्ति नाना प्रकार के संचारी भावों में हो सकती है। जैसे हर्ष, शोक, क्रोध, ईर्ष्या, करुणा। वस्तुतः स्थायी भाव का उद्‌बोधन ही संचारी भावों के माध्यम से होता है।

रस की निष्पत्ति नाटक/काव्य की पटकथा (कलात्मक रूप) के मूल पात्रों में ही संभव है। अभिनेता या अभिनेत्रियाँ तो उसकी केवल अनुकृति मात्र प्रस्तुत करते हैं। शकुन्तला नाटक में प्रणय के स्थायी भाव की वास्तविक अनुभूति तो मूल पात्रों दुष्यन्त और शकुन्तला को हुई थी। नाटक में अभिनय करने वाले दुष्यन्त और शकुन्तला परस्पर वास्तविक प्रेम का अनुभव नहीं करते अपितु उस अनुभूति का केवल अभिनय करते हैं। दर्शक भी अभिनेता, अभिनेत्रियों में नाटकीय पात्रों के अनुरूप अभिनय को देखकर ही प्रेम की प्रतीति करते हैं। इसे तद्रूपतानुसंधान-प्रतीति का सिद्धांत कहा जाता है। इस सिद्धांत के अनुसार स्थायी भाव सामान्य लौकिक अनुभूति है जबकि रस विशिष्ट कलाजन्य अनुभूति है। रस-निष्पत्ति की निम्नलिखित तीन प्रक्रियाएँ हैं:

1. अभिधा की प्रक्रिया
2. भावकत्व की प्रक्रिया
3. भोजकत्व की प्रक्रिया

सर्वप्रथम हम काव्य के अनुशीलन द्वारा उसका अर्थबोध करते हैं। इसको अभिधा की प्रक्रिया कहा जाता है। अभिधा शक्ति के द्वारा प्राप्त अर्थ हमारे भौतिक ज्ञान के स्तर तक ही सीमित रहता है। जब अर्थबोध के अनन्तर काव्यगत वस्तु हमारे हृदय में भी भावना या अनुभूति का उद्वेलन करने लगे तो इस स्थिति को भावकत्व की

प्रक्रिया कहते हैं। भावकत्व के अनन्तर भोजकत्व की स्थिति आती है, जब हमारी काव्यजन्य अनुभूतियाँ अपनी लौकिक सीमाओं से मुक्त होकर आनंद में परिणत हो जाती हैं।

जब काव्यगत अनुभूतियाँ व्यक्ति-विशेष तक सीमित न रहकर सर्वसाधारण तक व्याप्त हो जाती हैं तो उसको साधारणीकरण या तादात्मीकरण कहते हैं। काव्य में गुण, अलंकार आदि के कारण सौंदर्य का संचार हो जाता है। यह सौंदर्य ही साधारणीकरण का मूल आधार है। नाटक में भी अभिनय कला के सौंदर्य के कारण ही साधारणीकरण होता है। साधारणीकरण का दूसरा पक्ष पाठक, श्रोता या दर्शक से संबंधित है। काव्यास्वादन के समय पाठक-दर्शक-श्रोता निजी मोह से ऊपर उठने के बाद ही साधारणीकरण में सफल हो सकता है। इसको निर्वैयक्तिकता भी कहते हैं।

कलात्मक आस्वादन के लिए सतोगुण की सूचक तटस्थता या निर्वैयक्तिकता की आवश्यकता होती है। कवि या नाटककार की भावनाओं के साधारणीकरण के फलस्वरूप कवि और पाठक में तादात्म्य स्थापित हो जाता है। भोजकत्व का अर्थ है आनन्द की अनुभूति। रस का स्वरूप आनन्दमय है। अतः रस की अनुभूति का अर्थ है आनन्द की अनुभूति। भावकत्व की प्रक्रिया के फलस्वरूप साधारणीकरण होता है और साधारणीकरण की चरम स्थिति रसानुभूति या आनन्दानुभूति में होती है।

सांख्य दर्शन के आधार पर भट्टनायक ने कहा है कि हमारी आत्मा का स्वाभाविक गुण ही आनन्द है, किन्तु रजोगुण एवं तमोगुण के प्रभाव से यह आनन्द का गुण लुप्त या आवृत हो जाता है। जब कला-स्वादन या योग समाधि या किसी अन्य साधना के द्वारा आत्मा से रजोगुण एवं तमोगुण का आवरण हट जाता है, तो सत्त्वगुण (सतोगुण) का प्रकटीकरण सहज रूप में हो जाता है। यह सत्त्वगुण ही आनंद की स्थिति का द्योतक है। दूसरे शब्दों में, सतोगुण का उद्रेक ही आनन्दानुभूति का मूल आधार है। वास्तव में यह सारा संसार ही सौंदर्य से युक्त है, किन्तु हम अपनी-अपनी वैयक्तिकता

की सीमाओं तथा राग-द्वेष से ग्रस्त होने के कारण निर्द्वन्द्व भाव से उस सौंदर्य का आस्वादन नहीं कर पाते। सौंदर्य को देखते ही हम उसे प्राप्त करने की लालसा से उद्वेलित हो जाते हैं, जिसके फलस्वरूप वह सौंदर्य भावना जो कि आनन्ददायिनी शक्ति से युक्त है, लुप्त हो जाती है, और हम अपनी वासनाओं, इच्छाओं और लालसाओं से पीड़ित होकर दुखी एवं अशांत हो जाते हैं। साहित्य, कला या लोकजीवन में तटस्थ, निर्वैयक्तिक एवं सतोगुणात्मक दृष्टिकोण विकसित करके देखने पर तो समस्त संसार एक रंगमंच एवं संसार की सभी क्रियाएँ सौंदर्य की अभिव्यक्ति नजर आती हैं। साथ ही प्रत्येक क्षण आनन्द की अनुभूति प्राप्त होती है। भारतीय संस्कृति, भारतीय दर्शन एवं साधना पद्धति में इसी स्थिति को 'आत्मानुभूति' की स्थिति कहा गया है। यह आनन्द की चरम स्थिति है। भट्टनायक के उपरोक्त सिद्धांत मम्मट और अभिनवगुप्त की रचनाओं के आधार पर प्रस्तुत किये गये हैं।

अभिनवगुप्त (10–11वीं शताब्दी) ने भरत मुनि के नाट्यशास्त्र की विस्तृत टीका के रूप में 'अभिनव भारती' की रचना की। अभिव्यक्तिवाद नामक सिद्धांत का निरूपण इसी ग्रंथ में हुआ है। इस सिद्धांत की प्रमुख स्थापनायें निम्नलिखित हैं:

1. रस नाटक या काव्य रचना का कोई एक अंग या तत्त्व नहीं है अपितु वह समस्त रचना में व्याप्त सर्वांगीण तत्त्व है। साहित्य या कला में रस का वही स्थान है जो जीवों के शरीर में प्राण का होता है। रस का संबंध नाटक या काव्य के सम्पूर्ण अर्थ से है।
2. स्थायी भाव जहाँ सामान्य जीवन की लौकिक अनुभूति है वहाँ रस की अनुभूति कला, नाटक या काव्य के माध्यम से होती है। इस में स्थायी भाव विभिन्न शैलीगत तत्त्वों से समन्वित होकर सौंदर्ययुक्त हो जाता है, जबकि स्थायी भाव साधारण शब्दावली में व्याप्त होता है। इसी तरह रस में स्थायी भाव साधारणीकृत रूप में व्यक्त होता है जबकि

व्यावहारिक जीवन में ऐसा नहीं होता। रस का आस्वाद सदैव आनन्दमय होता है तथा रस की अनुभूति यदि होती है तो निर्विघ्न होती है।

3. किसी भी काव्य या नाटक में मुख्यतः तीन आधार पर रस की प्राप्ति होती है:

(क) काव्यगत आधार - जब तक काव्य या नाटक में विषयवस्तु को कलात्मक या सौंदर्ययुक्त शैली में प्रस्तुत नहीं किया जाता, तब तक उससे रसानुभूति संभव नहीं है।

(ख) सामाजिक आधार - पाठक, श्रोता या दर्शक सामाजिक प्राणी हैं। किसी भी समाज में कई प्रवृत्तियों के लोग रहते हैं। अभिनवगुप्त की मान्यता है कि पाठक, श्रोता या दर्शक अपनी जन्मजात वासनाओं या सहज प्रवृत्तियों के कारण ही रसानुभूति प्राप्त करते हैं। काव्य या नाटक के आस्वादन के समय हमारी वासनाएँ और सहज प्रवृत्तियाँ प्रभावित, उद्बुद्ध एवं उद्वेलित होकर व्यक्त होती हैं। काव्यगत पात्रों से हमारा ऐसा तादात्म्य स्थापित हो जाता है कि उनके माध्यम से हम अपनी ही भावनाओं को अभिव्यक्त करते हैं। हमारी सभी भावनाएँ किसी-न-किसी वासना या सहज प्रवृत्ति पर आधारित हैं। अंततः काव्य, नाटक या कला से हमारी अपनी ही वासनाएँ या भावनाएँ अप्रत्यक्ष रूप में उद्वेलित होकर व्यक्त होती हैं। इस दृष्टि से काव्यास्वादन से प्राप्त होने वाला रस या आनन्द मूलतः हमारी अपनी ही वासनाओं, भावनाओं एवं सहज प्रवृत्तियों की अभिव्यक्ति का आनन्द है। अभिनवगुप्त ने अरस्तू की तरह वासनाओं को दूषित या हेय नहीं मानकर उनके सामान्य रूप को स्वीकार किया है।

(ग) परिस्थितिगत आधार - यदि काव्यास्वादन के समय हमारी अपनी मनःस्थितियाँ और परिस्थितियाँ अनुकूल न हुईं, तो उस स्थिति में बाधा उपस्थित करने वाली प्रतिकूल

स्थितियों को अभिनवगुप्त ने 'विघ्न' की संज्ञा देते हुए उसके सात भेद बतलाये हैं:

1. अर्थबोध की असमर्थता
2. निजी सुख-दुख का प्रभाव
3–4. देश और काल की अविच्छिन्नता
5. माध्यम की अस्पष्टता
6. प्रधान की अप्रधानता
7. प्रदर्शन की संशयात्मकता

रस-निष्पत्ति के लिए जहाँ रचना में सौंदर्य का होना आवश्यक है, वहाँ पाठक की वासनाओं व भावनाओं की अभिव्यक्ति का होना तथा काव्यास्वादन के समय किसी भी प्रकार के विघ्न का उपस्थित न होना भी आवश्यक है।

अभिनवगुप्त के लिए रस केवल काव्यगत रस ही नहीं है अपितु सभी कलाओं से प्राप्त होने वाले आनन्द का पर्याय है। कलाकृति में व्यक्त वासनाएँ एवं भावनाएँ शैली के सौंदर्य से युक्त होती हैं। दूसरे, उनका साधारणीकरण हो जाता है। इन दोनों तत्त्वों के कारण ही घृणा, भय, शोक जैसे लौकिक जीवन के कटुभाव भी कला के माध्यम से व्यक्त होकर मधुर अनुभूति या आनन्दानुभूति अथवा रसानुभूति में परिणत हो जाते हैं।

भारतीय नाट्य परंपरा

भरत मुनि के नाट्यशास्त्र में नाटक को अनुकृति मूलक काव्य माना गया है। अनुकृति का लक्ष्य है दर्शकों के मनोगत भावों के उन्मेष द्वारा काव्यरस की प्रतीति कराना। रस की निष्पत्ति ही भारतीय नाटक का प्रधान उद्देश्य माना गया है। रस की सृष्टि ही नाटक-रचना का मुख्य उद्देश्य है।

नाटक का कथानक (वस्तु) तीन प्रकार का हो सकता है। प्रख्यात, उत्पाद्य और मिश्र। प्रख्यात कथानक किसी प्राचीन, पौराणिक या ऐतिहासिक व्यक्ति से संबंधित होता है। उत्पाद्य नाटक

में कवि अपनी कल्पना द्वारा पात्रों की सृष्टि करता है। मिश्र कथानक वह है जिसमें उत्पाद्य और प्रख्यात कथानकों का मिश्रण हो। इसमें इस बात का ध्यान रखा जाता है कि प्राचीन कथा में ऐसी काल्पनिक बातें न जोड़ी जायें जिनसे श्रोताओं के विश्वास को धक्का लगे और रस-भंग हो। महाकाव्य में नायक के दोष भी दिखाये जा सकते हैं किन्तु नाटक के सीमित आकार में नायक के दोष-दर्शन के लिए स्थान नहीं है। ऐसा करने से रस के निष्पन्न होने में बाधा पड़ती है।

वृत्ति

रसानुकूल प्रभाव उत्पन्न करने के लिए वृत्तियों के प्रयोग का विधान है। वृत्तियाँ चार प्रकार की मानी गई हैं। कैशिकी, सात्वती, आरभटी और भारती। कैशिकी में नृत्य और गान अधिक होते हैं। इसमें पुरुष-स्त्री दोनों भाग लेते हैं। श्रृंगार-प्रधान नाटकों में इसी वृत्ति का उपयोग होता है। वीर, अद्‌भुत और भयानक के अनुकूल सात्वती वृत्ति है। आरभटी भयानक और रौद्र के लिए अधिक अनुकूल है। इसमें छल, जादू आदि की प्रधानता होती है। भारती वृत्ति केवल भाषा-प्रयोग पर आधारित होती है। सभी रसों में इसका अनुकूल प्रयोग हो सकता है। नाटक की भाषा पात्र के अनुकूल होनी चाहिए। नृत्य के भी दो भेद हैं - तांडव और लास्य। नृत्य और गान भी रस के अनुकूल होने चाहिए। तांडव वीर-रस का और लास्य श्रृंगार रस का नृत्य है। नाटक में वीर और श्रृंगार-रस प्रधान होते हैं। अद्‌भुत रस नाटकीय प्रभाव की सृष्टि के लिए लाया जाता है। भारतीय नाट्य परंपरा में वस्तु (कथानक), अभिनेता/अभिनेत्री, रस और संवाद चारों उपकरणों का महत्त्व है। भारत में नाट्य-रचना का मुख्य उद्देश्य रस की सृष्टि ही है।

नाटक की पश्चिमी एवं भारतीय परंपरा

पश्चिमी परंपरा के अनुसार नाटक का प्रमुख तत्त्व 'वस्तु' अथवा नाट्य-घटना है। अरस्तू के अनुसार चरित्र तो व्यक्तियों का

निष्क्रिय गुण है, जबकि वस्तु मानव-जीवन का सक्रिय और गतिशील रूप है। नाट्य-वस्तु ही चरित्रों को प्रभावित करती है और उनको विशिष्ट स्वरूप देती है। वस्तु अथवा नाट्य-घटना ही चरित्रों के सुख-दुख का कारण होती है। चरित्र के बिना नाटक बन सकता है, परन्तु वस्तु के बिना उसकी सत्ता नहीं रह सकती। नाटकीय प्रभाव, सक्रियता, चरित्रों की सजीवता और गतिशीलता के लिए वस्तु का निर्माण होता है। वस्तु नाटक का सचेतन और गतिशील आधार है। नाटकीय वस्तु अपने में पूर्ण तथा निरपेक्ष होनी चाहिए; साथ ही, उसका एक समुचित आकार अथवा विस्तार भी आवश्यक है। पश्चिमी नाट्य परंपरा में त्रासदी (ट्रेजडी) का सबसे अधिक महत्त्व है। अरस्तू के अनुसार त्रासदी-जन्य आनन्द दूषित एवं हेय वासनाओं का विरेचन या निष्कासन करता है।

ए. बी. कीथ के अनुसार भारतीय नाटक यूनानी नाटकों की भाँति जन-समाज के लिए नहीं लिखे गए। उनका प्रसार जनता में नहीं हुआ। यूनानी नाटकों में वस्तु और चरित्र का यथार्थ चित्रण होता है जबकि भारतीय नाटकों की सृष्टि में भाव और रस की कलात्मक सृष्टि होती है। भारतीय नाटकों में यूनानी दुखान्त नाटकों की भाँति ऐसी शक्तियों और स्थितियों का चित्रण नहीं किया जाता जो स्वतंत्र हैं, और जिन पर मानव-बुद्धि का कोई वश नहीं।

भारतीय नाटक आदर्शवादी कहे जा सकते हैं, जबकि यूनानी नाट्य परंपरा यथार्थवादी रही है। संस्कृत नाटक में किसी सत्पुरूष का भाग्य के दुर्दमनीय चक्र में पड़कर विफलताओं से टक्कर खाना और अंत तक भटकना नहीं दिखाया गया, न उसमें किसी खल पुरुष का अंत में विजेता होना ही दिखलाया गया है। संस्कृत नाटक सदैव सुखान्त रहे हैं। केवल वीर और शृंगार रस की ही सृष्टि संस्कृत नाटक में होती है और घटना-चमत्कार की सृष्टि के लिए अद्‌भुत रस के प्रसंग भी आ सकते हैं। पात्रों का चरित्र-चित्रण भी रसानुगामी ही रहा है। संघर्ष की यथार्थता की अनुभूति कराने में संस्कृत नाटककार उत्सुक नहीं रहे हैं। भारत में संस्कृत नाटक की

शैली का प्रभाव लगभग हमेशा बना रहा है। कीथ के अनुसार संस्कृत नाटक केवल एक अल्पसंख्यक वर्ग-विशेष की कलाभिरूचि और हास्य एवं मनोविनोद के विषय रहे हैं। उनका संबंध सामान्य भारतीय समाज से नहीं रहा है।

कीथ ने संस्कृत नाटकों की जो त्रुटियाँ दिखाई हैं उनमें अतिरंजना अधिक है और तथ्य को जानने का प्रयत्न कम। भारतीय नाटक सुखात्मक और दुखात्मक दृश्यों के प्रदर्शन एवं निरूपण में समान अभिरूचि और सामर्थ्य रखता है। वास्तव में संस्कृत नाटक करुणा, संवेदना और जीवन-संघर्ष की भावनाओं से भरे हुए हैं। नाटक की परिसमाप्ति सुख/आनन्द में होने का कारण भारतीय नाटकों के सौंदर्यशास्त्र और शैली विज्ञान के सिद्धांतों में है न कि वर्ग-विशेष की कलाभिरूचि आदि में।

भारतीय दर्शन सुख और दुख दोनों को एक ही श्रेणी की वस्तु मानते हैं और उनमें कोई तात्त्विक अंतर नहीं देखते। काव्य और कला को भारत में आदर्शात्मक वस्तु माना जाता है, केवल जीवन की साधारण वास्तविकता (यथार्थ) की अनुकृति नहीं। मानव-जीवन की वास्तविकता और उसके अनिवार्य संघर्षों और दुखों को स्वीकारने के बावजूद भारतीय नाटककार रस को काव्य और कला की आत्मा मानते हैं और रस को अलौकिक आनन्दस्वरूप कहते हैं। रस का संबंध काव्यानुभूति और काव्य कला से है। रस की अनुभूति सुखात्मक और दुखात्मक दोनों हो सकती है। रस की अभिव्यक्ति राम और रावण के निरूपण तथा सत् और असत् की अनुभूति में एक समान हो सकती है। ध्वनि-सिद्धांत के आग्रह से काव्य मात्र में रस की सत्ता सिद्ध होती है। भारतीय नाटक रस या भावानुभूति को अपना मुख्य तत्त्व मानता है और चरित्र निर्देश उसके लिए अपेक्षाकृत गौण वस्तु है। वस्तु-विन्यास और भी ऊपरी तथ्य है। ठीक इसके विपरीत, पश्चिमी नाटक वस्तु या कथानक को नाटक का सर्वप्रमुख तत्त्व मानता है और चरित्र चित्रण को दूसरा स्थान देता है। रसात्मक आस्वाद या सौंदर्यबोध को पश्चिमी नाटक बहुत दिनों

तक स्वतंत्र तत्त्व मानते ही नहीं थे। एक विशिष्ट आध्यात्मिक तथ्य के रूप में काव्यानुभूति तो पश्चिम के लिए और भी नयी बात है। भारतीय दृष्टि में चरित्र-चित्रण और स्वभाव निरूपण अन्ततः साधन ही है, साध्य नहीं। वर्तमान युग विज्ञान और यथार्थवाद का युग माना जाता है। फलस्वरूप कला में यथार्थवाद और वास्तविकता का प्रभाव बढ़ रहा है। आज समय के अनुसार भारतीय नाटक भी अपने स्वरूप में कुछ परिवर्तन कर रहा है। व्यावहारिक रंगमंच की दृष्टि से समकालीन भारतीय नाटक और इसके विस्तार सिनेमा को तकनीक की दृष्टि से पश्चिम से बहुत कुछ सीखना पड़ा है। परन्तु जहाँ तक सैद्धांतिक विवेचन का प्रश्न है भारतीय आचार्यों का नाटक-संबंधी सैद्धांतिक विवेचन काफी हद तक आज भी मान्य और प्रामाणिक है। नाटकों में गीत-संगीत और नृत्य का उपयोग भारत में प्राचीन काल से होता रहा है। समकालीन नाटकों और सिनेमा में भी इसका सफल प्रयोग जारी है। भारतीय नाटककार नाट्य-व्यापार को तीव्र और गतिशील बनाने के बहुत पक्ष में नहीं रहे हैं। वे नाटक में रमना चाहते हैं। घटनाओं में दौड़ लगाना ग्रीक नाटकों की परंपरा रही है। हॉलीवुड के सिनेमा में भी इस परंपरा का विस्तार हुआ है। यह अलग बात है कि अब पश्चिमी सिनेमा और रंगमंच भी धीरे-धीरे तथाकथित यथार्थवादी प्रस्तुति से प्रत्ययवादी (आइडिएशनल) प्रस्तुति की ओर झुक रहा है। हमारा पारंपरिक रंगमंच और मुख्यधारा वाला भारतीय सिनेमा पहले से ही प्रत्ययवादी रहा है। प्रत्ययवादी होने का अर्थ यथार्थ से विमुख होना नहीं है बल्कि यथार्थ की आत्मा को, उसके सार-तत्त्व को, उसके रस को प्रभावकारी तरीकों से प्रस्तुत करना है। रस मानवीय अनुभव का पारावार है और वह अपनी विलक्षणता के साथ ऐसी जगह व्यक्त होता है जहाँ उसकी कोई संभावना नहीं देखी जाती। 'बॉक्स ऑफिस हिट' या दर्शकों द्वारा अप्रत्याशित परंतु सहज रूप से लोकप्रिय या सराही गई ('ब्लॉक बस्टर्स') फिल्मों एवं नाटकों की लोकप्रियता को भी इसी अपूर्व रसानुभूति में खोजी जा सकती है।

व्यावसायिक रूप से सबसे सफल या लोकप्रिय भारतीय फिल्मों में शृंगार रस, हास्य रस एवं वीर रस की भूमिका सर्वप्रमुख होती है। करुण एवं वात्सल्य रस की भूमिका भी अवश्य होती है परन्तु कुल मिलाकर करुण एवं वात्सल्य रसों का प्रयोग शृंगार, हास्य या वीर रस के कथानक का अतिक्रमण करके चरमानुभूति देने के लिए होता है। बिना वात्सल्य या करुण रस के सहयोग के शृंगारिक, वीर या हास्य रस वाले नायक, नायिकाओं में महाकाव्यात्मक या मिथकीय महानता आरोपित करना या उन चरित्रों को कालजयी आयाम देना संभव नहीं होता। वात्सल्य रस और करुण रस में बहुत घनिष्ठ संबंध माना जाता है। शृंगार रस का विकास वात्सल्य रस में होता है और वात्सल्य रस का विकास करुण रस में होता है। शृंगार रस एक विशेष प्रकार का रस है जो दो व्यक्तियों के प्रेम संबंध में पाया जाता है। उदाहरण के लिए, प्रेमी-प्रेमिका के बीच का प्रेम। जब शृंगार रस का परिवार या नातेदारी के दायरे में सामान्यीकरण हो जाता है तो उसे वात्सल्य रस कहते हैं। उदाहरण के लिए, माता-पिता का अपनी संतानों से जो प्यार होता है उसमें वात्सल्य रस होता है। वात्सल्य रस का जब पूरे समाज, संसार या ब्रह्मांड के स्तर पर सामान्यीकरण होता है तो यह करुण रस हो जाता है। पश्चिमी समीक्षक कई बार यह नहीं समझ पाते कि तथाकथित फैमिली-ड्रामा भारतीय सिनेमा और टेलीविजन सीरियलों में इतना लोकप्रिय क्यों है? अगर त्रासदी (पश्चिमी परंपरा का ट्रेजेडी) भारतीय परंपरा का लोकप्रिय रूप नहीं है तो मीनाकुमारी की फिल्में और एकता कपूर के सीरियल इतना लोकप्रिय क्यों हैं? इसका कारण यह है कि भारतीय दर्शक नायक-नायिका के दुख से दुखी नहीं होता बल्कि करुणावश उनके दुख को कम न कर पाने की अपनी विवशता पर रोता है। दूसरा कारण यह है कि पश्चिमी ट्रेजडी के मूल में नायक-नायिका पाप कर्म करते हैं और अपने पाप बोध के कारण उनमें आत्मग्लानि होती है। यही उनके दुख का आधार होता है। इसके विपरीत, भारतीय नाट्य या सिनेमा परंपरा में नायक-नायिका

दूसरों के अपराध या पाप को स्वेच्छा से या परिस्थितिवश भोगते हुए भी अपने धर्म और आदर्श पर कायम रहते हैं। तीसरा, भारतीय रंगमंच एवं सिनेमा की परंपरा में खलनायक या खलनायिका को अंततः हारना पड़ता है। उसकी हार के कई रूप होते हैं – कई बार उनकी मृत्यु हो जाती है, कई बार उन्हें दंड मिलता है, कई बार वे आत्मग्लानि से भर उठते हैं और वे अपना आत्म-परिष्कार कर लेते हैं। इसके बावजूद उन्हें नायकत्व नहीं मिलता। पश्चिमी प्रभाव में कुछ नये प्रयोग होते रहे हैं, इसके बावजूद केवल उन्हीं प्रयोगधर्मी फिल्मों या नाटकों को सफलता मिलती है जो भारतीय मानकों पर खरे होते हैं। उदाहरण के लिए 'दीवार' फिल्म के प्रतिनायक (अमिताभ बच्चन) को अंततः मरना पड़ता है और नायक (शशि कपूर) की ही अंततः जीत होती है। ऐसे भी उस फिल्म का सबसे लोकप्रिय संवाद शशि कपूर द्वारा बोला गया यह वाक्य है, ''मेरे पास माँ है।'' अतः दीवार की सफलता भारतीय मानक के खिलाफ जाकर नहीं हुई। इसी तरह भारतीय मानक के विपरीत जाकर ट्रेजडी किंग दिलीप कुमार भी 'दिल दिया दर्द लिया' और 'आदमी' जैसी फिल्मों को सफलता नहीं दिला सके। भारतीय मानकों पर खरी फिल्म 'सरफरोश' चली थी, लेकिन भारतीय मानकों से भटकने पर उसी निर्देशक की फिल्म 'शिखर' नहीं चली।

भारतीय आश्रम व्यवस्था में शृंगार रस का संबंध गृहस्थ आश्रम से है। वात्सल्य रस का संबंध वानप्रस्थ आश्रम से है तथा करुण रस का संबंध संन्यास आश्रम से है। वैदिक परंपरा में गृहस्थ आश्रम से संन्यास आश्रम तक क्रमिक उद्विकास की वकालत की गई है, जबकि श्रमण परंपरा में गृहस्थ आश्रम एवं वानप्रस्थ आश्रम से गुजरना आवश्यक नहीं माना गया है। दोनों परंपराओं में पहला आश्रम ब्रह्मचर्य माना गया है और अंतिम आश्रम संन्यास। फलस्वरूप करुण रस का महत्त्व दोनों परंपराओं में सामान्य रूप से स्वीकार किया जाता है। अतएव करुण रस को सबसे महत्त्वपूर्ण रस माना जाना स्वाभाविक है। बिना करुण रस की उत्पत्ति के मोक्ष संभव

नहीं है और बिना मोक्ष पाये कालजयी रचनाओं की अभिव्यक्ति संभव नहीं है। चाहे वह रचना आर्थिक, राजनैतिक, सामाजिक, धार्मिक, साहित्यिक हो या कलात्मक। इसलिए हर लोकप्रिय साहित्य एवं सिनेमा में करुण रस का होना आवश्यक है। करुण रस की सबसे प्रभावी अभिव्यक्ति नृत्य, संगीत एवं गीत के द्वारा होती है। फलस्वरूप भारतीय सिनेमा में नृत्य, गीत एवं संगीत सफलता के सबसे बड़े आधार होते हैं। भारतीय संस्कृति में रसों का संबंध व्यक्तिगत एवं सामाजिक जीवन के हर आयाम से तो है ही, भारतीय संस्कृति में उपयोग की जाने वाली वनस्पतियों, फलों-फूलों, साग-सब्जियों तथा अन्नों से भी है। रसों का संबंध विभिन्न ऋतुओं तथा साल के बारह महीनों से भी है। भारतीय साहित्य, कला एवं सिनेमा में रस सिद्धांत का जितना उपयोग होता है उससे कहीं ज्यादा इसका इस्तेमाल लोकसंस्कृति में रसे-पगे लोग करते हैं। भारतीय संस्कृति में रस का समाजशास्त्रीय अध्ययन अभी तो आरंभ ही हुआ है। इसके विकास के लिए परंपरा का और गहरा अनुशीलन आवश्यक है।

अध्याय 10

भारतीय संस्कृति में सिनेमा

भारतीय हिन्दी सिनेमा को समझने से पहले भारत को एक देश और काल के रूप में समझना आवश्यक है। लोक, शास्त्र, नृत्य, गीत, संगीत की परम्परा को समझना आवश्यक है। भारत एक अनूठा देश है जहाँ पारम्परिक सभ्यता के उपकरण म्यूजियम में प्रदर्शन के लिए न होकर, सामान्य लोगों की आस्थाओं, मर्यादाओं और दैनिक आचार-व्यवहार में देखे जा सकते हैं। आज भी धार्मिक त्योहारों, पर्वों और अनुष्ठानों का 'मिथकीय काल' ऐतिहासिक समय द्वारा ग्रस नहीं लिया गया है। मनुष्य अपनी लौकिक व्यस्तताओं से उठकर कभी भी उसमें प्रवेश कर सकता है या जीवनपर्यन्त रह सकता है। इतिहास की समस्त उथल-पुथल के बावजूद भारत में एक निरंतरता है। भारत की तथाकथित विवेकहीन लेकिन लोकप्रिय फिल्में इसकी गवाह हैं। भारतीय फिल्मों की विशिष्टता को रामझने के लिए हॉलीतुड के सिनेमा से इसकी तुलना करना आवश्यक है।

हॉलीवुड की फिल्मों ने अमेरिका को महाशक्ति बनाया। अमेरिकी सेना इस उपलब्धि को कायम रखे हुए है। अमेरिकी संस्थाएँ हॉलीवुड और पेंटागन नियंत्रित 'विश्व ग्राम' में स्वाभाविक मानवीय व्यवहार को अमेरिकी साँचे और ढाँचे में खपाने में लगी हुई हैं। केवल चीन, जापान और भारत ही इससे स्वतंत्र होने में लगे हुऐ हैं। सरकारों के स्तर पर तो अमेरिकी वर्चस्व के सामने प्रभावी प्रतिरोध की स्थिति नहीं है लेकिन लोकचेतना के स्तर पर प्रतिरोध कायम है। इस प्रतिरोध को इन देशों के सिनेमा में देखा जा सकता है। खासकर भारत और चीन के सिनेमा में। ईरान के सिनेमा का 1980 के बाद से जो तेवर है वह भी इसी सांस्कृतिक पहचान को

कायम रखने का प्रयास है। हिन्दी सिनेमा में भारतीयता की पहचान या पड़ताल करते वक्त उपरोक्त बातों को ध्यान में रखना आवश्यक है। भारत के हजारों वर्षों से आज तक कायम वाचिक परम्परा को भारत के लोकप्रिय सिनेमा से और भारत के लोकप्रिय सिनेमा को इस देश की लोकपरम्परा एवं लोकसंस्कृति से 1913 से ही ताकत मिलती रही है। समकालीन तकनीक के रचनात्मक सदुपयोग से भारत में सिनेमा कुटीर उद्योग बन सकता है। इसके लिए आम युवा-युवती के मन से तकनीक एवं पूँजी का डर हटाना आवश्यक है। 'चक दे इंडिया', 'भूल भूलैया', 'गुरु', 'लगे रहो मुन्नाभाई' या 'लगान' जैसी फिल्में कम बजट में कॉरपोरेट फंडिंग से प्रशिक्षित टीम द्वारा कस्बों में बनानी होगी। फिल्म क्राफ्ट सिखाना होगा। भारतीय फिल्मकार और भारतीय दर्शक की क्षमता में अंतर हो सकता है। दर्शक और फिल्मकार दोनों दी हुई वस्तुओं में जो छिपा है, जो अन्तर्निहित है, उसे देखने की क्षमता रख सकता है परन्तु एक फिल्मकार उस 'छिपे' हुए को उजागर करने की दक्षता भी रखता है। दर्शक और फिल्मकार में मूलतः यही अंतर है। दर्शक में ईश्वर-तत्त्व अविकसित अवस्था में होता है, जबकि एक कलाकार के रूप में फिल्मकार में ईश्वर-तत्त्व विकसित अवस्था में होता है। सृजन करने की क्षमता को सनातन जीवन दर्शन में 'ईश्वर-तत्त्व' कहते हैं। एक कलाकार कवि, मूर्तिकार, पेंटर, संगीतकार, फिल्मकार के रूप में सृजन या पुनर्सृजन करता है। वह कवि के रूप में शब्दों को इस तरह पुनर्नियोजित करता है कि भाषा के भीतर से रस का सोता निकाल सके। जिस प्रकार एक मूर्तिकार पत्थर के भीतर छिपी मूर्ति को उत्कीर्णित कर लेता है या जैसे एक संगीतज्ञ आवाजों के बवंडर के बीच 'सुरों की संगति' निकाल लेता है। वह यथार्थ के भीतर 'पूर्ण' होने के लिए तड़पन की 'पुकार' सुन लेता है। यथार्थ जिस तरह मनुष्य द्वारा रूपान्तरित होकर अपना 'सत्य' उपलब्ध कर लेता है, उसी तरह वह मनुष्य को 'कलाकार' में रूपान्तरित करके उसे अपने जीव का 'सम्पूर्णत्व' पाने में योगदान करता है।

कला के इन वृत्तांतों को समझने के लिए भारत और पश्चिम में काल एवं इतिवृत्त के बारे में जो गुणात्मक अंतर है उसको समझना आवश्यक है। भारत में तकरीबन सभी ऐतिहासिक उपन्यास एवं फिल्में पश्चिमी इतिहास लेखन के मानदंडों पर खरा नहीं उतरतीं। सबमें मिथकीय तत्त्व एवं पुरा-आख्यान की परम्परा शुष्क इतिहास पर हावी रहती हैं। वास्तव में पश्चिमी इतिहास लेखन में भी इतिहासकारों के पूर्वाग्रह, व्यक्तिगत निष्ठा एवं वैचारिक रूझान सच को जस का तस प्रस्तुत नहीं करते। इमैनुएल कांट के बाद तो यह बात स्वीकारी भी जाने लगी कि उनका इतिहास, दर्शन एवं समाज विज्ञान सत्य या 'यथार्थ जैसा वास्तव में है' को न अभिव्यक्त कर सकता है, न इसका अध्ययन कर सकता है (फिर भी, पश्चिमी और गैर-पश्चिमी इतिहास आधारित विमर्श के कलारूप में मूल अंतर है)। पश्चिमी इतिहास केन्द्रित विमर्श या कला रूप के केन्द्र में काल बोध का एक-रेखीय, सीमित, यांत्रिक अवधारणा है जिसे पश्चिमी ईसायत द्वारा कृत्रिम मानदंडों पर स्थापित लेकिन आधुनिक व्यवस्थाओं के लिए सुविधाजनक माने जाने वाले ग्रिगेरियन कैलेन्डर और स्वचालित यांत्रिक घड़ियों द्वारा नियंत्रित एवं संचालित किया जाता है। इसके विपरीत, गैर-पश्चिमी विमर्श या कला रूप के केन्द्र में कालबोध का चक्रीय स्वरूप है। यह सनातन, स्वयभू महाकाल का अंश है जिसमें संसार चक्र चलता है, कर्म का सिद्धांत सर्वोपरि बन जाता है और चौरासी लाख योनियों के बीच जन्म-मृत्यु-पुनर्जन्म का चक्र अनवरत चलता रहता है। जब तक जीव मोक्ष, कैवल्य या निर्वाण प्राप्त कर महाकाल में लीन नहीं हो जाता यह चक्र चलता रहता है। कला का संबंध एक ओर उपरोक्त काल से है, और दूसरी ओर इसका संबंध पंचांगों में वर्णित चंद्रमा की कलाओं तथा ऋतु चक्र परिवर्तन की चक्रिय गति से भी है।

भारतीय दृष्टि में फिल्म भी एक कला है। हर कला पारम्परिक ही होती है। आधुनिक कला की भी परम्परा है। आधुनिकता की भी परम्परा है। ठीक उसी तरह भारत में फिल्म

निर्माण की भी एक परम्परा है। भारतीय सिनेमा में मनुष्य के दायित्वों के निर्वाह में ही उसकी स्वतंत्र चेतना का आविर्भाव होता है। सृष्टि के प्रति दायित्व, प्रकृति के प्रति दायित्व, चर-अचर के प्रति दायित्व, दायित्वों की देशभूमि में कला की सृजन शक्ति वास करती है। इसके विपरीत 'आधुनिक पश्चिमी सिनेमा' में मनुष्य के अधिकारों पर जोर दिया जाता है। परन्तु इन अधिकारों का उपयोग वह कैसे करे इसकी नैतिक चेतना का स्वाभाविक विकास आधुनिक मनुष्य के लिए एक प्रश्न और समस्या बना रहता है। भाषाओं का विकास आधुनिक अनुभूतियों की अभिव्यक्ति में अक्षम हो जाता है। इसी त्रासदी में कांट का दर्शन 'फेनोमेनोलॉजी' जन्म लेता है। आधुनिक मनुष्य के पास कहने के लिए अद्‌भुत बातें हैं; कष्ट, वंचना, खुशी के अनुभवों का कोष है, परंतु आधुनिक दर्शन एवं संस्कृतियों के पास समर्थ भाषा, तकनीक एवं व्याकरण नहीं है कि वे इन गहरी भावनाओं, अनुभूतियों एवं सत्यांशों को अभिव्यक्त कर सकें।

भारतीय फिल्मों की पारिभाषिक विशेषता एवं आधारभूत श्रेणियाँ

भारतीय फिल्मों में चार तरह के फिल्मकार हैं। भारत के अधिकांश फिल्मकारों की विभिन्न फिल्मों में शिल्प, प्रस्तुति, जेनर एवं कथांकन के स्तर पर बहुत विभिन्नता रही है। फिल्मों के बारे में उनके दर्शन, दृष्टिकोण एवं मानदंड (कैनन) उनके व्यक्तिगत अनुभव एवं अनुभूतियों के कारण बनते-बिगड़ते रहे हैं। फलस्वरूप एक फिल्मकार को एक ही श्रेणी में रूढ़ करना अन्याय होगा। फिर भी अध्ययन की सुविधा के लिए हम एक वर्गीकरण कर सकते हैं।

(क) इस श्रेणी में वे फिल्मकार आयेंगे जिनके लिए फिल्म निर्माण व्यवसाय है और फिल्में मनोरंजन के साधन के रूप में टिकट खिड़की पर उपलब्ध उत्पाद हैं। इस श्रेणी को स्थापित करने में बॉम्बे टॉकिज की देविका रानी और शशधर मुखर्जी का नाम अग्रणी है।

हिमांशु राय और फ्रेंज ऑस्टेन के सिनेमा में एक मिशन था। देविका रानी और शशधर मुखर्जी ने चंदुलाल शाह (रणजीत मार्का) और जे. बी. वाडिया, होमी वाडिया के 'विवेकहीन मनोरंजन' के सफल व्यावसायिक चकाचौंध से प्रभावित होकर बॉम्बे टॉकिज का रूपांतरण कर दिया। इसके उस्तादों में ज्ञान मुखर्जी, सुबोध मुखर्जी, नासिर हुसैन तो आयेंगे ही, वे लोग भी आयेंगे जिनके लिए सिनेमा मूलतः मनोरंजन का साधन या 'शो बिजनेस' है और कहीं-न-कहीं वे खुद को 'शो मैन' या 'शो वुमन' मानते हैं। अकादमिक समीक्षा में इस तरह की फिल्मों को 'माइंडलेस (विवेकहीन) सिनेमा' कहा जाता है। इस तरह के फिल्मकार अपने अपने स्तर पर सिनेमा को एक तरह के 'स्पेक्टेकल' के रूप में प्रस्तुत करते हैं। फिल्म के अनाड़ी समीक्षकों ने मनमानी करके इस श्रेणी के एकाध लोगों को महान 'शो मैन' कह दिया (जैसे राजकपूर, सुभाष घई एवं संजय लीला भंसाली को 'शो मैन' कहने का विवेकहीन चलन करीब-करीब एक खास वर्ग में रूढ़ हो चला है) या कुछ फिल्मों को महान स्पेक्टेकल कह दिया (जैसे मुगले आजम, संगम, शोले, मिस्टर इंडिया, रामलखन, क्रिश या ओम शांति ओम को), लेकिन इस श्रेणी के अधिकांश फिल्मकारों को हिकारत के भाव से 'माइंडलेस सिनेमा' कह कर उपेक्षित किया गया। इसका सबसे बड़ा कारण यही है कि इनकी फिल्में फिल्म-समीक्षा के पश्चिमी मानदंड पर खरा नहीं उतरतीं और समीक्षको की नजर में इनकी फिल्में देखने और इनसे आनंद उठाने वाले दर्शक अंग्रेजी राज और भारतीय मध्यवर्ग के अंग्रेजीदाँ वर्ग के अथक प्रयास के बाद भी 'सभ्य', 'विवेक-संपन्न' एवं 'परिष्कृत' पश्चिमी कला मानदंडों के कायल नहीं हो पाये। परंतु सच तो यही है कि भारत का यह तथाकथित माइंडलेस (विवेकहीन) परंतु अपार लोकप्रिय सिनेमा निर्माता की दृष्टि से व्यवसाय होने के बावजूद – व्यावसायिक समझौतों के बावजूद – व्यवसायियों द्वारा नहीं बनाया जाता, बल्कि कलाकारों और साधकों द्वारा ही लिखा, निर्देशित, संगीतबद्ध एवं अभिनीत होता है। सामान्यतः यह पश्चिमी नाट्य

परम्परा के मानदंडों पर आधारित नहीं होता बल्कि सचेत या अचेत रूप से पश्चिमी नाट्य परम्परा के मानदंड और पश्चिमी सिनेमा आंदोलनों की उपेक्षा करता है या हँसी उड़ाता है। इसका बहुत ठोस समाजशास्त्रीय कारण है कि भारत का लोकप्रिय सिनेमा अंग्रेजी राज के विरूद्ध जारी स्वाधीनता आंदोलन के वैकल्पिक सांस्कृतिक विमर्श का अंग रहा है। भारतीय सिनेमा के इस पक्ष को अज्ञानी समीक्षक अपनी 'सांस्कृतिक निरक्षरता' के कारण समझ नहीं पाते। फलस्वरूप वे जे. बी. वाडिया, होमी वाडिया, चंदुलाल शाह, शशधर मुखर्जी, बाबू भाई मिस्त्री, नंदलाल जसवंतलाल, विजय भट्ट, एम. सादिक, एस. यू. सन्नी, मनमोहन देसाई, शक्ति सामंत, राज खोसला, मनोज कुमार, प्रकाश मेहरा, यश चोपड़ा, राकेश रौशन, डेविड धवन, महेश भट्ट, प्रियदर्शन, रामगोपाल वर्मा, आदित्य चोपड़ा, सूरज बड़जात्या, राजकुमार संतोषी, अब्बास मस्तान, विपुल शाह, मिलन लुथरिया, और राजकुमार हीरानी को के. आसिफ, राजकपूर, रमेश सिप्पी और सुभाष घई की तरह शो मैन नहीं कह पाते। सत्य यही है कि राजकपूर की केवल बाद की फिल्में ('बॉबी' के समय से निर्देशित फिल्में, 'संगम' के अपवाद को छोड़कर) ही उन्हें शो मैन की श्रेणी में लाती हैं। वर्ना वे तीसरी श्रेणी के मध्यमार्गी फिल्मकार हैं। यही बात के. आसिफ, रमेश सिप्पी और सुभाष घई पर भी लागू होती है। के. आसिफ ने केवल 'मुगले आजम' नहीं बनायी थी। रमेश सिप्पी ने केवल 'शोले' नहीं बनायी है। सुभाष घई ने केवल 'रामलखन' नहीं बनायी है। इनकी सभी फिल्मों को ध्यान में रखकर बात करने पर पश्चिमी फिल्म समीक्षा का फ्रेमवर्क गड़बड़ाने लगता है।

(ख) दूसरी श्रेणी में वे भारतीय फिल्मकार आते हैं जिन्होंने सचेत रूप से भारतीय सिनेमा के कैनन (मानदंड) बनाये हैं या तोड़े हैं। इन्होंने भारतीय सिनेमा को सामाजिक परिवर्तन, समाज सुधार या आंदोलन का प्रभावी एवं सचेत माध्यम बनाया है। साथ ही इन लोगों ने अपने दर्शकों से तथा इस देश की परम्परा एवं स्थिति से भी संवाद बनाये रखा है। स्वामी विवेकानंद, बालगंगाधर तिलक, महर्षि

दयानंद, सर सैयद अहमद खाँ, महात्मा गाँधी, रबीन्द्र नाथ टैगोर से लेकर मध्यकालीन-समकालीन कवि, शायर, साधक, साहित्यकार आदि से किसी-न-किसी रूप में प्रेरित रहे हैं। स्वाधीनता संग्राम से प्रभावित रहे हैं एवं इन लोगों ने 'इस देश की परम्परा' और 'सिनेमा के विदेशी तकनीक' के बीच एक प्रकार का समन्वय बनाने की कोशिश की है। और इस कोशिश में उन्हें सफलता भी मिली है। लोक में वे प्रिय एवं स्थापित भी हुए हैं। इनमें बाबू राव पेंटर, भालजी पेंढारकर, पी. सी. बरूआ, आगा हस्र कश्मीरी, देवकी बोस, ए. आर. कारदार, सोहराब मोदी, जयंत देसाई, केदार शर्मा, अमिय चक्रवर्ती, फणी मजूमदार, चेतन आनंद, एस. एस. वासन, के. ए. अब्बास, नितिन बोस, भगवान, एस. एस. रवैल, रमेश सैगल, जिया सरहदी, मुखराम शर्मा, महेश कौल, कमाल अमरोही, नवेन्द्र घोष, ऋत्विक घटक, राजेन्द्र सिंह बेदी, किशोर साहु, राही मासूम रजा, इन्दर राज आनंद, कुमार शाहनी, मणि कौल, सलीम जावेद, एस रामानाथन, मणिरत्नम, केतन मेहता, संजय लीला भंसाली, आशुतोष गोवरिकर, चंद्र प्रकाश द्विवेदी, विनय शुक्ला, अनुराग कश्यप जैसे फिल्मकार-लेखक आयेंगे। इस श्रेणी में वह हर महत्त्वपूर्ण फिल्मकार आयेगा जो सिनेमा को अवधारणात्मक स्तर पर प्रतीकात्मक शक्ति का महत्त्वपूर्ण माध्यम मानता है और सिनेमा के माध्यम से सामाजिक हस्तक्षेप करना चाहता है।

(ग) तीसरी श्रेणी में वे भारतीय फिल्मकार आते हैं जिन्हें मध्यमार्गी या 'मिडल ऑफ द रोड' सिनेमा का प्रवक्ता कह सकते हैं। इसमें शांताराम, महबूब खान, राजकपूर, बिमल रॉय, सत्यजित रे, बी. आर. चोपड़ा, गुरुदत्त, विजय आनंद, ऋषिकेश मुखर्जी, लेख टंडन, एल. वी. प्रसाद, सत्येन बोस, गुलजार, तपन सिन्हा, श्याम बेनेगल, बासु चटर्जी, अरूण कौल, सई परांजपे, राजश्री प्रोडक्शंस, प्रसाद प्रोडक्शंस, जेमिनी, ए. वी. एम. की ज्यादातर फिल्में आयेंगी। इसमें मनोज कुमार, दुलाल गुहा, एम. एस. सथ्यु, के. विश्वनाथ, मुजफ्फर अली, सागर सरहदी, शेखर कपूर, सूरज बड़जात्या, प्रकाश

झा, राजकुमार हीरानी आदि की भी चर्चा की जा सकती है। इनकी फिल्मों में लोक और शास्त्र का फैशनेबुल कॉकटेल होता है। उपरोक्त तीनों तरह के फिल्मकार भारतीय हैं लेकिन इनकी फिल्मों में भारत की अलग-अलग तस्वीर है। इनमें अलग-अलग तरह की 'भारतीयता' है। भारतीयता कोई ठोस, एकहरी विचारधारा न होकर एक दृष्टिकोण है जो विविध रूप-रंग एवं मिजाज में व्यक्त होती रही है। अपनी इसी जीवन्त भारतीयता के कारण ये फिल्मकार लोक में प्रिय एवं स्थापित होते रहे हैं।

(घ) एक चौथा वर्ग उन फिल्मकारों का है जिनको समानांतर सिनेमा या नया सिनेमा आंदोलन से जोड़ा जाता है। जन्म से तो ये लोग भी भारतीय फिल्मकार हैं लेकिन इनमें से अधिकांश लोग पश्चिम के सिनेमावादी आंदोलन से प्रेरित रहे हैं और भारतीय कहलाने में सामान्यतः शर्म महसूस करते हैं। ये अपने को पारम्परिक फिल्मकार नहीं मानते। इनकी नजर में ये मौलिक फिल्मकार हैं। सामान्यतः इनकी फिल्में जनता की समझ में नहीं आती। टीमवर्क के कारण अपवाद स्वरूप इनकी एकाध फिल्में लोकप्रिय भी हो जाती हैं लेकिन अपने साक्षात्कारों में ये लोग अपनी इन लोकप्रिय फिल्मों पर गर्व नहीं करते बल्कि अपनी असफल फिल्मों पर गर्व करके दर्शकों को कोसते रहते हैं। जनता इनकी फिल्मों में अपनापन नहीं पाती। लेकिन मीडिया के एक खास वर्ग में इनको बहुत तरजीह दी जाती है। इनको महान फिल्मकार माना जाता है। पश्चिम में भी इनको अपना आदमी माना जाता है। दूसरी ओर भारतीयता में रसी-पगी फिल्मों को मीडिया का उतना सहयोग नहीं मिलता।

भारतीय सिनेमा एवं मीडिया समीक्षा

कुल मिलाकर भारतीय सिनेमा और प्रिंट मीडिया का प्रारंभ से ही असहज संबंध रहा है। प्रिंट टेकनोलॉजी को भारत के मूलतः वाचिक समाज में वह महत्त्व कभी नहीं मिला जो सिनेमा, टेलीफोन या रेडियो, टी. वी. आदि को मिला। फलस्वरूप अंग्रेजी भाषी

मीडिया समीक्षकों ने भारतीय सिनेमा के साथ हमेशा असंतुलित व्यवहार किया है। उदाहरण के लिए राजश्री वालों की 'विवाह' (2006) को मीडिया का सहयोग नही मिला। इस फिल्म को धूमधाम से प्रचारित करके रिलीज भी नहीं किया गया। फिल्म की शुरूआत बहुत अच्छी नहीं रही। परंतु धीरे-धीरे यह फिल्म लोक में प्रिय एवं स्थापित होती गई। इस फिल्म की सफलता ने साबित किया कि मीडिया की चुप्पी और असहयोग के बावजूद घटनायें घटती हैं और लोकजीवन में उन घटनाओं का महत्त्व स्वीकारा जाता है। मध्यवर्ग की यह मान्यता पूरी तरह सही नहीं है कि आजकल अधिकतर महत्त्वपूर्ण घटनायें मीडिया के लिए घटती हैं और मीडिया में घटती हैं। सच तो यही है कि मीडिया के बाहर बहुत बड़ी दुनिया है जहाँ अपनी अक्षमता के कारण मीडिया अब तक नहीं पहुँच पायी है। यदि 'ओम शांति ओम' (2007) जैसी मीडिया हाइप भारतीय सिनेमा की एक प्रवृत्ति है तो 'विवाह' (2006) एवं 'चक दे इंडिया' (2007) दूसरी ज्यादा स्वाभाविक प्रवृत्ति है।

भारतीय मान्यता है कि असली घटनायें ब्रह्मांड में घटती हैं। ब्रह्मांड में घटने वाली घटना गुमनाम मनुष्य के संकल्प से भी घट सकती है। वह एक साधारण बिना माँ-बाप की लड़की और उसके सामान्य चाचा के बीच पाये जाने वाले सामान्य पारिवारिक संबंध की पवित्रता की असाधारण शक्ति के कारण सगाई जैसे साधारण रस्म एवं विवाह जैसे सामान्य संस्कार या गृहपूजा जैसे साधारण अनुष्ठान के माध्यम से भी घट सकती है और दादा साहब फालके जैसे साधारण आदमी की सामान्य इच्छा-शक्ति के कारण भी घट सकती है। औसत दर्जे की फिल्मों को मीडिया अपनी खबर में मार या जिला सकती है लेकिन मीडिया की उपेक्षा के बावजूद उत्कृष्ट फिल्मों, रचनाओं को अंततः अपना उचित स्थान मिल ही जाता है। हर रचनाकार को, हर साधक को साधना, रियाज या रिहर्सल या जप-तप की एक सीमा पार करनी पड़ती है। एक अनुकूलतम सीमा (ऑपटिमम लेवेल) या एक दहलीज (थ्रेसहोल्ड लेवेल) तक जनसंचार

के साधन (मीडिया), पूँजी एवं तकनीक (टेकनोलॉजी) के सहयोग और असहयोग से फर्क पड़ता है। लेकिन सीमा पार कर लेने के बाद चेतना (आइडिया) का लोक एवं प्रकृति से अपरोक्ष संबंध (तादात्म्य) स्थापित होने लगता है। फैन क्लब, सम्प्रदाय, आंदोलन बनने की प्रक्रिया शुरू होती है। मीडिया 'आइडिया' (चेतना) के पीछे नहीं 'इवेन्ट' (घटना) के पीछे भागती है। भारत के लोग सामाजिक यथार्थ के इस तत्त्व को समझते हैं। त्योहार भी एक इवेन्ट (घटना) ही है। यह मत भूलें कि त्योहार में बड़ी मेहनत, उत्साह और खर्च करके मूर्ति बनायी जाती है। फिर उस मूर्ति की पूजा कर त्योहार मनाया जाता है। लेकिन त्योहार मनाने के अंतिम क्रम में भारतीय संस्कृति की परिभाषित विशेषता प्रस्तुत होती है। जितने उत्साह से मूर्ति बनाकर पूजी जाती है उतने ही उत्साह से विसर्जित (नदी में डुबाना) कर दी जाती है। इसका निहितार्थ यही है कि त्योहार केवल घटना भर नहीं है, मूलतः चेतना ही है। भारतीय दर्शक इसे समझता है। अंग्रेजीदाँ समीक्षक नहीं समझते।

फिल्म 'विवाह' के समकालीन टेक्सट् (पाठ) से आप पीछे जाएँ तो 'नया दौर', 'शतरंज के खिलाड़ी', 'मेरा नाम जोकर', 'मदर इंडिया', 'सीमा', 'झनक झनक पायल बाजे', 'तीसरी कसम', 'जागते रहो', 'गाइड', 'उपकार', 'परख', 'दीक्षा', 'अनोखी रात', 'अराधना', 'आनंद', 'सुर संगम', 'अभिमान', 'गोदान', 'शोले', 'आँधी', 'मिर्च मसाला', 'मैंने प्यार किया', 'दिलवाले दुल्हनिया ले जाएंगे', 'हम दिल दे चुके सनम', 'गॉड मदर', 'ताल', 'देवदास' जैसी फिल्मों पर ध्यान जाता है। इन फिल्मों के खलपात्र के चरित्र या चरित्र-चित्रण में सेमेटिक या मार्क्सवादी कैनन (मूल स्थापनाओं) की स्थापना हो सकती है लेकिन इनके सामान्य पात्र या इनमें वर्णित सामान्य घटनाओं में सनातनी सत्य की स्थापना देखी जा सकती है। मार्क्सवादियों ने 'गोदान' और 'दीक्षा' या 'निशांत' या 'मदर इंडिया' जैसी फिल्मों से यश चोपड़ा की 'दीवार' की तुलना की है। इनमें कुछ समानतायें तलाशी जा सकती हैं। इसके बावजूद इन फिल्मों के लेखन

या निर्माण का उद्देश्य अलग-अलग है। 'दीवार' एक व्यावसायिक-फार्मूला फिल्म है जिसके कुछ तत्त्व 'मदर इंडिया' और कुछ तत्त्व 'गंगा जमुना' से लिए गए हैं लेकिन असली कहानी मुंबई के स्मगलर हाजी मस्तान के जीवन से प्रेरित है। कहानी में स्मगलरों की दृष्टि का सहानुभूति पूर्वक चित्रण है। पटकथा की चुस्ती और निर्देशकीय कौशल से इस फीचर फिल्म में विज्ञापन फिल्मों की गुणवत्ता शामिल कर ली गई है। स्मगलरों की गौरवगाथा का विज्ञापन करती यह फिल्म शिल्प के आधार पर और दक्षता के पैमाने पर कुछ समीक्षकों को कालजयी फिल्म भी दिखती है। लेकिन यह मत भूलिए कि इसको स्थापित करने में बहुत पैसा लगा है। बहुत मेहनत की गई है। बहुत मस्तिष्क लगा है। इसके बावजूद यह उसी वर्ष प्रदर्शित 'शोले' का दर्जा हासिल नहीं कर पाई और न ही 'जय संतोषी माँ' की। 'दीवार' के हाइप की तुलना फिल्म 'ओम शांति ओम' (2007) के हाइप से की जा सकती है जबकि 'जय संतोषी माँ' की सफलता की तुलना 'चक दे इंडिया' (2007) या 'विवाह' (2006) से की जा सकती है। 110 करोड़ के देश में इतनी विविधता है कि देवआनंद के कलात्मक जुनून देखने के लिए छोटे शहरों के सिनेमा घरों में आज भी कुछ लोग पहुँच जाते हैं और रामसे ब्रदर्स की डरावनी हास्य फिल्मों को भी कुछ दर्शक गिल जाते हैं। महेश भट्ट और आदित्य चोपड़ा की फिल्में जिस तरह थोक के भाव से एक खास वर्ग के दर्शकों में लगातार सराही जाती हैं उसी तरह 1970 के दशक में अमिताभ बच्चन की फिल्में सराही जाती थीं। इनकी लोकप्रियता नापने का कोई वस्तु-निष्ठ पैमाना तो अब तक विकसित नहीं हुआ है। जिस तरह 'निशांत' में जमींदार है और 'मदर इंडिया' में साहूकार, उसी तरह भारतीय सिनेमा में समीक्षक-आलोचक हैं। सभी मनमानी करते हैं। भारत में आलोचकीय धर्म, अकादमिक न्याय और संस्थाबद्ध समीक्षा का अभाव है। अपनी सुविधा से समीक्षक मिथक गढ़ देते हैं। समीक्षकों या मीडिया की संरचना में पारदर्शिता, जनतंत्र और बहुसांस्कृतिक रुझान का अभाव है। अंग्रेजी

राज ने राजनीतिक अर्थशास्त्र के क्षेत्र में जितना अहित किया उससे कहीं ज्यादा साहित्य, सिनेमा, कला, संस्कृति और धर्म के क्षेत्र में अहित किया है। अंग्रेजी राज ने भारतीयों के बीच साहूकारों, जमींदारों, मठाधीशों, समीक्षकों, विद्वानों की एक नई जमात पैदा कर दी जो भारतीय होते हुए भी भारतीय लोगों से नफरत करते थे; भारतीय संस्कृति, धर्म, कला, नीति, नैतिकता के विरुद्ध काम करते थे लेकिन अंग्रेजी राज के हिमायती होने के कारण समाज पर गुंडागर्दी करके आम जनता को रौंदते रहते थे। 1947 के बाद भी राज्य और विश्वविद्यालय द्वारा पोषित संस्थाएँ आम जनता को ही दोषी मानती रही हैं, लेकिन भारतीय सिनेमा ने जनता को नायकत्व दिया और शासन तथा समाज पर काबिज अंग्रेजी राज के हित-चिंतन से उपजे काले अंग्रेजों की जमात को खलनायक बनाया। इसकी शुरूआत कम-से-कम हिन्दी में प्रेमचंद, प्रसाद और निराला की रचनाओं में हुई। 1936 के बाद हिन्दी साहित्य का यह मूल स्वर हिन्दी सिनेमा में अभिव्यक्त हुआ। 1936 तक हिन्दी मूलतः स्थानीय लोकभाषा थी। हिन्दी को राष्ट्रभाषा हिन्दी सिनेमा ने बनाया जब गुजराती-भाषी महबूब, मराठी-भाषी शांताराम, बंगाली-भाषी बिमल रॉय, पंजाबी-भाषी चेतन आनंद, राजकपूर और बलदेवराज चोपड़ा जैसे लोगों ने एक सचेत निर्णय किया कि वे अपनी मातृभाषाओं में नहीं बल्कि हिन्दी में अपनी फिल्म बनायेंगे, वह भी मुंबई जैसे मराठी क्षेत्र से, तो हिन्दी को व्यापक राष्ट्रीय फलक मिला।

भारत में सिनेमा हॉल की स्थिति धीरे-धीरे (1913 से लेकर आज तक) हिन्दू मंदिरों के समतुल्य हो गई है। मंदिर और सिनेमाघर ठेठ भारतीय 'पब्लिक स्फेयर' या सार्वजनिक स्थान हैं जहाँ लोगों की भीड़ लगी रहती है। मंदिर या सिनेमा हॉल के प्रवेश और निकास द्वार सामान्यतः एक ही होते हैं, खासकर एकल ठठिया सिनेमा गृहों के। मंदिर और सिनेमागृह के प्रवेश एवं निकास द्वार पर भीड़ देखी जा सकती है। अंदर पहुँचने की आपाधापी, टिकट खिड़की की लंबी कतार के साथ-साथ मार-पीट या ब्लैक टिकट की खरीद-फरोख्त

देखी जा सकती है। कुछ मंदिरों में सिनेमा हॉल की तरह भगवान के दर्शन के लिए श्रेणीबद्ध टिकट रेट (दर) है। अतः सिनेमा का समाजशास्त्र धर्म के समाजशास्त्र से काफी कुछ सीख सकता है। भारतीय तत्त्वविज्ञान के अनुसार मंदिर (सिनेमागृह) विशेष परिस्थिति एवं प्रभाव उत्पन्न करता है जिसमें भगवान की लीला (संसार) का प्रतीकात्मक या लाक्षणिक वर्णन या चित्रण सुनने या देखने का अवसर मिलता है। परिस्थितियाँ नियति एवं नियंता (निर्देशक तथा लेखक) के हाथ में होती हैं लेकिन उन परिस्थितियों में हर व्यक्ति एक समान व्यवहार नहीं करता। उन परिस्थितियों का हर व्यक्ति एक समान अर्थ नहीं लगाता। हर व्यक्ति अपने स्वभाव, स्वधर्म, पृष्ठभूमि, प्रशिक्षण और इच्छा–आकांक्षा के आधार पर अर्थ लगाता है। भीड़ में भी वस्तुतः हर व्यक्ति अकेला होता है, खासकर मंदिर के अंदर या सिनेमागृह के अंदर की भीड़ में।

सिनेमागृह में फिल्म शुरू होने से पहले अंधेरा कर दिया जाता है। पश्चिम के धर्म स्थानों एवं पूर्व के भी अभारतीय धर्म स्थानों में पूजा–पाठ, प्रार्थना या अन्य कर्मकांड प्रकाश में किए जाते हैं। अतः सिनेमागृह का अंधेरा और पूजा स्थल के उजाले में एक प्रकार का प्रतिकूल संबंध माना जाता रहा है। फिल्मों के विर्मश और संस्कृति एवं धार्मिक तिमर्श एवं कर्मकांड के बीच भारत के बाहर एक प्रकार का असहज संबंध रहा है। दूसरी ओर पश्चिम में विकसित सिनेमा की तकनीक एवं अंधेरे में फिल्म देखने की संस्कृति का भारतीय धर्मोपासना से 1913 से ही सहज संबंध विकसित हो गया। यह अप्रासंगिक नहीं है कि भारत की प्रथम फीचर फिल्म 'राजा हरिश्चन्द्र' है और हॉलीवुड की प्रथम फिल्म 'दि ग्रेट ट्रेन रॉबरी'। यह ध्यान देने योग्य तथ्य है कि भारत के पारम्परिक हिन्दू मंदिरों के गर्भगृह में अंधेरा होता है। हिन्दू शास्त्रकारों के अनुसार गर्भगृह में इसीलिए अंधेरा होता है ताकि श्रद्धालु के भीतर आत्मप्रकाश जल सके। माँ के गर्भ की तरह या कब्र या चिता के समान गर्भगृह में जाने (बीज रूप या पिता रूप में जाने) और आने (संतान के रूप में आने)

का रास्ता एक ही होता है। संसार की पहली फीचर फिल्म को फ्रांस के लोगों ने 'इंडिया सैलून' नामक पेरिस के एक होटल के हॉल में देखा था। जिस तरह कृष्ण का जन्म कृष्ण जन्माष्टमी की कालीरात में कारागृह के अंधेरे में हुआ था, देवकी की कोख से हुआ था लेकिन वे पले-बढ़े-खेले यशोदा की गोद में, ठीक उसी तरह सिनेमा जन्मा तो फ्रांस जैसे पश्चिमी यूरोपीय देशों में लेकिन पला बढ़ा अमेरिका (हॉलीवुड), चीन, जापान और भारत में।

धीरे-धीरे हॉलीवुड की फिल्मों ने यूरोपीय फिल्म निर्माण को बेहतर तकनीक, बेहतर शिल्प एवं मिशनरी भावना से यूरोपीय दर्शकों एवं यूरोपीय सिनेमाघरों के लिए अप्रासंगिक एवं अनाकर्षक बना दिया। कुछ यूरोपीय समीक्षकों के अनुसार हॉलीवुड की फिल्में अमेरिका में बसे यहूदियों का यूरोपीय ईसाइयत के खिलाफ शुरू किया गया सांस्कृतिक जेहाद है। दूसरी ओर भारत के आम दर्शकों को सिनेमा हॉल का अंधेरा मंदिरों के गर्भगृह की स्मृति देता है। फिल्म की कथानक (नैरेटिव) में रामायण, महाभारत, श्रीमद्‌भागवत या जातक कथाओं के तत्त्व होते हैं। भारतीय पूजा पद्धति की तरह हमारी फिल्मों में भी अक्सर गीत-संगीत का तत्त्व होता है। हर नायक में कृष्ण और हर नायिका में राधा या गोपी होती है। हर विरहिणी मीरा या गोपियों के गीत गाती है। भारतीय सिनेमा पारम्परिक लोकजीवन का ही विस्तार है। यह व्यवस्थित तरीके से या योजनाबद्ध तरीके से नहीं किया गया। यह अपने आप हुआ है, अवचेतन के स्तर पर हुआ है। इसके विपरीत देश के विश्वविद्यालयों या अंग्रेजी मीडिया को सत्ता-प्रतिष्ठान से, अंग्रेजी राज के दौरान से ही, व्यवस्थित साधन, साधक, निर्देश, मार्गदर्शन एवं संपोषण मिलता रहा है। अंग्रेजी राज के समय से लोकजीवन और लोकशास्त्रों को हिकारत के भाव से देखा जाता रहा है। लेकिन भारतीय सिनेमा ने लोकजीवन और लोकशास्त्रों से तादात्म्य स्थापित किया। भारतीय संस्कृति के लोकपक्ष के संरक्षण-संवर्धन में तथा लोकरीति के असंतुलित पक्षों की समीक्षा में भारतीय सिनेमा की भूमिका भारतीय

राज्य और भारतीय विश्वविद्यालयों से ज्यादा रही है। भारतीय राज्य और भारतीय विश्वविद्यालय पश्चिमी शास्त्रों की ओर उन्मुख होकर अपना विमर्श और व्यापार चलाते रहे हैं जबकि भारतीय सिनेमा कुछ अपवादों एवं अतिरेकों के बावजूद इस देश के लोक और शास्त्र से संवाद बनाकर अपना विमर्श एवं व्यापार चलाता रहा है। यही कारण है कि भारत में सिनेमा इतना लोकप्रिय और इतना सशक्त माध्यम है। भारतीय विश्वविद्यालयों में सिनेमा को एक विषय एवं प्रभावी जनसंचार माध्यम के रूप में महत्त्व नहीं मिला। हमेशा इसे 'हेय मनोरंजन' का साधन मानकर, विश्वविद्यालय के बाहर की चीज मानकर अपने भरोसे जीने-मरने के लिए छोड़ दिया गया। 2007 से जवाहरलाल नेहरू विश्वविद्यालय में सिनेमा को एक कोर्स के रूप में शामिल किया गया है लेकिन अभी भी ज्यादातर विश्वविद्यालय में सिनेमा को अध्ययन का विषय नहीं माना जाता। यह तो भारतीय सिनेमा की जीवंतता और आंतरिक ऊर्जा है जिसने खुद अपने अस्तित्व की रक्षा की है, अपना पालन-पोषण किया है। अपनी वैश्विक पहचान बनायी और उभरते हुए भारत की सबसे प्रमुख सांस्कृतिक पहचान बन गई है।

अतः भारतीय सिनेमा के स्वरूप और भारतीय दर्शकों से इसके रागात्मक संबंधों को समझना आवश्यक है। इस रागात्मक संबंध का एक इतिहास और समाजशास्त्र है। इसका एक सौन्दर्यशास्त्र और तत्त्व मीमांसा है। 'अंधेरे से प्रकाश' (तमसो मा ज्योतिर्गमय) वह सूत्र है जो इसको समझने में सहायक है। अधिकांश भारतीय दर्शकों को सिनेमा हॉल का अंधेरा और अंधेरे में प्रकाशित लीलात्मक कथानक का पारम्परिक मंदिर के गर्भगृह में देवमूर्ति और श्रद्धालु भक्त के रागात्मक-आध्यात्मिक संबंध से अवचेतन स्तर पर संबंध दिखता है। फिल्मी कथानक आध्यात्मिक लीला-प्रसंग की अनुकृति है। उसकी स्मृति एवं अनुगूँज है। सिनेमागृह के अंधेरे में दर्शकों की भीड़ में भी हर दर्शक 'फिल्म के पाठ' से, फिल्म के कथानक से, कथानक के यथार्थ और संभावना यानि सत्य से एक

अपरोक्ष संवाद बनाता है। हर अच्छी या कुमारस्वामी के शब्दों में कहें तो हर 'नॉर्मल' (सामान्य) फिल्म अंधेरे में एक परिस्थिति पैदा करती है कि व्यक्ति अपने 'प्रिय ब्रह्म' (आत्म ब्रह्म) का साक्षात्कार कर सके। सामान्यतः वह फिल्म लोकप्रिय (हिट) हो जाती है जिसमें आत्मसाक्षात्कार या आत्मानुभूति से उपजा एक सहज संवाद (वन लाइनर) भी होता है। इसे सूत्र वाक्य भी कह सकते हैं। यह 'सूत्र वाक्य' चिंगारी का काम करता है। मंत्र की तरह काम करता है। टी. वी. ऐंटिना की तरह काम करता है। वह हर दर्शक के भीतर सैकड़ों 'चेन रियैक्सन' पैदा करता है। वह दर्शक (दर्शकों) को अपने युग से, युग-सत्य से, अपनी सुप्त संभावनाओं से, असीम संभावनाओं से साक्षात्कार कराता है। इसी अर्थ में भरतमुनि, अभिनवगुप्त, कुमारस्वामी जैसे लोग कला को ब्रह्म से आत्मा का संवाद मानते हैं। इसी अर्थ में कला ब्रह्म-सहोदर है। भारत में फिल्म भी सामान्यतः एक कला ही है। हिमांशु राय, शशधर मुखर्जी से लेकर आदित्य चोपड़ा, रामगोपाल वर्मा, महेश भट्ट आदि की कोशिशों के बाद भी भारत में फिल्म हॉलीवुड की तरह एक सांस्कृतिक उत्पाद भर नहीं बन पाया है। कम-से-कम दर्शकों ने इसे सांस्कृतिक उत्पाद के रूप में अभी तक नहीं स्वीकारा है। भारतीय दर्शक और अधिकांश स्वतंत्र फिल्मकार फिल्म को भारत में आज भी कला रूप ही मानते हैं और हर सफल फिल्म में आधुनिक तकनीक और पारंपरिक कला मूल्यों का समन्वय एवं तादात्म्य किसी-न-किसी रूप में स्थापित 'किया जाता है' या 'हो जाता है'।

भारतीय दृष्टि में अंततः अधिकांश पारंपरिक फिल्मकार (जैसे डी. के. बोस, केदार शर्मा, विमल रॉय, राज कपूर आदि) एक समकालीन ऋषि की तरह व्यवहार करता है। हर फिल्म एक प्रकार से उसकी साधना और सिद्धावस्था का प्रकटीकरण (मैनिफेस्टेशन) है। कोई भी ऋषि अपना सत्य दूसरों पर आरोपित नहीं करना चाहता। दूसरों के सत्य को स्वीकारने में उसे कोई दिक्कत नहीं होती। चूँकि सत्य तो अद्वैत होता है चाहे उस सत्य को कोई अपना

बोल रहा हो या पराया। सत्यानुभूति में अद्वैत है। केवल असत्य में द्वैत है। द्वैत में विरह और वियोग है। इसलिए सत्यानुभूति के आग्रही दर्शक फिल्म के अंत में मिलन, अद्वैत, सत्यम् शिवम् सुन्दरम् देखना चाहते हैं। सत्य, न्याय, दैवीय शक्तियों की जीत देखना चाहते हैं। ट्रेजडी नहीं देखना चाहते। दुखांत फिल्में, त्रासदीदायक फिल्में, असत्य, अन्याय, असंतुलित फिल्में सामान्यतः इस देश में सफल नहीं होतीं। विदेश में बसे भारतीयों या पश्चिमपरस्त दर्शकों में लोकप्रिय हो सकती हैं लेकिन आम भारतीय ऐसी फिल्मों को नकार देते हैं।

पश्चिम में ट्रेजडी काफी लोकप्रिय रहा है। प्राचीन यूनान की परम्परा में, रोम की परम्परा में, शेक्सपियर के नाटकों में ट्रेजडी कला का श्रेष्ठ रूप है। चाहे आप अरस्तू के सौन्दर्यशास्त्र को देखें या हीगेल का या फिर नीत्से के सौन्दर्यशास्त्र को ही देख लें पश्चिमी मानस ट्रेजडी की उत्कृष्टता से अभिभूत है। इसी तरह फ्रांसीसी और इटालवी सिनेमा में यथार्थवाद या नवयथार्थवाद सिनेमा का सबसे प्रतिष्ठित रूप रहा है। लेकिन भारत में ऐसी फिल्मों को सामान्यतः बहुत उत्कृष्ट और सफल फिल्मों की श्रेणी में नहीं रखा जाता। पश्चिमी फैशन से प्रेरित ऐसी फिल्में समानांतर सिनेमा (1969 के आसपास शुरू हुए तथाकथित नया अथवा 'बौद्धिक एवं कलात्मक' सिनेमा) की श्रेणी में आती हैं। इन्हें भारत में सीमित दर्शक ही मिल पाया। ऐसे फिल्मकार दर्शकों की समझ को दोष देते हैं। दरअसल भारतीय परिवेश में ऐसी फिल्मों को दर्शक नही मिलने के पीछे ठोस समाजशास्त्रीय कारण रहे हैं। दरअसल फ्रांस और इटली में सिनेमा का संबंध आधुनिकता से है। यह परम्परा के साथ उस रूप में नहीं जुड़ा है जिस रूप में भारत में जुड़ा है। यूरोप में पारम्परिक संस्थायें एवं पारम्परिक लोग अब बचे ही नहीं हैं। वहाँ परम्परा एक 'नोस्टालजिया' के रूप में या म्यूजियम में प्रदर्शन के लिए रखी गई वस्तु के रूप में ही जिंदा है। यूनानी परम्परा में ट्रेजडी पैगन विश्वदृष्टि में एक अलग अर्थ रखता था। फ्रांसीसी या इटालवी यथार्थवादी-नवयथार्थवादी सिनेमा में इसका एक अलग अर्थ है।

यूनानी परम्परा में ट्रेजडी का एक अतिमानवीय अर्थ था। मध्यकालीन ईसाइयत ने ट्रेजडी (त्रासदी) को एक अन्य अर्थ दिया था। आधुनिकता की विचारधारा और औद्योगिक पूँजीवादी प्रजातंत्र में त्रासदी का अर्थ गुणात्मक रूप से बदल जाता है। ओपेरा की फ्रांसीसी परम्परा और पेंटिंग की इटालवी परम्परा से पश्चिमी यथार्थवादी परम्परा का जो संबंध है वह फ्रांसीसी या इटालवी सिनेमा में देखा जा सकता है। लेकिन भारतीय सिनेमा का पारसी थियेटर से या भारतीय चित्रकला से वैसा संबंध नहीं है। भारतीय सिनेमा का संबंध लोकसंस्कृति, लोकसंगीत और कथाकीर्तन-भजन और मंदिरों में प्रवेश कर आत्मानुभूति प्राप्त करने की परम्परा से ज्यादा है। इसलिए आत्मविभोर दर्शक कभी सीटी बजाने लगता है और कभी ताली, कभी पैसा फेंकने लगता है और कभी हो-हो करने लगता है। कभी नायक-नायिका की पूजा करने के लिए मंदिर बनाने लगता है और कभी फैन क्लब बनाकर समाज सेवा और राजनीति करने लग जाता है।

भारतीय सौन्दर्यशास्त्र केन्द्रित सिनेमा-अध्ययन का अभी व्यवस्थित विकास नहीं हुआ है लेकिन 1913 से लेकर अब तक की सफल-असफल (दर्शक संख्या के आधार पर) फिल्मों के तुलनात्मक समाजशास्त्रीय उपकल्पना के आधार पर एक कामचलाऊ सामान्यीकरण किया जा सकता है कि पश्चिमी ढंग के यथार्थवादी एवं नवयथार्थवादी फिल्मों को भारतीय दर्शको का वैसा समर्थन नहीं मिल पाता जैसा आधुनिक पश्चिम के सिने दर्शकों के द्वारा उन्हें मिलता है। इसका कारण यह नहीं है कि भारत के दर्शक अनाड़ी हैं और अच्छी फिल्म को प्रोत्साहन नहीं देते। बल्कि इसका कारण यह है कि भारतीय दर्शकों के लिए नई तकनीक में प्रस्तुत होने के बावजूद सिनेमा उसकी जानी-पहचानी अपनी चीज है जिसकी इस देश के हजारों वर्षों के वाचिक परम्परा और कथा वाचन एवं कथा श्रवण की लोक परम्परा एवं लोकसंस्कृति से गहरा संबंध है, जबकि पश्चिम में परम्परा और पारम्परिक संस्कृति का आधुनिक दर्शकों एवं आधुनिक

सिनेमा से कोई जीवंत रिश्ता ही नहीं हैं। अंग्रेजी राज में विकसित भारतीय साहित्य का भारतीय समाज से वैसा जीवंत संबंध आज तक विकसित नहीं हो पाया जितना भारतीय सिनेमा का 1913 से स्थापित हो गया था। भारतीय दर्शकों ने सिनेमा को पहली नजर में ही दिल दे दिया। ऐसा प्यार केवल भक्त कवियों एवं सूफी गायकों को ही मिला है। अतः भारतीय दर्शकों को दोष देने के बजाय यथार्थवादी या नवयथार्थवादी सिनेमा की अभारतीयता को ठीक से समझने की आवश्यकता है। भारतीय समाज में 'यथार्थ' सत्य का एक अंश या रूप मात्र है। यथार्थ को या यथार्थ के अध्ययन को आधुनिक यूरोपीय मानववाद एवं मानववादी इतिहास, दर्शन एवं समाज विज्ञानों ने एक खास स्वरूप प्रदान किया है। यूरोप के आधुनिक विमर्श में सत्य या न्यूमेना को कोई स्थान प्राप्त नहीं है। वहाँ यथार्थ या फेनोमेना का ही महत्त्व है। यहाँ ध्यान रखना आवश्यक है कि भारत में यथार्थ न्यूमेना का ही अंश या रूप है जबकि पश्चिम में यथार्थ फेनोमेना का रूप है। पश्चिम में यथार्थ वह है जिसे इतिहासकार की अध्ययन प्रणाली एवं अवधारणायें यथार्थ मानती हैं। जो इतिहासकार छोड़ देता है या जो उसकी अवधारणाओं से संगति नहीं रखती उसे वह मिथक, कल्पना या असत्य कहकर खारिज कर देता है। भारत में जब सिनेमा का जन्म एवं विकास हुआ (1913 से 1947) उस वक्त भारत में अंग्रजी राज था। देश में स्वाधीनता आंदोलन चल रहा था। 1913 से 1920 तक के स्वाधीनता आंदोलन पर कांग्रेस के गरम दल का सबसे ज्यादा प्रभाव था। बालगंगाधर तिलक उस युग के सबसे बड़े नेता एवं प्रेरणा पुरुष थे। दादा साहब फाल्के और प्रभात फिल्म कंपनी पर तो स्वतंत्रता आंदोलन का प्रभाव था ही, रणजीत मूवीटोन, न्यू थियेटर्स और मिनर्वा मूवीटोन पर भी स्वतंत्रता आंदोलन का कम प्रभाव नहीं था। अतः जिसे अंग्रेजीदाँ लोग भारतीय दर्शकों एवं फिल्मकारों की नासमझी मानते हैं वह एक प्रकार के सांस्कृतिक विमर्श के वैकल्पिक व्याकरण एवं वैकल्पिक सौंदर्यशास्त्र से निकला प्रतिरोधी आख्यान है जिसे स्वदेशी आंदोलन और स्वाभिमानी साधना ने सींचा था। इस

दृष्टि से देखने पर यथार्थवादी सिनेमा और इसको बनाने वाला फिल्मकार निम्न श्रेणी में आता है। यह कला और कलाकार की प्रारंभिक अवस्था का द्योतक है। जब एक कला और सांस्कृतिक साधन के रूप में सिनेमा किसी देश में जन्म लेता है तो यथार्थवादी सिनेमा की बाढ़ आती है। एक नया-नया फिल्मकार जब फिल्म बनाना सीख रहा होता है, जब फिल्म की तकनीक और शिल्प से उसे नया-नया रोमांस होता है तो वह यथार्थवादी या नवयथार्थवादी सिनेमा बनाता है। वह रियलिटी को डॉक्युमेंट करता है। रियलिटी पर एक रिपोर्ट प्रस्तुत करता है। भारतीय दृष्टि से यह सागर को गागर में भरने की हिमाकत है जो उस्ताद-शागिर्द परम्परा के कमजोर पड़ने या लुप्त होने की स्थिति का द्योतक है। यह 'नीम हकीम खतरे जान' की कहावत की प्रासंगिकता की स्थिति है। यह कुँआ के मेढ़क का आत्मालाप है कि उसने 'पुनर्सृजन' नहीं 'सृजन' किया है, 'अनुकृति' नहीं, 'कृति' बनायी है। भारत में ऐसी फिल्मों को लोक स्वीकार नहीं करता है। लोक में वही सिनेमा स्वीकृत होता है जो सत्य (मिथक + यथार्थ + संभावित यथार्थ) से संवादित होता है। जो सत्य को निवेदित होता है।

भारत में फिल्में लोक के स्तर पर दो अलग तरह से प्रिय एवं स्थापित होती हैं। इस दृष्टि से लोकप्रिय (ब्लॉक बस्टर्स) फिल्मों का दो वर्गीकरण किया जा सकता है। एक को 'लोकप्रिय' फिल्म और दूसरे को 'कालजयी' फिल्म कह सकते हैं। लोकप्रिय फिल्म में 'क्षण की प्रियता' होती है। सत्य का आभास होता है। दूसरी ओर 'कालजयी' फिल्म में सत्य का अंश संकेतित या निवेदित होता है। कालजयी फिल्में लोक में क्षणिक रूप से प्रिय होने के बाद लोक में स्थापित भी हो जाती हैं। लोकप्रिय फिल्में पश्चिमी अर्थों में 'मेटाफोरिक' होती हैं जबकि कालजयी फिल्में 'मेटानोमिक' होती हैं। पश्चिम में 'मेटाफोरिक' को 'फेनोमेना' कहते हैं। वहां मेटाफोरिक को उत्कृष्ट कला माना जाता है। हमारे यहां मेटानोमिक या मेटानोइक (कालजयी, लाक्षणिक) कला न्यूमेना (सत्य) का लक्षण या

अंश है। यह सर्वोत्तम कला का रूप है जबकि 'मेटाफोरिक कला' कला का अविकसित या अल्पविकसित रूप है। कालजयी फिल्में गुरु-शिष्य या उस्ताद-शागिर्द परम्परा से निकला हुआ या ऋषि परम्परा की तरह आत्मानुभूति से गुजरा हुआ फिल्मकार ही बना पाता है। कभी-कभी कोई निर्दोष-सुधी फिल्मकार किसी ज्ञात-अज्ञात प्रेरणा से जाने-अनजाने भी कालयजी फिल्म बना लेता है। या कहें, कभी-कभी ऐसी फिल्में अपने आप भी बन जाती हैं। सामान्यतः कालजयी फिल्मों का अवतरण ब्रह्मांडीय घटना के रूप में होती है। इन फिल्मों का सेल्फ वैल्यू होता है।

भारत में सिनेमा के प्रारंभ में विभिन्न क्षेत्रों और भाषाओं के लोग उसी तरह जुड़े जैसे हॉलीवुड के सिनेमा में यूरोपीय देशों के विभिन्न भाषा-भाषी लोग जुड़े थे। लेकिन हॉलीवुड की फिल्मों और अमेरिका की भाषा अंग्रेजी है। भारतीय सिनेमा के प्रारंभ में पाँच प्रमुख केन्द्र थे - कलकत्ता, बम्बई, लाहौर, मद्रास और कोल्हापुर-पुणे। स्वतंत्रता प्राप्ति के बाद कलकता, लाहौर और पुणे के कलाकार-तकनीकी विशेषज्ञ भी बम्बई चले आए। कुछ बम्बई से पाकिस्तान भी गए। विभिन्न क्षेत्रों से आए लोगों ने व्यावहारिक कारणों से अपनी मातृभाषा के स्थान पर हिन्दी में फिल्म बनाना शुरू किया। शांताराम मराठी भाषी थे, महबूब खान गुजराती बोलने वाले, बिमल रॉय, अमिय चक्रवर्ती, फणी मजूमदार आदि बंगला भाषी थे तो चेतन आनंद, देव आनंद, विजय आनंद, बलदेवराज चोपड़ा, यशराज चोपड़ा, पृथ्वीराज कपूर, राजकपूर, केदार शर्मा और दिलीप कुमार पंजाबी भाषी। एस. एस. वासन मद्रासी थे। सोहराब मोदी पारसी मिश्रित मराठी हिन्दी बोलते थे। अधिकांश तकनीकी विशेषज्ञ अंग्रेजी में सोचते-बोलते-काम करते थे। अतः हिन्दी सिनेमा को धीरे-धीरे राष्ट्रीय सिनेमा का दर्जा तो प्राप्त हो गया लेकिन हिन्दी फिल्म उद्योग के कामकाज की भाषा (भारत सरकार और विश्वविद्यालयों के कामकाज की भाषा की तरह) अंग्रेजी हो गई। सिनेमा के बारे में अधिकांश किताबें भी अंग्रेजी भाषा में ही लिखी

गई। ज्यादातर पटकथा अंग्रेजी भाषा में अंग्रेजीदाँ लोगों ने लिखे। संवाद भी अंग्रेजी भाषा में ही होते थे। एक अनुवादक को संवाद लेखक का दर्जा दिया गया। विश्व सिनेमा में कथा-पटकथा ही एकमात्र श्रेणी है। कभी-कभी 'एडाप्टेड फ्रॉम ओरिजनल' (मूल से रूपांतरित) वाली श्रेणी भी दिखती है। लेकिन कथा-पटकथा से अलग संवाद लेखक की श्रेणी भारतीय सिनेमा की मौलिक विशेषता बन कर उभरी है। जिस तरह औद्योगिक क्षेत्र में विभिन्न प्रकार के पार्ट-पुर्जों को जोड़कर (एसेंबलिंग करके) 'मेड इन इंडिया' लिखने का चलन भारतीय मध्यवर्ग के व्यावसायिक अवसरवाद की मौलिक विशेषता बन कर उभरी है और आउटसोर्सिंग के जमाने में भारतीय पेशेवर वर्ग सोशल कैपिटल (उपनिवेशी संस्कार) के रूप में प्रशंसित हो रही है, इसका बीज रूप भारतीय सिनेमा में अनुवादक की रचनात्मकता को प्रोत्साहित करने के लिए संवाद-लेखक के रूप में उसकी कथा-पटकथा लेखक से स्वतंत्र पहचान देने के रूप में छिपा हुआ है। इसके सकारात्मक और नकारात्मक दोनों परिणाम हुए। इसका सबसे सकारात्मक पक्ष तो यही है कि विदेशी पटकथा पर 'देसी ब्लॉक बस्टर्स' का निर्माण होने लगा। इन ब्लॉक बस्टर्स में गीत-संगीत के भारतीय छौंक के साथ-साथ बहुत हाल तक इन अनुवादकों के 'वन लाइनर्स' का कमाल भी होता था। इसका दूसरा पक्ष यह कि अपने महत्त्व को स्थापित करने के लिए कई बार ये अनुवादक मूलकथा भावना और संदर्भ को जाने-अनजाने बदल देते थे और ताली पड़ने वाले अजीबो-गरीब लेकिन दिल को छू लेने वाले वाक्य लिख मारते थे। इससे ऊपरी तौर पर फिल्म की सम्पूर्णता-अद्वैत खंडित होती थी और कथानक के अर्थ में असंबद्ध संवादों के कारण असंगति साफ दिखती थी। लेकिन कई बार फिल्म इन्हीं बेतुके लेकिन संवेदनशील संवादों के कारण हिट हो जाती थी और वर्षों बाद भी यही संवाद याद रह जाते थे और फिल्म की पटकथा विस्मृति की शिकार हो जाती थी। उदाहरण के लिए 'मदर इंडिया' की नर्गिस एवं 'दीवार' की निरूपा राय का स्मरण। इसकी

समाजशास्त्रीय व्याख्या यह है कि इन संवादों के माध्यम से दर्शक अपने दैनिक जीवन तथा समकालीन समय एवं चल रही फिल्मी कथानक का अतिक्रमण करते हुए सनातन सत्य एवं सनातन लीला का साक्षात्कार करने लगता है। इन अर्थों में ये संवाद भारतीय महाकाव्यों में वर्णित गरुड महाराज या मानस के हंस या कबूतर, तोता या मैना की वाणी का स्मरण कराते हैं और संसार से जगत् की यात्रा कराते हैं, पिण्ड से ब्रह्माण्ड की यात्रा कराते हैं। अंधकार से प्रकाश की ओर प्रेरित करते हैं।

आज भारतीय सिनेमा को, खासकर लोकप्रिय हिन्दी सिनेमा को पश्चिम में बहुत लोकप्रियता मिल रही है। इसके दो अंतर्संबंधित कारण हैं। एक, पश्चिमी देशों में औद्योगिक क्रांति का उन्माद थमने लगा है। मैनुफैक्चरिंग (औद्योगिक उत्पादन) और सर्विस सेक्टर (सेवा क्षेत्र) में पश्चिम के लोग गैर-पश्चिमी उद्यम के मुकाबले लगातार पिछड़ रहे हैं। उनके लोग मैनेजमेंट (प्रबंधन) और शेयर ब्रोकर (दलाल) बनने और पिछले 200–300 वर्षों के सोशल कैपिटल (उपनिवेशवादी विरासत) को भोगने में लगे हैं। उनके यहाँ थियोलॉजी, विज्ञान, दर्शन और कला जैसे चित्त को परिष्कृत करने वाले अध्ययन-चिंतन-गनन-साधना में ठहराव और पतन की चर्चा 1968 के आसपास से उत्तर-आधुनिक समीक्षकों ने शुरू कर दी थी। इसकी पहचान नीत्से (1844–1900) और हैनिमन के समय से ही होने लगी थी। 1989–1990 के बाद तथाकथित एकध्रुवीय विश्वग्राम में ऊपरी तौर पर तो अमेरिकी दादागिरी है लेकिन उनकी दादागिरी उनके समाज की आंतरिक सृजनशीलता एवं अंदरूनी स्वास्थ्य पर आधारित नहीं होकर कृत्रिम टॉनिक (वियाग्रा, अमेरिकी सेना और हॉलीवुड फिल्मों के राजनीतिक अर्थशास्त्र) पर आधारित है। उनकी फिल्मों के दर्शक लगातार घट रहे हैं। इस बात को तुलनात्मक रूप से ही समझा जा सकता है। हॉलीवुड सिनेमा की 1989 से वही स्थिति हो गई है जो भारत में अंग्रेजी राज की 1913 से 1947 तक थी। हॉलीवुड की देसी भाषाओं में डब फिल्मों के प्रचलन से अंततः हॉलीवुड की

फिल्मों को दूरगामी नुकसान होगा और देसी भाषा के दर्शकों को अपनी भाषा में अपने दर्शकों के लिए जुगाड़ करके उत्कृष्ट फिल्म बनाने की प्रेरणा मिलेगी। विवेकानंद ने काफी पहले यही तो कहा था कि पश्चिमी तकनीक और भारतीय संस्कृति का समन्वय भारत को एक बार फिर विश्व-गुरु बनायेगा। इसमें विवेकानंदजी एक जगह समय की गति को पढ़ने में चूक गए थे। उन्होंने कहा था कि भारत के दबे-कुचले वर्गों को यदि सांस्कृतिक रूप से आगे बढ़ना है तो उन्हें संस्कृत सीखनी होगी। गाँधी और टैगोर ने बाद में कहा कि भारत को अपना स्वाभाविक विकास चाहिए तो भारतीयों को लोकभाषा या मातृभाषा सीखनी होगी। शिक्षा शास्त्रीय भाषा में नहीं मातृभाषा या लोकभाषा में होनी चाहिए। आज व्यावहारिक स्तर पर शास्त्रीय चर्चा की भाषा अंग्रेजी हो गई है और लोकविमर्श देसी भाषाओं या हाइब्रिड (बोलचाल की मिश्रित भाषा जिसमें अंग्रेजी समेत कई भाषाओं के शब्द होते हैं) भाषा में होती है। हिन्दी एक लोक भाषा है। यह वाचिक परम्परा, बोलचाल की राष्ट्रीय भाषा बनने की प्रक्रिया में है। दुनिया में बसने वाले भारतीय मूल के अधिकांश लोग किसी-न-किसी रूप में हिन्दी फिल्में अवश्य देखते हैं। भले ही वे हिन्दी पढ़-लिख नहीं पाते, लेकिन हिन्दी फिल्में फिर भी देखते हैं, चाहे सब-टाइटिल के सहारे ही क्यों नहीं देखते हों। तमिल, मलयालम, कन्नड़, तेलुगू, बंगाली, मराठी, गुजराती, पंजाबी, उड़िया, असमिया, भोजपुरी आदि भारतीय भाषाओं में भी शुरू से उत्कृष्ट फिल्में बनती रही हैं। इनमें से कुछ फिल्मों, खासकर भोजपुरी फिल्मों का प्रसार इधर भारतीय मूल के लोगों में बढ़ा है, इसके बावजूद इन देसी भाषाओं के फिल्मकारों की महत्त्वाकांक्षा हिन्दी फिल्म बनाने की अक्सर रहती है। जिस तरह अधिकांश भारतीय विद्वान प्रस्थानत्रयी (ब्रह्म-सूत्र, उपनिषद्, भगवद्गीता) पर अपना भाष्य अवश्य लिखना चाहते हैं, उसी तरह भारत के अधिकांश फिल्मकार हिन्दी में अपनी फिल्म अवश्य बनाना चाहते हैं। हॉलीवुड की फिल्मों को असली चुनौती भारत से ही मिलने वाली हैं क्योंकि चीन, जापान और अन्य

गैर-पश्चिमी देशों में पश्चिमी सिने सिद्धांत, कथा कहने के पश्चिमी स्टीरियोटाइप एवं कैनन हावी हो चुके हैं। ईरान के लोग इस्लामी संस्कृति को अपने सिनेमा में स्थापित करने की भरसक कोशिश कर रहे हैं लेकिन कम-से-कम अठारहवीं शताब्दी से इस्लामी कला चिन्तन और तत्त्व मीमांसा में निरंतरता एवं सृजनात्मकता का अभाव रहा है। मूर्ति चित्रण, नाटक एवं संगीत के बारे में, तथा इस्लामी सिनेमा एवं मूर्तिकला तथा इस्लाम में संगीत की भूमिका के बारे में, गैर-सूफी चिन्तकों में काफी विवाद रहा है। फिलहाल तो ईरान के लोग भी बहुत आशांवित नहीं हैं कि ईरानी सिनेमा ईरान के बाहर हॉलीवुड की फिल्मों का विकल्प बन सकता है। अतः केवल भारतीय (मूलतः हिन्दी) सिनेमा ही गैर-पश्चिमी मुल्कों और पश्चिम में रहने वाले गैर-पश्चिमी मूल के दर्शकों के बीच लोकप्रिय हो सकता है। धीरे-धीरे पश्चिम के उत्तर-आधुनिक दर्शकों का ध्यान भी भारतीय सिनेमा के वैकल्पिक विमर्श पर जा सकता है। इसकी दिशा में धीरे-धीरे भारतीय सिनेमा बढ़ रहा है। परन्तु अभी काफी तैयारी करनी होगी। सिद्धि अभी नहीं मिली है। अभी भारतीय सिनेमा की साधनावस्था चल रही है। हिन्दी सिनेमा का स्वर्णकाल आना अभी बाकी है। थीम एवं प्रस्तुति की दृष्टि से चालीस एवं पचास (1940 एवं 1950) के दशक को स्वर्णकाल मानने का चलन है। इस दौरान कुछ अच्छी फिल्में बनी थी लेकिन ज्यादातर फिल्मों पर धर्म एवं समाज सुधार के उन्नीसवीं सदी के फार्मूले हावी थे। इन फार्मूलों का जन्म अंग्रेजी राज की भारतीय दृष्टि से घोर निराशाजनक परिस्थिति में पश्चिमी मानदंडों पर हुआ था। पारम्परिक तकनीक पद्धति, दर्शन एवं संस्थाओं को कालबाह्य मान लिया गया था और हर पश्चिमी चीज को अच्छी और बेहतर मानकर इनको भारतीय समाज में प्रचलित बनाने के लिए, समाज एवं धर्मसुधार करने के लिए आंदोलन चलाया जा रहा था। भारत का तथाकथित बुद्धिजीवी या यथार्थवादी सिनेमा पश्चिमी वस्तुओं, विचारों एवं संस्थाओं के प्रसार के लिए विज्ञापन करती नजर आती हैं। उस वक्त की कई महान

सामाजिक फिल्मों को समकालीन विज्ञापन फिल्मों की श्रेणी में डाला जा सकता है। अतः तकनीक की दृष्टि से, कथानक के सार्वकालिक मानदंडों की दृष्टि से 1940 या 1950 के दशक को स्वर्णयुग मानने में कई समस्यायें हैं। इस दृष्टि से 1960 या 1970 के दशक को पतन का युग कहना गलत है। यह दशक संक्रमण काल है, भारत के लिए भी और भारतीय सिनेमा के लिए भी। 1960 के दशक में भारतीय समाज में समृद्धि दिखने लगती है। रंगीन सिनेमा में इस समृद्धि को प्रस्तुत करने का चलन बढ़ता है। 1964 में नेहरू युग का अंत हो जाता है। 1962 में चीन से हुई शर्मनाक हार पर 'हकीकत' (1964) जैसी फिल्म बनती है। 1965 में 'वक्त' जैसी फिल्म बनती है। 1966 में 'तीसरी कसम' जैसी फिल्म बनती है। 'उपकार' (1967) बनती है। 'अराधना' (1969) बनती है। 'आनंद' (1970), 'आँधी' (1975), 'शोले' (1975) बनती है।

1980 और 1990 के दशक के फिल्मकारों पर न देश की गुलामी की छाया है और न देश के स्वतंत्रता आंदोलन का प्रभाव है। 1990 के बाद का दशक भारतीय समाज एवं भारतीय सिनेमा के लिए देश और विदेश में एक अद्‌भुत समय है। अवसर और चुनौतियों की दृष्टि से, प्रतिभा और पलायन की दृष्टि से यह भारतीय समाज की आंतरिक ऊर्जा का प्रस्फुटन है। यह उन युवाओं का समय है जिनके सपने गुलामी, संरक्षण या आश्रय (पैट्रोनेज) से रौंदे नहीं गए हैं। उनको आप अभिमन्यु, घटोत्कच और बर्बरिक की तरह अनाड़ी भले कह दें लेकिन इनकी प्रतिभा, समर्पण, निर्दोष आत्मा और निर्भीक सृजनशीलता की तारीफ किए बिना नहीं रह सकते। इनकी दर्शन, इतिहास, साहित्य या मिथक की समझ में खोट निकाला जा सकता है लेकिन इन्हे कैमरे से खेलना आता है। इनको तकनीक का भय नहीं है। इनको मौलिकता की सनक नहीं है। इनको कृत्रिम विचारधारा की रूढ़ियों ने नहीं बाँध रखा है। ये समकालीन महाभारत का युद्ध भले न जीत पायें लेकिन समकालीन महारथियों का गर्व तोड़ने के लिए ये काफी हैं। ये सीधे-सीधे कह या दिखला सकते हैं कि शहंशाह के

कपड़े नहीं हैं। शहंशाह अपने दुष्ट दरबारियों की गलत मंत्रणा से नंगा घूम रहा है। इस पीढ़ी को अपने अपरोक्ष अनुभूति पर विश्वास है। यह भारतीय समाज एवं भारतीय सिनेमा के मठाधीशों और समीक्षकों को यदि पतनकारी नजर आता है तो मतलब साफ है ये लोग (मठाधीश, समीक्षक आदि) अपने समय और समाज से कटे हुए हैं। ये लोग भारत की लोकप्रिय फिल्में नहीं देखते। यदि पुरानी पीढ़ी के लोग इसमें अपनी भूमिका तलाशना चाहते हैं तो वाणप्रस्थ एवं संन्यास धर्म निभायें। नई पीढ़ी को वहाँ संबल एवं प्रशिक्षण दें जहाँ इनको संबल, सहयोग एवं मार्गदर्शन की जरूरत है। भारत में पश्चिम की तरह अपने इतिहास को प्रस्तुत करने का व्यवस्थित प्रयास अब तक नहीं हुआ है। ऐतिहासिक फिल्मों को 'पीरियड' फिल्में कहने वाले लोगों को इतिहास दर्शन बताया जाना चाहिए। उन्हें हॉलीवुड की 'पैसन ऑफ जिसस क्राइस्ट', 'ट्रॉय', 'एलेक्जेंडर' एवं 'दा विंची कोड' जैसी फिल्मों को बिना मानक या मानदंड बनाये ऐतिहासिक फिल्मों की समकालीनता समझनी चाहिए। तमिल सिनेमा में सी. एन. अन्नादुराई और एम. करुणानिधि ने तमिल परम्परा की समकालीन प्रस्तुति करके द्रविड़ आंदोलन और तमिल राजनीति को सिनेमा से आंदोलित किया था। कामराज नाडार और सी. राजगोपालाचारी जैसे नेता देखते ही रह गए थे। उसी तरह 1950 के दशक से बंगाली और मलयालम सिनेमा ने वहाँ की राजनीति और समाज को बहुत गहराई से प्रभावित किया। हिन्दी सिनेमा ने भी भारतीय समाज और राजनीति के साथ बहुत आत्मीय संबंध बनाया है लेकिन इसको ठीक से समझने का ईमानदार प्रयास अब तक नहीं हुआ है। ठीक उसी तरह समकालीन विश्व में भारतीय सिनेमा के प्रसार और लोकप्रियता को लोग अब भी केवल मनोरंजन एवं व्यवसाय की दृष्टि से देख रहे हैं। इसके अन्य प्रभावों पर लोगों का ध्यान अभी ठीक से नहीं जा रहा है। इसका सकारात्मक एवं नकारात्मक दोनों प्रभाव है। सकारात्मक इसलिए क्योंकि भारतीय सिनेमा के विरोधी अभी व्यवस्थित प्रतिवाद नहीं कर रहे हैं।

नकारात्मक इसलिए कि भारतीय सिनेमा के दर्शक एवं इससे लाभ प्राप्त करने वाले लोग एक-दूसरे के साथ मिलकर सहकार एवं सहयोग नहीं कर रहे हैं। सिनेमा आंदोलन कमजोर पड़ने लगा है। फिल्म सोसाइटियों के विस्तार एवं सक्रियता में ठहराव और बिखराव आ रहा है। ज्यादातर फिल्मकार एवं लेखक भारतीय दर्शकों की संस्कृति एवं अपेक्षाओं से अनजान हैं लेकिन उनमें तकनीक एवं पूँजी का पुरानी पीढ़ी के फिल्मकारों एवं लेखकों की तरह भय नहीं है। ये हॉलीवुड से आतंकित नहीं हैं। लेकिन हॉलीवुड की फिल्मों के अलावा इन्हें अन्य सिनेमा की परम्पराओं और संभावनाओं का भी ज्ञान नहीं है। इस रचनात्मक विस्फोट की स्थिति से निर्माता आदित्य चोपड़ा, विधु विनोद चोपड़ा, मनमोहन शेट्टी, रोनी स्क्रुवाला, अमित खन्ना, सुभाष घई या महेश भट्ट जैसे लोग कितना लाभ उठा पायेंगे यह तो भविष्य ही बतायेगा लेकिन इसमें कोई शक नहीं कि सूरज बड़जात्या, आदित्य चोपड़ा, संजय लीला भंसाली, आशुतोष गोवरिकर, करण जौहर, राजकुमार हीरानी, शिमित अमीन, फरहा खान, इम्तियाज अली, करण जौहर, विनय शुक्ला, चंद्रप्रकाश द्विवेदी, निखिल अडवानी, विशाल भारद्वाज, संजय गढ़वी, जॉन मैथ्यु माथन, राकेश ओमप्रकाश मेहरा, मधुर भंडारकर, फरहान अख्तर, नागेश कुकुनुर, प्रदीप सरकार, श्रीराम राघवन, अनुराग बसु, मिलन लुथरिया, कुणाल कोहली, अनुराग कश्यप, शिरीष कुंडुर, शाद अली, अनीस बज्मी, नीरज वोरा, सुरेश नायर, आनंद रॉय, हबीब फैजल, दिबाकर बनर्जी, सुजय घोष, सूजीत सरकार, रीमा कागती जैसे फिल्मकार भारतीय सिनेमा का नया व्याकरण एवं नया छंद गढ़ रहे हैं। ये लोग भविष्य में बहुत अच्छी और बहुत बुरी फिल्में बनायेंगे। फिल्मों की संस्कृति और फिल्मों का व्यवसाय गुणात्मक रूप से बदलेगा। जिस तरह 1913, 1931, 1947, 1957, 1967, 1975, 1989, 2004 को भारतीय समाज एवं भारतीय सिनेमा दोनों के लिए 'माइल स्टोन' (मील का पत्थर) माना जाता है उसी तरह 2014 भी भारतीय समाज एवं भारतीय सिनेमा के लिए मील का

पत्थर साबित हो सकता है।

भारतीय सिनेमा में 1913 से ही कई तरह की प्रवृत्तियाँ एक साथ अस्तित्व में रही हैं। उनमें अंतर्विरोध भी रहा है। लेकिन हर तरह की प्रवृत्ति को देखने वाले और सराहने वाले दर्शक इस समाज में मौजूद रहे हैं। यह पश्चिमी देशों के सिनेमा में 1968 से पहले नहीं पाया जाता। 1968 से पश्चिमी देशों में उत्तर-आधुनिक प्रवृत्तियाँ हावी होती गईं। पश्चिम ने चौथी और पाँचवीं शताब्दी पूर्व की अपनी गैर-ईसाई, गैर-यहूदी (पैगन) परम्परा से बौद्धिक एवं कलात्मक स्तर पर संवाद बनाना शुरू किया और इससे ईसाइयत और आधुनिकता के बारे में एक प्रकार के तटस्थ मूल्यांकण की शुरूआत हुई। यह एक तथ्य है कि ज्यादातर उत्तर-आधुनिक विद्वान एवं कलाकार यहूदी मूल के रहे हैं। शेष वे लोग रहे हैं जो अपने को नास्तिक, पैगन या रहस्यवादी पद्धतियों से किसी-न-किसी रूप में जोड़े रहे हैं। भारत की सनातन पद्धतियों ने पैगनवादी परम्पराओं की तरह ही विविधता में एकता को स्वीकार किया है। विविधता में एकता की अभिव्यक्ति गद्य की अपेक्षा काव्य, गीत, संगीत एवं नृत्य में अभिव्यक्त हो पाती है। गद्य की अपनी सीमा है। वाक् के चार रूप होते हैं – परा, पश्यंति, मध्यमा और वैखरी। वैखरी बोली हुई भाषा है। मूलतः गद्य है। मध्यमा में कलात्मक भाषा, सांकेतिक भाषा आती है। पश्यंति तंत्र और मंत्र की भाषा है। परा मौन की भाषा है। बिना ध्वनि के संवादित होने वाली भाषा है। भारतीय सिनेमा की पहचान गीत-संगीत से होती है। यही भारतीय सिनेमा की पारिभाषिक भारतीयता है। यह मध्यमा वाक् की स्वाभाविक भाषा है। सिनेमा के उस्ताद-शागिर्द परम्परा में यह जानी-पहचानी सांस्कृतिक पूँजी की तरह हस्तांतरित होती रही है। उसी तरह यह समझना आवश्यक है कि भारतीय समाज के अधिकांश लोगों को पीढ़ी-दर-पीढ़ी जो संस्कार मिलता रहा है उसमें 'पूँजी की स्वायत्तता' या 'पश्चिमी आधुनिकता में विकसित व्यक्ति-केन्द्रित उपभोक्तावाद' आज भी एक अटपटी और अस्वाभाविक चीज है। आज भी 'पैसा कमाना' जिन्दगी का लक्ष्य

नहीं है। उनके लिए भी जो 'पैसा-पैसा' कहते और करते रहते हैं। किसी व्यक्ति का धर्म और उसकी आस्था का पता अक्सर उसकी कथनी और रोजमर्रे की करनी से नहीं लग पाता। उसका धर्म और उसकी आस्था का पता तब लगता है जब उसके सामने कोई चुनौती आती है। जब उसके सामने कोई यक्ष प्रश्न आता है। जब उसके सामने शहादत का कोई मौका आता है। जब भोग और त्याग की दुविधा आती है। चाहे 'मदर इंडिया' की नर्गिस हो या 'अराधना' की शर्मिला टैगोर, चाहे 'दीवार' की निरूपा राय हो या 'गॉडमदर' की शबाना आजमी या चाहे 'संगम' का राजेंद्र कुमार हो या 'अनोखी रात' का संजीव कुमार या 'शोले' का संजीव कुमार या 'दिलवाले दुल्हनियां ले जायेंगे' का शाहरूख खान - इनके फिल्मी चरित्र में एक ठेठ भारतीयता है जो 'क्राइसिस' (चुनौती) के समय सामने आती है। और ये फिल्में 'सुपर हिट' हो जाती हैं। चूँकि भारत के आम दर्शक आज भी हॉलीवुड की फिल्मों के दर्शकों से गुणात्मक रूप से भिन्न हैं, इसीलिए भारत की सफल फिल्मों की विचारधारा न खूनी क्रांति से उपजे समाजवाद के पक्ष में होती है और न पूँजीवादी उपभोक्तावाद को ही स्थापित करती है। भारत की हर सफल फिल्म में एक बीच का रास्ता, एक मध्यमार्गी समाधान, एक प्रकार का गाँधीवादी समाजवाद, एक प्रकार का भक्तिमार्गी समन्वय, एक प्रकार की बौद्ध नीति, एक प्रकार का तीसरा मार्ग तलाशा जाता है।

भारतीय महाकाव्यों की तरह भारत के लोकप्रिय सिनेमा में भी वाक् के चारो रूपों की अभिव्यक्ति शब्द और दृश्य दोनों माध्यमों में होती रहती है। वैखरी वाक् का गद्य रूप है। स्थूलतम रूप है। जैसे प्रेमी-प्रेमिका अपने प्यार का इजहार करने के लिए 'आई लव यू' बोलते हैं या 'हाथ' पकड़ते हैं या 'गले' लगते हैं या 'चुम्बन' लेते हैं। यह वैखरी है। प्रेमी-प्रेमिका जो गाने गाते हैं या एक दूसरे की आँख में दूर से देखते हैं या देखते रहते हैं यह 'मध्यमा' रूप है। एक-दूसरे के बारे में सोच कर खुश हो जाते हैं। एक-दूसरे के पास पार्क में बैठे हैं, न हाथ पकड़े हैं, न आँखों में देख रहे हैं, न गाने गा रहे हैं, बस

एक दूसरे के पास बैठे हैं। लड़का पढ़ रहा है, लड़की पास में बैठी गुनगुना रही है या पक्षियों से खेल रही है या फूलों से बातें कर रही है। यह प्रेम की अभिव्यक्ति का पश्यंति रूप है। प्रेम का परा रूप वह है जो चंद्रधर शर्मा गुलेरी की अमर कहानी 'उसने कहा था' में वर्णित है और जिस पर विमल रॉय ने इसी नाम से एक अद्‌भुत फिल्म बनायी है। ये सब सामान्य उदाहरण हैं। अन्य उदाहरण भी दिए जा सकते हैं। विशेष उदाहरणों की बात करें तो परा आशीर्वाद और प्रार्थना की मौन भाषा है। पश्यंति मंत्र और तंत्र की कीलित, सांकेतिक भाषा है। मध्यमा गीत-संगीत और पेंटिंग की लयबद्ध भाषा है। वैखरी साधारण बोलचाल की कामचलाऊ गद्य भाषा है। इन्स्ट्रुमेंटल भाषा है। भारतीय सिनेमा में वाक् के इन्हीं चार रूपों का रचनात्मक उपयोग होता है। इसीलिए फिल्म के विभिन्न दृश्यों एवं संवादों में परत-दर-परत, प्याज के छिलके की तरह (या गुलाब के फूलो की तरह) अर्थ छिपा रहता है, खासकर फिल्म के गीतों एवं स्वप्न दृश्यों में। फिल्म का हर पात्र एक अबूझ वाक्, एक अबूझ गीत और एक अबूझ छंद की तरह होता है। वह एक कीलित मंत्र की तरह होता है। हर पात्र के भीतर ईश्वरतत्त्व सुप्त होता है। उसकी कुंडलिनी जब जागती है तो उसके व्यक्तित्व की साधारणता पिघल जाती है। हर विष्णु के भीतर से एक मोहिनी और हर पार्वती के भीतर से एक काली अवतरित होती है। भगवान विष्णु के मोहिनी रूप से ज्यादा सुन्दर स्त्री की कल्पना उतनी ही मुश्किल है जितना पार्वती के काली रूप से ज्यादा वीर मर्द की कल्पना करना। यही कारण है कि भारतीय सिनेमा के ज्यादातर नायक सुकुमार एवं कोमल होते हैं जो परिस्थितयों से आसानी से विचलित हो जाते हैं, जबकि अधिकांश नायिकायें बहुत मजबूत इच्छा शक्ति वाली अविस्मरणीय त्याग और उच्चतम आदर्श स्थापित करने वाली होती हैं। आज बाजार की शक्तियाँ भारतीय वाक् और सनातन धर्म की पारम्परिक कहानियों को हॉलीवुड प्रेरित क्षणभंगुर उपभोक्तावाद की लिप्सा, वासना, घृणा और हिंसा के द्वारा बेदखल करने की असफल

कोशिश कर रही हैं। लेकिन उनकी अंतिम सफलता उतनी ही मुश्किल है जितना लोकप्रिय फिल्मों के खल पात्रों की अंतिम सफलता मुश्किल होती है।

अतः भारतीय सिनेमा का समाजशास्त्री पश्चिमी सिने सिद्धांत का चाहकर भी उपयोग नहीं कर सकता। सिनेमा का तकनीक तो दोनों जगह एक ही है। शिल्प में भी समानता है, लेकिन कथानक अलग हैं। दर्शक अलग हैं। दर्शकों की संस्कृति अलग हैं। उनकी अपेक्षायें अलग हैं। सिनेमा चूँकि एक खर्चीला माध्यम है अतः लेखक एवं निर्देशक की तुलना में निर्माता एवं वितरक का निर्णय ज्यादा प्रभावी होता है। हॉलीवुड में भी होता है और भारत में भी होता है। अधिकांश निर्माता-वितरक फिल्म से मुनाफा कमाना चाहता है, अतः वह दर्शकों की अभिरुचियों को चाहकर भी नजरअंदाज नहीं कर सकता। फिल्म समीक्षकों द्वारा दर्शकों की अभिरुचियों को केवल वैचारिक आग्रह-दुराग्रह के आधार पर नजरअंदाज किया जाता है। जबकि निर्माता का निर्णय अंततः दर्शकों की संस्कृति से निर्देशित-प्रेरित होता है। अतः हम कह सकते हैं कि नाटक मूलतः लेखक-निर्देशक का माध्यम होता है जबकि सिनेमा निर्माता-दर्शक का माध्यम बन गया है, जिसमें चाहे-अनचाहे भारत के लोक और शास्त्र को पुनर्नवता मिलती है।

बहुत कम यूरोपीय या अमेरिकी लोग हमारी फिल्में देखते हैं। हमारी ताकत यह है कि हॉलीवुड के अश्वमेध के घोड़े को भारत ही रोकने में सफल रहा है, जिसका श्रेय भारतीय दर्शकों को जाता है। वे अमेरिकी फिल्में भी देखते हैं परंतु जो जुनून हिंदुस्तानी सितारों के लिए है उसी ने यहाँ अमेरिका के स्वामित्व के सिनेमाघर नहीं बनने दिए और मनोरंजन के क्षेत्र में हम अभी भी स्वतंत्र हैं। हॉलीवुड ने भारत और चीन को छोड़कर अन्य सभी प्रमुख देशों में अपनी फिल्मों के प्रदर्शन के लिए सिनेमाघरों की शृंखला पर कब्जा किया हुआ है। इसी कारण यूरोप के अनेक देशों में उनकी अपनी फिल्मों का व्यापक प्रदर्शन नहीं हो पाता। इसी कारण यूरोप में अनेक

देशों के सहयोग से फिल्में बनाई जाती हैं। यह आश्चर्य की बात है कि जापान में रजनीकांत की मसाला फिल्में बहुत सफल रहती हैं। उच्चगुणवत्ता की फिल्में बनाने वाले जापान में रजनीकांत की मसाला फिल्मों की लोकप्रियता ऊपरी तौर पर चौंकाती है। परंतु खगोलीकरण के निर्मम यथार्थ के कारण इससे पलायन एक अंतर्राष्ट्रीय सच्चाई है और तर्क के दायरे के परे जाने की इच्छा अत्यंत बलवती है। युद्धरत व्यक्ति भी पलायन करता है। मनुष्य कहीं भी रहे, वह अपनी कल्पना संसार से पूरी तरह कभी नहीं कटता। वह उसकी सांस्कृतिक नाल है। नाच-गाने से भरपूर हमारी ऊपरी तौर पर अतार्किक मसाला फिल्में एक तरह की मानसिक-भावनात्मक थैरेपी हैं और कुछ रोगों से मुक्त भी करती हैं। मनुष्य के मन-मस्तिष्क में कुछ अंधेरे कोने हैं जहाँ फंतासी ही रोशनी डालती है। फंतासी का आधार भी सांस्कृतिक हकीकत होता है।

अगर हम सचमुच चाहते हैं कि हमारा सिनेमा विदेशी दर्शक भी देखें तो हमें अपनी नई सिनेमा के भाषा का विकास करना होगा। इस क्षेत्र में विकास के लिए सिनेमा आस्वाद को महाविद्यालयों के पाठ्यक्रम में शामिल करना होगा। सिनेमाई समझ और कला में पारंगत दर्शकों की संख्या ही भारतीय फिल्मकारों को नई भाषा के विकास के लिए प्रेरित करेगी।

अध्याय 11

भारतीय संस्कृति, इक्कीसवीं सदी और रावण

भारतीय संस्कृति एवं सभ्यता में रावण बुराई और बुरी शक्तियों का सबसे महत्त्वपूर्ण प्रतीक है। बुराई और बुरी शक्तियों का प्रतीक होने के बावजूद वह पश्चिमी सभ्यता के अर्थों में शैतान या शैतानी शक्ति नहीं है। पश्चिमी सभ्यता में शैतान न सिर्फ परमेश्वर का विरोधी है बल्कि वह अपने आप में परम स्वायत्त है। पश्चिम में शैतान की अवधारणा के विपरीत भारतीय संस्कृति में रावण न सिर्फ ईश्वर की रचना है बल्कि वह भगवान शिव का महान भक्त और शैवागम का परम विद्वान भी है। रामायण की शब्दावली में उसे राक्षस कहा गया है। भारत की लोकसंस्कृति में रावण सनातनी खलनायक माना जाता है। रावण आज एक व्यक्ति न रहकर प्रतीक बन गया है। भारतीय संस्कृति में वह छल, कपट और दुष्टता का प्रतीक पुरुष माना जाता है। इसके बावजूद भारतीय संस्कृति रावण को पश्चिमी अर्थों में शैतान या ईश्वर विरोधी स्वायत्त शक्ति नहीं मानती। वह रावण को ईश्वरीय योजना का महत्त्वपूर्ण अंग मानती है। भारतीय संस्कृति मानती है कि जहाँ भी जीवन है वह अमृत के कारण है, चाहे वह दशरथ पुत्र राम का जीवन हो या दशानन रावण का जीवन। यदि संसार सनातन दृष्टि से एक 'लीला' है तो रावण की भूमिका भी किसी महत् उद्देश्य से ही लिखी गई होगी। सामी दृष्टि में एक साथ दो साम्राज्य स्वीकार किये गये हैं – (1) ईश्वर का साम्राज्य, तथा (2) शैतान का साम्राज्य। सनातनी परंपरा में एक ही साम्राज्य है, धर्म का साम्राज्य। धर्म वह है जो धारण करता है, जीवन का आधार है, जो अस्तित्व और अमृत का आधार है। भारतीय संस्कृति मानती है कि रावण की नाभि में भी अमृत है। फलस्वरूप जब तक नाभि में तीर

नहीं मारा जायेगा, तब तक रावण नहीं मरेगा। नाभि में तीर लगते ही रावण के अंदर कैद अमृत सारे संसार में फैल जायेगा। तब रावण अपने आप मर जायेगा। यह एक मिथक है। भारतीय संस्कृति का यह सनातन मिथक आज भी प्रासंगिक है।

हमें भी समझना होगा कि 21वीं सदी का रावण कौन है। वह रावण अमेरिका नहीं है, न विश्व मुद्रा कोष या विश्व बैंक ही है। यदि बहुराष्ट्रीय कंपनियों को हम रावण समझते हैं, तो यह भी हमारा भोलापन है। गाँधी रावण के असली स्वरूप को समझते थे। परमहंस रामकृष्ण, श्रीअरविन्दो इत्यादि भी रावणत्व को समझते थे। बुद्ध भी इस सनातनी रावण को समझते थे, परन्तु हजार बरस की गुलामी ने हमें मानसिक रूप से वहाँ ले जा कर छोड़ा है जहाँ हम अपने पुरखों की पूजा तो करते हैं पर उनसे प्रेरणा नहीं ले सकते। हम उनसे अपनापन तो समझते हैं पर उनके प्रयोगों का महत्त्व नहीं समझते।

भगवान बुद्ध, आचार्य नागार्जुन, गुरु गोरखनाथ, आचार्य रामानुज, महात्मा कबीर, गुरुनानक, संत रैदास, संत मीराबाई, समर्थ रामदास, परमहंस रामकृष्ण एवं महात्मा गाँधी जैसे महापुरुष कलियुगी सनातनता के प्रेरणा पुंज हैं। इनके आलोक में हमें नहीं लगता कि पश्चिम से हमें ज्ञान, विज्ञान या आधुनिकता सीखने की जरूरत है। सनातन परंपरा पुरानी कब पड़ती है? सनातन परंपरा को पुनर्नवा यों ही नहीं कहा गया है। इसमें सतत अंकुरन होता रहता है। हमेशा पुनर्रचना होती रहती है। यह पुनर्रचना समाज में, प्रतीकों में, शास्त्रों में और कलाओं में भी होती है। रावण की अवधारणा तो नहीं बदलती लेकिन रावण का स्वरूप एवं आवरण बदलता रहता है। रावण को समझने के लिए मिथकों की परंपरा को समझना आवश्यक है। यह याद रखना आवश्यक है कि रामायण और महाभारत प्रतीक शास्त्र हैं, ये ऐतिहासिक दस्तावेज नहीं हैं। सनातन परंपरा में ही कालजयी शास्त्रों की रचना होती है। शास्त्रों की भाषा प्रतीकों की कूट भाषा होती है। इसको पढ़ने की कला और तकनीक गुरु-शिष्य परंपरा को संस्थानिक आधार देता है। इसी

परंपरा और इसी आधार के संदर्भ में रावण को समझा जा सकता है। पश्चिमी शैतान की अवधारणा से तुलना करके नहीं समझा जा सकता।

हम रावण से क्यों हारते हैं? रावण कौन है? वह कैसे मरेगा? ये सनातन प्रश्न हैं। प्रश्न हमे याद है परन्तु इसके सनातन उत्तर हम भूल चुके हैं। इसका ऐतिहासिक उत्तर भी हम नहीं देते। हम मानते हैं कि रावण अब भी शुक्रनीति पढ़ता है जबकि बृहस्पति राजधर्मसूत्र हमारे लिए पुरातात्त्विक महत्त्व की चीज है। हम मानते हैं कि चाणक्य के अर्थशास्त्र से हमारा काम चल जाएगा, अब भी चल जाएगा, पर हम यह जानने की कोशिश नहीं करते कि रावण आजकल कौन-सा शास्त्र पढ़ता है और क्या सचमुच बृहस्पति के राजधर्मसूत्र की तुलना में चाणक्य का अर्थशास्त्र हमारे युग के ज्यादा अनुकूल है? एक तरफ हम मानते हैं कि राम ने विभीषण, हनुमान, सुग्रीव आदि के बल पर, उनकी सहायता से रावण को हराया था, दूसरी तरफ हम स्वदेशी की बात करते हैं। क्या विभीषण स्वदेशी था? स्वदेशी में 'स्व' प्रमुख है या 'देश'? राष्ट्र का अर्थ क्या सचमुच 'नेशन' होता है या 'सिविलाइजेशन' होता है? इन मूल प्रश्नों का उत्तर कैसे दिया जाता है हमारे यहाँ, और कैसे दिया जाता है रावण के यहाँ? इसको सभ्यताओं के समाजशास्त्र के तहत ही समझा जा सकता है। दुर्भाग्यवश महात्मा गाँधी के बाद से इस देश में सभ्यता समीक्षा की परंपरा मृतप्राय है।

कभी हमारे यहाँ गुरुकुल होता था और रावण के यहाँ केवल गुरु थे, शुक्राचार्य। आज रावण के यहाँ गुरुकुल है और हमारे यहाँ गुरु तो होते हैं, उनका वंश नहीं चलता। हमारे यहाँ केवल गृहस्थों के वंश चलते हैं, जैविक वंश चलते हैं, जबकि रावण के यहाँ गुरुकुलों में बौद्धिक और आध्यात्मिक वंश चलता है। एक युग के केंद्र में सामान्यतः एक ही गुरु या एक ही राष्ट्र-राज्य या एक ही गुरुकुल होता है। जब तक भारत में नालंदा बौद्ध गुरुकुल नहीं हुआ था वह सनातन परंपरा का संयुक्त केंद्र था। फिर नालंदा बौद्ध गुरुकुल हो

गया। दुर्भाग्य से भारत के तत्कालीन हिन्दू मानस ने बौद्ध आविष्कारों और बौद्ध पद्धत्ति के साथ अपने को उस तरह नहीं जोड़ा जिस तरह वे तक्षशिला के गुरुकुल के साथ जुड़ा महसूस करते थे। श्री गोपीनाथ कविराज ने लिखा है कि ईसाई द्वितीय शतक से लेकर द्वादश शतक तक भारत बौद्धमत का प्रमुख स्थान रहा है। इसके बावजूद बौद्ध दर्शन एवं धर्म का परिचय प्रायः लोगों को नहीं है। पूर्वकाल में भी इसका ज्ञान सब लोगों को नहीं था। साधारण जनता की बात तो दूर रही, बड़े-बड़े पण्डित भी इससे वंचित थे। इसका प्रधान कारण हिन्दू समाज में बौद्धों के प्रामाणिक ग्रन्थों के पठन-पाठन का अभाव था। ग्रन्थों के उपलब्ध होने पर भी व्यक्तिगत कुसंस्कारों तथा दूसरे मत या सम्प्रदाय के प्रति उपेक्षा भाव के कारण सहृदय आलोचना का अभाव था। बौद्ध धर्म में जीवन के आदर्श के संबंध में प्राचीन काल से ही दो मत रहे हैं - प्रथम, मलिन वासना के क्षय का सिद्धान्त है। इसका स्वाभाविक फल मुक्ति या निर्वाण है। दूसरा, वासना का शोधन है। इससे शुद्ध-वासना का आविर्भाव होता है और देह-शुद्धि होती है। देह-शुद्धि के द्वारा विश्व-कल्याण या लोक-कल्याण का सम्पादन किया जा सकता है। अंत में शुद्ध वासना भी नहीं रहती और पूर्णत्व या बुद्धत्व प्राप्त होता है। पहली दृष्टि स्थविरवादियों एवं दूसरी दृष्टि महायानियों का है। स्थविरवादी परंपरा जैन परंपरा एवं निर्गुण भक्ति साधना की परंपरा के ज्यादा नजदीक है जबकि महायानी परंपरा वृहतर हिन्दू समाज की मुख्यधारा का सहधर्मी रहा है। फलस्वरूप यह आश्चर्यजनक बात लगती है कि तत्कालीन हिन्दू समाज के प्रभु वर्ग ने नालंदा गुरुकुल को, तक्षशिला के नष्ट होने पर भी, अपनी आस्था और प्रेरणा का स्रोत नहीं बनाया। मौर्य साम्राज्य से लेकर शुंग वंश के शासन काल तक भारतीय संस्कृति में बौद्ध, जैन एवं हिन्दू सम्प्रदायों के बीच राज्य संस्था को एवं समाज व्यवस्था को चलाने की दृष्टि से काफी प्रतियोगिता रही है। मौर्य साम्राज्य के निर्माण से पहले तक इनके अनुयायियों में वर्गगत, समूहगत या समुदायगत विभाजन रूढ़ नहीं

हुआ था। मुनि, भिक्षु, ऋषि या संन्यासी तो सम्प्रदायों में विभक्त थे किन्तु आम जन गृहस्थ धर्म का पालन करते हुए स्थानीय मुनि, भिक्षु या संन्यासी, ऋषि के पास अपनी इच्छा, पसंद या आवश्यकतानुसार आया-जाया करते थे। सम्प्रदायों के बीच स्थानीय समुदाय या स्थानीय व्यवस्था को प्रभावित करने की दृष्टि से प्रतियोगिता अवश्य थी। इनमें सैद्धांतिक एकता तो आज तक बनी हुई है लेकिन व्यावहारिक रूप से इनके अनुयायियों के बीच भी साम्प्रदायिक विभाजन का आरंभ चन्द्रगुप्त मौर्य के समय से ही प्रारंभ हुआ। आचार्य चाणक्य की इच्छा के विरूद्ध सम्राट चन्द्रगुप्त खुद जैन मुनि हो गए। वाचिक परंपरा के अनुसार सम्राट बिन्दुसार हिन्दू परंपरा के रक्षक बने रहे लेकिन आचार्य चाणक्य का उन्होंने तिरस्कार किया। सम्राट अशोक ने कलिंग युद्ध के पश्चात् बौद्ध धर्म में दीक्षा लेकर मोगलीपुत्त तिष्य के मार्गदर्शन में बौद्ध धर्म के प्रचार-प्रसार में महत्त्वपूर्ण भूमिका निभायी। सम्राट अशोक के उत्तराधिकारी बौद्ध बने रहे। अंतिम मौर्य सम्राट बृहद्रथ की हत्या उनके सेनापति पुष्यमित्र शुंग ने की। शुंग वंश के शासनकाल में हिन्दू शास्त्रों के नये संस्करण बने और बौद्धमत की साम्प्रदायिक उपेक्षा शुरू हुई। पुष्यमित्र शुंग के प्रेरणास्रोत महर्षि पतंजलि माने जाते हैं। आचार्य नागार्जुन से आचार्य शंकर तक का काल परस्पर सम्मान से लेकर परस्पर उपेक्षा के मध्य साम्प्रदायिक संगठन एवं सैद्धांतिक एकता तथा सामाजिक समरसता का काल रहा है। आचार्य वाचस्पति मिश्र के काल से भगवान बुद्ध के प्रति व्यक्तिगत सम्मान तो बना रहा लेकिन उनके मत, उनकी पद्धति, उनके तकनीक तथा उनके नाम पर चलने वाले सम्प्रदायों के बारे में नासमझी और कुप्रचार बलवती होती गई। अंग्रेजी राज में इस नासमझी एवं कुप्रचार को अकादमिक संपोषण एवं सैद्धांतिक आधार दिया गया। 1958 में बाबा साहब डा. भीमराव अंबेडकर द्वारा अपने अनुयायियों सहित बौद्ध धर्म की दीक्षा लेने के बाद से निहित स्वार्थी समूहों ने दोनों सम्प्रदायों के बीच की खाई और चौड़ी करने की कोशिश शुरू की। आनंद कुमारस्वामी, जे.

कृष्णमूर्ति, ओशो रजनीश, दलाई लामा, भरतसिंह उपाध्याय एवं सत्यनारायण गोयनका जैसे व्यक्तियों के प्रभाव में बौद्ध परंपरा एवं हिन्दू परंपरा के बीच की एकता अब पुनः मजबूत हुई है। भारतीय संस्कृति में नालंदा और तक्षशिला को समान आदर से याद किया जाता है। परन्तु वाचिक परंपरा में अब भी यह तथ्य रेखांकित किया जाता है कि सिकन्दर के भारत में आक्रमण से पूर्व एवं मौर्य साम्राज्य स्थापित होने से पहले आचार्य चाणक्य तक्षशिला गुरुकुल को मगध में स्थानांतरित या पुनर्जीवित करना चाहते थे, नालंदा गुरुकुल को मजबूत करना या अपनाना उनका उद्देश्य नहीं था। चाणक्य ने नंद साम्राज्य के बदले मौर्य साम्राज्य की नींव डाली। पर गुरुकुल स्थानांतरित नहीं हुआ। साम्रज्य बनाना आसान होता है, गुरुकुल बनाना मुश्किल काम है। इतिहास लिखना आसान होता है, पुराण लिखना मुश्किल काम है। तक्षशिला गुरुकुल तो नष्ट हो गया पर वहाँ की किताबें कहाँ गई? इस प्रश्न का उत्तर खोजना काफी दिलचस्प हो सकता है।

एक मान्यता यह है कि अपने विश्व विजय के दौरान अपने बचपन के गुरु अरस्तू की प्रेरणा से प्रेरित सिकंदर पर्शिया (फारस) एवं उत्तर-पश्चिमी भारत के अपने सैनिक एवं राजनैतिक अभियान के दौरान अन्य चीजों के अलावे किताबों के संग्रह के प्रति भी काफी सचेत था। कुछ पुस्तकें तो सिकंदर के अभियान के तहत यूनान पहुँच गईं, जो बचा ली गईं उन पुस्तकों को तक्षशिला के पंडितों ने भारत के अन्य प्रदेशों में सुरक्षित रूप से संरक्षित कर लिया। परन्तु संस्थागत सहयोग न मिलने के कारण उनका अपेक्षित उपयोग नहीं हो पाया। दूसरी ओर नालंदा का गुरुकुल अपने बौद्ध स्वरूप में मुस्लिम आक्रमण शुरू होने से पहले तक न सिर्फ अस्तित्व में रहा बल्कि अपनी सीमा के अंदर काफी सक्रिय भी रहा। मुस्लिम आक्रमण के बाद नालंदा का बौद्ध विहार एवं गुरुकुल तो नष्ट कर दिया गया परन्तु इस परंपरा के सौभाग्य से नालंदा विश्वविद्यालय की ज्यादातर पुस्तकें सही समय पर तिब्बत में स्थानांतरित कर दी गईं

और संस्थागत सहयोग मिलने के कारण अपने तिब्बती स्वरूप एवं संस्करण में आज भी जीवंत बनी हुई हैं (डी. डी. कोशांबी एवं इंग्लस – हारवर्ड ओरियंटल सीरिज)।

इतिहास चक्र की विडंबना देखिये कि एथेंस में किताबें तो पहुँचीं पर विश्व विजय का स्वप्न देखने वाला सिकंदर वापस नहीं पहुँचा। रास्ते में ही उसकी मृत्यु हो गयी। राजा मर गया, पर सेनापति (सेल्युकस) जिंदा रहा। सेनापति बदलते रहे। सेनाएँ बदलती रहीं। साम्राज्य बनते और बिगड़ते रहे। अरस्तू के बाद रावण के यहाँ गुरु का महत्त्व गौण हो गया और गुरुकुल चलता रहा। गुरुकुल रूपी संस्था का महत्त्व बढ़ गया। संस्थाएँ सनातनता का बोध कराने लगीं, गुरु क्षणभंगुर चमत्कार के वाचक हो गए और रावण जीतता रहा। हम सभी सनातन परंपरा के भग्नावशेष हारते रहे। एथेंस के बाद रोम, फ्लोरेंस, कैंब्रिज/ऑक्सफोर्ड – अब हार्वर्ड बिजनेस स्कूल ... रावण की आत्मा – अमृत-कलश – गुरुकुल – शब्द ब्रह्म का रूपांतरण एवं स्थानांतरण होता रहा – पुनर्नवता बनी रही और वे उसी सनातन धर्म से जीतते रहे जिससे कभी हम जीतते थे। यह मत भूलिये वे हमारे सौतेले भाई हैं। खून का रिश्ता है हमारे बीच। एक ही पिता (कश्यप) की संतानें हैं हम सब। केवल माताएँ (दिति, दनु, अदिति) अलग हैं। विरासत में साझा अधिकार था हमारा। हमने दावा छोड़ दिया, उन्होंने नहीं छोड़ा। हमने निहत्थे, युद्ध न करने के शपथ से बंधे कृष्ण को पूजा की वस्तु बना लिया और दुर्योधन से प्रेरणा ले कर यादवी सेना (संगठन) बनाने की जुगत करते रहे। आंदोलन पर आंदोलन करते रहे। अब कृष्ण भी क्या करें? जो लोग व्याकरण भूल कर शब्दों और वाक्यों को मारने के लिए सेना और संगठन बनाते चलते हैं, उनके द्वारा पूजे जाने पर कृष्ण की क्या हालत होती होगी?

ऐसा नहीं था कि तक्षशिला के ध्वंस के बाद हमारे यहाँ गुरुकुल नहीं था। पर हमने नालंदा को बौद्ध संस्था मानकर उसे असनातन मान लिया। बुद्ध को वैष्णवों ने नौवाँ (नवम्) अवतार

मानकर पूजना शुरू कर दिया, पर बौद्ध संस्थाएँ सामाजिक प्रेरणा के बदले सामाजिक उपहास की चीज बनी रहीं। धीरे-धीरे समाज दो भागों में बँट गया। समाज के जिस हिस्से को बौद्ध संस्थाओं से प्रेरणा मिलती रही वे इस्लाम के आक्रमण तक उर्ध्ववान बनी रहीं। पर इस्लाम के आने के बाद बौद्ध संस्थाएँ दोहरे दबाव में दम तोड़ने लगीं।

मध्यकाल में भक्ति आंदोलन ने सनातन धर्म एवं संस्कृति को पुनर्जीवन दिया। वैदिक एवं श्रमण, हिन्दू एवं बौद्ध परंपराओं का द्वन्द्व समाप्त किया गया। कुछ संत तो हिन्दू-मुस्लिम एकता के लिए भी प्रयासरत हुए लेकिन सनातन भारतीय सभ्यता को संरक्षित-संवर्धित करने के लिए सम्प्रदाय निरपेक्ष गुरुकुल चाहिए था। भक्त संत भारतीय संस्कृति की रक्षा करने में तो सफल रहे परन्तु उनकी साम्प्रदायिक उपासना पद्धति सभ्यतामूलक विमर्श चलाने में सक्षम नहीं रह पायी। सभ्यता की रक्षा केवल व्यक्तिगत प्रतिबद्धता एवं साम्प्रदायिक उपासना के बल पर नहीं की जा सकती। इसके लिए केवल लोकसंस्कृति को बचाना काफी नहीं है। सभ्यता के संरक्षण-संवर्धन के लिए शास्त्र चाहिए, गुरुकुल चाहिए, प्रशिक्षित विशेषज्ञ चाहिए। सभ्यता के संरक्षण-संवर्धन के लिए सतोगुण, रजोगुण और तमोगुण तीनों का संतुलन चाहिए। ज्ञानमार्ग, भक्तिमार्ग और कर्ममार्ग तीनों का संतुलन चाहिए। एक 'व्यवस्था' चाहिए। 'व्यवस्था' और 'गुरुकुल' के अभाव में सभ्यतायें कमजोर होकर मरने लगती हैं। संतुलन के अभाव में व्यक्ति 'रावण' बन जाता है। रावण असंतुलित व्यक्ति है। उसके अलग-अलग गुण श्लाघनीय हैं लेकिन उसके पूरे व्यक्तित्व में असंतुलन है। रावण की दुष्टता का आधार उसका स्वभाव नहीं अधूरापन और असंतुलन है। जैसा कि महात्मा गाँधी ने अपनी महान कृति 'हिन्द स्वराज' में कहा है कि आधुनिक सभ्यता एक शैतानी सभ्यता है। आधुनिकता एक रोग है, एक कमजोरी है। इस आधुनिकता ने पारंपरिक रावण को समझने की शक्ति हमसे छीन ली है। हम रावण को अपने अंदर नहीं

देखकर अपने विरोधियों में ढूँढ़ने लगे हैं। यह असनातनी दृष्टि है। सनातनी दृष्टि में रावण हमारे समाज के अंदर है। वह हमारा सगा है। वह हमारी मध्यवर्गीय चेतना के अंदर है। हमें रावण ने जीता नहीं है, हमने उसे अतिथि का सम्मान दिया है। उसकी लंका की चमक-दमक ने हमें लालची बनाया है। हम भी अपने समाज को लंका बनाना चाहते हैं। हम भी लंकेश बनना चाहते हैं। यह चाहत स्वाभाविक नहीं है। यह हार्वर्ड बिजनेस स्कूल द्वारा फैलाया गया भ्रमजाल है। यही रावण की शक्ति का आधार है। यही उसकी नाभि का अमृत है। जब तक यह चाहत हममें कायम है रावण नहीं मरेगा। एनरॉन को मार लो या केंटुकी चिकेन को, कोकाकोला को मार लो या पेप्सी कोला को या मैकडोनाल्ड को मार लो। रावण तब तक जिन्दा रहेगा जब तक हार्वर्ड बिजनेस स्कूल जिन्दा है। उसका भ्रमजाल जिन्दा है, इस भ्रमजाल के शिकार लोग जिन्दा हैं, हमारे बीच जिन्दा हैं। उसको मारना संभव है। उसके लिए संकल्प लेना होगा। प्रायश्चित करना होगा। अपनी खोयी विरासत को पाने के लिए नयी स्मृति, नया व्याकरण और नया गुरुकुल चलाना होगा।

समकालीन भारतीय संदर्भ में खोयी विरासत पाने के लिए, नयी स्मृति या नया व्याकरण लिखने के लिए हमारा संबल क्या हो सकता है? हमारी प्रेरणास्रोत कौन हो सकते हैं? इन प्रश्नों का उत्तर देना आसान नहीं है। लेकिन स्वामी विवेकानंद और महात्मा गाँधी की ओर स्वाभाविक रूप से ध्यान जाता है। इस संदर्भ में अपनी पुस्तक 'हिन्द स्वराज की प्रासंगिकता' के अंतर्गत मैंने विस्तार से विवेचन किया है। यहाँ संक्षेप में इस पर चर्चा की जा सकती है।

विवेकानंद का मूल उद्देश्य पश्चिमी ज्ञान, विज्ञान एवं भौतिक संस्कृति को स्वदेशानुकुल करना था ताकि इस देश के प्रभुवर्ग और पश्चिम के प्रभुवर्ग में एक पुल बन सके। इस प्रक्रिया में उन्होंने पश्चिमी ज्ञान-विज्ञान एवं भारतीय वेदांत के बीच समन्वय की बात की। यह समन्वय प्रभुवर्ग-मध्यवर्ग तकनीक-ज्ञान-विज्ञान के क्षेत्र के विशेषज्ञों एवं पेशेवरों के बीच होनी थी। बाद में श्रीअरविन्दो, महेश

योगी, दीपक चोपड़ा और श्रीश्री रविशंकर आदि ने भी इसी प्रक्रिया को आगे बढ़ाया।

विवेकानंदजी का जोर हिन्दू समाज की पारंपरिक संस्थाओं के संरक्षण, पोषण एवं संवर्धन की जगह नई संस्थाओं के निर्माण और नये मूल्यों के विकास पर था। वे पारंपरिक हिन्दू मूल्यों और पारंपरिक हिन्दू संस्थाओं को समकालीन समय के अनुकूल नहीं मानते थे। उनकी चिंता हिन्दू जाति (प्रजाति) के भविष्य के प्रति थी। हिन्दू संस्थाओं, संस्कृति एवं मूल्यों का वे युगानुकूलन करना चाहते थे। उनको लगता था कि अगर हिन्दू जाति पश्चिमी तकनीक विज्ञान एवं प्रबंधन को अपना ले और अद्वैत-वेदांत के साथ इनका समन्वय कर ले तो हिन्दू जाति आधुनिक युग की मुख्य धारा को प्रभावित कर सकती है। हम विश्वगुरु बन सकते हैं। पूरी दुनिया में परम वैभव आ सकता है।

विवेकानंदजी के प्रकाशित साहित्य के गहन अध्ययन के दौरान उनमें परम वैभव के बारे में, पश्चिमी ज्ञान-विज्ञान या प्रबंधन के बारे में या वेदांत के बारे में एक 'भोला विश्वास' या 'सहज विश्वास' का भाव ज्यादा दिखता है। इन चीजों के बारे में विवेकानंदजी की समझ समकालीन पश्चिमी विमर्श (प्राच्यवाद एवं भारतविद्या अध्ययन) से ज्यादा प्रभावित थी और पारंपरिक स्रोतों पर कम आधारित थी। आज कल की भाषा में कहें तो उन्हें ठीक-ठीक पता नहीं था कि उन्हें कैसा भारत चाहिए? या पश्चिमी ज्ञान-विज्ञान एवं भारतीय वेदांत के समन्वय के पश्चात् आखिर कैसे, किस तरह, कब और किसके लिए परम वैभव आयेगा? पश्चिमी विमर्श के केन्द्र में लोकमंगल की अवधारणा नहीं है।

गाँधीजी का मूल उद्देश्य पूर्व और पश्चिम की लोकसंस्कृति को संरक्षण एवं संवर्धन देना था। समन्वय यहाँ भी है। समकालीन भारतीय संस्कृति एवं परिस्थिति में स्वावलंबन का संस्कार विकसित करने के लिए पश्चिम की वैकल्पिक संस्कृति से प्रेरणा लेकर पश्चिमी आधुनिकता का विकल्प पैदा करने का प्रयास यहाँ भी है।

विवेकानंदजी का जोर व्यक्ति निर्माण पर है। वे आधुनिक पश्चिमी सभ्यता को सनातन धर्म की ही अधूरी अभिव्यक्ति मानते हैं। इस आधुनिक सभ्यता को पूर्णता देने के लिए वे वेदांत की शिक्षा पर बल देते हैं। आधुनिक मनुष्य एक व्यक्ति के रूप में वेदांत से बहुत कुछ सीख सकता है।

गाँधीजी आधुनिक पश्चिमी सभ्यता को शैतानी रचना मानते हैं। वे यही मानते हैं कि इस सभ्यता से किसी का भला नहीं हो सकता। वे पारंपरिक सभ्यता और पारंपरिक लोकसंस्कृति के पक्षधर हैं। गाँधीजी का विमर्श संस्कृतिमूलक है जबकि स्वामी विवेकानंद का विमर्श व्यक्तिमूलक और सभ्यतामूलक है। गाँधीजी विशेषज्ञों की विशिष्ट जमात की जगह आम स्त्री-पुरुषों की स्वावलंबी संस्कृति के पक्षधर थे। दोनों ही आस्तिक थे। दोनों ही सनातनी थे परन्तु दोनों का मार्ग अलग था। एक प्रवृत्तिमार्गी तथा व्यक्तिवादी थे तो दूसरे प्रवृत्ति मार्गी एवं सामूहिकतावादी। परंपरा में सामान्यतः प्रवृत्तिमार्ग और सामूहिकता एवं निवृत्तिमार्ग एवं व्यक्तिवाद साथ चलते हैं। दोनों ने परंपरा में बदलाव करना चाहा। यही इनकी मौलिकता थी और यही सीमा भी। इन दोनों के विपरीत एक तीसरी विचारधारा भी इस देश में रही है जिसका नेतृत्व करपात्रीजी महाराज एवं निरंजन देव तीर्थ जैसे व्यक्ति करते रहे हैं। इन्हें आदर्शवादी भी कहा जाता है और कलावादी भी। ये लोग व्यवहार को महत्त्वहीन एवं आदर्श को महत्त्वपूर्ण मानते हैं। ये लोग किताबी आदर्श एवं अवधारणाओं की वकालत करते हैं। इनका मानना है कि पारंपरिक संस्थाओं और अवधारणओं के आधार पर पश्चिम से एवं भारतीय सुधारवादियों से मुकाबला किया जा सकता है। लेकिन यह मुकाबला कौन करेगा? ये पारंपरिक संस्थायें कहाँ, किस हद तक और किस क्षेत्र में कायम हैं, इसकी पड़ताल इस विचारधारा के लोग नहीं करते। ये लोग रीतियों और कुरीतियों में अंतर नहीं करते। ये लोग भारतीय समाज में पायी जाने वाली हर अच्छी-बुरी चीज को जायज ठहराते हैं। लेकिन खुद व्यक्तिगत, पारिवारिक, व्यावहारिक एवं सामाजिक जीवन में ये लोग

अपने आदर्शों पर टिकने की बजाय 'परिस्थितिवश' या 'आपद्धर्म' का निर्वाह करते हुए समाज में प्रचलित एवं लोकप्रिय पश्चिमी सुविधाओं, संस्थाओं एवं रीति-रिवाजों का उपयोग करने में किसी से पीछे नहीं रहते। कुल मिलाकर इनकी कथनी और करनी, इनके आदर्श एवं इनके व्यवहार, भारत के बारे में इनके सिद्धांत एवं भारत की समकालीन स्थिति, परिस्थिति एवं मनःस्थिति में अच्छी-खासी दूरी एवं असंबद्धता रही है। फलस्वरूप यह विचारधारा लोक में प्रिय नहीं है।

भारत और चीन दोनों ने स्वतंत्रता आस-पास ही पाया था। भारत ने 1947 में और चीन ने 1949 में। दूसरा बड़ा परिवर्तन भी आस-पास ही हुआ था - भारत में 1977 में और चीन में 1978 में। लेकिन चीन 1978 से लगातार अपने पथ पर बढ़ता गया जबकि भारत में 1977 से 1990 तक अनिश्चितता बनी रही। 1991 से 1998 तक देश में राजनीतिक अनिश्चितता के बावजूद आर्थिक नीतियों में निरंतरता बनी रही। 1998 से 2004 तक देश में राजनीतिक और आर्थिक निरंतरता बनी रही। 2004 से आर्थिक निरंतरता तो है लेकिन 2008 से विदेश नीति के फ्रंट पर राजनीतिक अनिश्चितता बनी हुई है।

गाँधी और माओ में कई समानताएँ हैं। नेहरू और देंग में भी कई समानताएँ हैं। लेकिन एक बड़ा अंतर यह है कि गाँधी केवल दार्शनिक एवं जननेता थे। देश का प्रशासन गाँधी की नीतियों पर नहीं चला। जबकि माओ दार्शनिक, जननेता एवं प्रशासक तीनों थे। उसी तरह नेहरू जननेता और प्रशासक थे परन्तु दार्शनिक नहीं थे। उन्होंने अपने प्रशासन और नीतियों का कोई स्वतंत्र दर्शन प्रस्तुत नहीं किया है। उलटे वे महात्मा गाँधी को अपना गुरु और दार्शनिक मानते रहे। उन्होंने हमेशा यही कहा कि वे महात्मा गाँधी के विरासत के वारिस हैं और कई बार व्यावहारिक कठिनाइयों की वजह से बापू के आदर्शों को लागू नहीं कर पाते। उन्होंने एक-दो मुद्दों पर व्यक्तिगत पत्राचार में महात्मा गाँधी से अलग दृष्टि भी प्रस्तुत किया

परन्तु सार्वजनिक रूप से वे बापू से बहस करने की बजाय उनके अनुयायी बने रहे। इसके विपरीत देंग दार्शनिक, जननेता और प्रशासक तीनों थे। उन्होंने अपने प्रशासन और नीतियों को एक सैद्धांतिक आधार दिया। माओ की नीतियों से अपनी सैद्धांतिक असहमति को भी प्रस्तुत किया। माओ की उपलब्धियों को एक स्तर पर स्वीकार करते हुए भी उन्होंने समकालीन चीनी समाज, अर्थव्यवस्था, संस्कृति एवं सभ्यता के लिए माओ की नीतियों तथा सिद्धांतों में गुणात्मक लेकिन क्रमिक, संरचनात्मक सुधार की वकालत की। इसका एक सफल परिणाम यह रहा कि देंग के स्वैच्छिक सेवा-निवृत होने और काल-क्रम में उनकी मृत्यु के बाद भी चीन में उनकी आर्थिक, राजनैतिक, तकनीकी एवं सांस्कृतिक नीतियों को उनके अनुयायी अब तक मानते रहे हैं। जिस तरह अपने जीवन में ही देंग ने स्वेच्छा से एक-एक करके क्रमिक सेवा निवृत्ति ली (पद और अधिकार छोड़ा) और योग्य उत्तराधिकारियों को महत्त्वपूर्ण पदों पर स्थापित करते गये वह एशिया के आधुनिक इतिहास के लिए नयी घटना और नया मानदंड है। उन्होंने अपने व्यक्तित्व की जगह अपने सिद्धांतों को स्थापित किया।

पश्चिमी परंपरा और चीन के विपरीत हमारे यहाँ दार्शनिकता, जनाकांक्षा एवं प्रशासकीय रणनीतियों में पिछले वर्षों में कोई जीवंत संबंध नहीं रहा है। हमारे यहाँ के समकालीन दार्शनिकों को न तो जनाकांक्षा से मतलब है और न प्रशासकीय मॉडेल निर्माण से। विश्वविद्यालय के बुद्धिजीवी पश्चिमी विश्वविद्यालय और यूरोपीय ज्ञानोदय से जुड़ कर आत्ममुग्ध रहते हैं। समाज के चिंतकों के कुछ उदाहरण हम उपरोक्त चर्चा में देख ही चुके हैं। चाहे विवेकानंदजी हों या महात्मा गाँधी, जवाहरलाल नेहरू हों या करपात्रीजी महाराज या फिर देश के अन्य चिंतक (जैसे श्रीअरविंदो, डा. अंबेडकर, आचार्य नरेन्द्र देव, लोहियाजी या जयप्रकाश नारायण), इनमें एक साथ दार्शनिकता, जनाकांक्षा एवं प्रशासकीय चुनौती से निबटने के लिए सभ्यतामूलक सिद्धांत, व्यावहारिक पद्धितयाँ और

सर्वसमावेशक लोकमंगल या सर्वोदय की प्राप्ति के लिए जमीनी रणनीतियाँ स्थूल रूप से विकसित अवस्था में नहीं हैं। एक सीमित दृष्टि से सभी उपयोगी हैं लेकिन सभ्यता का पुनरोद्धार सनातनी गुरुकुल की पुनर्स्थापना से ही होगा। केवल व्यक्तिगत पुरुषार्थ और तात्कालिक आग्रह या वर्गगत, जातिगत या पेशेवर आंदोलन से रावण नहीं मरेगा। भारत का परम वैभव सभ्यतामूलक गुरुकुल और सनातन धर्म पर आधारित सर्वोदय की प्राप्ति के लिए स्वराजी आंदोलन से आयेगा।

संदर्भ ग्रंथ

अभिनवगुप्त

- 2002, श्रीतन्त्रालोकः, अनुवादक राधेश्याम चतुर्वेदी, चौखम्बा विद्याभवन, वाराणसी।
- 2002, तन्त्रसारः 'नीरक्षीरविवेक' - हिन्दीभाष्यसंवलितः, दो भाग, अनुवादक परमहंस मिश्र, चौखम्बा सुरभारती प्रकाशन, वाराणसी।

अहमद, इम्तियाज, आदि, (सं.), 2000, प्लुरलिज्म ऐण्ड इक्वैलिटी इन साउथ एशिया, सेज प्रकाशन, नई दिल्ली।

आत्रेय, भीखनलाल, 1986, योगवासिष्ठ और उसके सिद्धान्त, श्रीकृष्ण-जन्मस्थान सेवा-संस्थान, मथुरा।

ओझा, मधुसूदन

- 1990, ब्रह्मविज्ञान, राजस्थान पत्रिका प्रकाशन, जयपुर।
- 1990, ब्रह्म सिद्धांत, अनुवादक देवीदत्त शर्मा चतुर्वेदी, राजस्थान पत्रिका प्रकाशन, जयपुर।

इकबाल, मुहम्मद, 1996, इस्लाम में धार्मिक चिन्तन की पुनर्रचना, राधाकृष्ण प्रकाशन प्राइवेट लिमिटेड, नई दिल्ली।

उपाध्याय, पं दीनदयाल, 2001, राष्ट्र-चिन्तन, लोकहित प्रकाशन, लखनऊ।

उपाध्याय, भगवत शरण, 1980, भारतीय कला की भूमिका, पीपुल्स पब्लिशिंग हाउस, नई दिल्ली।

उपाध्याय, भरतसिंह, 1996, बौद्धदर्शन तथा अन्य भारतीय दर्शन, दो भागों में, मोतीलाल बनारसी दास पब्लिशर्स प्राइवेट लिमिटेड, दिल्ली।

उपाध्याय, बलदेव, 2000, भारतीय धर्म और दर्शन, चौखम्भा पब्लिशर्स, वाराणसी।

करपात्रीजी

- 2003, भक्ति-सुधा, राधाकृष्ण धानुका प्रकाशन संस्थान, मथुरा।
- 2003, श्रीभागवत-सुधा, राधाकृष्ण धानुका प्रकाशन संस्थान, मथुरा।

कृपलानी, कृष्ण, 2004, गाँधी - एक जीवनी, नेशनल बुक ट्रस्ट, नई दिल्ली।

कबीर, हुमायुँ, 1946, आवर हेरिटेज, नेशनल इंफॉरमेशन ऐण्ड पब्लिकेशंस लिमिटेड, मुंबई।

कविराज, गोपीनाथ
- 1984, भारतीय साधना की धारा, बिहार राष्ट्रभाषा परिषद्, पटना।
- 1996, सनातन साधना की गुप्तधारा, विश्वविद्यालय प्रकाशन, वाराणसी।

कर्वे, ईरावती, 1968, किनशिप ऑर्गनाइजेशन इन इंडिया, एशिया पब्लिशिंग हाउस, मुंबई।

कुमार, धर्म, मुखर्जी, दिलीप, (सं.), 1998, दिल्ली स्कूलः रिफ्लेक्शन ऑन द दिल्ली स्कूल ऑफ इकोनौमिक्स, ऑक्सफोर्ड यूनिवर्सिटी प्रेस, दिल्ली।

गाँधी, मो. क.
- 1999, हिन्द स्वराज, अनुवादक अमृतलाल ठाकोरदास नाणवटी, नवजीवन प्रकाशन मंदिर, अहमदाबाद।
- 2002, धर्म नीति, सस्ता साहित्य मण्डल प्रकाशन, इलाहाबाद।

गाँधी मार्ग (सितम्बर-अक्टूबर 1995, अंक-5), गाँधी शांति प्रतिष्ठान, दिल्ली।

गुप्त, गणपतिचन्द्र, 2003, साहित्यिक निबंध, लोकभारती, इलाहाबाद।

गुप्त, महेन्द्र नाथ, 2003, श्रीरामकृष्ण वचनामृत (प्रथम एवं द्वितीय भाग), हिन्दी अनुवाद - सूर्यकांत त्रिपाठी 'निराला', रामकृष्ण मठ, नागपुर।

गोयन्का, सत्यनारायण, 2003, राजधर्म - कुछ ऐतिहासिक प्रसंग, बुद्धवाणी के परिप्रेक्ष्य में, विपश्यना विशोधन विन्यास, इगतपुरी।

गोरे, एम. एस., 2002, युनिटी इन डाइवर्सिटी : दि इंडियन एक्सपीरिएन्स इन नेशन-बिल्डिंग, रावत प्रकाशन, जयपुर।

घुर्ये, जी. एस., 1950, कास्ट ऐंड क्लास इन इंडिया, पोपुलर प्रकाशन, बंबई।

चतुर्वेदी, गिरिधर शर्मा, 2000, वैदिक विज्ञान और भारतीय संस्कृति, बिहार-राष्ट्रभाषा-परिषद्, पटना।

चतुर्वेदी, परशुराम, 1972, उत्तर भारत की संत परंपरा, भारती भंडार, इलाहाबाद।

चतुर्वेदी, मिथिलेश, (अनु.), 1992, शब्दार्थमीमांसा, सम्पूर्णानन्द संस्कृत विश्वविद्यालय, वाराणसी।

चतुर्वेदी, रामस्वरूप
- 1998, हिन्दी साहित्य और संवेदना का विकास, लोकभारती प्रकाशन, इलाहाबाद।

– 2003, हिन्दी काव्य-संवेदना का विकास, लोकभारती प्रकाशन, इलाहाबाद।

चट्टोपाध्याय, देवीप्रसाद, 2001, प्राचीन भारत में विज्ञान और समाज, ग्रंथ शिल्पी, नई दिल्ली।

जायसवाल, सुवीरा, 1996, वैष्णव धर्म का उद्भव और विकास, ग्रंथ शिल्पी, नई दिल्ली।

जैन, गोकुलचन्द्र, (सं.), 1983, संकाय पत्रिका श्रमणविद्या – भाग 1 एवं 2, सम्पूर्णानन्द संस्कृत विश्वविद्यालय, वाराणसी।

जैन, शोभिता, 1996, भारत में परिवार, विवाह और नातेदारी, रावत प्रकाशन, जयपुर।

झुनझुनवाला, लक्ष्मीनिवास, 2004, विश्व धर्मसम्मेलन, प्रभात प्रकाशन, दिल्ली।

ड्यूमों, लुई, 1970, होमो-हाइरारकिकस : द कास्ट सिस्टम ऐण्ड इट्स इम्पलिकेशंस, विकास पब्लिकेशंस, नई दिल्ली।

तिलक, बाल गंगाधर, 2002, श्रीमद्भगवद्गीतारहस्य अथवा कर्मयोगशास्त्र, हिन्दी अनुवाद माधवरावजी सप्रे, तिलक बंधु, पुना।

तिरुवल्लवर, संत, 1989, तमिल वेद, सस्ता साहित्य मण्डल, नई दिल्ली।

तिवारी, रामचन्द्र, (सं.), 2003, रामचन्द्र शुक्ल संचयिता, वाणी प्रकाशन, नई दिल्ली।

द्विवेदी, दशरथ, (सं.), 2000, अभिनव रस सिद्धान्त, विश्वविद्यालय प्रकाशन, वाराणसी।

द्विवेदी, हजारी प्रसाद, 1995, पुनश्च, किताब घर, नई दिल्ली।

धनाग्रे, डी. एन., 1993, थीम्स एण्ड पर्सपेक्टिव इन इंडियन सोशियोलौजी, रावत प्रकाशन, जयपुर।

धर्मपाल
– 1994, भारत का स्वधर्म, वाग्देवी प्रकाशन, बीकानेर।
– 2003, भारत की पहचान धर्मपाल की दृष्टि में, सिद्ध, मसूरी।

धर्मपाल से उदयन वाजपेयी की बातचीत, 2003, स्मृति, मति और प्रज्ञा, वाणी प्रकाशन, नई दिल्ली।

नगेन्द्र, 1996, विश्व साहित्य शास्त्र, किताब घर, नई दिल्ली।

परळीकर, सच्चिदानंद, 2002, लोकनायक समर्थगुरु रामदास, लोकभारती, इलाहाबाद।

पांडे, गोविन्द चन्द्र
- 1986, भारतीय परंपरा के मूल स्वर, नेशनल पब्लिशिंग हाउस, नई दिल्ली।
- 1990, बौद्ध धर्म के विकास का इतिहास, उत्तर प्रदेश हिन्दी संस्थान, लखनऊ।

पाण्डेय, बी. एन., 1993, भारतीय संस्कृति व मुगल विरासत : औरंगजेब के फरमान, हिन्दी अकादमी, दिल्ली।

पाण्डेय, मैनेजर, 2005, आलोचना की सामाजिकता, वाणी प्रकाशन, नई दिल्ली।

पाण्डेय, रामचन्द्र, 1969, भारतीय दर्शन की भूमिका, मोतीलाल बनारसीदास, दिल्ली।

पाण्डेय, रामलग्न 'विशारद', 1986, शिव पुराण भाषा, ठाकुर प्रसाद पुस्तक भण्डार, वाराणसी।

पारेख, नगीनदास, (सं.), 1974, अभिनव का रस-विवेचन, विश्वविद्यालय प्रकाशन, वाराणसी।

पुषराज, 1994, सनातन धर्म और महात्मा गाँधी, श्रीविनायक प्रकाशन, दिल्ली।

पैट्रिसिया, उबेराय, (सं.), 1994, फैमिली, किनशिप ऐण्ड मैरिज इन इंडिया, ओ. यू. पी., दिल्ली।

बनवारी
- पंचवटी, श्रीविनायक प्रकाशन, दिल्ली।
- महारास : प्रकृति, उत्सव और समाज, श्रीविनायक प्रकाशन, दिल्ली।

भगवद्दत्त, पण्डित, 2004, निरुक्त शास्त्रम्, रामलाल कपूर ट्रस्ट, हरियाणा।

भारतीय, भवानीलाल
- (सं.), 2002, युग-प्रवर्तक स्वामी दयानन्द, आर्य प्रकाशन मंडल, दिल्ली।
- (सं.), 2004, योगिराज श्रीकृष्ण, आर्य प्रकाशन मंडल, दिल्ली।

मनोहरलाल, (सं.), 1991, गुलेरी रचनावली, धर्म और समाज, किताब घर, नई दिल्ली।

मशरूवाला, कि. घ., 1959, शिक्षा में विवेक, नवजीवन प्रकाशन मन्दिर, अहमदाबाद।

माधवाचार्य, 2001, सर्व दर्शन संग्रह, अनुवादक उमाशंकर शर्मा, चौखम्बा विद्याभवन, वाराणसी।

मलिक, एस. सी., 1975, अन्डरस्टैंडिंग इंडियन सिविलाइजेशन : ए फ्रेमवर्क ऑफ इनक्वायरी, इंडियन इन्स्टीच्युट ऑफ एडवांस्ड स्टडी, शिमला।

मिश्र, विद्यानिवास
- 1973, रीतिविज्ञान - सर्जनात्मक समीक्षा का नया आयाम, राधाकृष्ण प्रकाशन, दिल्ली।
- 1979, हिन्दू धर्म जीवन में सनातन की खोज, राधाकृष्ण प्रकाशन, नई दिल्ली।
- 1989, भारतीयता की पहचान, वाणी प्रकाशन, नई दिल्ली।
- (सं.), 1993, राहुल चयनिका, नेशनल बुक ट्रस्ट, नई दिल्ली।
- 2000, लोक और लोक का स्वर, प्रभात प्रकाशन, नई दिल्ली।
- 2003, रागबोध और रस, वाणी प्रकाशन, नई दिल्ली।

मित्र, अशोक, 1995, पश्चिम यूरोप की चित्रकला, नेशनल बुक ट्रस्ट, नई दिल्ली।

मुखर्जी, रामकृष्ण, 1979, सोशियोलॉजी ऑफ इंडियन सोशियोलॉजी, एलाइड पब्लिशर्स, नई दिल्ली।

रवीन्द्रनाथ, 1990, रवीन्द्रनाथ के निबन्ध, भाग 1, 2 एवं 3, साहित्य अकादमी, नई दिल्ली।

रामतीर्थ, स्वामी, 1991, सनातन धर्म, श्री रामतीर्थ प्रतिष्ठान, लखनऊ।

रामस्वरूप, 1994, हिन्दू धर्म बौद्ध धर्म समान आधार (बौद्ध धर्म एवं हिन्दू धर्म का परस्पर संबंध), विश्व बौद्ध सांस्कृतिक प्रतिष्ठान, नई दिल्ली।

राव, यू. आर. तथा प्रभु, आर. के., (सं.), 2002, महात्मा गाँधी के विचार, नेशनल बुक ट्रस्ट, नई दिल्ली।

रिज़ले, हरबर्ट, 1925/1969, द पिपुल ऑफ इंडिया, ओरिएंटल बुक रिप्रिन्ट कारपोरेशन, नई दिल्ली।

लाजपतराय, लाला, 2003, छत्रपति शिवाजी, हिमाचल पुस्तक भंडार, दिल्ली।

लोढ़ा, कल्याणमल और मिश्र, वसुन्धरा, (सं.), 2002, धर्म, दर्शन और विज्ञान में रहस्यवाद, विश्वविद्यालय प्रकाशन, वाराणसी।

वर्मा, निर्मल, 1991, भारत और यूरोप : प्रतिश्रुति के क्षेत्र, राजकमल प्रकाशन, नई दिल्ली।

वाजपेयी, नन्ददुलारे, 1997, रस सिद्धांत, प्रकाशन संस्थान, नई दिल्ली।

विनोबा, 1995, गीता-प्रवचन, सर्व-सेवा-संघ-प्रकाशन, वाराणसी।

विद्यावारिधि, धर्मवीर, 1989, वैदिक-निघराटु-सड्.ग्रहः, प्राच्य-विद्यानुसन्धान केन्द्र, दिल्ली।

विवेकानंद, स्वामी, 2002, विवेकानन्द साहित्य (खंड 1 से 10), अद्वैत आश्रम कोलकाता।

शर्मा, अमित कुमार
– 2003, भारतीय समाज की संरचना, एन.सी.ई.आर.टी., नई दिल्ली।
– 2005, हिन्द स्वराज की प्रासंगिकता, कौटिल्य प्रकाशन, नई दिल्ली।
– 2011, भारतीय समाजशास्त्र के प्रमुख सम्प्रदाय, डी. के. प्रिंटवर्ल्ड, नई दिल्ली।

शर्मा, एस. एल. एवं उम्मेन, टी. के., (सं.), 2000, नेशन ऐण्ड नेशनल आईडेंटिटी इन साउथ एशिया, ओरियेंट लौंगमैन, दिल्ली।

शुक्ल, रामचन्द्र, संवत् 2048, रस मीमांसा (सं., विश्वनाथ प्रसाद मिश्र), नागरीप्रचारिणी सभा, काशी।

शर्मा, रामविलास, (सं.), 1985, लोकजागरण और हिन्दी साहित्य, आचार्य रामचन्द्र शुक्ल, वाणी प्रकाशन, नई दिल्ली।

शास्त्री, मोतीलाल, 1995, अथर्ववेदीय-प्रश्नोपनिषत्-हिन्दीविज्ञानभाष्य, राजस्थान पत्रिका प्रकाशन, जयपुर।

शाह, ए. एम.
- 1974, द हाउसहोल्ड डाइमेनशंस ऑफ द फैमिली इन इंडिया, ओरिएंट लौंगमैन, दिल्ली।
- 1998, द फैमिली इन इंडिया : क्रिटिकल एसेज, ओरिएंट लौंगमैन, दिल्ली।

श्री गुरुजी समग्र संकलन समिति, माध कृष्ण एकादशी युगाब्द 5106, श्री गुरुजी समग्र, खंड 1 से 12, डा. हेडगेवार स्मारक समिति, नागपुर।

''श्री गुरुजी''(मा. स. गोलवलकर), 1991, राष्ट्र, जानकी प्रकाशन, नई दिल्ली।

सप्रे, ना. वि.
- 2000, महाराष्ट्र के संत-महात्मा, अनुराग प्रकाशन, वाराणसी।
- 2005, समर्थ रामदास, अनुराग प्रकाशन, वाराणसी।

सरस्वती, प्रत्यगात्मानन्द,1992, वेद व विज्ञान, विश्वविद्यालय प्रकाशन, वाराणसी।

सहस्रबुद्धे, पु. ग., 2003, हिन्दू-समाज : संघटन और विघटन, विश्वविद्यालय प्रकाशन, वाराणसी।

सहगल, मनमोहन, (अनु.), 1995, आदि श्री गुरु ग्रन्थ साहिब, खण्ड 1 से 4, भुवन वाणी ट्रस्ट, लखनऊ।

सिंह, केदारनाथ, 2003, कब्रिस्तान में पंचायत, राधाकृष्ण, दिल्ली।

सिंह, के. एस., 1993, द पिपुल ऑफ इंडिया, नेशनल सीरीज; वौल्युम्स ऑन शिडयूल्ड कास्ट्स एंड शिड्यूल्ड ट्राइब्स, ओ. यू. पी., नई दिल्ली।

सिंह, नामवर, (सं.), 1991, कार्ल मार्क्स, कला और साहित्य चिंतन, राजकमल प्रकाशन, नई दिल्ली।

सिंह, योगेन्द्र
- 1993, सोशल चेन्ज इन इंडिया, हरआनन्द प्रकाशन, नई दिल्ली।
- 1999, सोशल स्ट्रेटिफिकेशन ऐन्ड चेन्ज इन इंडिया, मनोहर, नई दिल्ली।

सिंह, रामलाल, संवत् 2026, आचार्य शुक्ल के समीक्षा सिद्धांत, नागरीप्रचारिणी सभा, काशी।

हालदार, मोहितकुमार, 2000, भारतीय नवजागरण और पुनरुत्थानवादी चेतना, ग्रंथ शिल्पी (इंडिया) प्राइवेट लिमिटेड, नई दिल्ली।

त्रिपाठी, जयशंकर लाल, 1985, काशिका न्यास-पदमञ्जरी-भावबोधिनी-संहिता, भाग 1 से 10, तारा बुक एजेन्सी, वाराणसी।

त्रिवेदी, भवानीशंकर, (सं.), 1992, भारत की विश्व को देन, राजधानी ग्रंथागार, नई दिल्ली।

Bibliography

Abhedananda, Swami, 1971, The Complete Works of Swami Abhedananda (in Ten Volumes), Ramakrishna Vedanta Math, Calcutta.

Ahmed, Akabar S. and Hart, David M., (eds.), 1984, Islam in Tribal Societies from the Atlas to the Indus, Routledge & Kegan Paul, London.

Alvares, Claude, 1991, Decolonizing History, Technology and Culture in India, China and the West (1492 to the Present Day), The Other India Press, Goa.

Appadorai, A., 1987, Indian Political Thinking in the Twentieth Century, South Asian Publishers P. Ltd., New Delhi.

Aurobindo, Sri
- 1993, Essays on the Gita, Sri Aurobindo Society, Pondicherry.
- 1996, On Nationalism, Sri Aurobindo Ashram, Pondicherry.
- 1998, The Foundations of Indian Culture, Sri Aurobindo Ashram, Pondicherry.

Baird, Robert D., 2001, Religion in Modern India, Manohar, New Delhi.

Balachandran, G., 2003, India and the World Economy (1850-1950), Oxford University Press, New Delhi.

Bali, Dev Raj, 1984, Modern Indian Thought, Sterling Publishers P. Ltd., New Delhi, Jalandhar, Bangalore.

Barth, A., 1995, The Religions of India, Low Price Publication, Delhi.

Beauchamp, Henry K. and Dubois, Abbe J.A., 1999, Hindu Manners, Customs and Ceremonies, Low Price Publication, Delhi.

Bhargava, Rajeev, (ed.), 1998, Secularism and its Critics, Oxford University Press, New Delhi.

Mohanty, J.N., 1995, Essays on Indian Philosophy - Traditional and Modern, Oxford University Press, New Delhi.

Blavatsky, H. P., 1980, Studies in Occultism, New Age Books, New Delhi.

Bhattacharya, Sabyasachi, (ed.), 1999, The Mahatma and the Poet : Letter and Debates between Gandhi and Tagore (1915-1941), National Book Trust, India.

Borden, Carla M., (ed.), 1989, Contemporary India : Essays on the Uses of Tradition, Oxford University Press, New Delhi.

Bose, Nirmal Kumar

- 1948, Selections from Gandhi, Navajivan Publishing House, Ahmedabad.
- 1972, Studies in Gandhism, Navajivan Publishing House, Ahmedabad.
- 1974, My Days with Gandhi, Orient Longman Limited, New Delhi.

Chandra, Bipan, 1984, The Rise and Growth of Economic Nationalism in India, New Delhi.

Chandra, Bipan, Mukherjee, Mridula, Mukherjee, Aditya, Panikkar, K.N., Mahajan, Sucheta, 1989, India's Struggle for Independence (1857-1947), Penguin Books (India) Ltd., New Delhi.

Chaturvedi, Badrinath, 1993, Dharma : India and the World Order, Saint Andrew Press, UK.

Chetananda, Swami, (ed.), 1996, Swami Vivekananda : Vedanta Voice of Freedom, Advaita Ashrama, Calcutta.

Cohn, Bernard S., 1997, Colonialism and its Forms of Knowledge : The British in India, Oxford University Press, New Delhi.

Coomaraswamy, Ananda K.

- 1978, Spiritual Authority and Temporal Power in the Indian Theory of Government, Munshiram Manoharlal Publishers Pvt. Ltd., New Delhi.
- 1981, Figures of Speech or Figures of Thought, Munshiram Manoharlal Publishers Pvt. Ltd., New Delhi.
- 1981, Essays in National Idealism, Munshiram Manoharlal Publishers Pvt. Ltd., New Delhi.
- 1989, Time and Eternity, Select Books, Bangalore.
- 1994, Art and Swadeshi, Munshiram Manoharlal Publishers Pvt. Ltd., New Delhi.
- 1994, The Transformation of Nature in Art, Munshiram Manoharlal Publishers Pvt. Ltd., New Delhi.
- 1996, Hinduism and Buddhism, Munshiram Manoharlal Publishers Pvt. Ltd., New Delhi.
- 1999, Introduction to Indian Art, Munshiram Manoharlal Publishers Pvt. Ltd., New Delhi.
- 2002, A New Approach to The Vedas : An Essay in Translation and Exegesis, Munshiram Manoharlal Publishers Pvt. Ltd., New Delhi.
- 2004, The Indian Craftsman, Munshiram Manoharlal Publishers Pvt. Ltd., New Delhi.

Dallmayr, Fred, Devy, G.N., (eds.), 1998, Between Tradition and Modernity - India's Search For Identity, Sage Publication, New Delhi.

Das, Bhagavan, 1990, Essential Unity of All Religions, Bhartiya Vidya Bhawan, Bombay.

Derrida, Jacques, 2003, Writing and Difference, Routledge, London.

Desai, Mahadev, 1995, The Gospel of Selfless Action or The Gita according to Gandhi, Navajivan Publishing House, Ahmedabad.

Desai A.R., 1959, Social Background of Indian Nationalism, Popular Prakashan, Bombay,

Ruskin, John, 2000, Unto This Last, Navajivan Publishing House, Ahmedabad.

Dev, Bijoy, 2001, Bipin Chandra Pal, Sanskriti, New Delhi.

Dharampal
- 1971, Civil Disobedience & Indian Tradition, Sarva Seva Sangh Prakashan, Varanasi.
- 1993, Bharatiya Chitta Manas and Kala, Centre for Policy Studies, Madras.
- 1999, Despoliation and Defaming of India : The Early Nineteenth Century British Crusade, Other India Press, Goa.
- 2000, The Beautiful Tree : Indigenous Indian Education in the Eighteenth Century, Other India Press, Goa.
- 2000, Essays on Tradition, Recovery and Freedom, Other India Press, Goa.
- 2003, Rediscovering India, New Delhi.
- 2003, Understanding Gandhi, Other India Press, Goa.

Diwan, Romesh, Lutz, Mark, (eds.), 1985, Essays in Gandhian Economics, Gandhi Peace Foundation, New Delhi.

Dirks, Nicholas B., 2003, Castes of Mind, Permanent Black, New Delhi.

During, Simon, (ed.), 1999, The Cultural Studies Reader, Routledge, London.

Dutt, R.C., 1960, The Economic History of India under Early British Rule, Delhi.

Greenwood, E. B. , 1980, Tolstoy : The Comprehensive Vision, Methuen & Co. Ltd., London.

Felton, Monika, 2003, Rajaji, Katha, New Delhi.

Gandhi, Leela, 2004, Postcolonial Theory, Oxford University Press, New Delhi.

Gandhi, M. K.
- 1971, Path-way to God, Navajivan Publishing House, Ahmedabad.
- 1983, An Autobiography, Navajivan Publishing House, Ahmedabad.
- 1987/1996, The Essence of Hinduism, compiled and edited by V.B. Kher, Navajivan Publishing House, Ahmedabad.
- 1996, My Religion, edited by B. Kumarappa, Navajivan Publishing House, Ahmedabad.
- 1997, Satyagraha in South Africa, Navajivan Publishing House, Ahmedabad.
- 1999, Nature Cure, edited by B. Kumarappa, Navajivan Publishing House, Ahmedabad.
- 1999, Key to Health, Navajivan Publishing House, Ahmedabad.
- 1999, India of My Dreams, Compiled by R.K. Prabhu, Navajivan Publishing House, Ahmedabad.
- 2001, The Selected Works of Mahatma Gandhi, (Vol.1 to 5), (edited by Shriman Narayan), Navajivan Publishing House, Ahmedabad.

Gandhi, Rajmohan, 1995, The Good Boatman, A Portrait of Gandhi, Centre for Policy Research, New Delhi.

Ganguli, B.N., 1977, Indian Economic Thought - Nineteenth Century Perspectives, New Delhi.

Gerber, William, 1977, The Mind of India, Southern Illinois Univ. Press, London.

Ghosh, Amitav, 2002, The Imam and the Indian, Ravi Dayal Publisher, Delhi.

Gopal, Sarvepalli, 2004, Jawaharlal Nehru : A Biography, Oxford University Pess, New Delhi.

GORA, 1986, An Atheist with Gandhi, Navajivan Publishing House, Ahmedabad.

Gregorios, Paulos Mar, 1989, Enlightement : East and West, B.R. Publishing Corporation, Delhi.

Green, Martin, 1992, Prophets of a New Age : The Politics of Hope from the Eighteenth through the Twenty-First Centuries, Scribners, New York.

Guha, Ramachandra, 2001, An Anthropologist among the Marxists, Permanent Black, New Delhi.

Guenon, Rene
- East and West, Luzac & Co., London.
- 2002, Studies in Hinduism, Munshiram Manoharlal Publishers P. Ltd., New Delhi.

Hay, Stephen, (ed.), 1992, Sources of Indian Tradition, Second Edition Volume Two : Modern India and Pakistan, Penguin Books India (P) Ltd., New Delhi.

Heesh, Peter, 2004, India's Freedom Struggle (1857 - 1947), Oxford University Press, New Delhi.

Introduction to Tagore, 1988, Visva-Bharati, Calcutta.

Iyer, R.N.
- 1999, The Essential Writings of Mahatma Gandhi, Oxford University Press, New Delhi.
- 2000, The Moral and Political Thought of Mahatma Gandhi, Oxford University Press, New Delhi.

Jaffrelot, Christopher, 1999, The Hindu Nationalist Movement and Indian Politics : 1925 to the 1990s, Penguin Books, New Delhi.

Jones, Kenneth W., 1999, Socio Religious Reform Movements in British India, Cambridge University Press, Sydney.

Joshi, K. L., 2002, Visnu Purana, Parimal Publications, Delhi.

Joshi, Tarkateertha Laxmanshastri, 1999, Jotirao Phule, National Book Trust, New Delhi.

Juergensmeyer, Mark, 2003, Gandhi's Way, A Handbook of Conflict Resolution, Oxford University Press, New Delhi.

Kampchen, Martin, 1999, Rabindra Nath Tagore in Germany : Four Responses to a Cultural Icon, Indian Institute of Advanced Study, Shimla.

Kaul, R. K., 1995, Studies in William Jones, Indian Institute of Advanced Study, Shimla.

Kejariwal, O. P., 1999, The Asiatic Society of Bengal and the Discovery of India's Past, Oxford University Press, New Delhi.

Keyserling, Count Hermann, 1999, Indian Travel : Diary of a Philosopher, Bharatiya Vidya Bhavan, Mumbai.

Khoshoo, T.N., 2002, Mahatma Gandhi : An Apostle of Applied Human Ecology, Tata Energy Research Institute, New Delhi.

Kripalani, Krishna
- 1969, Gandhi : A Life, National Book Trust, New Delhi.
- 1996, Gandh's Life in His Own Words (compiled), Navajivan Publishing House, Ahmedabad.
- 2001, Tagore : A Life, NBT, New Delhi.

Kulkarni, S.D., 1988, Beginnings of Life, Culture and History, Shri

Bhagavan Vedavyasa Itihasa, Thane.

Kumar, Dharma, 2000, Colonialism, Property and the State, Oxford University Press, New Delhi.

Kumar, Krishna, 1991, Political Agenda of Education : A Study of Colonialist and Nationalist Ideas, Sage Publication, New Delhi.

Madan, T. N., 1998, Modern Myths, Locked Minds, Secularism and Fundamentalism in India, Oxford University Press, New Delhi.

Majumdar, Biman Bihari, 1966, Militant Nationalism of India, The Asiatic Society, Calcutta.

Majumdar, Ramesh Chandra, 1984, On Rammohan Roy, The Asiatic Society, Calcutta.

Majumdar, Ujjal Kumar, 2000, Bankim Chandra Chattopadhyay, The Asiatic Society, Calcutta.

McLeod, W.H, 2004, Sikhs and Sikhism, Oxford University Press, New Delhi.

Masani, R.P., 1897, Dadabhai Naoroji, Builders of Modern India Series, Publications Division, New Delhi.

Metcalf, R. Thomas and Metcalf, Barbara D., 2003, A Concise History of India, Cambridge University Press, New Delhi.

Mukherji, Dhurjati Prasad, 1979, Sociology of Indian Culture, Rawat Publications, Jaipur.

Mookerji, Radha Kumud, 2003, The Fundamental Unity of India, Bharatiya Vidya Bhavan, New Delhi.

Mukherjee, Hiren, 1991, Gandhi - A Study, People's Publishing House, New Delhi.

Mookerji, Radha Kumud, 1989, Hindu Civilization, Bharatiya Vidya Bhavan, Bombay.

Muller, Max

- 1955, Ramakrishna : His Life and Sayings, Advaita Ashrama, Calcutta.
- 1991, India : What can it teach us?, Munshiram Manoharlal Publishers P. Ltd., New Delhi.

Nagaraj, D. R., 1993, The Flaming Feet : A Study of the Dalit Movement, South Forum Press, Bangalore.

Nanda, B.R.

- 2001, Gandhi and his Critics, Oxford University Press, New Delhi.
- 2003, Mahatma Gandhi, A Biography, Oxford University Press, New Delhi.

Nandy, Ashis, 1998, The Illegitimacy of Nationalism : Rabindranath Tagore and the Politics of Self, Oxford University Press, Delhi.

Nehru, JawaharLal

- 2004, The Discovery of India, Penguin Books, New Delhi.
- 2004, An Autobiography, Penguin Books, New Delhi.
- 2004, Glimpses of World History, Penguin Books, New Delhi.

Nirodbaran, 1986, Talks with Sri Aurobindo (Vol. I & II), Sri Aurobindo Society, Calcutta.

Nirodbaran, 1998, Sri Aurobindo for all Ages : A Biography, Sri Aurobindo Ashram, Pondicherry.

Nivedita, Sister, 1998, Religion and Dharma, Advaita Ashram, Calcutta.

Rodrigues, Valerian, 2004, The Essential Writtings of B.R. Ambedkar, Oxford University Press, New Delhi.

Osho, 1997, India My Love : Fragments of a Golden Past, The Rebel Publishing House, Pune.

Pal, Bipin Chandra, 2002, Nationality and Empire, A Running Study of Some Current Indian Problems, Low Price Publications, Delhi.

Pandit, M. P., 1998, Sri Aurobindo, Munshiram Manoharlal Publishers Pvt Ltd., New Delhi.

Pande, B.N. (ed.), 1985, A Centenary History of the Indian National Congress, 3 Vols., New Delhi.

Pandya, Jayant, 1998, Gandhiji and his Disciples, NBT, New Delhi.

Parekh, Bhikku, 1997, Gandhi, Oxford University Press, New Delhi.

Parel, J. Anthony, 1997, Hind Swaraj and other Writings, Cambridge University Press, UK.

Patel, I.G., 2004, An Encounter with Higher Education : My Years at LSE, Oxford University Press, New Delhi.

Patel, Jahangir P., Sykes, Marjorie, 1996, Gandhi - His Gift of the Fight, The Other India Press, Goa.

Partha, Chatterjee, 1986, Nationalist Thought and the Colonial World, Zed Books, London.

Patil, V. T., 1983, Studies on Gandhi, Karnatak University, Dharwad.

Poddar, Arabinda, 1976, Renaissance in Bengal : Search for Identity, Indian Institute of Advanced Study, Simla.

Poddar, Chanda, Sarkar, Mona and Zwicker, Bob, (eds.), 1995, Sri Aurobindo and the Freedom of India, Sri Aurobindo Ashram, Pondicherry.

Purani, A.B.
- 1995, Evening Talks with Sri Aurobindo, Sri Aurobindo Society, Pondicherry.
- 1998, The Life of Sri Aurobindo, Sri Aurobindo Ashram, Pondicherry.

Raina, A.K., Patnaik, B.N., Chadha Monima, (eds.), 2000, Science and Tradition, Indian Institute of Advanced Study, Shimla.

Raina, Dhruv and Habib, Irfan, 2004, Domesticating Modern Science, Tulika Books, New Delhi.

Rajagopalachari, C., 1996, Our Culture, Bhartiya Vidya Bhavan, Mumbai.

Ramanujan, A. K., 2005, Uncollected Poems and Prose, Oxford University Press, New Delhi.

Ranade, R. D., 2001, Essays and Reflections, Bharatiya Vidya Bhavan, New Delhi.

Raychaudhari, Tapan, 1998, Europe Reconsidered : Perception of the West in Nineteenth Century Bengal, Oxford University Press, Delhi.

Raychaudhari, Tapan and Habib, Irfan, (eds.), 2004, The Cambridge Economic History of India, Volume I (c. 1200-1750), Orient Longman, New Delhi.

Ray, Rammohan
- 1949, Tuhfatul Muwahhiddin, (Trans.), Obaidullah El Obaide, The Asiatic Society, Calcutta.
- 1832, Translation of Several Principal Books, Passage and Text of the Vedas and of some Controversial Works in Brahminical Theology, London.

Reddy, Ananda, Mohanty, Sachidananda, 1997, Essentials of Sri Aurobindo's Thought : Essays in Memory of V. Madhusudan Reddy, Institute of Human Study, Hyderabad, India.

Rice, Stanley, 1937, Hindu Customs and Their Origins, Low Price Publication, Delhi.

Robertson, B.C., 2001, Raja Rammohan Ray : The Father of Modern India, Oxford University Pess, New Delhi.

Rolland, Romain, 2000, Mahatma Gandhi : The Man Who Became One with the Universal Being, Sristi Publishers and Distributors, New Delhi.

Roy, Pabitrakumar, 2002, Rabindra Nath Tagore, Munshiram Manoharlal Publishers Pvt. Ltd., New Delhi.

Roy, Ramashray, 1996, Gandhi and the Present Global Crisis, Indian Institute of Advanced Study, Shimla.

Rudolph, Susanne Hoeber, Rudolph, Lloyd I., 1987, Gandhi : The Traditional Roots of Charisma, Orient Longman Ltd., Hyderabad.

Sahasrabudhey, Sunil, 2002, Gandhi's Challenge to Modern Science, Other India Press, Goa.

Sankrityayan, Rahul, 1984, Selected Essays, People's Publishing House, New Delhi.

Saran, A. K.
- 1998, Traditional Vision of Man, CIHTS, Sarnath.
- 1998, Sociology of Knowledge and Traditional Thought, CIHTS, Sarnath.
- 2007, Hinduism in Contemporary India, CIHTS, Sarnath.

Saraswati, 1997, H. H. Sri Chandrasekharendra, Bharatiya Vidya Bhavan, New Delhi.

Sarkar, Benoy Kumar, 1975, The Sukraniti, Orientals Book, New Delhi.

Savarkar, V. D., 1999, Hindutva : 'Hindus we are & Love to remain so!' Swatantrya Veer Savarkar Rashtriya Smarak, Mumbai.

Sen, Ajit Kumar, 1986, Hindu Political Thought, Gian Publishing House, Delhi.

Sen, Ashok, 1977, Elusive Milestone of Ishwarchandra Vidyasagar, The Asiatic Society, Calcutta.

Sen, Geeti, (ed.), 1993, Perceiving India : Insight and inquiry, Sage Publications, New Delhi.

Shah, Kantilal, (ed.), 1985, Vinoba on Gandhi, Sarva Seva Sangh Prakashan, Varanasi.

Sharma, Amit Kumar
- 2003, The Structure of Indian Society, NCERT, New Delhi.
- 2011, Religion and Culture in Indian Civilisation, DK Print World, New Delhi.
- 2011, Symbols of Kinship Identity in a North Indian Village, LAP Lamberd, Germany.

Sharma, S. L. and Oommen, T. K., 2000, Nation and National Identity in South Asia, Orient Longman, New Delhi.

Singh, Khushwant, 2004, A History of the Sikhs (Volume I and II), Oxford University Press, Delhi.

Sharma, Arvind, 2002, Modern Hindu Thought, Oxford University Press, New Delhi.

Swaminathan, K. and Patel, C.N., 1988, A Gandhi Reader, Oriental Longman, Hyderabad,

Swarup, Ram
- 1991, Whither Sikkism?, Voice of India, New Delhi.
- 1995, A Hindu Buddhist Rejoinder, Voice of India, New Delhi.
- 2000, Meditations : Yogas, Gods, Religions, Voice of India, New Delhi.
- 2000, On Hinduism : Reviews and Reflections, Voice of India, New Delhi.
- 2001, The World as Revelation, Names of Gods, Voice of India, New Delhi.

Tarachand, 1961, History of the Freedom Movement in India, Vol. I, Publication Division, Delhi.

The Mother, 1995, Commentaries on the Dhammapada, Sri Aurobindo Ashram, Pondicherry.

Tilak, Bal Gangadhar, 2005, Orion : A Search into the Ancientness of Aryan-Vedic Culture (An Ignored Historical Research), Vijay Goel English-Hindi Publisher, Delhi.

Tirtha, Swami Bharati Krishna, 1985, Sanatana Dharma - The Eternal and Everlasting Way of Life, Bharatiya Vidya Bhavan, Bombay.

Trautmann, Thomas R., 2004, Aryans and British India, Yoga Press, New Delhi.

Tsetung, Mao, 1971, Selected Readings from the Works of Mao Tsetung, Foreign Languages Press, Peking.

Uberoi, J. P. S.
- 1999, Religion, Cilvil Society and the State, Oxford University Press, New Delhi.
- 2002, The European Modernity, Oxford University Press, New Delhi.

Vasu, Rai Bahadur Srirsa Chandra, 2004, The Siva Samhita, Munshiram Manoharlal Publishers, New Delhi.

Van der Veer, Peter, 2001, Imperial Encounters, Permanent Black, Delhi.

Venugopal, C.N.
- 1988, Ideology and Society in India : Sociological Essays, Criterion Publications, New Delhi.
- 1998, Religions and Indian Society, Gyan Publishing House, New Delhi.

Vivekananda, Swami,
- 1993, Talks with Swami Vivekananda, Advaita Ashram, Calcutta.
- 2001, Lectures from Colombo to Almora, Advaita Ashrama, Kolkata.

Vyas, H.M, (compiled), 1996, Village Swaraj, Navajivan Publishing House, Ahmedabad.

Waite, Arthur Edward, (ed.), 1976, The Hermetic and Alchemical Writings of Paracelsus, Volume II : Hermetic Medicine and Hermetic Philosophy, Shambhala, Boulder.

Wedderburn, William, 1913, Allan Octavian Hume, C.B. London.

Woodroffe, Sir John, 1990, Introduction to Tantra Sastra, Ganesh and Company, Madras.